主　办

教育部人文社会科学重点研究基地
上海师范大学都市文化研究中心
上海高校都市文化 E- 研究院

主　编

苏智良　陈　恒

编　委（以姓氏笔画为序）

王安忆　王　旭　王晓明　许纪霖　苏智良　杨远婴　杨剑龙　陆伟芳　陈思和
陈　恒　周大鸣　周振华　唐力行　葛剑雄　詹　丹　熊月之　潘建国　薛　义

本书系国家社科基金重大招标项目多卷本《西方城市史》（17ZDA229）阶段性成果

都市文化研究

Urban Cultural Studies

People and society
in an Urban World

中文社会科学引文索引 (CSSCI) 来源集刊

第 30 辑

城市世界中的人与社会

上海三联书店

CONTENTS | 目

录

艺术中的都市文化

城市史

20 世纪初加尔各答城市改造与英帝国殖民统治①

付文文

摘　要:17 世纪末加尔各答建城,逐渐形成了"黑白城"的城市布局。在殖民体系下,印度人聚居的黑城在城市发展中处于边缘位置。19 世纪末 20 世纪初,在鼠疫、民族主义运动的冲击下,城市发展陷入困境。英印政府则利用此次危机,将城市改造的触角深入至印度本土社会内部,以维护自身统治的稳定性。英印政府凭借自身在殖民地中突出的政治权位,主导了加尔各答的城市改造,企图建立一个更符合殖民利益、更便于管理的新秩序。纵观此次改造活动,公共卫生问题是英印政府进行城市规划与治理的重要导向,其背后的逻辑是英帝国在印度以"差异性"原则为基础的治理机制。卫生问题成为了帝国建构异族他者、凸显宗主国与殖民地之间异质性的工具,进而为殖民者干预控制殖民地社会提供了合理性。同时,殖民权利的推行不仅具有强力性的一面,协商性也是保障殖民统治平稳运行的内在要义,即殖民者面对现实情况,在印度社会做出的不曾言明的让步。

关键词:英帝国　殖民地城市　公共卫生　殖民统治

　　1690 年,英国殖民者到达恒河三角洲地区,在此建立起了贸易据点,加尔各答由此而生,1773 年,被确立为英属印度首府。20 世纪初,商贸繁荣的加尔

---

①　本文系教育部人文社会科学重点研究基地重大项目"融合与冲突:都市移民的社群、空间和文化研究"(22JJD770057)研究成果。

各答被誉为帝国第二大城市,①人口已达近一百万。②但在殖民体系下,城市繁荣发展的背后,暗藏危机:疫病肆虐、民族主义运动四起。在多重冲击下,出于政治考量,1911 年英印政府决定将首府迁至新德里。首府的迁移没有停止加尔各答城市发展的进程,也没有改变加尔各答在政治和经济上的重要性。乔治五世(George V,1865—1936 年在世)曾指出:"印度行政管理的变化,将在一定程度上影响到加尔各答,但它必须永远是印度的首要城市,要保持它卓越的地位。"③英印政府利用此次城市发展危机,将城市改造的触角深入至印度本土社会内部,以维护自身统治的稳定性。

殖民地城市研究是城市史发展的题中应有之义。学界对 20 世纪初加尔各答城市改造的记述既有受殖民主义意识形态影响的"辉格解释",也有战后史学转向下的新思考。前者多由英印政府官员、城市规划师记载,字里行间充斥着"优越感",对印度本土社会加以贬抑,将城市改造计划视为彰显帝国权威、为印度人民带来福音的"进步之举";④后者则体现了城市史的学科发展。城市史发展深受二战后新史学的影响,属于新文化史的一个分支。新文化史强调历史的建构性,注重从文化的角度诠释社会史,重建文化现象及其意义。受此影响,一批学者开始重新思考殖民背景下的城市发展问题,加尔各答的"辉格史"受到普遍质疑。学者们从城市规划、环境、疾病卫生等角度对城市改造问题加以探究,犀利地指出这一改造活动是殖民者深入印度本土社会内部的手段,其目的是瓦解帝国发展威胁、维护殖民统治的合法

---

① Ranjit Sen, *Birth of a Colonial City: Calcutta*, Routledge, 2019, xiii; Tristram Hunt, *Cities of Empire: The British Colonies and the Creation of the Urban World*, Henry Holt and Co., 2014, p.122.

② H.H. Risley and E.A. Gait, *Census of India, 1901, Vol.1*, Office of the Superintendent of Government Printing, 1903, p.30, p.41.

③ "The King-Emperor In Calcutta", *The Times*, Monday, Jan.1, 1912.

④ C.H. Bompas, "The Work of the Calcutta Improvement Trust", *Journal of the Royal Society of Arts*, Vol.75, No.7, 1927; James Maden and Albert de Bois Shrosbree, *City and Suburban Main Road Projects*, *Joint Report*, Trust Engineer and Chief Valuer's Office, 1913; E.P. Richards, *Report by Request of the Trust*, *on the Condition*, *Improvement and Town Planning of the City of Calcutta and Contiguous Areas*, Jenning & Bewley, 1914; Helen Meller, *Patrick Geddes: Social Evolutionist and City Planner*, Routledge, 1990; Jaqueline Tyrwhitt, *Patrick Geddes in India*, Lund Humphries, 1947.

性与稳定性。①

　　总体来看,已有成果在研究路径与视角、著述观点上均有所突破,但关注点多集中在殖民者和印度精英阶层,对殖民权力运行机制的研究尚有空间。②在印度,加尔各答的身份更为多样。它是英帝国在印度重要的商贸中心,更是权力中心,是第一个在欧洲殖民者指导下采用西方公共卫生体系的城市。③本文采用城市史与医疗社会史相结合的视角,对20世纪初的加尔各答城市改造进行探究,理清殖民权力在城市发展过程中的主导性作用和对卫生问题的利用,以及殖民地社会在此历史进程中的能动性。进一步阐释加尔各答城市改造背后的文化内涵,管窥英帝国在印度社会的治理机制。

一、城市发展的困境与危机

　　1690年,英国东印度公司购买了胡格利河畔的三个村庄——苏坦纳迪(Sutannati),卡里卡塔(Kalikata)和格温达普尔(Govindapur),英国人以此为基础建立起了加尔各答。以威廉堡(Fort William)为中心是加尔各答早期发展的主要特点,英国人居住在堡垒内和周围一两英里的范围内。1757年普拉西

---

① 国外代表性研究成果主要有:Anthony D. King, *Colonial Urban Development: Culture, Social Power and Environment*, Routledge, 1976; Partho Datta, *Planning the City, Urbanization and Reform in Calcutta c.1800—c.1940*, Tulika Books, 2012; Siddhartha Sen, *Colonizing, Decolonizing, and Globalizing Kolkata, From a Colonial to a Post-Marxist City*, Amsterdam University Press, 2017; Nabaparna Ghosh, *A Hygienic City-Nation, Space, Community, and Everyday Life in Colonial Calcutta*, Cambridge University Press, 2020; Martin Beattie, "Colonial Space: Health and Modernity in Barabazaar, Kolkata", *Traditional Dwellings and Settlements Review*, Vol.14, No.2, 2003。国内学者对殖民地城市的研究起步虽晚,相较于国外学者,研究成果相对较少,但国内学者积极借鉴各方成果,具有一定的后发优势。杭州师范大学孙超的《殖民时期印度加尔各答的城市更新运动》(《历史教学问题》,2022年第6期)从殖民主义话语体系的视角入手,考察了20世纪初的加尔各答城市改造。作者指出,在殖民主义的背景下,加尔各答难以获得全面、充分的发展,并注意到了印度民族主义者对殖民主义话语欲拒还迎、且拒且迎的复杂心态。

② 在研究视角上,既有宏观视角的整体分析,也不乏"眼光向下"的新视角;在著述观点上,突破了殖民主义意识形态的影响,反思了殖民主义的权力运作机制;在研究路径上,打破了现代性话语主导的历史书写,殖民地社会不再是历史舞台的"配角"与"沉默的大多数"。史家们力求突破宗主国与殖民地间的支配—依赖的线性思维,注意到了殖民地社会的能动性。但关于20世纪初加尔各答的城市改造问题仍有一定的开拓空间,印度普通民众在城市建设过程中的声音尚待进一步发掘,现有成果多关注到了殖民权利推行过程中强力性的一面,对其"协商性"(negotiation)的一面则相对忽视,即殖民者面对现实情况,对殖民地社会做出的不曾言明的让步。

③ Mark Harrison, *Public Health in British India: Anglo-Indian Preventive Medicine, 1859—1914*, Cambridge University Press, 1994, p.175.

战役(Battle of Plassey)后,英国人的影响力扩展到了整个恒河流域。1773年,加尔各答被确立为英属印度首府。同年,沃伦·黑斯廷斯(Warren Hastings)就任英属印度总督,英国学者 P.J. 马歇尔(P.J. Marshall)称其为"自觉的帝国缔造者"(self-conscious builder of empire)。①黑斯廷斯就任后一直致力于加强英在印的殖民权势,有意识地将加尔各答提升为帝国权威的所在地,加尔各答逐渐成为了英属印度的政治中心,城市建设也逐步发展起来。

加尔各答的城市布局整体呈"黑白城"的格局。英国人居住的南部地区被称为"白城"(White Town),印度人聚居的北部则称为"黑城"(Black Town)。英国殖民者一直信奉"文明优越论",对外殖民的他们肩负着"文明开化"的使命。殖民者认为,与殖民地人民过多的接触会使他们"退化",因此要与当地人保持距离。白城作为英国人的居住区,它不仅为英国人的日常生活提供保障,也更被视为帝国权威的象征。整个白城似是缩小版的伦敦,曾有游客记载,"加尔各答的主要街道宽阔整洁,广场和林荫道景色宜人,绿意盎然,令人心旷神怡。商业街两旁是欧洲商人的店铺,大多直接通往河边,或沿着河岸。在这里,拍卖会、仓库、商店和办公室、熙熙攘攘的商人可能会让英国人想起家乡附近的场景"。②相邻的黑城则与之形成了鲜明的对比。加尔各答医院院长詹姆斯·拉纳尔德·马丁爵士(James Ranald Martin)记录道,"在保尔巴扎(Bow Bazaar)和麦朝阿巴扎(Machooa Bazaar)之间的北部地区可能是加尔各答当地人口最密集的部分。大巴扎(Barra Bazar)和周围地区的拥挤状态、缺乏排水渠、污物满地等,令人触目惊心"。③

东印度公司统治时期,殖民当局无意将黑城改造成与白城相当的城市空间,攫取殖民利益是其首要目的。1857年印度民族大起义后,英国政府正式接管印度事务,城市建设、居民健康等问题也逐渐提上日程。但英印政府改造黑城的计划却是步履维艰:其一,印度根深蒂固的宗教传统使得社会关系十分复杂,种姓制度、带有宗教意义的土地是英印政府不可回避但又难以处理的问题;其二,资金缺口大,英印政府计划通过增加税收、本地房产所有者出资的方式加以解决,但此举遭到了当地人民的强烈反对。

---

① P.J. Marshall, "The Making of an Imperial Icon: The Case of Warren Hastings", *The Journal of Imperial and Commonwealth History*, 1999(3), 27, p.2.

② E. Hodder, *Cities of the World: Their Origin, Progress, and Present Aspect*, Cassell & Co., 1886, p.175.

③ James Ranald Martin, *Note on the Medical Topography of Calcutta and Its Suburbs*, G.H. Huttmann, Bengal Military Orphan Press, 1837, p.18.

在加尔各答,以工厂为基础的黄麻工业迅速发展,吸引了大批印度移民。据统计,1821 年,加尔各答人口约为 179 917 人,到 1866 年,人口增至 377 924人。其中,黑城区域人口约为 241 790 人,白城区域则约为 116 872 人。①到1900 年,加尔各答及其郊区拥有孟加拉地区全部工业的三分之二,而在加尔各答的磨坊和工厂中就业的工人占整个孟加拉总数的一半以上。②据 1901 年的人口普查,38.8%的人口居住在 kutcha 房屋(即茅草屋)中,89.83%的人口人均住房面积不足房屋面积的四分之三。③随之而来的城市过度拥挤、脏乱等问题在鼠疫暴发期间变得尤为突出。

19 世纪末,香港暴发鼠疫。1896 年 5 月,鼠疫伴随着贸易者的脚步"登陆"孟买。10 月,加尔各答的一名欧洲青年出现了鼠疫症状。中世纪黑死病的惨烈景象,疟疾、霍乱等热带疾病的肆虐,惨痛的历史记忆与损失迫使殖民政府快速反应,应对瘟疫。在城市舞台上,鼠疫构成了一种综合威胁。④1897 年,总督维克多·布鲁斯(Victor Bruce)仓促通过了《流行病法》(Epidemic Diseases Act,1897)⑤,城市的监管职责则交给了由英国医生和公务人员组成的鼠疫特别委员会(The Special Plague Committee),这些职责自 19 世纪 80 年代以来一直被委托给印度专员逐渐增多的加尔各答市政局(Calcutta Municipal Corporation)⑥。

① H. Beverley, *Report on the Census of the Town of Calcutta Taken on the 6th April 1876*, Bengal Secretariat Press, 1876, p.13.

② A.R. Murray, "Note on the Industrial Development of Bengal", *Indian Industrial Commission*, Minutes of Evidence 1916—1918, Vol.Ⅵ, Government Printing Press, 1918, 转引自 Partho Datta, *Planning the City*, *Urbanization and Reform in Calcutta c.1800—c.1940*, Tulika Books, 2012, p.210。

③ J.R. Blackwood, *Census of India 1901*, Vol.Ⅶ, Bengal Secretariat Press, 1902, p.2.

④ David Arnold, *Colonizing the Body*: *State Medicine and Epidemic Disease in Nineteenth-century India*, University of California Press, 1993, p.206.

⑤ 该法案赋予了殖民政府极大的权限,如检查任何船只或乘客、拘留和隔离鼠疫疑似病例、进入任何被认为藏有鼠疫患者的住所、禁止集市和朝圣、检查和拘留旅客等权力。参见:*Bengal*, *Municipal Department*, *The Bengal Plague Manual*, Calcutta, 1903, British Library, London, IOR/V/27/856/6B, p.1.

⑥ 19 世纪 80 年代,在总督里彭勋爵的主导下,印度开启了政治改革,在各级政治机构中增加印度代表的数量。里彭勋爵将各政治机构比喻成"政治学校"(schools of political capacity),希望通过此举将英国代议制、自由主义的思想带到印度人中间。但这一改革却没有改善加尔各答的市政建设状况。选举进入市政机构的印度人均为有产者阶层,在市政建设事项上多以自身利益为出发,极少考虑普通居民的切身利益。权力下放还导致了英国人的严重不满,认为此举是对英国殖民权威的威胁和挑战。参见:Christine Furedy, "Contrasting Models in the Development of Municipal Administration in Calcutta", in Donald B. Rosenthal, ed., *The City in Indian Politics*, Thomson Press(India) Limited, 1976, pp.152—172; "Public Health and Local Self-government", in Mark Harrison, *Public Health in British India*: *Anglo-Indian Preventive Medicine*, *1859—1914*, pp.166—201.

委员们在调查城市状况后，将矛头指向了黑城："与往日肆虐的流行病相同，加尔各答北部地区的情况最为严重。"[①]"房子是背靠背的，空气不流通，整个地区都弥漫着一股令人作呕的味道。"[②]到 20 世纪初，殖民地城市呈现出一幅亟待关注的肮脏景象。[③]

鼠疫为英国人质疑、抨击印度人管理市政问题的合理性、有效性提供了理由。诺贝尔文学奖获得者约瑟夫·鲁德亚德·吉卜林（Joseph Rudyard Kipling）批评道："允许印度人对控制城市有任何发言权，不仅是一种错误，而且还是一种犯罪行为，这个城市是由英国人打造的，它只为英国人的生活而存在，并且依赖英国人的生活。"[④]1898 年，乔治·纳撒尼尔·寇松（George Nathaniel Curzon）继任英印总督，寇松将"仁慈专制"[⑤]推向了顶峰。为提高印度的行政效率，寇松推行了一系列改革。1899 年，加尔各答市镇法令通过，将加尔各答市政局的成员从 75 人减少为 50 人，形成了英国人占多数的局面。[⑥]1904 年通过了《印度大学法》（Indian Universities Act, 1904），加强了殖民政府对印度各大学的控制。

鼠疫暴发以来，殖民强权不断被巩固。印度民众的生存空间在殖民政府面前暴露无遗，政治空间被不断压缩。在此高压下，印度民族主义情绪日益高涨。英国的殖民统治在剥削印度经济的同时，也将西方的自由、民主等思想带到了印度，孕育了印度的民族主义，充当着"历史的不自觉工具"。孟加拉地区作为英属印度的权力中心，是印度受教育程度最高、民族主义情绪最为激烈的一个地区。1905 年的孟加拉分割法案引发了轩然大波，该法案将孟加拉分割为东、西两部分，东孟加拉以穆斯林为主，西孟加拉以印度教徒为主。寇松企

---

① W.C. Hossack, H.M. Crake, *Calcutta Corporation Plague Department : Report on Plague in Calcutta, 1903—1904*, Bengal Secretariat Press, 1905, British Library, London, IOR/V/24/4488, p.1.

② Partho Datta, *Planning the City, Urbanization and Reform in Calcutta c.1800—c.1940*, p.186.

③ Partho Datta, "Patrick Geddes and the Metropolis", in Crispin Bates, Minoru Mio, eds., *Cities in South Asia*, Routledge, 2015, p.47.

④ Joseph Rudyard Kipling, *Sea to Sea : Letters of Travel*, Volume II, Doubleday and McClure Co., 1899, p.225.

⑤ 英国对印度的统治一般被称为"仁慈专制"，说它专制是因为英国对印度采取的是一种直接控制，是英国在印度的官僚机构对印度人的统治；说它仁慈，则因为这种统治不仅仅着眼于英国的利益，也同时兼顾印度的福利与发展。参见洪霞：《英国视角下的对印"仁慈专制"统治——一个经典问题的再思考》，《学海》，2010 年第 1 期，第 178 页。

⑥ Hansard, 8 Aug 1899, Vol.76, c233—235; *The Calcutta Municipal Bill, Proceedings of the Public Meeting Held at the Town Hall on 21st March, 1899*, British Library, London, EAP922/1/2/32.

图利用东西孟加拉间错综复杂的阶级关系和宗教矛盾,分化民族革命力量。但此举刺激了印度民族主义运动的快速发展。

1905 年 7 月,印度民众在加尔各答市政大楼前集会,反对分割孟加拉。此后,各地都举行了抗议活动,在之后的半年里,至少有 300 座孟加拉城市、乡镇和村庄举行了抗议集会。①加尔各答更是成为了民族主义运动的先锋地。8 月,加尔各答市政大楼前的集会通过了抵制英国货物的决定——只要孟加拉分割决议不撤回,就抵制购买英国商品。②抵制英货的运动被称为"斯瓦德希"(Swadeshi,孟加拉语意为"自产"),这场运动不仅提倡抵制英货,还鼓励使用印度自主生产的货物。在此基础上还催生出了"斯瓦拉吉"运动(Swaraj,孟加拉语意为"自治"),提出了"印度自治"的口号。加尔各答是"斯瓦德希"运动的核心,1905 年 10 月,一群孟加拉人占领了加尔各答的市中心。他们封锁道路与商店,目的要使城市商业停摆。他们焚烧车辆,并与政府警察发生武装冲突。在接下来的几年里,抗议活动不断增加。除了经济抵制之外,这场运动的独特之处在于利用公共空间来吸引所有人的注意。③抗议者聚集在街头,设置路障,破坏商店,并使城市处于高度警戒状态,以此来表达他们的声音。1906 年 10 月 16 日,约 2 000 人在城市广场集会,印度民族主义者苏伦德拉纳特·班纳吉(Surendranath Banerjea)发表了长达 20 分钟的演讲,力倡民族自治。④印度国大党中的部分领导者敏锐地察觉到,发端于加尔各答的示威游行正在向全印度蔓延,⑤他们的示威活动动摇着英国统治的根基。英国人指出,黑城不仅是"文明城市的耻辱",更成为了社会动荡的"窝点"。⑥

1911 年,出于政治考量,英印政府将首府迁至新德里。面对鼠疫和民族主义运动的双重袭击,英印当局决定采取严厉措施对印度人进行管制。奥斯

---

① Leonard A. Gordon, *Bengal: The Nationalist Movement 1876—1940*, Columbia University Press, 1974, p.82.

② Tara Chand, *History of the Freedom Movement in India*, Vol. 3, Ministry of Information and Broadcasting Government of India, 1972, p.320.

③ Nabaparna Ghosh, *A Hygienic City-Nation*, *Space*, *Community*, *and Everyday Life in Colonial Calcutta*, Cambridge University Press, 2020, p.70.

④ "The Unrest in Bengal", *The Times*, Wednesday, Oct. 17, 1906.

⑤ "The Growth of New Political Forces in India", *The Times*, Monday, Apr. 23, 1906.

⑥ Mark Harrison, *Public Health in British India: Anglo-Indian Preventive Medicine*, *1859—1914*, p.221.

曼男爵(Baron d'Haussmann)主持的巴黎大改造给殖民政府以启发,[①]加之,1909 年英国通过了《住房与城市规划法》(Housing, Town Planning, Etc., Act, 1909),城市规划正式成为政府职能。[②]英印当局一改昔日零散地、局部地城市改善行动,试图举政府之力为加尔各答制定一项全面的改造规划,对黑城进行全面的改造,扩宽道路,使印度人无法利用弯曲狭窄的小巷摆放路障;重建黑城房屋,尤其是黑城中拥挤不堪的贫民窟,便于殖民当局对黑城进行监管;将印度人迁往城外,限制他们进入城市中心地区。城市规划的首席评估师詹姆斯·马登(James Maden)和阿尔伯特·德·博伊斯·施罗斯布里(Albert de Bois Shrosbree)自信地指出,巴黎的改造是加尔各答的榜样,加尔各答城市改造是继奥斯曼男爵主持规划巴黎后从未有过的伟大工程。[③]

二、城市治理的探索与开展

城市治理涉及规划设计、土地产权、资金等多方面问题。鼠疫特别委员会主席赫伯特·霍普·里斯利(Herbert Hope Risley)结合鼠疫调查实践,发现市政管理不够集中。里斯利建议英印政府在加尔各答成立一个专门的城市规划委员会,授予该委员会绝对权力,可以在全市进行土地收购。

1911 年,由 11 位委员组成的加尔各答改善信托基金会(The Calcutta Improvement Trust,以下简称基金会)成立,其中 6 人由政府任命,其余 5 人通过选举产生,印度人也可参与选举,主席由 C.H. 波姆巴斯(C.H. Bompas)担任。波姆巴斯指出,基金会旨在改善和扩大加尔各答,拆除拥挤地区,规划和改变街道,并为因基金会运作而流离失所的穷人和工人阶级提供住房。[④]其章程规

---

① 19 世纪的巴黎与加尔各答极为相似,人口增长快速,城市肮脏且拥挤,暴力冲突不断。巴黎人曾多次利用狭窄街道修建街垒,与政府抗衡。道路系统通达性差,军队难以展开有效军事行动。奥斯曼男爵的改造计划着眼于道路修建、公共卫生治理和下水道系统改善等方面,其改造行动有效改善了巴黎的城市面貌,但同时也瓦解分化了革命活动,加剧了贫富分化,城市内部趋于撕裂。详见贝纳德·马尔尚:《巴黎城市史(19—20 世纪)》,谢洁莹译,社会科学文献出版社,2013 年;荆文翰:《变革时代的城市现代化转型——以"巴黎大改造"为例》,《法国研究》,2019 年第 1 期。

② 巴里·卡林沃斯、文森·特纳丁:《英国城乡规划》,陈闵齐等译,东南大学出版社 2011 年版,第 25 页。

③ James Maden and Albert de Bois Shrosbree, *City and Suburban Main Road Projects*, *Joint Report*, Trust Engineer and Chief Valuer's Office, 1913, p.6.

④ C.H. Bompas, "The Work of the Calcutta Improvement Trust", *Journal of the Royal Society of Arts*, Vol.75, No.7, 1927, p.201.

定,英印政府在土地管理和转让问题上拥有最高权力。①基金会代表着英印政府的利益,政府拥有审查和批准改进计划的最终权力。英印政府还根据 1894年的《土地征收法案》(Land Acquisition Acts,1894)对基金会进行了授权,允许基金会在紧急条款下不受限制地征收任何土地。②在资金方面,英印政府给予了一定的支持。政府初步拨款 500 万卢比,此后每年提供 15 万卢比,加收印花税、黄麻税等,年税收预计达 20 万卢比。③

20 世纪初,城市规划思想不断发展,涌现出多位规划思想家,如埃比尼泽·霍华德(Ebenezer Howard),帕特里克·格迪斯(Patrick Geddes)等,为英国的城市规划与发展实践提供了理论指导。受此影响,基金会十分注重听取专业意见。马登和施罗斯布里建议在加尔各答修建多条横贯城市的大道,并且改造计划要基于交通和卫生的需求。加尔各答卫生专员 H.M. 克莱克(H.M. Crake)从卫生问题出发,认为城市最大的问题在于黑城的贫民窟,基金会的工作应该从这里开始。借于贫民窟的拥挤糟糕程度,克莱克建议将其整体拆除,并将居住于此的居民迁往周围的郊区。但庞大的工程量与有限的资金让基金会感到举步维艰。④

1912 年,波姆巴斯邀请工程师埃德温·珀西·理查兹(Edwin Percy Richards)加入基金会。理查兹曾多次考察黑城贫民窟,于 1914 年完成了关于加尔各答的城市规划报告。理查兹指出,拆除—迁移的思路看似简捷,但此举并不能从根源解决贫民窟问题,甚至反而会雪上加霜。⑤他认为,局部改善胜于整体拆除。⑥他将他的计划称之为"修复贫民窟"(Slum Repair)或"修补贫民窟"(Slum Mending),修补不适合居住的房屋;拆除阻碍空气流通、日常采光和正

---

① Howard Spodek, "City Planning in India under British Rule", *Economic and Political Weekly*, 2013, no.4, pp.53—61.

② Walter Russell Donogh, *The Law of Land Acquisition and Compensation: Being the Land Acquisition Acts, I of 1894 and XVIII of 1885 as Amended by Acts IV and X of 1914, and Cognate Measures, with a Concise Commentary*, Thacker Spink & Co., 1916, p.238.

③ C.H. Bompas, "The Work of the Calcutta Improvement Trust", *Journal of the Royal Society of Arts*, p.201.

④ C.H. Bompas, "The Work of the Calcutta Improvement Trust", *Journal of the Royal Society of Arts*, p.202.

⑤ E.P. Richards, *Report by Request of the Trust, on the Condition, Improvement and Town Planning of the City of Calcutta and Contiguous Areas*, Jenning & Bewley, 1914, p.235.

⑥ E.P. Richards, *Report by Request of the Trust, on the Condition, Improvement and Town Planning of the City of Calcutta and Contiguous Areas*, pp.262—263.

常通行的建筑物；用抽水式马桶取代桶状或土状厕所；适当的为房屋和公共场所提供排水系统。[1]此外，理查兹还注意到了印度社会的宗教因素。他指出，加尔各答的城市规划要考虑印度人的宗教情感，寺庙、清真寺不能随意拆除或迁移。[2]但理查兹的报告不够完备，他没有提及黑城最拥挤的地区——大巴扎。

大巴扎是加尔各答市中心最拥挤和最重要的商业区，是东印度的批发和零售贸易中心。1918年4月至1919年3月间，基金会针对大巴扎制定了一项修建道路、继续拆除贫民窟的改善计划。随后，信托基金会聘请帕特里克·格迪斯对该计划进行审查。作为一位人文主义规划思想家，格迪斯认为规划城市要融入当地的因素，十分反对将欧洲经验照搬至印度。[3]

格迪斯将自己的规划称为"诊断性调查"（diagnostic survey）和"保守性手术"（conservative surgery）。[4]他指出，一味地修建道路和拆除贫民窟是不可取的。大巴扎包含了两个截然不同的区域：南部、西部为商业部分，这里最需要缓解交通拥堵和进行总体改善；北部和东部主要是住宅区，保护和投资现有住房是最重要的。[5]格迪斯虽反对不顾实际的修路与拆除，但也强调要对大巴扎进行适当的重建。在道路的修建上，他建议可实行道路分级，即设置行人专用道、混合交通街道与用于城内交通的大型道路。在房屋住宅方面，格迪斯设计出四层房屋，且严格遵循印度传统的空间使用方式。较低的两层用于商业，上两层供居民居住。他希望通过将生活空间提高，以避免低层的污垢和灰尘。低层的仓库也将是宽敞明亮的，确保空气流通。[6]

格迪斯的许多想法挑战了殖民主义作为主流话语的权威。施罗斯布里批评道，流行病和过度拥挤亟待解决，格迪斯不仅没有进行足够的干预，反而对

---

[1] Samita Gupta, "Theory and Practice of Town Planning in Calcutta, 1817 to 1912: An Appraisal", *Indian Economic and Social History Review*, 1993, Vol.30, No.1, p.51.

[2] E.P. Richards, *Report by Request of the Trust, on the Condition, Improvement and Town Planning of the City of Calcutta and Contiguous Areas*, p.80.

[3] Helen Meller, *Patrick Geddes: Social Evolutionist and City Planner*, Routledge, 1990, p.147.

[4] Beattie Martin, "Sir Patrick Geddes and Barra Bazaar: Competing Visions, Ambivalence and Contradiction", *Journal of Architecture*, 2004, Vol.9, No.2, p.138.

[5] Partho Datta, "Patrick Geddes and the Metropolis", in Crispin Bates, Minoru Mio, eds., *Cities in South Asia*, pp.53—57.

[6] Partho Datta, "Patrick Geddes and the Metropolis", in Crispin Bates, Minoru Mio, eds., *Cities in South Asia*, p.58.

印度人过于同情,其规划只会永久性的"冻结"需重建的地区。①理查兹和格迪斯的规划意见虽得到了基金会的重视,但二人的建议却没有得到完全执行。基金会以殖民利益为重,试图利用家长式权威的殖民权力主导城市改造,重新安排一个更便于管理的城市秩序。

为修路,基金会夷平了黑城的众多建筑,如房屋、商店、市场和学校,基金会成员们谴责这些建筑在城市中是"危险的侵占";②而这些建筑大多是印度民众的财产。基金会虽承诺为因城市改造而流离失所的穷人和工人阶级提供住房,但此举实为了将印度民众迁出中心地区,进而打造一个由英国人控制的城市中心。基金会将拆迁的印度居民安置在了城市南部新建的郊区,其安置计划按照阶级和宗教进行了划分。印度学者纳巴帕纳·戈什(Nabaparna Ghosh)评论道,基金会如外科手术般精准地将印度社区拆解与重建。③

实际上,基金会为南迁居民建造的公寓密集且低质。欧美各国城市规划师常谴责此种建筑形式的"无用与丑陋",且不利于居民良好品德的养成。④基金会对此却辩称,"密集的公寓完全适合此阶段的加尔各答"。⑤这些公寓多为三层建筑,长 200 英尺,房间 12 英尺乘 12 英尺,有一个 4 英尺的阳台,两端都有浴室。各公寓间的道路非常狭窄,基本设施十分不完备。有的街区供水时间仅为早晚各一小时,有的街区则水压过低,无法使用。

面对基金会的强硬征迁,印度民众没有逆来顺受,而是勇于发出自己的声音。1915 年,基金会征收了哈利达斯·班纳吉(Haridas Banerjee)的房屋,以拓宽道路。作为补偿,基金会向班纳吉提供了一块远在南部郊区的土地。班纳吉虽能接受较远的地理位置,但无法接受土地面积较小。他向基金会提起了

① Albert de Bois Shrosbree, *Calcutta Improvement Trust : Note on Barabazar Improvements*, Calcutta Improvement Trust, 1916, p.18.

② *Annual Report on the Operations of the Calcutta Improvement Trust for the year 1914*, Calcutta Improvement Trust, British Library, London, IOR/V/24/2920,转引自 Nabaparna Ghosh, *Being Urban: Space, Community, And Everyday Life In Colonial Calcutta, 1800—1930*, Dissertation, Princeton University, 2015, p.98。

③ Nabaparna Ghosh, *Being Urban: Space, Community, And Everyday Life In Colonial Calcutta, 1800—1930*, p.99.

④ John F. Bauman, ed., *From Tenements to the Taylor Homes: In Search of an Urban Housing Policy in Twentieth-Century America*, Penn State Press, 2010, p.83.

⑤ E.P. Richards, *Report by Request of the Trust*, on the Condition, Improvement and Town Planning of the City of Calcutta and Contiguous Areas, p.283.

上诉,要求补偿一块面积更大的土地。像班纳吉一样,大多数居民拒绝接受这些地块。①在众多的抗议者中,马尔瓦尔人(the Marwari)最具影响力。

马尔瓦尔人从事棉花贸易,在加尔各答颇具影响力。面对基金会对其财产的侵占,马尔瓦尔商人们奋起反抗。1915 年,他们组织了一次街头抗议,谴责基金会实际是想用英国企业取代他们的房屋和商业场所。他们特别谴责了基金会强征他们的祖屋(孟加拉语称为"bastubhitas")。②一位名叫莫提坎德·纳克特(Motichand Nakhat)的棉花商人向信托基金会请求不要拆除他的祖屋,因为这是他的部分生计。另一位棉花商人,马洪·拉尔(Makhon Lall)也向信托基金会请求不要毁掉他的房子,因为补充生意收入的租金可以满足家庭不断增长的开支。③面对马尔瓦尔人的反抗,基金会辩称道,他们的房屋是不卫生的"侵占物",不利于城市居民的健康,④因此,必须拆除。在处理土地纠纷时,基金会多将涉及纠纷的土地定性为"不卫生的土地",进而需对其进行治理与规划。理查兹对基金会的行为辩护道,"这是在为预防流行病、改善居民健康和城市卫生状况而获得土地"。⑤

基金会虽以卫生之名推进了许多改造计划,但宗教传统是其无法逃避且难以妥善解决的问题。1858 年,英国政府接管印度后,确立了不干涉宗教事务的基本原则。在印度社会中,具有法律效力的地契并不常见,土地的转让不通过签署文件等官方程序,而是通过庆祝传承的仪式,带有宗教含义的土地使财产权变得更加复杂。孟加拉语"debutter"指属于神灵的财产,当财产所有者将其土地或其他财产献祭给神灵时,这一财产就成为了"debutter"。⑥在与基

① *Annual report on the operations of the Calcutta Improvement Trust for the year 1916*, Calcutta Improvement Trust, British Library, London, IOR/V/24/2922,转引自 Nabaparna Ghosh, *Being Urban: Space, Community, And Everyday Life In Colonial Calcutta, 1800—1930*, p.103。

② 对马尔瓦尔人而言,祖屋是被赋予了意义的住宅,它们体现了家庭的历史。几代印度人都住在同一所房子里,以保护他们祖先建造的空间。对一些不从事商业活动的家庭来说,出租空余房间还是收入的来源。"The Marwari Protest", *The Times of India*, 14 May 1915.

③ Nabaparna Ghosh, *A Hygienic City-Nation, Space, Community, and Everyday Life in Colonial Calcutta*, p.77.

④ Nabaparna Ghosh, *Being Urban: Space, Community, And Everyday Life In Colonial Calcutta, 1800—1930*, p.100.

⑤ E.P. Richards, *Report by Request of the Trust, on the Condition, Improvement and Town Planning of the City of Calcutta and Contiguous Areas*, p.93, p.43.

⑥ 详见 Prannath Saraswati, *The Hindu Law of Endowments*, Thacker Spink & CO., 1897; Gregory C. Kozlowski, *Muslim Endowments and Society in British India*, Cambridge University Press, 1985.

金会争执的过程中,印度民众发现,基金会总是会避开宗教建筑。印度民众利用这一特点,将土地重新描述为具有宗教意义的财产,以应对基金会的强征。

1917 年,基金会决定拆除哈里波多·乔杜里(Haripodo Chowdhury)的祖屋,因为它阻碍了瓦通杰街(Watgunje Street)的改造计划。接到搬离通知后,乔杜里起草了一份请愿书,解释说印度教神 Panchanan(印度教湿婆的另一个名字)拥有这块土地和他的房子。请愿书详细说明了湿婆是印度教中最神圣的神,房屋中的祭坛是最古老的。在礼拜日,来自全国各地的信徒会聚集在他家。最后,基金会放弃了该计划。1918 年,基金会计划推进罗素路的拓宽工程。居住于此的印度居民争辩道,与罗素路南部相邻的几处房产是"debutter",是不可剥夺的土地。这些"debutter"有几处庙宇,是印度教徒进行的救赎圣地。居民们以印度教共同体的名义向基金会提出请愿。他们认为,如果基金会执意拆除这一地区,不仅会使他们无家可归,而且还会破坏一个宗教共同体。基金会最终也放弃了这一计划。①越来越多的印度民众开始利用宗教抵制基金会的征用。基金会也很快意识到了这一变化,他们试图将宗教财产区分为公共与私人两方面。公共的宗教财产可不进行拆除,但私人的宗教财产因不为大众提供服务,只要个人或家庭同意,该土地则可以转让给政府。但在实际的操作过程中,基金会发现对宗教财产进行区分十分困难,而许多改造计划最终不了了之。

三、治理实践的成效与特点

1911 年至 1914 年间,基金会充分利用资金在城市中建造了多条宽阔的林荫大道。其中,修建中央大道(the Central Avenue)是基金会工作的重点。早在 19 世纪 40 年代,就有官员向政府建议修建一条贯穿南北的道路,但该计划受资金限制,最终不得不放弃。②中央大道连接加尔各答南北部,是全市主要的交通干道之一,长 3.16 英里,宽 100 英尺,实际道路宽约 54 英尺,实行人车分流,专门修建了两条宽敞的人行道。基金会还十分注重打通城市交通网络,将中央大道与周边东西向街道相连。20 世纪 20 年代,中央大道基本竣

---

① Nabaparna Ghosh, *Being Urban : Space, Community, And Everyday Life In Colonial Calcutta, 1800—1930*, pp.118—119.

② *Bengal Public Health Department : Bengal Public Health Report, 1887—1888*, Bengal Secretariat Press, 1888, British Library, London, IOR/V/24/3812, p.60.

工,成为了加尔各答现代快速交通的象征。

英国官员和部分印度精英阶层对中央大道的建成津津乐道。一位评论家指出,"波姆巴斯先生起初被认为是一个杀人犯,但在几年的时间里,人们忘记了以前对他的称呼,人们得出结论,他是一个天使,人们希望加尔各答有更多的改善"。[1]印度上层精英塔库尔(Thakur)写到,"城市毫无疑问从基金会的工作中受益,疾病已经消失"。有英国官员总结道,"虽然我们会因古老建筑的拆除而感到遗憾,但我们不能忽视建筑、环境和设施的改善,道路两侧还涌现出了四五层高的宏伟新建筑"。[2]客观来看,中央大道的修建确为城市带来了新秩序、新面貌,城市交通获得大大提升,许多拥挤破旧的建筑被拆除,城市卫生问题一定程度上得到了改善。可实际上,基金会的城市改造行动却忽视了印度民众的切身利益。塔库尔在肯定基金会的同时,也注意到了人口的被迫迁移,以及对补偿不足和税收增加的抱怨。

纵观此次加尔各答城市改造,公共卫生问题是英印政府进行规划与治理的重要导向。曾有学者指出,印度的城市规划工作虽深受英国影响,但是在与英国不同的基础上展开的。在东方,城市规划是在处理脏乱、过度拥挤地区的卫生措施中产生的。[3]英印政府对公共卫生问题的强调与利用,其背后逻辑主要有二。

一方面,客观上,加尔各答的确存在着较为突出的城市卫生问题。殖民体系下,城市难以得到均衡、全面的发展。长期以来,白城是殖民政府关注的重点,与之相邻的黑城则多处于无序发展的状态。殖民经济吸引了大批劳工进入加尔各答,这也加剧了黑城的卫生问题。官方报告记录道,黑城通常由大量的小屋组成,房屋建造没有任何计划或安排,没有道路,没有排水渠,通风不良,这里无疑是疾病的温床。[4]在旅行者眼中,加尔各答是灰暗且杂乱无章的,交通堵塞,环境嘈杂。[5]黑、白城之间并非泾渭分明,驻印英人与印度人联系密

---

① C.H. Bompas, "The Work of the Calcutta Improvement Trust", *Journal of the Royal Society of Arts*, p.216.

② Partho Datta, *Planning the City, Urbanization and Reform in Calcutta c.1800—c.1940*, p.269.

③ Henry Vaughan Lanchester, *The Art of Town Planning*, Chapman and Hall Limited, 1925, p.201.

④ *Great Britain. India Office*: *Report on Sanitary Measures in India*, 1868/69-1869/70, George Edward Eyre and William Spottiswoode, 1868, British Library, London, IOR/V/24/3675, p.29.

⑤ Margaret Read, *From Field to Factory*: *An Introductory Study of the Indian Peasant Turned Factory Hand*, Longmans Green and Co., 1927, p.9.

切。霍乱、鼠疫频发,居民苦不堪言,给殖民政府带来了巨大压力,公共卫生问题亟待解决。

另一方面,在殖民体系下,"卫生"一词所隐含的意义不仅限于与医疗、健康有关的行政制度,而是更趋于复杂化。公共卫生问题是殖民者干预与控制殖民地社会的重要切入口,更成为了帝国建构异族他者、凸显宗主国与殖民地之间异质性的工具。

以传染病预防与控制为主要目标的公共卫生政策是干预殖民地最为典型的体现。①以马尔瓦尔人为例,早在17世纪,马尔瓦尔人就从印度西部拉贾斯坦省(Rajasthan)搬到了孟加拉三角洲地区,参与当地的黄麻贸易。他们讲马尔瓦尔语,因此被称为马尔瓦尔人,主要聚居在大巴扎,住宅与仓库均位于此。马尔瓦尔棉商一直是加尔各答一个有影响力的经济团体。20世纪初,马尔瓦尔人控制了加尔各答近80%的棉花贸易。②商人们还成立了政治协会,就持续增加的进口税和贸易仲裁缺乏公平性向殖民政府请愿。这极大的威胁到了英国人的利益,英国商人也参与了当地的棉花贸易,并希望获得主导权。从19世纪末开始,英国人实际上已经多次试图取代马尔瓦尔人的贸易网络。鼠疫的暴发为殖民者干预马尔瓦尔人的生产生活提供了合理借口,卫生专员在调查过程中,在马尔瓦尔人的仓库里发现了染疫而死的老鼠,并以此认定其仓库是疾病的源头。③因此,他们命令马尔瓦尔人关闭仓库。

托马斯·R. 梅特卡夫(Thomas R. Metcalf)指出,英国人对印度的看法从来没有呈现为一个单一而连贯的思路,他们用以维持帝国在印度统治的理念与思路总是充斥着矛盾与多变。有时,出于某些目的,英国人将印度人视为像自己一样的人,或者是可以被转变为与自己模式相似的人;然而,另一些时候,他们又强调他们所确信的印度差异的持久特质。④但在整个殖民统治期间,"差异性"话语主导着统治者的意识形态,印度社会的脏乱与疾病则构成了"差异性"话语的标志。这一套修辞手段也为殖民者干预控制殖民地社会提供了

---

① 杨祥银:《殖民医学史:术语内涵、核心争论与多元视角》,《学术研究》2022年第8期,第107页。

② Anne Hardgrove, *Community and Public Culture the Marwaris in Calcutta*, *1897—1997*, Columbia University Press,2004,p.24.

③ *Calcutta. Corporation. Plague Department*:*Report on Plague in Calcutta*,*1907—1908*,Bengal Secretariat Press,1908,British Library,London,IOR/V/24/4492,p.32.

④ 托马斯·R. 梅特卡夫著:《新编剑桥印度史——英国统治者的意识形态》,李云东译,云南人民出版社2015年版,第2页。

合理性与合法性。

在加尔各答,英国官员反复强调突出黑城的落后与脏乱,将疾病的暴发归咎于此,用几个本质化的概念就定义了印度社会的特征。①印度鼠疫委员会在其报告中写到:"垃圾从他们(指印度人)居住的地方被扔到房子中央的庭院里,或者扔到既没有光线也没有新鲜空气的小巷里。印度人房屋的肮脏状况,相互接近的房屋以及过度拥挤的状态,使这一地区不可能拥有适当的卫生条件。"②在理查兹的报告中,他更是将印度民众拥挤破败的生活状况与道德问题相联系,"生活在贫民窟中会不断降低男人、女人和儿童的道德和身体素质,破坏他们的幸福,在他们中间滋生叛乱、邪恶、疾病和死亡。当然,疾病、犯罪、酗酒和精神错乱与贫民窟的生活直接相关"。③

实际上,宽敞、秩序不是印度城市的特征,以集市为基础的形态才是印度城市的标志。与喜欢居住在远离商业区的欧洲人不同,印度人更倾向于居住在靠近工作场所的地方。北部的大巴扎和乔拉巴加安(Jorabagaan)商业区在印度人中是非常受欢迎的住宅区。这些地方的地价较高,印度家庭的规模比较大,亲戚朋友和家庭雇员一般都会住在一起。因此,房屋的密度会较大。英国殖民者以西方卫生之标准审视判断印度社会,将印度社会与其文化背景相割裂,印度居民的住宅成为了印度人缺乏卫生意识的直观表现。黑城不仅仅是地理空间,它更是一种话语建构,为殖民者提供了建构差异的机会。印度在卫生方面的不足使其成为一片充满肮脏、放纵,以及在肉体上不节制的地区。④在"差异性"话语机制下,印度的环境、习俗与英国所代表的"现代文明"相对立,在信仰"文明使命论"的殖民者眼中,印度成为了亟需被治理、改造的对象。通过城市改造,英国人得以深入黑城,将印度人的生活空间、卫生和健康等个人因素置于殖民政府的监控之下。

此外,二十世纪初,印度民族主义运动风起云涌,"以卫生之名"而践行的加尔各答城市改造,其背后的意图并不局限于改善城市卫生条件,通过城市规

---

① 魏孝稷:《英帝国史研究的"后殖民转向"》,《史学理论研究》2020 年第 3 期,第 18 页。

② Indian Plague Commission, *Minutes of Evidence Taken by the Indian Plague Commission with Appendices*, Printed for H.M.S.O., 1900, p.30.

③ E.P. Richards, *Report by Request of the Trust*, *on the Condition*, *Improvement and Town Planning of the City of Calcutta and Contiguous Areas*, p.239.

④ Veena Talwar Oldenburg, *The Making of Colonial Lucknow*, *1856—1877*, Princeton University Press, 1984, pp.96—144.

划与改造以瓦解革命力量、维护殖民统治稳定性更是英印政府期望达成的目标。理查兹认为,黑城中曲折狭窄的小巷严重威胁着国家的稳定。这些地区是进行反殖民统治活动的理想场所,拥挤的巷道使军队难以展开快速的镇压行动。因此,在他的规划中,建议用宽阔的街道将城市空间重组。①加尔各答大都会学院(the Metropolitan Institute)的教师德维普罗萨德·萨尔瓦德希卡里(Deviprosad Sarvadhikary),苏巴斯·钱德拉·雷(Subhas Chandra Ray)教授曾批评道,基金会发起的城市改造,实际是通过清除人口众多的街区,以保护英国贸易的发展,他们的计划旨在将印度人赶出市中心,瓦解他们的贸易,并压制反殖民主义的示威活动。②

　　同时,还需指出的是,宗主国与殖民地之间并非支配—依赖的二元对立关系。马克·哈里森(Mark Harrison)曾指出,在解释殖民时期与公共卫生相关的政策时,存在着两种路径,一是威权主义(authoritarian)与家长式权威(paternalistic),即强调宗主国的"文明使命";二是自由主义(liberal)与分权主义(decentralist),即强调殖民政府的行动受到税收短缺、本土抵抗等因素的制约,但英属印度的研究需避免陷入非此即彼的线性逻辑,要建立一个能够容纳二者的范式。③大卫·阿诺德(David Arnold)持相似观点,殖民者与被统治者在公共卫生领域实为互动关系,其政策的制定需根据印度人的实际情况。④在殖民进程中,殖民权力的运作不仅存在着强力性的一面,协商性(negotiation)也是保障殖民权力平稳运行的内在要求。面对土著社会现实情况,英帝国对殖民地社会做出了相应的不曾言明的让步,以维护整体统治秩序的稳定。加尔各答城市改造中印度民众的反抗体现了殖民地社会的能动性,也显示了殖民形势下高压统治与妥协让步、强权与抵抗之间复杂的相互作用。殖民政府试图凭借自身突出的政治权位主导殖民地的一切事务,但印度人的反抗力量迫使殖民政府重新考虑、调整殖民策略。政治稳定是攫取殖民利益的首要条件,

① E.P. Richards, *Report by Request of the Trust*, *on the Condition*, *Improvement and Town Planning of the City of Calcutta and Contiguous Areas*, p.18.
② Nabaparna Ghosh, *A Hygienic City-Nation*, *Space*, *Community*, *and Everyday Life in Colonial Calcutta*, p.78.
③ Mark Harrison, *Public Health in British India*：*Anglo-Indian Preventive Medicine*，1859—1914, p.4.
④ David Arnold, *Colonizing the Body*：*State Medicine and Epidemic Disease in Nineteenth-century India*, pp.59—60.

为保障殖民秩序的整体稳定,英印政府需做出一定的让步。

四、结　语

殖民地城市的发展虽深受宗主国的影响,但也存在着一定的差异。19 世纪以来的欧洲,卫生问题逐渐成为了各国城市发展与治理中的重点关切。这一时期,英国公共卫生的发展与建设已成为国家政体的重要组成部分。医学知识与其他科技的权威性成为了国家体制的基柱,权力与专业医学知识结合之后的近代西方政权,即米歇尔·福柯(Michel Foucault)所称的"生命权力"(bio-power),已深入至社会内部,人的生活无时无刻不在其监控之中,巨细无遗。个人在制度与知识的紧密结合之下,发言权尽失。[①]殖民帝国将这一治理技术带往了殖民地社会。20 世纪初,英国的城市规划逐渐完善,摆脱了以公共卫生或住房单一维度为导向的规划实践。但在印度,公共卫生问题仍是英印政府进行城市规划与治理的重要导向。疾病控制、卫生改善与帝国治理规则相互交融,城市开始作为一个医疗对象出现,[②]英国人将脏乱拥挤的环境视为与城市生活有关的所有问题的根源。以卫生之名推行的城市改造,一方面掩盖了因发展不平衡所致的城市脏乱问题,另一方面更为殖民者干预、控制殖民地社会提供了切入口与合理性。

对于英国人而言,印度既不是纯粹的虚构或想象,也不是一种自然的存在,而是一种被人为创造出来的理论和实践体系。爱德华·萨义德在《东方学》中指出:东方是非理性的,堕落的,幼稚的,"不正常的";而欧洲则是理性的,贞洁的,成熟的,"正常的"。要使这一简单对立关系不那么单调枯燥不可忽视下面这一事实,东方人生活的世界虽与西方不同,然而却有着完备的组织结构,有其民族的、文化的和认识论的独特特征和内在一致的原则。然而,东方人的世界之所以为被人所理解、之所以具有自己的特征并非由于其自身的努力,而是因为有西方一整套有效的操作机制,通过这些操作机制东方才得以为西方所确认。关于东方的知识,由于是从强力中产生的,在某种意义上创造了东方、东方人和东方人的世界。[③]帝国话语的塑造不是通过"抢夺和占有"的

---

① 余新忠、杜丽红主编:《医疗、社会与文化读本》,北京大学出版社 2013 年版,第 118 页。

② Michel Foucault, "The Politics of Health in the Eighteenth Century", in *Power/Knowledge*: *Selected Interviews and Other Writings*, 1972—1977, Pantheon Books, 1980, p.175.

③ 爱德华·W.萨义德著:《东方学》,王宇根译,三联书店 2007 年版,第 50—51 页。

传统修辞进行,而是通过构建、强调印度与英国之间的差异性实现,以突出帝国的"文明开化使命",从而为自身的殖民统治提供强有力的辩护。正如学者保罗·卡特(Paul Carter)所说,这种叙述的目的不是为了理解或解释异域社会,而是为了合法化帝国统治。①

同时,殖民权力并非"所向披靡",殖民地社会具有一定的不可渗透性。加尔各答城市治理中产生的冲突反映了殖民者与被殖民者之间日益显著的矛盾,为避免矛盾不受控制地激化和 1858 年民族起义的重演,英帝国对印的殖民政策具有了一定的弹性。在争取殖民政府做出让步的斗争中,庶民阶级的抵抗发挥了重要作用。②加尔各答城市发展是一个动态的过程,对殖民地社会的理解要避免陷入支配—依赖的一元思路。

Urban Transformation and British Imperial Colonial Rule in Early 20th Century Calcutta

Abstract:The city of Calcutta was founded at the end of the 17th century and gradually formed a "black town" and "white town" layout. Under the colonial system, the Indian-populated Black Town was marginalized in the urban development. At the end of the 19th and beginning of the 20th century, the city's development was in trouble under the impact of the plague and nationalist movements. The Anglo-Indian government, for its part, used the crisis to extend its power of urban transformation deep within native Indian society, in order to maintain the stability of its own rule. The Anglo-Indian government, with its own prominent political position of power in the colony, dominated the urban transformation of Calcutta to create a new order that was more in line with colonial interests and more manageable. Throughout this transformation, public health issues were an important guide to urban planning and governance for the Anglo-Indian government, and the logic behind this was the imperial governance principles in India based on the principle of "difference". The issue of hygiene became a tool for the empire to construct the other and highlight the heterogeneity between the suzerain state and the colony, which in turn justified the colonizer's intervention to

---

① Paul Carter, *The Road to Botany Bay：An Exploration of Landscape and History*, University of Minnesota Press, 2013, p.xvi.
② 刘建芝、许兆麟选编:《庶民研究——印度另类历史术学》,林德山等译,中央编译出版社 2002 年版,第 222 页。

control colonial society. At the same time, colonial power was not only enforced with forcefulness, but negotiation was also inherent in the smooth operation of colonial rule, the unspoken concessions made by the colonizers in Indian society in the face of the realities of the situation.

Key words：British Empire; Colonial city; public health; colonial rule

作者简介：付文文，上海师范大学人文学院博士研究生。

伦敦地铁空间秩序的规训与塑造①

黎倩仪

摘　要:伦敦地铁的出现为伦敦市民带来便利交通的同时,也引发新空间内传统礼仪行为失范的问题。在缺乏有效社交礼仪和规范的情况下,地铁空间很快陷入了道德与效率的悖论之中。新空间的生成为公众默认的行为规范带来调整的空间。伦敦地铁以主导者身份发起了空间行为改良和教育运动,将乘客无形的道德感转化为有形的行为规范,将"理想乘客"与"完美公民"形象挂钩,并经过二战时期乘客与地铁工作人员的相互协调,塑造了伦敦地铁空间新秩序与新规范。

关键词:伦敦地铁空间　秩序规范　礼仪培养

世界上第一条地铁线诞生于伦敦,而早期伦敦地铁②的乘客行为脱胎于早先公共马车、干线铁路等交通工具空间的行为习惯。但随着地铁乘客群体成分愈加复杂、阶层趋于多元,加之其独特的地下封闭性和高频流动性,都对

---

① 本文系国家社科基金重大项目"多卷本《西方城市史》"(17ZDA229)和教育部人文社科重点研究基地重大项目"融合与冲突:都市移民的社群、空间和文化研究"(22JJD770057)阶段性成果。

② 关于伦敦地铁文化的研究详见 Alan A. Jackson, *Rails Through the Clay: A History of London's Tube Railways*, Routledge, 1962; Andrew Martin, *Underground Overground: A Passenger's History of the Tube*, Profile Books, 2012; D. Ashford, *London Underground: A Cultural Geography*, Liverpool University Press, 2013; David Bownes, Oliver Green, Sam Mullins, *Underground: How the Tube Shaped London*, Penguin Books, 2012; David Wragg, *Commuter City: How the Railways Shaped London*, Wharncliffe, 2010; Dennis Edwards, Ron Pigram, *London's Underground Suburbs*, Baton Transport, 1986; John Glover, *London's underground*, Ian Allan Publishing, 2010; Menear Laurence, *London's Underground Stations a Social and Architectual Atudy*, Midas Books, 1983 等。

空间内的行为规范提出新的要求。作为现代城市新型公共空间,伦敦地铁组织对地铁空间秩序规训负有主体责任,对空间秩序的塑造握有主导权。本文拟讨论 19 世纪末至第二次世界大战间,伦敦地铁空间中行为规范的缘起与意义、内容与形式、效果与影响,探究如何在这一新空间中形成符合地铁公司利益、满足公众出行需求、利于行业发展和具备现代城市文明标准的行为规范。

一、传统礼仪规范在地铁空间中失范

早在 1863 年世界第一条地铁大都会铁路线开通后不久,一位名叫欧文·科特尼(Irving Courtenay)的乘客写信给《泰晤士报》,抱怨由于列车没有在车站停靠足够长的时间,导致他没能在波特兰站上车。根据他的计算,地铁进站停靠时间从 15 秒至 25 秒不等,显然要在如此短暂的进站时间内进入车厢,势必需要"挣扎一番"。[1]随着伦敦深层地铁的开通,这一问题愈加凸显。1890 年12 月,地铁车站工作人员试图引导乘客遵循法国式的排队方式,特别是在伦敦金融城终点站。但急切的乘客显然不喜欢法国"老奶奶"的磨蹭,他们彼此抵着胳膊肘向前涌,相当粗鲁地挤进车厢。"伦敦地铁使审慎的人抛开顾虑,使胆怯的人勇敢起来,因为只要搭上这班地铁,就能缩短超一半的路程,还能免受恶劣天气的影响,且运营过程没有发生任何事故。"[2]这段文字是对伦敦地铁功能的褒奖,但也暴露了其有限的运营能力与庞大客流间的不匹配问题。出于对赶不上地铁的恐惧,乘客选择粗鲁的"勇往直前"。正如一位地方法官所说:"伦敦人知道如何维护自己的权益,地铁教会了他们。"[3]显然,这种粗鲁的维权方式是有悖英国传统绅士行为的,但在拥挤的伦敦地铁空间中,这种行为又被赋予了"勇敢追求平等权益"的积极意义。

1886 年《笨拙》杂志刊发的漫画《等列车停下》[4]建议地铁乘客要等列车靠站后才能离开座位准备下车,然而就在几年之后,这条建议已经不再具有建设性。1893 年,《英国图画杂志》记者深入伦敦地铁蹲点调查发现,想要离开拥挤的地铁车厢也同样不是一件容易的事儿。[5]出于安全和准时方面的考虑,工

① Wolmar Christian, *The Subterranean Railway: How the London Underground Was Built and How It Changed the City Forever*, 2012, Atlantic Books, p.43.

② "Editorial", *Derby Daily Telegraph*, 22 Dec. 1890, p.2.

③ "Charivaria", *Punch*, Vol.186, No.4894, 1934, p.309.

④ "Underground Studies", *Punch*, Vol.91, 1886, p.265.

⑤ Fred T. Jane, "Round the Underground on an Engine", *English Illustrated Magazine*, 1893.8.

作人员总是会尽量避免在临近关门时上下乘客,所以会出现阻止乘客上下车的情况。这样一来,乘客上下列车受伤的报告明显减少,紧凑的地铁时间表得以保证,但也给乘客带来诸多不便。1909 年,一位乘客写信给《泰晤士报》抱怨地铁贝克鲁线(Bakerloo Line)过于拥挤,导致自己无法在摄政公园站下车。当他向地铁门卫抱怨时,后者反馈,如果要在下一站下车,那就没有权力站在离车门这么远的地方 News in Bief,Times,5. Feb. 1909。这样一来,变相造成了地铁车厢"挡门者"的出现,他们聚集于车门周围,车门打开后第一时间下车。"挡门者"的行为显然与英国传统礼仪不符,后者倡导优先为他人着想的绅士行为,但在获得绅士赞誉与能准时下车之间,很多乘客选择了后者。

除了"上不了车"与"下不了车"的问题外,在车厢里还不可避免地存在一种更普遍的失礼行为,即伦敦地铁的"独特舞步"。由于伦敦地铁车速较快,每当列车开启或刹车时,车厢内的乘客都会经历一场"多人华尔兹",乘客很容易失去对自己身体的控制。这一现象在速度较慢的有轨马车、有轨电车和公共汽车车厢里很少出现。1909 年的漫画《地铁里的即兴表演:地铁舞步》①形象地描绘了这一地铁在车厢里屡见不鲜的画面。如若周围乘客与你身体前进方向相反,就很可能冒犯他人。1926 年的漫画《地铁礼仪》②中的男绅士没有握紧车厢顶部的固定手带,直接冲向身前的女士,场面十分尴尬。工党议员 W.J.凯利(W.J. Kelley)在埃奇韦尔延长线议案中提到,青年男女在如此拥挤的车厢里的礼仪是个值得讨论的问题。③拥挤的车厢使男女乘客近距离接触,直接打破了公共场合传统的礼仪距离,与现代城市社交空间注重个体隐私感的特点④相悖。

在吸烟问题上,虽然各条伦敦地铁的具体规定各有不同,但大部分地铁线一直采取严格的管控措施。在最初浅层地铁期间,由蒸汽机车造成的地下空气污浊问题使伦敦地铁备受批评,为了保证车厢中尽可能干净的空气,也为了防止火灾的出现,个别地铁公司一度禁止乘客在所有车厢内吸烟,引发了吸烟乘客的不满与投诉。⑤随着深层地铁的电力驱动取代了蒸汽驱动,对吸烟问题的管理略有放宽。从地铁车厢内禁止吸烟到吸烟车厢恢复运行,这一改变让

① Fred Pegram, "An Underground Impromptu. The Tube Step", *Punch*, Vol.136, 1909.
② D.L. Ghilchip, "Courtesy on the Underground", *Punch*, Vol.171, No.4487, 1926, p.637.
③ Mecca Ibrahim, *One Stop Short of Barking: Uncovering the London Underground*, New Holland, London, 2004, p.12.
④ 曲卫国:《近代英国礼貌变革研究》,复旦大学出版社 2017 年版,第 17 页。
⑤ "In London To-day", *Evening Telegraph*, 30 Oct. 1936, p.6.

我们窥见了地铁空间行为规范的演进过程。

新技术的发明与应用为公众默认的行为规范带来调整的空间，新行为规范的建立过程是多方协调的成果，其间不仅有乘客的主张与申诉，还有地铁公司出台的行为规范与管理章程，最重要的是交通委员会制定的行业规范。部分问题得到了妥善的解决，但在涉及空间内礼仪行为的问题上，通过放任的方式短期内很难获得协调统一的规范，这也引发了公众对于这一新事物对传统礼仪标准的冲击表示担忧。既害怕成为伦敦地铁上典型的"不受欢迎的乘客"①，又生怕自己成为拥挤车厢中的施暴者或不经意间的助力者，还要担心能不能按计划搭乘地铁。系列诗歌《伊什诗集》②就描述了乘客主体对地铁空间中礼仪规范和安全问题的担忧。乘客越来越关注个人旅行的效率，而忽视了旅行过程中对他人的关照。只提升公众道德水平的改良路径并不能有效解决新空间的秩序治理问题，更多的乘客会选择主动忽略地铁空间中的礼仪。传统高尚的礼仪规范在新的公共交通空间中变得局促而不合时宜，遵守传统礼仪的乘客反而得不到大众的认可，被视作不懂变通的"绅士"，正向的礼仪标准产生了松动。从实用性与功利性角度来衡量，旧的礼仪标准已经难以跟上公众在新空间中的行为节奏。马车、火车、马拉公共汽车等传统交通行业的行为规范并不能完全适应地铁空间，新的空间、新的群体、新的行为需要新的规范。接下来要探讨伦敦地铁如何驯服新的公共空间，成为伦敦地下空间的"无序之皇"（Lord of Misrule）③。

二、从无形的道德感到有形行为规范的转变

"规范"一词在《辞海》中的解释为"标准、范式"，有"模范、典范"之意。规范，即对不符合规范的行为加以规范。行为规范就是对行为的规律与规则加以界定和固定，制约和限定规范对象的行为，界定社会秩序的标准。规范并非一成不变，而是会通过实践不断完善，修正与发展；规范代表了群体对行为的共同认识，是公众间协调的产物。回顾伦敦交通历史，当在马车或火车车厢内，陌生人之间的近距离接触带给中产阶层新的难题时，英国出现了一种"建

---

① "Rhymes of the Underground", *Punch*, Vol.159, No.4161, 1920, p.193.

② Richard Mallett, "From the Ish Anthology", *Punch*, Vol.192, No.5026, 1937, p.348.

③ Jerry White, *London in the 19th Century: A Human Awful Wonder of God*, 2008, Jonathan Cape, London, p.4.

议型文学",帮助、指导旅行者提升开展合宜对话的技能和培养得体的行为举止。①如以城市指南和礼仪手册为代表,指导公众在公共场合不要直勾勾地盯着陌生人,走路要靠左行,不要在人群中推搡,要学会成为陌生人群体中的一部分等。②各类报刊也会出版相关主题的建议型文章和漫画。旅行乘客也各显其能,通过阅读来避免与同行乘客的眼神交流或是沉默以对的尴尬,图书报摊遍布英国各大车站。但在拥挤的伦敦地铁车厢上,窥伺同行人的报纸会被视作不礼貌的行为,有侵犯他人隐私的嫌疑。乘客亦或可以选择放空自己、闭目养神,或是眺望窗外的风景,但在幽暗的地下深处,窗外只有黑蒙蒙的隧道,只有列车进出站时才能看到车站名和线路名的标识。

公众乘客、社会媒体出于个体道德素养和社会改良的初衷,参与固化新行为规范;而对于交通行业公司而言,其践行的理由绝非出于纯粹的社会责任感。如公共汽车出现早期,对于体面的女士而言,公共汽车是一种"一想到就会脸红"的存在。③公共汽车公司为了扩大女性乘客群体,在上层车厢甲板外侧安置了"礼仪黑板",劝诫男士乘客如何保持体面的理解,不被女性乘客的脚踝所吸引④,规定所有乘客都不得坐在车顶上等⑤。当大多数乘客适应了新的公共汽车礼仪后,这些"礼仪黑板"就暂时失去了意义,开始刊登起广告,而乘客也习惯了从"黑板"上获取信息。

对于地铁公司乃至地铁行业的发展而言,治理新空间秩序、固化新行为规范也具有积极意义。过于随意、自由的行为会给公共空间的秩序造成不良影响,引发局部空间混乱、口角矛盾、肢体冲突等事件频发,加大一线工作人员的工作量,影响地铁线路的准点率与安全性;部分乘客薄弱的"识路"能力、领悟能力等会间接降低地铁空间流动效率,影响其他乘客的乘坐体验和地铁行业的美誉度,降低其与其他城市公共交通工具间的竞争力;地铁空间治理不善也很容易引起公众对地铁公司服务质量、运营效率、承担社会责任等方面的批评与指责。公众的道德修养难以自发形成能获得普遍认可的行为规范;而一直

---

① ［美］詹姆斯·弗农著,张祝馨译:《远方的陌生人:英国式如何成为现代国家的》,商务印书馆 2017 年版,第 38 页。

② 转引自 G.F. Cruchley, *Cruchley's London in 1865: A Handbook for Strangers*, London, 1865。

③ David Wragg, *Commuter City*, 2010, Barnsley: Wharncliffe Transport, p.502, 转引自 Harry Golding, *The Wonder Book of Motors*, Ward, Lock & Co. Limited, 1927。

④ 同上,第 155 页。

⑤ "World's First Tube Train", *Times*, 19 Dec. 1950, p.2.

以来以改良者自居的中产阶级显然更擅长在各类报纸杂志上撰文提出问题，却没有给出解决问题的有效方法；地方政府、议会也没有给予这个问题足够多的重视。多重因素导致地铁公司逐渐走向台前。

另一方面，早期复杂混乱的伦敦地铁行业经历了私有公司间的恶性竞争，到美国寡头的收购垄断，再从集团化到半公有化的体制变革，逐渐趋于平稳、统一。20世纪20年代前后，伦敦地铁公司和行业开始主动承担起治理空间秩序的主要责任，打造地铁空间的行为范式，规训新空间中群体行为规范，成为教育培养地铁空间的新秩序与新规范的推动者与主导者。

第一次世界大战期间，著名漫画家乔治·莫罗（George Morrow）①受地下电气铁路公司委托创作的系列海报《列车延误意味着更加拥挤不堪》②。莫罗的这组系列海报以漫画和行为口令的方式呈现乘客搭乘地铁的规范行为，并详细解释了哪些行为是正确的、值得倡导的，是可以为乘客节约时间、保证列车准点发车的；哪些行为是错误的、自私的，不仅会影响个人出行，更会干扰他人甚至是整组列车。虽然在文案上使用了诸多表达劝诫、感谢的措辞，但核心的广告语使用的是祈使句、命令的口吻，目的在于规训乘客的行为、姿势和态度，进而在地铁空间中形成对公众行为的支配。在系列海报发布前，伦敦地铁空间行为规范的塑造尚处于起步阶段，此前乘客并没有接受过如此明确的指导或劝诫。去掉漫画画面，海报中余下的广告语和文案部分内容详实细致，既有规范行为的描述，又有行为缘由的阐释，可视作地铁公司制定的早期公共空间行为规范。

随后，地下电气铁路公司持续发力，依托字母表的形式进一步扩充行为规范的内容条款。字母表原本是一种儿童启蒙读本的形式，是后续学习的基础，每个字母的阐释内容琅琅上口，便于传播。字母表形式是伦敦公共交通十分喜欢使用的宣传形式，在第一次世界大战期间，TOT互助基金会为儿童制作出版了小册子《TOT字母表》（*An Alphabet of TOT*，1915），精美的插图的灵感来自伦敦众多公共交通，由著名的海报艺术家查尔斯·皮尔斯（Charles Pears）③绘制，展示了伦敦公共交通在新旧交替时期的丰富有趣的细节。1923年，伦敦

---

① 乔治·莫罗（1870—1955），英国漫画家、艺术家。于1897年至1904年间在巴黎求学；1906年起成为《笨拙》杂志绘师，1932年至1937年间担任《笨拙》艺术编辑；1918年至1931年间，莫罗为伦敦地铁组织创作海报。

② *Train Delays Mean Overcrowding.* 该系列作品一式四幅，1918年发布。

③ 查尔斯·皮尔斯（1873—1958），英国漫画家，海军艺术家协会（Society of Naval Artists）创始成员。

地下电气铁路公司继续委托莫罗绘制了两幅字母表宣传招贴画,即伦敦出行《安全指南》[1]和《地铁旅行指南》[2]。前者是面向所有城市公共交通工具的,以公众安全为出发点的指南;后者是为搭乘地铁出行量身定制的规范章程。以《地铁旅行指南》为例,26 个英文字母分别代表了 26 条行为规范条款,前 25 条几乎涵盖了搭乘地铁的全过程,最后一条"Z"强调只有公众的通力协作,才能维护地铁空间的良好秩序。字母表内容严密地划分了地铁旅行过程中的时间、空间和活动编码,完整的步骤和机制取代了此前"零敲碎打"的表述方式,形成了一种不间断的、持续的强制。在整个行为规范制定、传播、执行过程中,地铁公司扮演了家长的角色,教养公众个人地铁出行习惯,以固定条款为载体约束规范公众在地铁空间中的行为,使公众在遵循中养成行为习惯,从而形成社会主流意识。

伦敦地铁不仅力求在广度上形成地铁空间行为规范的闭环,更挑选重点条款进行多元化、持续性地演绎与创作,试图巩固公众对行为规范的执行力。接下来,笔者将以《地铁旅行指南》中的一条"进入车厢后向前走,不要停留在车门口"为例,以时间为轴纵向梳理这条行为规范是如何从书面文字转化成社会共识。

根据伦敦交通博物馆记录,广告语"请往车厢里走"(Pass down the car, please)最早出现于 1917 年的传单中。地下电气铁路公司为了提高每节车厢的使用率,引导敦促乘客上车后尽量朝车厢深处走,不要挡在门口阻碍他人,这样每节车厢就能容纳更多的乘客。1919 年,公司以此为标题出版了一幅海报,画面中有两个车厢的鸟瞰图,一个是遵守该条行为准则的车厢,另一个是不遵守的车厢,并配以文案:"如果乘客不走入车厢内部,而是站立在车门附近,那么每节车厢只能运载 60 名乘客;反之,每节车厢则可以运载 80 名乘客。按一班列车四节车厢来算,就可以多容纳 80 人。"[3]相较于此前的文字传单,海报用直观的画面和数据向公众呈现了遵守规范能获得的利好。伦敦地铁通过建立一种关系,即乘客的顺从能带来高效的旅行,一系列的规范是为了满足乘客高效出行的需要而倡导的。随后,这句广告语陆续出现在多幅地铁海报

---

[1] George Morrow, *Safety*, Alphabet, 1923. https://www.ltmuseum.co.uk/collections/collections-online/posters/item/1983-4-1485.

[2] George Morrow, *An Underground Guide to Travel*, Alphabet, 1923. https://www.ltmuseum.co.uk/collections/collections-online/posters/item/1983-4-1234.

[3] F.H. Stingemore, *Pass Down the Car Please*, 1919. https://www.ltmuseum.co.uk/collections-online/posters/item/1983-4-808.

中,成为地铁公司宣传的重要主题。如乔治·洛林·斯坦帕(George Loraine Stampa)1920 年创作的同名海报,画面是传统的地铁车厢内部场景图,附加了副标题"体贴的乘客是公众的恩人"①,进一步强调遵守规范的受益人是乘客本身,同时赋予这样的行为更为高尚的道德评价,乘客顺从的行为、态度变成一种能力或素养。1923 年,弗雷达·林斯特罗姆(Freda Lingstrom)②也绘制的同名招贴海报,画面中一地铁车厢的场景形象直接消失,各色卡通剪影般的乘客形象构成了海报主体,依次排开的乘客井然有序地向前行走,秩序成为海报的主旋律。直至 20 世纪 30、40 年代,伦敦地铁仍发布了不少该主题的海报,不断巩固该规范行为的影响力和执行力,发布频次较 20 年代有所降低。伦敦公共汽车、有轨电车等公共交通海报也借鉴了这句广为熟知的口号,如大卫·兰登(David Langdon)③在海报创作中将此句转换成:"(大家)请往前走,给我们腾个地儿。"④规范的形成并非一朝一夕,在不同的时代也需要不同的演绎,此后几年,伦敦地铁发布大量各类信息类海报。

　　另一方面,在地铁空间之中,车站工作人员也以此为引导宗旨,在言语和行动上指导乘客向车厢内走。地铁公司从毫末细节出发,提炼简短精练的行为口号,依靠地铁组织成熟通畅、广受认可的宣传媒介,向公众发出明确的教导指令,使公众知晓、熟悉、了解指令内容;在地铁空间中,地铁工作人员通过言行举止进一步巩固指令内容,引导乘客遵循。在地铁公司的宣传教育下,公众很快接受了这一口号所象征的行为规范,并将其内化于心,外化于行。这句口号很快成为公众最为熟悉的地铁行为规范。

　　值得注意的是,这句口号之所以很快获得公众的认可,很大一部分原因在于口号的主张不仅是站在地铁公司运营者的角度,更是抓住了匆忙赶车乘客

---

①　George Loraine Stampa, *Pass Down the Car Please*, 1919. https://www.ltmuseum.co.uk/collections/collections-online/ephemera/item/2004-16869.

②　弗雷达·林斯特罗姆(1893—1989)英国女艺术家、作家和插画师。她以风景画闻名,曾受挪威和瑞典政府委托创作绘画作品,鼓励英国人赴两国旅行;她是英国儿童电视界的领军人物,1951 年被任命为 BBC 儿童电视台的负责人;1938 年出版第一部小说《七妹》(*The Seventh Sister*)。1923 年至 1933 年间,她为伦敦地铁集团绘制插画作品。

③　大卫·兰登(1914—2011)英国著名漫画家。二战期间,大卫·兰登一边在英国皇家空军服役,一边为伦敦交通创作漫画;战后至 20 世纪 90 年代,他一直从事漫画事业。对于战时数百万人伦敦人来说,他创作的"比利·布朗"是最熟悉的作品。

④　David Langdon, *Kindly Pass along the Bus and So Make Room for All of Us*, 1943. https://www.ltmuseum.co.uk/collections/collections-online/posters/item/1983-4-10546.

的焦虑心理。只要前面的乘客往车厢内走一步，排在下一位的"我"就可能赶上这一班地铁，而非眼巴巴地瞪着紧闭的车门。1920年，地铁公司曾发布一幅海报《交通》①，希望以同样的方式引导乘客尽可能在非高峰时段出行，即便该海报以漫画形式在《每日镜报》上发布，也未引起多大反响。究其原因，高峰时间搭乘地铁多属于通勤者的刚性需求，海报主张的内容超出了乘客愿意转圜妥协的范畴，宣传引导效果甚微。

同年，地铁公司推出的另一幅海报进一步明晰高峰时刻和非高峰时刻乘客群体的区别，主张出门购物的女士应该在早上十点至下午四点的非高峰时刻搭乘地铁②，反之则是非常不礼貌的行为，意味着占用大量通勤者的乘坐机会。地铁公司有意识地分化乘客群体，将高峰时刻拥挤的原因归结为部分乘客的不当出行，并冠以性别、物欲等标签，依靠舆论优势占据道德高地，把地铁运营者应承担的责任转嫁到部分女性乘客身上，挑拨乘客群体间的关系，以男性的视角界定和规范女性的现代化城市生活，将不适宜行为渲染为不规范、不道德行为，以达到提高通勤者高峰时刻搭乘地铁的效率，以及缓和地铁公司与公共之间关系的目的。

成文规范是在已有的经验基础上总结提炼而得，是经过实践验证的，具有相对稳定性。但在面对飞速发展的时代，新事物、新问题层出不穷的时代，既已约定俗成的行为规范难以跟上进步的节奏，不再适用，需要修正调整。这需要一个过程，而在法律制度高度细致规范的英国，这将是一个相对漫长的过程。当地方政府、议会一时之间难以出台新的成文规范时，伦敦地铁行业组织、垄断企业填补了这一短板。地铁公司创作发布了蕴含大量公共信息的广告海报，拆解标准行为，通过文字注释、漫画描绘等方式固化，使无形的标准成为有形的规范，创建地铁空间中的新秩序，以确保乘客安全和服务顺利运行。

三、从理想乘客到完美公民的塑造

1927年，伦敦地铁发布海报《理想乘客》（*Ideal Passenger*）③，创作者伦

---

① William Kerridge Haselden, *Traffic*, 1920. https://www.ltmuseum.co.uk/collections/collections-online/posters/item/1983-4-872.

② F.H. Stingemore, *Shop Between 10 & 4, the Lady Who Did*, 1920. https://www.ltmuseum.co.uk/collections/collections-online/posters/item/1997-3362.

③ Lunt Roberts, *Ideal Passenger*, 1927. https://www.ltmuseum.co.uk/collections/collections-online/posters/item/2005-18850-part-59.

特·罗伯茨(Lunt Roberts)①用长文案形式,以第一人称视角详细陈述了伦敦地铁乘客的应具备的行为礼仪。从内容上看,这篇长文案类似于一首伦敦地铁行为规范的规劝诗,规约了搭乘地铁这一社会活动的全过程,旨在维护地铁空间秩序。英国传统规劝诗的形式一般用在非正规的教育场所②,帮助公众掌握与地铁乘客身份相匹配的行为规范。广告中,一位头戴礼帽、身着西服、手持雨伞和公文包的英国绅士,在伦敦地铁空间中诸多得体的举止,被塑造为伦敦地铁的"理想乘客"形象。广告以这位虚拟的"理想乘客"口吻劝诫所有地铁乘客。海报行文采用了平视的视角、平实的言辞和白描的叙述,取代了早期礼仪规劝诗长者(或先锋改良者)教训的口吻。地铁公司强势的规范条例被转化为乘客群体间的心得分享与劝诫。劝诫的对象是所有的伦敦地铁乘客,而与乘客个人所属的社会阶层无直接关系;劝诫的内容具体、实用且便于记忆。伦敦地铁将"理想乘客"顺从、规范的行为与态度转化为"完美公民"应具备的个人综合素养,并竭力赋予其普遍性。搭乘地铁规范的解剖图被鲜明地勾画,行为被分解成各种要素,每个动作都被规定了方向和时间,动作的连接也被预设规定好。规范意识渗透进"完美乘客"的脑海,来自伦敦地铁的控制力也随之浸润。

伦敦地铁试图通过这种婉转的宣传方式,将地铁空间中的规范行为提炼规约为公民个人素养的一部分,这与当时英国社会独特的社会背景息息相关。正如 A.P.赫伯特在《完美公民》③一文中描述的,当时的伦敦社会充斥着严明的纪律与服从规范的主流意识。也就是说,遵守纪律等价于造福他人,不规范的行为则会引起"混乱"。伦敦地铁有意识地"混淆"这两个概念,正如其委托乔治·罗兰·斯坦帕(George Loraine Stampa)④创作的地铁海报中使用的标语"体贴的乘客是民众的恩人"⑤。地铁乘客的不当行为将会为其他乘客带来麻烦,规范行为能消除各种不利因素,同时也给予乘客一定程度的便利,确保地铁旅程的体验感。地铁空间中的规范行为被塑造成与人为善、造福他人的

---

① 英国插画师,1936 年成为伦敦素描俱乐部(London Sketch Club)主席。

② 曲卫国:《近代英国礼貌变革研究》,复旦大学出版社 2017 年版,第 298 页。

③ A.P. Herbert, "The Perfect Citizen", *Punch*, Vol.177, No.4646, 1929, pp.682—683.

④ 乔治·罗兰·斯坦帕(1875—1951),英国插画家和漫画家,主要为《笨拙》等杂志社撰稿。斯坦帕最著名的作品是他绘制的伦敦街头人物。1920 年,斯坦帕受伦敦地铁委托绘制系列漫画海报,文中标语源自 1920 年创作发布的地铁海报《请往里走》(*Pass down the car please*)。

⑤ A considerate passenger is a public benefactor.

行为。地铁公司提炼了诸多地铁空间行为规范,如"不要越过旁边人的肩膀阅读""不要靠在邻座乘客身上睡着了""车门关闭时远离车门""行李不能占座""男士请不要岔开腿坐""自动扶梯上要左行右立""避免与任何乘客有目光接触""车厢内禁止大声喧哗""出站前准备好车票"①等,目的在于防止和纠正乘客中可能出现的不适宜行为,并将这些可能消灭在萌芽状态。伦敦数以百计的地铁车站既是独立的密闭场所,也是贯彻规范纪律的典型空间,在列车的串联下形成了统一的规训系统空间,乘客反复接受劝诫、督导。商业海报拓展了规训的方式与途径,以一种更灵活、更亲和的方式劝诫乘客。地铁公司使用标准、文明、典范等词汇对规范行为进行美化修饰,标榜其为进步者的准则行为、现代都市公共空间的标准行为;再通过广告宣传、旅行手册等传播渠道,使诸多规范行为"常态化",并逐渐升级成为伦敦人的骄傲。

这场地铁公司主导的地铁空间新秩序运动中,"完美公民"的标签被用来限制"理想乘客"的行为,引发了不少伦敦民众的抱怨与不满。有些是质疑地铁公司制定的繁杂章程,如地铁公司章程中规定"乘客接受车票……应被视为协议搭乘的决定性证据,对于由于天灾、敌人、火灾、机械、锅炉或蒸汽事故,以及任何性质和种类的海洋、河流和航行中遭遇的任何性质和种类的危险和意外而引起的旅客行李或财产的任何损失或损坏,(地铁)公司将不承担任何责任"②,大部分乘客需承担如此多的出行风险并不自知,乘客群体处于绝对的弱势。有些更是将矛头指向管理层,认为后者的强势摆布公共空间的秩序,更过度干涉伦敦民众的行为自由,指责公司教育地铁工作人员将伦敦民众视作"需要被教导的孩子和受人欺负的低能""列车上的饲料和受人恐吓和吆喝的牛"③。事实上,地铁公司通过分割、序列化、整合、管理空间中的规范行为,进而达到控制空间活动和支配空间实践的目的。"理想乘客"已经被训练得能够连贯执行每个标准行为,成为构成地铁正常运行的重要部件。

地铁公司在海报宣传中对伦敦民众提出了规范行为的要求,并总结为"乘客的得体行为有助于提升地铁服务质量",但工作人员的规范行为与服务礼仪在广告宣传中并未占据过多篇幅。诚然,地铁公司内部有工作规章制度,但对

---

① 文案内容均来源于 20 世纪 20 年代伦敦地铁海报文案。

② "Underground Perils", *Punch*, Vol.180, No.4722, 1931, p.590.

③ A.P. Herbert, "The Turn of the Underground Worm", *Punch*, Vol.160, No.4189, 23 Mar. 1921, pp.224—225.

于广大民众而言,并不知晓。加之两次大战间歇期,一系列地铁礼仪行为的广告宣传,进一步渲染强化了乘客群体的服从意识;弱化了地铁公司和工作人员的主体责任。如地铁公司要求乘客"进入车厢后要往里走",不要停留在车门附近;但对地铁工作人员而言,为了保证列车准时发车,必须把乘客"从比较舒适的月台撵到可怕的地铁车厢里"[1]。同一事项、双重标准,引发了民众对地铁工作人员礼仪规范与服务质量的不满,地铁工作人员一度被戏称为"矮脚鸡",是一群"外表十五岁,却拥有五十岁人的傲慢"[2],导致伦敦民众对地铁的好感下滑。第二次世界大战的爆发暂时消弭了乘客与地铁公司之间的裂痕,后者凭借在战争时期表现出的责任与担当,重新赢得了伦敦公众的信赖与好感,有效助力新规范的传播与践行。

四、内外兼修的礼仪培养与教育

1933 年,伦敦客运委员会(London Passenger Transport,LPTB)成立,预示着伦敦地铁正式步入半国有化阶段。作为当时世界上最大的单一客运机构,伦敦客运委员会负责伦敦所有公共汽车、电车和地铁服务。[3]在成立初期,委员会聚焦旗下线路的整合扩展、系统的电气化改造和设施的现代化升级等事宜,宣传推广内容也聚焦这些事项。进入 30 年代末期,伴随着大型线路建设与设备更新项目逐渐收尾,伦敦客运委员会开始将更多精力投入凝练和宣传公共交通空间的行为礼仪,其半国有化的机构背景督促其在社会风尚和公共行为规范上有所作为。第二次世界大战期间,伦敦地铁在空袭期间为伦敦民众提供了很多保护,其间发布了不少警示性公告,详细陈述了伦敦地铁作为战时避难所的规范条例。战时的伦敦依旧是个极其繁忙的大都市,伦敦地铁站台上的避难所也是如此,地下空间的每个角落都异常宝贵。事实上,战争时期的伦敦地铁已经从半国有化的企业属性转变为战时国有化状态,须兼顾城市公共交通的正常运行和民众避难场所管理。

伦敦地铁运营方在地下空间的管理上采用了刚柔并济的措施,除了使用长文案版海报,阐释各类地下避难空间的规范条例,即公共信息类海报;同时委托漫画家大卫·兰登(David Langdon)创造了战争时期的虚拟乘客形象"伦

---

① ② "L.P.T.B.", *Punch*, Vol.192, No.5031, 1937, pp.484—485.

③ 1948 年,伦敦交通委员会(London Transport Commission)取代 LPTB。

敦城的比利·布朗"(Billy Brown of London Town),为战时的乘客提供安全指南。这个穿着时髦的卡通形象,头戴圆顶礼帽、身着黑西装、手持雨伞,伴随着文案中朗朗上口的押韵对句,劝诫公众在战争时期的伦敦公共交通空间践行规范的行为,教育公众如何在公共交通空间中保证自身安全。比利·布朗成为伦敦公众非常熟悉的虚拟人物,化身为伦敦交通代言人,获得了普遍的好感与信赖。

"闪电战"密集空袭期,为保证地下乘客的安全,伦敦地铁车厢窗户上都挂上了防爆网,兰登在 1940 年系列海报中第一幅就着重强调了这一战时应急设施对公众安全的重要性,用漫画的形式表现比利·布朗制止一位正试图破坏地铁车厢防爆网的乘客。为防止德国轰炸机识别目标,战时伦敦的夜间实行灯火管制,街道和室外的灯都熄灭了,伦敦公共汽车的前灯调暗,乘客们不得不在黑暗环境下排队、叫车、上车和下车等,光线如此稀少,导致事故频发。随后推出的系列《请原谅我的更正》①中教育公众如何在黑暗环境下保证自身安全,如建议乘客要小心脚下,随身携带白色手帕和火柴,以备危急时刻(如地铁停电状态下)突出自身的存在等。随着伦敦民众对比利·布朗越来越熟悉,1943 年开始,兰登在海报上使用昵称"B.B."②(首字母简称),进一步拉近双方的距离。乘客和工作人员彼此配合,共同保障行程的安全与稳定,在特殊的战争时期缔结了深厚的信任与依赖,为战争末期至战后初期伦敦地铁的整合宣传打下基础。

这些来自比利·布朗的建议不仅适用于乘客,对于地铁工作人员而言更具规约性和强制性。如在 1941 年系列海报《比利·布朗致警卫和站台工作人员的一封信》③中,当比利·布朗作为乘客,因车厢外环境昏暗、防爆网视觉干扰或停电等因素导致难以下车时,建议乘客"大声说明自己搭乘的线路和目的地";同时,教育培训地铁售票员、警卫和月台工作人员等,要求他们"大声播报停靠站名、过站站名和终点站名"。类似海报被张贴在地铁员工食堂和车站内各类工作空间,提示工作人员按战时工作条例操作。

---

① David Langdon,*I Trust You'll Pardon My Correction*,1941. https://www.ltmuseum.co.uk/collections/collections-online/posters/item/1983-4-10484.

② 如 1943 年海报《另一个聪明的建议》(*Here's Another Bright Suggestion*)。

③ David Langdon,*A Message from Billy Brown to Guards and Platform Staff*,1941 https://www.ltmuseum.co.uk/collections/collections-online/posters/item/1983-4-10489.

伦敦客运委员会号召规劝的对象从单一的"乘客"扩展到"乘客"和"工作人员",将提供服务的工作人员置于服务对象(乘客)同一等级,提出统一要求。伦敦客运委员会明确提出其工作人员须具备公共服务意识,并通过员工杂志《便士》(Pennyfare)在企业内部进行广泛宣传①。杂志通过"每月新闻""员工信息""读者来信"等专栏②,向员工传递专业化的行业知识、塑造强烈的责任意识、传播典型的行为示范,培养员工对服务导向的岗位认知。战争的经历进一步强化了伦敦交通系统员工的身份意识和责任意识,地铁工作人员在困难和危险面前,出色地履行着各自的岗位职责,他们的忠诚协作和无私奉献获得伦敦民众的广泛称赞。1940 年 5 月,委员会组建伦敦交通志愿军(Home Guard),并于 1941 年 4 月增刊《志愿军》(*The Home Guard Supplement to Pennyfare*),可以说是强化员工责任意识的另一典型案例,首发刊用"里程碑"一词来形容。③伦敦客运委员会作为半国有化的公共交通机构,其独特的机构属性有效融合了政府行为与企业行为,将现代社会公共服务理念注入企业行为之中,重新定义了公共交通机构应具备的社会责任,这是此前私有化的伦敦地铁企业所未能触及的部分。

伦敦客运委员会强调乘客和工作人员间的密切"关系",且明确工作人员的行为表现是双方积极关系的基础。随着系列海报的推广,伦敦地铁"微笑服务"的理念逐渐深入人心,获得公众的追捧。工作人员与乘客的愉快合作不仅能愉悦公共空间的氛围环境,更能使伦敦地铁在公众心目中的美好形象更具吸引力、感召力和亲情力,伦敦客运委员会对内部工作人员教育培训的重视促成了这些转变。伦敦客运委员会作为现代化企业和机构的先驱,不仅一如既往地鼓励对外(公众)的宣传推广,更具有前瞻性地注重对内(员工)的培训管理,构建了行之有效的培训学校④,强化员工的礼仪培训标准,使企业机构的内部行为制度根据规范力,复杂多元的员工群体更具凝聚力和自豪感。

---

① 该杂志创刊于 1934 年,由伦敦客运委员会主管,是委员会传达资讯公告、打造伦敦交通组织文化的重要渠道。杂志前身为《T.O.T. 新闻》(*News of T.O.T.*)。

② TfL Archive, LT000030/078.

③ TfL Archive, LT000030/025. "Foreword",*The Home Guard Supplement to Pennyfare*,No. 19 (War Series),Apr. 1941.

④ Kevin Gerard Fenelon, *Railway Economics*,1932,Methuen, p.71.

结　语

　　城市现代化的转变是集政治、经济和文化制度革新的复杂过程,蕴含着公众的观念、行为和生活方式的全面转化。伦敦地铁空间的构建是知识与权力交织的关系产物,包含了地铁组织经济上的考量、地方政府政治上的干预、改良者的建议与公众的监督。伦敦地铁通过推进公共空间的现代化秩序来教养乘客在地下空间的文明行为,从而塑造伦敦世界大都市的城市形象。与维多利亚时代精英及中产阶层主导社会改良运动不同,伦敦地铁以空间主宰者的身份主导了这场城市新公共空间行为规范运动。地铁公司制定的新空间规范,包括知识、行为和方法,并赋予规范行为的强制属性。地铁空间成为伦敦地铁贯彻规范行为的封闭空间,通过不间断的、持续的教育训诫,制造出被驯服的、训练有素的"理想乘客",并强加给乘客"完美公民"的标签形象与道德压力。另一方面,这也是一个循序渐进的演变过程,外化反映了空间中社会关系的转变。新空间的行为规范兼顾了乘客群体的利益和地铁公司的利益,包含了双方的博弈与均衡,其间一度因双方利益不一致引发纠纷和矛盾,乘客群体一度对伦敦地铁丧失好感。伦敦地铁适时改变,对内强化公司职员的教育培训,对外强化工作人员与乘客的友好关系,强调双方共同努力创建地铁空间秩序。地铁空间的行为规范是协调、合作的产物,乘客在适应与抗议中徘徊向上,社会舆论不时地伸以援手,多方共同完成了这一场现代化城市公共空间的行为规范改革。

The Discipline and Shaping of Space Order in London Underground

Abstract: The emergence of London underground not only brings convenient transportation for London citizens, but also causes the problem of traditional etiquette behavior in the new space. In the absence of effective social etiquette and norms, London underground space quickly falls into a paradox of morality and efficiency. London underground needs to take into account the adjustments of public's norms and behavior. As the leader, London underground launched the space behavior improvement and education campaign, transformed the intangible moral sense of passengers into tangible behavioral norms, linked the image of ideal passengers with perfect citizens and coordinated between the passengers and the staff during the Second World War.

Key words：London Underground；space order；norms；etiquette training

作者简介：黎倩仪，上海师范大学都市文化学博士研究生。

江湾镇、淞沪铁路与民国"大学城"①

乔依婷　　王启元

摘　要:清末时属苏州府宝山县的江湾镇一带,曾因水陆交通便利,毗邻上海租界,及淞沪铁路建设等因缘,成为近代上海城市发展的重要区域,也在民国初年成就了近代中国新式教育的集中地。自1922年,民国私立复旦大学迁校江湾镇起,上海大学、国立劳动大学、立达学园、文治大学、中国公学、两江女子体育专科学校、东亚体育专科学校等先后迁入,最终于淞沪铁路江湾站与虬江故道的十字沿线上,形成民国时期的江湾"大学城"。同时,由于江湾一带工农聚居的空间特征,二十世纪初期弥漫中国的左派革命浪潮,在江湾"大学城"中也典型的体现,其中尤以民国上大、国立劳大及复旦大学的师生最为显著。又因江湾地处吴淞口至上海市区的必经要道,此地绝大多数学校皆毁于"一·二八""八·一三"两次淞沪战争中侵略者战火。

关键词:江湾镇　民国大学城　淞沪铁路　复旦大学　立达学园　劳动大学　新式学堂

中国近代新式教育正式出现,在鸦片战争后的国门开放,在此之前西方教育的实践也在晚明一度登陆过澳门。②不过真正叙述近代新式教育,尤其是大学教育,无疑要从晚清山西大学堂、北洋中西学堂、京师大学堂及教会所办圣约翰书院、东吴大学等校创立开始。其中,开埠后的上海高等教育,迎来发展高潮。

---

① 本文写作过程中,得到华东师范大学校史党史办陈华龙老师和上海交通大学文博中心胡瑞老师帮助,特此致谢。

② 明嘉靖四十四年(1565),天主教耶稣会于澳门创办圣保禄学院,为第一所具备大学要素的学校(周洪宇、刘训华:《论中国现代性大学的起源》,《高等教育研究》2015年第6期,第87—90+101页)。

在上海近代新式高等教育的空间分布中,不仅有租界及边缘地带所建的不少传教士学堂、大学,在沪北原宝山县吴淞、江湾等地,也在晚清民国由国人中的有识之士的促成下,办起多所知名学府。尤其毗邻上海租界的江湾镇,因淞沪铁路设站、水陆交通的便利,加上日后"大上海计划"的构想,于民国初年步入城市化行列,亦成为上海近代高等教育的孕育之所,许多在民国教育史上具有举足轻重地位的民国大学综合衡量交通、地价、环境等因素,依淞沪铁路江湾站与虬江故道沿线建校。自复旦大学 1922 年正式迁来江湾之后,先后迁入、创办的大专院校有上海大学、国立劳动大学、文治大学、立达学园、中国公学、持志大学、国立上海商学院、两江女子体育专科学校、东亚体育专科学校等等,最终在江湾形成了独特的民国大学城风景。20 世纪初期的中国,革命浪潮风起云涌,这些在新式学校体制下培养的学子积极投身于各类爱国救亡运动,尤其在沪北江湾一带,是左翼文化运动的中心地带,也是各类新思想、新文化的拂煦之地。梳理江湾镇和民国大学的历史与分布,无疑对于厘清上海高等教育发展史及近代思想、学术的关系有着重要的价值。

目前,已有学者开展民国大学个案研究,代表性的作品有苏云峰《从清华学堂到清华大学(1911—1929):近代中国高等教育研究》、黄福庆《近代中国高等教育研究:国立中山大学(1924—1937)》、许小青《政局与学府:从东南大学到中央大学(1919—1937)》、蒋宝麟《民国时期中央大学的学术与政治》等。在梳理校史的同时,这些作品也关注到了民国大学与政治活动、所在城市之间的互动关系,具有较高的现实意义。部分文献针对民国大学制度开展研究。徐斯雄、顾海良、崔延强分析了民国大学学术评价制度的发展历程、内容、特征及存在问题,为现行制度的改革提供参考。[1]李红惠选择了一个较为新颖的切入角度,探究民国时期国立大学学术休假制度,以清华和北大为例,梳理了学术休假制度的引入、制定与实施。[2]有的文献则是关于民国大学学生运动的研究,如 2021 年台湾东海大学的陈以爱学者撰写的《动员的力量:上海学潮的起源》一书。也可见部分文献关注民国大学的学科教学。金鑫通过研究民国中文学科讲义,以丰富学科发展印记;[3]任平则聚焦于始于晚清的职业教育课程体系。[4]而针对民国大学城的研究则较少,仅潘真在《上海最早的"大学城"》一文中提及吴淞大学城。[5]

---

① 徐斯雄、顾海良、崔延强:《民国大学学术评价制度研究》,《高等教育研究》2014 年第 7 期,第 85 页。
② 李红惠:《民国时期国立大学学术休假制度研究》,南京大学 2014 届博士学位论文。
③ 金鑫:《民国大学中文学科讲义研究》,南开大学 2014 届博士学位论文。
④ 任平:《晚清民国时期职业教育课程史论》,湖南师范大学 2010 届博士学位论文。
⑤ 潘真:《上海最早的"大学城"》,《检察风云》2020 年第 23 期,第 90 页。

本文则以民国复旦等知名院校选址江湾镇展开，分析江湾镇的空间形胜、左派学堂渊薮，展现地理空间与学术思潮中的江湾民国大学城。

一、江湾镇的空间与形胜

"江湾以虬江得名，遂以名镇，故又名小曲江。"[①]虬江为吴淞江下游故道的雅称，即为"旧江"的听音。吴淞江故道旧为苏松二府的宝山、上海两县分界，于下游沈家湾（今虹口区嘉兴路桥附近）由东向北折行约十里，至吴家湾（今吴家湾路一带）折东。近代以来，旧江河道日趋变窄，旧江下游由虬江码头附近注入黄浦江，而太阳庙分水后至沈家湾一段航道被填为马路（今太阳山路、虬江路）。江湾镇的核心区，就在虬江故道吴家湾以北的走马塘、袁长河一线。而今太阳山路、虬江路以北，沈家湾以西的大片分属市区虹口、静安、杨浦的大片土地，历史上都是江湾镇故地。

江湾地处吴淞口至上海租界连线的中点，为南北交通的重要中转地。上海开埠后二十余年，传统的水陆交通方式已经无法满足这条黄金通道的运量。租界当局最早建议修筑一条上海租界至吴淞口的铁路，在遭到上海道台与总理衙门接连拒绝之后，英美商人决定"先斩后奏"，假借修建"一条寻常马路"的名义，造起了中国第一条现代铁路——"吴淞铁路"。[②]光绪二年（1876）7月3日，吴淞铁路正式通车，首次试车，便引发轰动，数以千计的当地人围观火车试行。后清政府以有碍主权，用三百两黄金将铁路赎回，行驶一年后，即拆除，运往台湾基隆港作运煤之用。然通车不满一年的火车运营情况良好，对于沿路工商业大有裨益，为而后淞沪铁路的再建做了铺垫。第二次倡议修建淞沪铁路是光绪二十一年（1895），两江总督兼南洋通商大臣张之洞两次向清政府总理衙门建议修筑"吴淞—上海—江宁"之间的铁路，认为其"有益商务、筹款、海防三端"。光绪二十二年（1896），督办铁路大臣盛宣怀奏准，由清政府自行开筑。新线路起始上海站，经蕴藻浜、江湾、张家浜，至吴淞炮台，较旧线增二里余；后全线改"沪宁支路"。上海改为特别市后，乘客逐渐增多，再陆续增加至9个车站。其

---

① 钱淦等：《江湾里志》（卷一），1924年，第1页。

② 淞沪铁路修筑历史研究可参吕承朔《吴淞铁路风波背后的主权抗争》[J]《都会遗踪》，2012年第三期；吕承朔《工业遗产与历史记忆》[D]，上海社会科学院硕士论文（2013）；孙凯《吴淞铁路擅筑成功的原因分析》[J]《历史教学（上半月刊）》，2019年第七期；王丽娜《吴淞铁路修筑始末》[J]《吕梁教育学院学报》，2018年第四期。

中始发的上海站、天通庵站、江湾镇站、高境庙站等,皆在原江湾镇区域内。

由于毗邻租界和成功的现代化,1927 年 7 月,南京国民政府将原殷行(宝山),引翔(上海),江湾(宝山)三区之间的 7 000 亩地划入上海特别市,成为"华界"市区,作为新上海市中心的建设区域。①

历史上的江湾镇在文教方面颇为兴盛。明清时期,镇内便设有官学、私塾、义塾、书院。晚清时期,尤属江苏省的江湾便成立了诸多新式学堂,最具有代表性的是张元济等主办的尚公学校。从民国自抗战前,江湾至吴淞一带孕育了一片近代上海大学城。民国元年(1911),神州大学在江湾办学,为镇内高等学校之始。其后,许多在民国教育史上举足轻重的高校看中这块土地的潜力,沿淞沪铁路在此办学。如近天通庵站及越界筑路一带,有北四川路上的民国大学(后改名上海法政专门学校),南洋路矿学堂(1924 年改为东华大学),新申学院、上海外国语专修学校等;位于淞沪铁路沿线的东体育会路与西体育会路的持志大学、国立上海商学院、暨南大学等。位于江湾镇站、翔殷路一线的文治大学、立达学园、上海大学、国立劳动大学、中国公学、两江女子体育专科学校、东亚体育专科学校。②

在近代出版及文化传播领域,江湾同样是无法绕开的空间。近代出版巨擘商务印书馆,最早便于淞沪铁路天通庵站附近设厂,职能部门遍布铁路及宝山路沿线。商务印书馆在中国教育史、中国出版史上的地位已无需多言。近代上海及南方新文化运动中,都离不开商务印书馆及其相关出版单位及出版人的身影。同时,商务印书馆核心业务之一便是教科书的出版和发行,③这也

① 根据"市中心区"建设计划,将行政区设在五权路、三民路、大同路、世界路四大主干道的交汇处,规划有市府各局、市党部、市参议会、市图书馆、博物馆、航空馆、广播电台等重要党政机关和公共基础设施;商业区设立在行政区的北部,靠近未来的吴淞大港和铁路总站,实为交通枢纽,发展潜力巨大;住宅区则划分为甲、乙,高等、普通住宅区。上海开埠与"大上海计划"的实施为江湾带来的变化显而易见。"市中心区"的建设计划推动了江湾镇道路交通设施完善。民国 17 年(1928),民族企业家黄文中集资 10 万,购买 19 辆大型客车,开设了镇内交通,连接起市中心区通往现今五角场地区的道路。民国十九年(1930)至民国二十四年(1935)间,除三民路、五权路两条东西向的主干道外,江湾镇更是铺设了以"中""华""民""国""上""海""市""政""府"九字打头的 60 余条道路,使得区内外交通十分方便;上海市杨浦区五角场镇人民政府:《五角场镇志》,科学技术文献出版社 1988 年版,第 163 页。

② 上海市虹口区教育志编纂委员会:《虹口区教育志》,学林出版社 1999 年版,第 219—221 页。

③ 如"一二八"事变后,商务印书馆新编《大学丛书》一套,先后共出三百余种,使各院、各系、各科之用书初具规模,在提高国内学术著作水平的同时,也降低了当时大学生的经济负担。汪耀华:《商务印书馆史料选编(1897—1950)》,上海书店 2017 年版,第 239 页。

与江湾一带新式教育尤其是高等教育的普及与发展,提供强有力的帮助。

还需要补充一点——江湾的医学事业。历史上的江湾素有"中医之乡"的美称,名医辈出,且多子承父业,历代名医包括著有《审脉赘言》的李士鹏、专长于妇科的蔡兆芝等。清末民初,由于毗邻租界,频繁的人员往来使得防疫工作至关重要。民国元年,万国体育会医院建立,然不负责时疫的治疗。民国十九年七月,世绅筹集资金租下武圣殿空屋,成立江湾时疫医院,以收容救治当地贫苦的感染者。①中国现代医学教育的奠基人、国立上海医学院及中山医院的创办人颜福庆(1882—1971)就出生于江湾镇。"一·二八"事变后,颜福庆又鼓动圣约翰大学校友叶子衡捐出叶家花园(位于原江湾跑马厅旁),改建成澄衷医院(今上海肺科医院),也在江湾故地之中。

国民政府时期开始的"大上海市中心"建设计划,对江湾地区的城市现代化曾有过积极的作用。但整个新城计划尚未完成,便于 1936 年陷入停滞状态,原因之一在于国库空虚,二则是日军在华的侵略战争使得国民政府焦头烂额,疲于应付。不久之后,1937 年日军挑起"八·一三"淞沪抗战,日军在虬江码头登陆,虬江码头至淞沪铁路一线成为两军主要争夺、反复拉锯之阵地,新建的"市中心区"和江湾民国大学城终毁于日军炮火之中,不复当年景象。

二、复旦大学迁校江湾前后

1. 复旦公学②创校与迁校

1905 年 3 月,为反抗教会势力干预校政,震旦学院③宣布解散,校长马相

---

① 《江湾创设时疫医院》,《申报》1930 年 6 月 22 日,第 15 版。

② 关于复旦校史的研究,学界不乏论文与专著问世。其中,《复旦大学志 第一卷(1905—1949)》系统梳理了复旦历史沿革、行政管理、系科发展、重要校长与学生,并附有许多珍贵的原始文件,实为开山鼻祖之作。人物传记类专著,如《马相伯传略》《李登辉传》将复旦两位重要校长的履历揭示得非常清晰,为后人研究复旦之社会网络、办学观念提供参考。然而,由于对一手文献的利用不够,既有的校史研究难免有所错漏之处。近年来,张仲民、李天纲、任轶、陈以爱等学者重新挖掘复旦校刊、近代报刊、回忆录、日记等资料,再现复旦创办之经过、人物关系、社会背景,纠正错误认知,这也是校史研究的新方向,为学界所重。而张国伟《相辉:一个人的复旦叙事》《卿云:复旦人文历史笔记》等著作则别出心裁地采用文史散文的写作手法,以空间、人物为线索,呈现复旦大学办学过程,具有极高的可读性。

③ 震旦学院成立于 1903 年,其主要创始人为马相伯。因经费师资匮乏,震旦学院借助天主教徐家汇天文台余屋为校舍,聘请耶稣会教士为义务讲师,旨在为国家培养译才。1905 年,因教育权界不清,耶稣会以不派教师上课为借口进行要挟,裁去英文课程,取缔学生的自主管理权,命令无病的马相伯入院治疗,企图夺取学校的领导权,引发学生强烈反对。同学们开会并由沈步洲进行演说,130 名学生签名赞成退学以表决心。

伯同意学生重新组校之请求,准备建立新学校。震旦退学事件引发时任两江总督、南洋大臣的周馥,及总商会绅商张謇、曾铸等人关注。为解决学子求学问题,他们聚会商讨,由周馥出面协商,借用吴淞提镇行辕作为校舍,拨充一万两白银作为建校经费。①在上海道与绅商的援助之下,新校发展迅速,并取"恢复震旦,复兴中华"之意,更名为复旦公学。在课程体系、行政管理等方面,新设立的复旦公学多沿袭震旦学院旧制,强调学生自治、同时注重外语与国学的教学、进行演讲训练。这使得当时的复旦学生多具革命思想、理论知识扎实、社会活动能力较强。

1905 年 9 月 14 日,在一众名流绅商的共同努力下,复旦公学正式开学。虽位于远郊,然吴淞校区交通便利。其靠近淞沪铁路吴淞车站,部分居住于上海的师生常搭乘火车来校,时任总教习的李登辉(1872—1947,印尼华侨)便是淞沪铁路的常客。除铁路交通之外,学校附近也建有多条宽阔马路,南通淞镇(淞南)、北通宝城(吴淞)、东至外滩马路(宝山外马路,又称沿浦马路),西即永清大马路。②由于靠近长江入海口,吴淞校舍地广人稀,远离城市喧嚣;然校舍地势低洼,涨潮时甚至被淹。辛亥革命之后,校舍为光复军司令部所占;马相伯竭力维持,于 1911 年 12 月中旬,在无锡士绅的支持下,暂借惠山李鹤章公祠为课堂,昭忠祠为宿舍筹备复学。然该地"接近花市",不宜办学,在上海政局稳定后,月余便回沪。马相伯呈文给时任江苏都督庄蕴宽,请求将徐家汇李文忠公祠拨给复旦作为校址。李公祠系旧式祠堂,又地处越界筑路边缘,风景如画,清幽雅静,然李公祠系清末用招商局、电报局之款建造,并非李鸿章私产,由此引发十年之后的校舍纠纷诉讼。

2. 选址江湾与建设学堂

1906 年,李登辉经由颜惠庆、曾铸介绍,来到复旦公学任教,并于 1913 年被董事会聘为校长,复旦就此进入李登辉时代。李登辉系南洋爪哇华侨,父辈经商,曾为红巴村首富,与福建南洋社会渊源颇深。幼年赴新加坡,就读于美以美会主办的英华书院,十九岁时赴美国,进入教会学校威斯雷洋大学读预科,后考入耶鲁大学求学,并成为虔诚的基督教徒。回到祖国后,李登辉加入上海基督教青年会且发起寰球中国学生会,得以结识志同道合者,就此融入了

---

① 　张仲民:《复旦公学创校史实考》,《复旦学报(社会科学版)》2014 年第 56 期,第 33—42 页。

② 　《复旦学校改期开学》,《中外日报》1905 年 9 月 3 日。

上海的留洋圈,开启教育事业第一步。而复旦的创建和兴盛就与李登辉校长的社交网络密切相关。

1917年9月,复旦公学设立商科,为全国最先设立者。在拥有文、理、商三个学院后,复旦公学升格为私立大学,进入快速扩展时期。在此期间,复旦学生人数逐年增多,由1912年的两百余人增加到六百余人,原有李公祠校舍地方狭小,宿舍不敷分配。①而李公祠缠诉十年,共历经两次起诉,七次审判,最终是非始白,确定为复旦校产,这一讼案也令李登辉颇为烦恼。②正如许多新式学校一般,复旦早期曾栖身于衙门和祠堂之中。耶鲁大学出生的李登辉校长不仅在教育培养方面融合美国模式,在校园建设方面也颇有见地,力主为复旦寻找永久校址,在此基础上塑造个性化校园。

为扩充新校园,李登辉校长每日清晨到校,日暮方归,焦思竭虑,授课和办公时间多达9小时,花费大量的精力用于建校资金的募集和筹划。对于募捐款项不厌其烦,往往致每一认捐者之函,达八、九、十次之多,甚至辗转恳托,登门拜访。民国七年(1918),李登辉校长亲赴家乡南洋新加坡、爪洼等地,向当地华侨募捐,随身携带《扩充高等教育请愿书》,号召"富而好义之君子"捐资兴学,使"莘莘学子获益","国民程度增高","国际地位亦随之提高"。当时新马地区的华人族群多从事商业活动,社会极富流动性,富有者则升为社会领袖,贫困者则居社会底层,故而乐于捐款,以财富博取声望。李登辉的到来在南洋学商各界引起强烈反响,报界亦刊登其演讲稿。③半年间,共筹得资金折合银15万元。④而后,李登辉校长将目光转向国内,起初备受冷遇,后经由校董唐绍仪先生介绍,获得南洋烟草公司简照南、简玉阶兄弟、中南银行黄奕住捐款共计10万元左右,三人在其后很长一段时间内都在复旦董事会任职。唐绍仪是民国创建第一任总理,在李登辉担任寰球中国学生会会长期间,曾协助募集款项方面的工作,其子唐榴先在复旦文科就读,而后转入新成立的商科。民国九年(1920)春,教务长薛仙舟又赴美募捐,数日之内,集得美金一千四百五十三元。⑤这使得复旦的财务状况大大改善。

---

① 《复旦重建校舍之先声》,《神州日报》1918年4月23日,第8版。
② 江一平:《李公祠讼案纪略》,薛明扬、杨家润主编《复旦杂忆》,复旦大学出版社2005年版,第35—36页。
③ 《复旦大学欢迎校长南洋群岛募捐归来》,《时事新报(上海)》1918年6月29日,第9版。
④ 季英伯:《李校长与其建设复旦之略历(附照片)》,《复旦同学会会刊》1933年第7期,第1—2页。
⑤ 《附录:复旦大学在美国纽约募捐建筑经费报告》,《复旦》1922年第13期,第53—55页。

　　李登辉校长认为江湾地势重要,发达必速,遂于1918年南洋归来即购买土地70余亩,用于建筑校舍。然而此时的江湾校址还是一片荒野,校地左侧丛冢累累,极尽荒凉,时人以为蒿莱之地。李登辉校长的得意门生、日后国立复旦校长章益(1901—1986)在《追慕腾飞夫子》一文中提及当时的江湾校舍:"其时上海市区与江湾之间,公路未辟,惟恃淞沪铁路通至江湾镇,再乘独轮手推车行半小时许,始达校地。"而李登辉校长力排众议,经营不懈,最终才有今日之规模。1920年12月18日,复旦在新购土地上举行新校园奠基仪式,近千人前来观礼。1922年春落成,规划有教学楼(简公堂),办公楼(弈住堂),第一学生宿舍,建筑风格中西合璧,在使用钢筋混凝土结构增加强度的同时,也保留了中式传统建筑中飞檐斗拱的元素,具有独特的古典美。①三座建筑矗立于走马塘畔,互为品字形,中间有一块方形草地,布局类似欧美大学。

　　李校长选择这块土地首要原因在于其交通便利。虽位于远郊,然江湾校区距离淞沪铁路江湾镇站仅两公里,不少来复旦兼职讲课的教授,就住在淞沪铁路沿线。校园南邻翔殷路(今邯郸路),西北为"江湾跑马厅"万国体育总会,皆可直通租界。又毗邻虬江分水的走马塘,可到达黄浦江,水路交通亦十分便利。1927年,国民政府开启"大上海中心区"的建设,而复旦大学恰位于市中心区的西南侧。市府附近多设有图书馆、博物馆、航空馆、广播电台、体育馆等重要公共设施,可供学生参观学习、练习体育。配套道路桥梁的修筑、公交线路的开通也使得区内交通十分便利。1933年12月,闸北华商公共汽车公司新设4路公交车,从上海北站经过翔殷路直达上海特别市政府(今上海体育学院),就此打通了复旦通往市区的道路。这些城市发展成果可见李登辉校长的远见卓识。

　　江湾地区远离城市喧嚣,安静宜人,是潜心研读的绝佳之地,且地处华界,地价便宜。复旦大学在华界边缘自主办学,以募捐和学费为主要收入来源,而非政府拨款,虽经济拮据,也在一定程度上避免了外界政治干扰。于是,一所日后经历百余年的名校,奠基于此。

3. 江湾复旦的学习生活

　　大学部迁入江湾后,复旦大学迎来了飞速发展。1922年,复旦大学大学部学生第一学期为316人,1925年增至790人,到抗战前夕的1935年已达1550人。短短十余年间扩充5倍。②原有的建筑设施已然无法满足教学活动

---

① 《茂飞设计复旦校园》,《文汇学人》,2022年8月21日。
② 复旦大学校史编写组:《复旦大学志　第1卷》,复旦大学出版社1985年版,第107页。

的需要,故复旦大学在 1923 年至 1935 年间持续购买土地扩建,经校董、师生的共同努力,陆续建造了第二至第五宿舍、女生宿舍、饭厅、科学馆、体育馆、卫生院、土木实习工厂、图书馆等,使校园从刚开始的七十余亩扩展到一百多亩,房屋十余栋。

在学科设置方面,此时的复旦创立了许多新学科,旨在培养社会亟须的专业人才。复旦大学历来重视国文教育,1922 年复旦文学院设立经济学系,1925 年增设史学系,1929 年成立新闻学系、教育学系。任教老师包括我国当代著名翻译学家伍蠡甫、首译《共产党宣言》的陈望道、中国现代新闻教育事业的奠基者之一谢六逸等著名学者;"外察社会之需材料,内应诸生之志学",1923 年秋,复旦理学院设立土木工程系,以培养从事公共交通、房屋、桥梁建设以及市政规划的专业人才,理科也由此改为理工科。同年,心理学系成立,复旦留美毕业生郭任远来校执教,成绩昭著,知名学者童第周、冯德培、胡寄南、蒋天鹤等就是这一时期的毕业生;1929 年,复旦成立法学院,其前身则为 1925 年设立的社会学科,辖有政治学系、市政学系、法律学系、社会学系等,以培养国家司法行政组织之专门人才。至 1937 年抗战开始前,复旦已经成为拥有文、理、商、法四个学院,17 个系的综合类大学。在教学方面,复旦大学始终注重培养学生独立研究、独立思考的能力,提倡"学术独立、思想自由,政罗教纲无牵绊"的学术氛围。正如 1925 年校刊序言中所写的一般,"复旦学生,信教自由、思想自由、言论自由、结社自由,人所共知也"。复旦大学又于 1924 年开始实行学分制,鼓励学生在完成必修课程的同时,可以自由选课,以扩展知识面。与此同时,在教学过程中,复旦也同样注重实践,培养解决实际问题的能力。在低年级多开设专业相关课程,以夯实基础,在高年级则多开设实践课程,鼓励学生参与实习。如复旦大学新闻学系高年级学生主持校刊,由学校教授进行指导,学生轮流采访编辑。每学期安排校外参观和实习,由教授率领至完备至报馆或通讯社,当场解说,使学生收获颇丰。由于基础知识扎实且实践能力较强,复旦大学的毕业生在社会上享有较高的声誉。

体育运动向来为复旦所重视。早在震旦时期,校长马相伯就规定学生必须参加军事训练,聘请法国军官为教练,训练兵式体操,实地打靶,以提升身体素质,学习近代军事理论。在迁址江湾后,体育运动更到达全盛期,时常与华东高校组织联赛,在排球、篮球、田径、游泳、国术等项目屡获佳绩。其中,游泳健将郭振恒在创下 200 米蛙泳全国纪录后,被选为 1936 年柏林奥运会代表队。复旦毕业生庸夫曾在回忆录中提及母校足球、篮球、网球运动的盛况:"民国十一、十二,大学部初迁江湾,为三大将全盛时代。三大将者,吴炎章王振声张锡恩三君也。三君均曾代表中华足球队二度出征澳洲,同时母校网球异军突起。篮球大王李大宸君,适于是时来校肄业。旋夺得'华东八大学'锦标而归,更以全队代表华东区参加在武昌举行之第三次全运会。"①此外,复旦的文娱活动也是相当丰富的。在 1922 年的《复旦年刊》中可见当时的复旦有许多社团组织,大致可分类为地方性同乡会、兴趣小组、学术研讨组织、政治团体。其中,1920 年由校内摄影爱好者创办的摄影术研究会更是在 1931 年 5 月创办《复旦摄影年鉴》,以刊登会友所拍摄的照片,在旁边配上摄影者信息、取景说明和意象解读,摄影水平较高,兼具阅读性和观赏性。

江湾时期的私立复旦大学也多有关注政治、谈论政治的风气,爱国氛围浓厚。其原因如下:自马相伯创校以来,就有学生自治的传统,重视演讲能力的培养。在大学部迁至江湾后,校长李登辉更是裁撤了校内学监等职,期望学生发扬自治的精神,自己起草章程,选举职员。这使得复旦的学生统筹和组织能力较强;复旦是私立学校,相对于公立学校受到政府管辖,避免谈论政治、教会学校不愿卷入政治风波,复旦的学生能够在校内自由讨论政治问题;早期校友和教员中多革命党人,如邵力子、胡汉民、陈望道等,在日常教学的过程中,对学生进行政治启蒙。因此,复旦学生在多次反帝救国活动中,始终站在斗争前列。校友龚云章对母校曾作出以下评价,强调了校内自治会等组织对于学生参与政治活动的引领作用:"复旦为先天富有革命精神的学府,对于政治活动,素居领导地位,当时校内有学生自治会之组织,实不啻为日后学生现身于政治舞台之极好训练场所"。②1919 年,五四运动首先在北京开始,在北大发生,而后迅速蔓延到上海、天津等地,最后在上海爆发"三罢",逼迫北洋政府让步,才取得胜利。其中,复旦大学的师生起到了决定性作用,复旦的学生更是在上海学生联合会中承担要职。李登辉校长的得意门生,曾任复旦校长的章益先生在《追慕腾飞夫子》一文中曾提及复旦和李登辉校长在五四运动之中的影响:"上海学生联合会为五四运动中南方之重镇,中坚分子多为复旦学生,遇重要决策,常就教于先生,先生亦乐为之指导,师生相为表里,所生影响尤巨。当

① 庸夫:《庸庵随笔》,薛明扬、杨家润主编《复旦杂忆》,复旦大学出版社 2005 年版,第 69—77 页。
② 龚云章:《江湾忆旧》,薛明扬、杨家润主编《复旦杂忆》,复旦大学出版社 2005 年版,第 69—77 页。

时,北方学生力主严惩曹陆章,拒绝巴黎和约,与北京政府相持,未获结果。北府且将采取高压手段,学生运动情势危殆,得上海学生响应,乃能重振声势,终使北府屈服。先生支持之功,实为重要因素焉。"①此外,在1932年"一·二八"淞沪抗战期间,复旦义勇军50余名学生高举"复旦大学义勇军"旗帜,前往参战,一部分学生于闸北太阳庙承担通讯、救济、维持治安等工作,一部分学生与一五六旅士兵一起,奋战于吴淞炮台一线。②1935年,在北平学生发动的抗日救亡"一·二九"运动中,五百余名复旦学生结队前往上海政府请愿,甚至试图前去南京请愿,虽未成功,也引起国际上的注意。

三、左派学堂渊薮

1. 步复旦后尘:江湾迁入学校

中华民国成立后,时任教育部长蔡元培主持制定了"壬子癸丑学制",将学校体系做了相对完整的设计,划分了初小、高小、中学、大学四个教育阶段。为满足新时代的人才需求,上海各界人士创办高等教育的热情空前高涨,在二十世纪的前三十年,各类高等院校如雨后春笋般纷纷创立,多达90余所。早期上海的学校多集中于租界或老城厢一带,后为了摆脱租界当局对教育的控制,捍卫教育主权,办校选址通常在华界。

据地方志书载,民国元年(1912)一月,唐景崇、唐文治、伍廷芳等创办神州大学于江湾镇,为境内第一所新式学堂。盛宣怀捐赠江湾镇车站之后、玉佛寺空地之左田产约20余亩,作为该校校基。③1914年,教育部视察时,发现该校办学敷衍且表载学生人数与视学面询人数相去悬殊,有意蒙混预科毕业期限,遂令改办法政专门学校,1921年因故停办,④然其材料阙如,未能考其详情。

自民国十一年(1922)复旦大学部迁址江湾后,民国十三年(1924),倪羲抱创建之文治大学从无锡迁往江湾火车站附近(后为立群女校校舍),并更名为文治学院。文治大学的教师多为清末主张资产阶级民主革命、反对清政府统

---

① 章益:《追慕腾飞夫子》,钱益民著《李登辉传》,复旦大学出版社2005年版,第217—222页。
② 读史老张:《相辉》,上海辞书出版社2020年版,第36—37页。
③ 欧七斤:《盛宣怀与中国近代教育》,上海交通大学出版社2016年版,第70页。
④ 《教育下:教育部咨江苏民政长请转饬各私立大学分别停办并饬神州大学改办法政专校文》,《政府公报分类汇编》1915年第14期,第79—80页。

治的"南社"成员,"南社"发起人陈去病曾在校内任教,学生多受到爱国主义革命思想熏陶。①由于校舍为第十师十九旅借作司令部,文治大学又于同年11月迁至公共租界戈登路口宜昌路十五号。②

民国十四年(1925),匡互生创办立达中学于小西门黄家阙路,于江湾模范工厂南首新建校舍,并附设农场,实施扩充计划,更名为立达学园。③民国十六年(1927)四月,上海大学迁入位于江湾上大路一带的新校舍,"四•一二"政变后不久,校舍便被查封。同年,国立劳动大学成立,以江湾模范、游民两工厂旧址与被查封的上海大学为校舍,下分普通、劳农、劳工三大部分。民国十七年(1928),大夏校董赵晋卿自愿捐赠江湾私产给大夏作为新校址,所捐土地位于淞沪铁路以东,距江湾约六七里地。④然而,此处恰好是"大上海计划"新市中心,大夏大学不得不另择校址。⑤民国十九年(1930),陆礼华创办之两江女子体育专科学校十迁至江湾翔殷路公共体育场东,经过几年之投资建设,设置了篮球、排球、垒球等专用运动场地,开辟了400米跑道田径场,造起了一座25×10米的游泳池,体育器械齐全,环境优美。民国二十三年(1934),中国公学迁至江湾文治路。中国公学为反对日本政府取缔留学生之留日学生所创办,"以谋造成真国民之资格,真救时之人才"为己任,革命党人于右任、马君武等曾在校内任教,学生多参与革命活动,胡适曾担任中国公学校长。⑥抗日战争结束后,东亚体育专科学校于民国三十六年(1947)年迁址江湾文治路洋房中复学,后因该屋已为市立二十二区中心国民学校借用,无法迁让,暂借江湾路两江女子中学一部分作为校舍。

值得一提的是,基督教华人牧师钱团运于1942年创办的伯大尼孤儿乐园也曾在体育会纪念500号办学。伯大尼孤儿乐园诞生于抗日战争时期,园长钱团运曾担任天安堂牧师,战火使许多儿童流离失所,成为孤儿,另有许多贫困家庭无力抚养子女,故而钱团运决定于台斯德朗路创办伯大尼孤儿乐园,以资救济。该学校为这些孤苦儿童提供了学习文化知识、跨越阶级的机会,在当时颇具影响力,宋庆龄曾参观伯大尼孤儿院并捐赠毛毡。于是,在淞沪铁路江湾站与虬江故道沿线形成了江湾民国大学城。而大学城附近道路的命名也

---

① 白至德:《彰往知来　父亲白寿彝的九十一年》,中国工人出版社2008年版,第15页。

② 《校舍驻兵之学校消息》,《申报》1924年11月3日。

③ 《立达中学更名立达学园》,《时事新报(上海)》1925年7月1日,第13版。

④ 大夏大学:《大夏大学四周年纪念册》,大夏大学出版部1928年版,第12页。

⑤ 董笑笑,许懋彦:《上海近代私立大夏大学两易其稿的校园空间史细读(1929—1934年)》,《新建筑》2022年第1期,第109—114页。

⑥ 章玉政:《光荣与梦想　中国公学往事》,浙江人民出版社2014年版,导读。

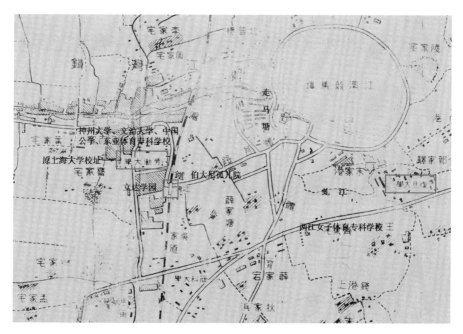

图 1　江湾民国大学城

多与这些高等院校相关,如以学校命名的上大路、劳大路、文治路、立达路,纪念李登辉夫妇的腾佩路等。

2. 左派的阵营

20 世纪初期的中国,革命浪潮风起云涌,政局风云诡谲,新思潮的传入逐渐改变着人们的思维观念。诞生于中国内外交迫之际的知识分子毅然承担了救国救民的大任,兴学育才。而在西方学校体制下培养的学生,积极投身于各类爱国救亡运动,从学校走向社会,共影响着政治、经济、文化、社会各个方面。江湾地区是近代上海高等学校的孕育之所,在沪北的这片热土上,诞生了许多独具办学特色的民国旧大学。本文仅举位于淞沪铁路江湾站及翔殷路(今邯郸路)一线高校状况;镇南区域学校如持志大学、爱国女校等则从略。

1922 年春,王理堂于闸北青云路的弄堂中创办"东南高等专业师范学校",这正是著名党化学校上海大学的前身。①当时的学生来自全国各地,多具

---

① 民国上海大学研究为学界显学,专著有上海市委党史征集委员会主编《上海大学:一九二二——一九二七年》,上海社会科学院出版社,1986;胡申生《上海大学(1922—1927)全史》,上海大学出版社,2022 年。

革命思想,追求民族解放,立志于改造社会。王理堂籍学敛财,假借胡适、陈独秀之名办学,学生发现学校设施简陋、师资力量薄弱后,即爆发学潮,请于右任担任校长,改校名为上海大学。校长于右任早年是同盟会成员,参与反帝运动、辛亥革命,认为"爱国之政治家,必须相互结合以自厚其势力,庶可以与此黑暗势力相搏斗",①故而支持学生参与政治活动、政党结社。

国共两党政要更是受校长于右任邀请到校演讲,如李大钊、汪精卫、胡汉民、戴季陶等,演讲主题包括共产党、国民党的政治主张、社会问题,极具现实意义。与此同时,共产党人也多在上海大学担任要职;民国上海大学实为国共两党共同创办之政党干部培训学校。受到学校整体氛围的影响,在反帝爱国运动中,上大的学子有着极为突出的表现。

民国上海大学因创校弄堂,校址屡经迁徙,经历闸北青岛路(青云路),中兴路、公共租界西摩路(陕西北路)、南市方斜路,最终于1926年选定江湾上大路(约今奎照路)作长久办学的校园。②然当时的上海大学被国民党认为是"赤色大本营""共产巢穴",因而在1927年"四·一二"政变后不久,便被查封停办,军警进驻上海大学江湾新校舍,结束了其历史使命。江湾上大校园后改国立劳动大学农学院及附中之用。虽然仅存在5年,上海大学仍以其独特的文化氛围、优良的革命传统影响着一代又一代爱国青年,促进了马克思主义在中国的传播。

1925年,除旧布新的教育家匡互生创办立达学园于上海美租界虹口老靶子路(今武进路),夏秋之际迁往江湾淞沪铁路西,即后来的劳大路以南。与其他学校不同,立达学园是集合了大多数教员而后开办的。创始者多在中等学堂做过教员,多年的教学经验使他们意识到现有的教育存在许多缺陷,校长大半不是出于教育的目的办学,教员多是受聘而来,无法实现自己在教育上的主张,而校董对于教育往往也是起到阻碍的作用,为追求自由的生活,实现内心的理想抱负,而聚在一起创办了立达。在众多的民国学校中,立达学园实为一所与众不同、特立独行的学校。立达的宗旨是"修养健全人格,实行互助生活,以改造社会,促进文化",③在强调个人品质修养的同时,也指出立达学子在社会中的作用与责任。

---

① 于右任:《国民党与社会党》,《东方杂志》1924年第1期,第14—19页。
② 郭骥:《上海大学(1922—1927)旧址及相关遗址考略》,《都会遗踪》2022年第一期。
③ 北京师范大学校史资料室:《匡互生与立达学园》,北京师范大学出版社1985年版,第24页。

在组织架构方面,立达消除了官本位的陋习,没有校长,不设主任,而是设计了导师、教师、职员的新结构,由导师负责指导学生生活各项事宜,参与校园事务的决策,教师和职员都是由导师会聘任,教师的责任则是教授学生知识,职员则配合导师、教师处理行政事务。这一做法给予导师更多的自主权,与传统的组织架构相比,更为灵活民主,能够调动教职员工的积极性;在寻育方面,立达学园注重人格感化,而不是采用简单的奖惩措施,"凡形式的奖惩,繁琐的规则,一概不用"。[①]良好行为的形成,本不在于监视与督促。在感化教育的影响下,立达师生得以至诚相见,培养奉献牺牲之精神,不易为物质条件所束缚;在教科与教员方面,初创时立达学园的教员中,鲜有使用聘书请来的,多是倒贴车费与饭钱,自行筹措生活费,然对于教学任务、学生的培养均十分负责。

据学生回忆,当时在学园内任教的有夏丏尊、茅盾、夏衍、朱光潜、丰子恺等著名学者。师生关系十分和谐友爱,教师们多自行编制教材,刊印讲义;为培养学生劳动生产能力,锻炼吃苦耐劳的精神,立达学园还办有农村教育科,并于 1928 年在江湾兴办农场,养鸡,养蜂,培养花卉、植物。在市菊花展览会上,立达花展名列前茅,农产品在销售市场上享有较高声誉。[②]立达学园将书本知识与劳动实践相结合,培养了一大批有农村生产知识的人才。

北伐时期,工农组织与工人运动多为加入国民党之共产党人所控制。"四·一二"政变后,国民党内人士对此颇为忌惮,提出要夺回对于工农运动的主导权,最好的方法则是创办农民、工人大学,培养工农运动之专门人才。于是,南京国民政府于 1927 年创办了国立劳动大学。[③]劳大以比利时社会主义劳动大学为原型,改建江湾模范、游民两工厂及上海大学旧址,作为劳大校舍,本部工学院与立达学园就隔着一条劳大路(今车站南路)。劳大在创办之初,便受到无政府主义的影响,筹备委员会的蔡元培、匡互生、吴稚辉、李石曾都是国内早期接受无政府主义思潮熏陶的学者,教师沈仲九、黄凌霜、吴克刚等是无政府主义的信奉者,在立达学园旁开设书店,出版发行无政府主义书籍。学校更是邀请一些海外的无政府主义者来校内演讲,如石川三四郎、邵可侣、樊

---

① 北京师范大学校史资料室:《匡互生与立达学园》,北京师范大学出版社 1985 年版,第 26 页。
② 北京师范大学校史资料室:《匡互生与立达学园》,北京师范大学出版社 1985 年版,第 227—229 页。
③ 国立劳动大学研究以蔡兴彤《国立劳动大学研究(1927 年—1932 年)》(华中师范大学硕士论文)2011 最为详细,并可参严海建:《蒋介石、党国元老与国立劳动大学的存废之争》,《史学月刊》2018 年第 11 期。阮清华:《夭折的模范——1920 年代上海模范工厂论述》,《历史教学问题》2010 年第 6 期。

迪文等。除信仰无政府主义的教师团队外,学校当局还会发放大量免费无政府主义书籍,很多同学都有《面包掠取》《告少年》《夜未央》《灰色马》等书。因此,在劳大创办的早期,多有对于劳动大学是无政府主义者活动机关的指责。

半工半读则是国立劳动大学最大的特色,劳大拥有自己的实习工厂和农场,学生需要做体力工作,每周超过 4 小时,在实习分数中的占比为 40%,工作时的态度勤快与否是决定其是否升级的重要依据。而劳动大学不收学杂费、每年提供两套制服、半工半读的方式吸引了大批生活拮据的知识青年前来求学,他们非常珍惜来之不易的学习机会,对知识有着强烈的渴求,在求学方面有着极强的目的性,主张务实、实事求是,而非高谈阔论、纸上谈兵。部分劳大学子在入学前已有工作经历,故而在学习内容、方式、课程方面非常有主见,常去图书馆查阅相关领域的书籍。然而,劳动大学全部经费依靠政府拨给,常因经费问题与上级部门产生矛盾,又被诟病为具有无政府主义甚至是共产主义背景,这也为 1932 年劳大停办埋下伏笔。仅存在 5 年的国立劳动大学以工读互助的方式,倡导工农教育,灌输革命理论,缩小阶级分化,以起到改良社会的目的,在教育史上留下了浓墨重彩的一笔。

同时,在教会女学和维新志士的双重推动下,女子教育蓬勃发展。1897年,时任上海电报局局长的经元善于上海城南桂墅里创办"经正女学",开创了中国女学先河。至 1920 年,上海已有女子高等学校 5 所,包括中国女子体育专门学校、女子法政学校、中华女子美术学校、上海女子艺术师范学校、上海女子美术专门学校。1922 年,年仅 22 岁的陆礼华用全部积蓄,于虹口邓拓路(今丹徒路)谦吉里租赁民房,创办两江女子体育师范学校,以强健妇女体格,培养女子体育师资,不仅为女性提供了教育机会,也培养工作技能,提升自信。[①]

陆礼华,江苏青浦人(今属上海市),家中经商,自小聪明伶俐,虽然镇上没有女孩读书,父母仍将其女扮男装送入私塾接受教育。由于身体素质好,在体育比赛中屡获佳绩,先生建议她学习体育,故进入中国体育学校学习,因成绩优异,留校任教。[②]辛亥革命的爆发、"五四"运动的熏陶,让陆礼华意识到女子教育的重要性,并将体育与国富民强联系起来,由此立志从事体育教育事业。

① 朱健:《陆礼华与两江女子体育专科学校》,《兰台世界》2014 年第 4 期。并可参王云《社会性别视域中的近代中国女子体育(1843—1937)》,南京大学博士论文,2011 年。
② 李小江:《让女人自己说话:独立的历程》,生活・读书・新知三联书店 2003 年版,第 163—168 页。

在初办时,学校仅有 18 名学生,3 000 块钱的初始资金在支付房租、购买设备、维持日常开支后不敷使用,校长陆礼华只得以个人名义向好友借钱,才得以维持,此后经营情况有所好转,声名鹊起。学校设置田径、球类、体育原理、体操、音乐、体育心理、生理解剖、国语、英语等课程,既注重运动技术的水平的培养,也重视基础理论知识的积累。

据统计两江女校从创办开始共有十次搬迁经历,从初创虹口,后辗转南市老西门外大吉路,法租界马斯南路(今思南路)等处,至 1930 年,陆礼华于江湾购置一批房屋和农田,建造宿舍、教室等,同时还建造篮球、排球、田径等运动场地,校舍位于翔殷路南(今运光新村一带),今尚有当年游泳池存世。陆礼华与两江女子体育师范学校在当时以男子为主导的体育行业开辟了新的天地,提升社会对于女性能力的认可,促进男女平权与妇女解放事业的发展。

3. 战火中学堂的归宿

1932 年 1 月 28 日,驻上海日本海军陆战队以三友实业社中日冲突,需压制中国人民排日运动为由,向闸北布防的中国第十九路军发动进攻,中国守军奋起反抗,"一·二八"淞沪抗战爆发。作为"一·二八"淞沪抗战的主要战场,江湾教育文化事业蒙受了巨大的损失,学校、图书馆、书坊无不受其蹂躏,数十年辛苦缔造的基业毁于一旦。据《一二八后的上海教育事业(二)》一文统计,江湾地区全部毁于战火的高等学校包括国立劳动大学、中央大学商学院(后更名国立上海商学院)、持志大学、上海法学院、上海艺术专科学校等。[①]此外,复旦大学和两江女子体育师范也在"一·二八"淞沪抗战中受到破坏。在战火中,复旦大学成为日军的驻扎地,三次被占领,直至 5 月 5 日淞沪停战协定签订后,日军才撤出复旦校园,各类财产损失高达三十九万七千两百元。[②]时位于战区的学校,有能力的在租界租赁房屋复学。复旦大学在徐家汇李公祠附中部继续开学,劳动大学迁至法租界亚尔培路亚尔培坊念四号上课,两江女子体育师范借莫利爱路 127 号为临时校舍。[③]部分不具备复学条件的学校只能暂时关闭。战后,日军开始撤退,在国民政府教育部的帮助下,江湾地区的高等院校积极开展复建工作,随着江湾地区基础设施的完善和道路桥梁的贯通,又一批高等学校聚集于此,至 1937 年抗战爆发前,沪东地区已有 12 所高校,

---

① 《一二八后的上海教育事业(二)》,《申报》1932 年 5 月 11 日,第 11 版。
② 钱益民:《李登辉传》,复旦大学出版社 2005 年版,第 137 页。
③ 《时报》1932 年 5 月 13 日,第 7 版。

约占全市的二分之一。

　　然而,这样的盛况并没有持续多久。1937年7月7日,侵华日军蓄意制造"卢沟桥事变",宛平城的枪声掀开了全民抗战的序幕。战火很快燃烧到上海,8月13日,淞沪抗战爆发,战火纷飞。9月6日,日军于虬江码头登陆,一度挺近市中心区,虬江码头、军工路、市中心区一带成为两军主要争夺战场。在日寇铁蹄的蹂躏下,中国高等教育面临前所未有的危机。为保存自身实力,位于战区的高等院校相继走上了内迁的道路,向西部地区、边远地区转移。由于租界的特殊性,地处上海的高校又多迁入租界办学或仅部分内迁。其中,规模较大的国立、私立高等学校通常希望追随政府,内迁至较为安全的大后方以保存学校实力;而规模较小的私立学校由于经费非常有限,盲目内迁可能会导致学校解散停办,普遍选择留守上海,在租界办学。①时位于"江湾大学城"的高校,私立复旦大学部分迁往租界办学,部分则组成联合大学西迁,最终抵达重庆北碚。私立两江女子体育专科迁往重庆海棠溪。私立立达学园迁入租界办学,日军占领公租界后,被迫解散。

表1　江湾地区主要高校内迁情况

校名	原址	新址	说明
私立复旦大学	江湾走马塘畔	重庆北碚夏坝、上海公共租界赫德路574号	重庆北碚:复旦与大夏组成联合大学,第一部以复旦为主体,迁往江西庐山,租赁普仁医院为校舍,何金芳等旅馆为宿舍;第二部以大夏为主体,迁往贵州,以贵阳讲武堂为校舍。上海沦陷后,联大第一部与第二部合并,继续西迁,于12月底到达重庆,在夏坝复校。上海市区:1938年上学期,英租界北京东路信托大楼→1938年下学期,法租界霞飞路(今淮海路)1726号房屋→11月三迁至仁记路(今滇池路)中孚大楼→1939年4月4日,迁至赫德路(今常德路)574号上课②。

---

① 韩成:《抗战时期的国民政府教育部与留守上海高校》,《抗日战争研究》2018年第2期,第27—43+159页。

② 复旦大学校史编写组:《复旦大学志　第1卷》,复旦大学出版社1985年版,第151—154页。

校名	原址	新址	说明
私立两江女子体育专科	教学楼位于南市大吉路,体操场、音乐室、游泳池、宿舍、球场等其他设施位于江湾翔殷路	重庆	流亡至重庆后,由于经费不足,没有固定校舍①。
国立上海商学院	江湾西体育会路	上海公共租界愚园路40号	
私立立达学园	江湾劳模工厂	上海法租界敦和里45号	经多次更改校址,最后暂借劳勃生路(今长寿路)大自鸣钟东首自强小学避难,此后又转移至上海法租界敦和里45号。1941年,日军占领公租界,立达学园被迫解散②。
私立持志学院	江湾西体育会路	上海公共租界爱文义路1510号、赫德路652号	1939年停办。
私立东亚体育专科学校	卢家湾鲁班路草堂街	贵州平越、四川泸县	由于校舍被毁,先是于1937年迁往法租界龙华路中华职业教育社,1941年被迫停办。抗日战争时期,曾在贵州平越、四川泸县(1944年)复校,均因经费不足停办。1947年,校董李培天借用江湾文治路洋房为校舍复学。③

四、结语:地理空间与学术思潮的民国"大学城"

江湾镇历史悠久,早在宋代,已凭借其四通八达的水路条件,成为江南地区商贾往来要冲之地。五口通商后,江湾镇又以其临近租界的地理优势,铺设

---

① 朱健:《陆礼华与两江女子体育专科学校》,《兰台世界》2014年第4期,第121—122页。
② 刘晨:《立达学园史论》,团结出版社2009年版,第152页。
③ 袁运开、王铁仙:《华东师范大学校史:1951—2001》,华东师范大学出版社2001年版,第372页。

铁路直贯镇东,水路和陆路交通都十分便利。1927 年,原殷行、引翔、江湾三区之间的地区被划分为新上海市中心的建设区域,图书馆、博物馆与市政大厦等配套设施相继落成,基础设施进一步完善。低廉的地价、幽雅的环境、便利的交通、广阔的发展前景吸引着一批又一批民国高校选址建校,最终于淞沪铁路江湾站与虬江故道沿线形成江湾民国"大学城"。而民国大学又是新思想、新文化的孕育土壤,民国大学独特的学术思潮和经典思想至今仍影响着现代大学制度。

　　五四时期,一批激进的知识分子大力抨击中国封建礼教文化,主张男女同校,倡导妇女接受高等教育,实现教育平等。于是,各高校进步人士就男女同校之可行性进行探讨,部分高校开女禁。1919 年,复旦大学学生就"今日中国大学应否男女同校一题"开展辩论会,经投票,赞成正面,即男女同校者,占大多数。①北大校长胡适也是"大学开女禁"运动的支持者,他不仅从理论方面证明必要性,也提出了切实可行的三大步骤。②在此思潮的影响下,1920 年,北京大学率先招收 5 名女学生,③为东方大学招收女生之始。1922 年,上海两江女子体育师范学校创办,旨在中国妇女解放。1924 年,上海大学开女禁,又于五卅运动后搬至江湾,给予复旦大学师生很大的激励。1927 年 9 月,经过校务委员会决议,复旦大学首次招收女学生,严幼韵、李韵菡、陈英等 103 人踏入复旦校门。④

　　鸦片战争后,西方资本涌入,我国工业快速发展,伴随而来的是大量劳工的产生。而劳工在工作过程中受到资本家的压迫和剥削,工作环境和待遇窘迫,引起当时不少有识之士的关注。在江湾大学城的高校中,也掀起了一股保护劳工权益的思潮。1922 年,复旦校友邵力子在《民国日报·觉悟》上发表文章《随感录:劳工底自鸣》,指出工人觉悟的第一步是把自己所受的痛苦尽量表达出来,以引发社会同情。其次,劳工应团结起来诉苦,这样更有力。⑤1924 年夏季,上大师生应上海学联要求创办夏令讲学会,邓中夏针对"中国劳工问题"开展演讲,引起听众强烈反响。1930 年,复旦大学邀请陈宗城先生演讲"国际

①　《复旦大学辩论会记》,《民国日报》1919 年 5 月 6 日。

②　胡适:《大学开女禁的问题》,王学珍、郭建荣主编《北京大学史料(1912—1937)第三册》,北京大学出版社 1993 年版。

③　《北京大学之女学生》,《欧旅周刊》1920 年第 20 期,第 2 页。

④　钱益民:《李登辉传》,复旦大学出版社 2005 年版,第 131 页。

⑤　《劳工底自鸣》,《民国日报》1922 年 9 月 17 日,第 4 版。

劳工组织",不仅对国际劳工组织的起源、性质、内容、工作进行介绍,也分析了我国与国际劳工组织的关系和将来。①

二十世纪初,西风东渐,学术界与青年学生追随"德先生"与"赛先生"的脚步积极探索救国之路。由邵力子担任主编,陈望道协助编辑的《民国日报·觉悟》是"五四文化运动四大副刊"之一,在创刊初期表现出较为彻底的民主主义思想,在反对封建主义、揭露军阀的黑暗统治、改造落后思想等方面不遗余力。文章数目多,内容全面,刊载了如《打倒惨无人道的蓄婢制度》《提倡社会主义绝不是好奇》《布尔什维克的真相》《救现代中国的对症良药》等重要文章。在1929年创刊的《复旦五日刊》中也多可见当时复旦师生对于社会局势、爱国卫国的思考,如《中国今后之外交》《五月与中国》《列强备战日本自卫刻不容缓》《写在"可怕的亡种教育"之后》等。

"学术独立,思想自由,政罗教纲无牵绊。"创作于1925年的复旦校歌中所吟唱的精神取向,也是众多民国大学追求真理的写照。时光荏苒,岁月如梭,当年集中于江湾虬江故道边的民国高校多已不复存在,然其"独立之思想,自由之精神"必将得到传承。时至今日,复旦、财大、同济等国内名校,仍沿淞沪铁路江湾站与虬江故道沿线一线办学,续写着新一轮传奇,而这片热土仍然是中国高等教育集中之区域。

Jiangwan Town, Songhu Railway, and the "University City" of the Republic of China

Abstract: At the end of the Qing Dynasty, Jiangwan Town, located in Baoshan County, Suzhou Prefecture, was once an important area for the development of modern Shanghai due to its convenient water and land transportation, proximity to the Shanghai Concession, and the construction of the Songhu Railway. It also became a concentration of modern Chinese modern education in the early years of the Republic of China. Since 1922, the private Fudan University of the Republic of China relocated to Jiangwan Town, Shanghai University, National Labor University, Lida Academy, Wenzhi University, China Public School, Liangjiang Women's Sports College, East Asia Sports College, and others have successively moved in. Eventually,

---

① 陈宗:《国际劳工组织》,《复旦五日刊》1930年第52期,第2页。

along the intersection of Jiangwan Station on the Songhu Railway and the Qiujiang Old Road, they formed the Jiangwan "University City" during the Republic of China period. At the same time, due to the spatial characteristics of industrial and agricultural settlements in the Jiangwan area, the leftist revolutionary wave that permeated China in the early 20th century was also typical in the Jiangwan "University City", with teachers and students from Shanghai University of the Republic of China, National Labor University, and Fudan University being the most prominent. Due to the location of Jiangwan as an essential thoroughfare from Wusong to the urban area of Shanghai, the vast majority of schools in this area were destroyed by the invading forces during the "January 28" and "August 13" Songhu Wars.

Key words: Jiangwan Town; Republic of China University City; Songhu Railway; Fudan University; Lida Academy; Labor University; New Style School

作者简介：乔依婷，复旦大学文献信息中心图书情报专硕；王启元，复旦大学中华古籍保护研究院副研究员。

中世纪后期英格兰啤酒酿造
与销售的法律规制

张欣蕊

摘　要:啤酒是中世纪英格兰人日常饮品之一。自13世纪始,英格兰啤酒酿造与销售在走向市场化的过程中出现诸多问题,国王亨利三世于1266年颁布《啤酒法令》,对啤酒的酿造、销售及其监管制定了统一的法令,进行规范管制。地方政府则将王室法令加以细化,进一步就啤酒酿造工艺和质量标准、销售者之资质和销售场所、价格和计量单位,相继出台一系列法令,进行全面规制。为了保证啤酒法令的实施,一种由王室与地方政府、行会与民众参与的立体监管与处罚体制得以建立。尽管随着王权的增强,王室力图通过相关法令的制定,扩大中央对地方司法和经济上的控制,但地方政府仍然是啤酒法令之实施和监管的主体。这从一个侧面反映出中世纪后期英格兰商业化初期阶段,王室与地方政府各自的权利范围及作用。

关键词:中世纪　英格兰　《啤酒法令》　法律规制

酒是人类史上最古老的发酵饮料之一,也是中世纪英格兰人的"天然饮料"。①在中世纪前期,英格兰人的啤酒主要由家庭主妇或庄园佃户酿造,自给

---

① Edward Miller and John Hatcher, *Medieval England：Towns , Commerce and Crafts 1086—1348* , London and New York：Routledge, 1995, p.75. 从广义上讲,"啤酒"是指谷物酿造的酒精饮料。中世纪英格兰语境中有关这种酒精饮料的词汇主要有两个,即"ale"与"beer"。这两种酒在酿造原料、加工过程、风味等方面,都存在一定的区别。英国学者马丁·康奈尔从词源学的角度辨析了"ale"与"beer"的异同。他指出,印欧语系中,只有英语用两个词表示发酵麦芽汁:"ale"的词根是 * alup-,"beer"源自古高地德语"bior",由此衍生出现代荷兰语和德语的"bier"。15世纪(转下页)

自足。自 13 世纪始,随着酿造业逐渐过渡到面向市场销售的作坊式生产,啤酒在社会日常生活中的重要性也日益凸显,从而引起了英格兰王室与地方政府的高度重视。1266 年《啤酒法令》的颁布,标志着英格兰迎来了啤酒生产与销售全面规范化的时代。①

　　自 19 世纪末至 20 世纪 80 年代,一些研究英国啤酒史的专家通常在其著述中涉及啤酒管理的法治构建问题。②随着社会史和妇女史的兴起,啤酒史研究也向纵深维度推进。如 1996 年,朱迪斯·贝内特从妇女性别史的视角出发,分析了 13—16 世纪英格兰啤酒法律规范及监管体系中的性别差异。③至 21 世纪初,西方学界的相关研究又出现了一些新的成果。如伊恩·霍恩西论述了教俗两界对啤酒生产与销售的规范与管制,理查德·昂格尔则从经济史的角度解读了王室为啤酒立法的目的与实质。④目前,西方学界关于啤酒与法治规范的研究逐渐消减,聚焦于啤酒对人类文化之影响的跨学科和多视角研究逐渐兴起。⑤但在啤酒酿造和销售的法律规范方面,仍有一些问题尚需做进

（接上页）上半叶,欧洲大陆的酿酒师移民到英格兰,开始酿造这种有啤酒花的饮料,在英格兰也沿用了德语名称"bier"（后演变为"beer"）,区别于没有啤酒花的不列颠啤酒"ale"。至中世纪晚期,英格兰酿酒师也在"ale"中加入啤酒花。因此,"ale"与"beer"均可指"啤酒"。为了避免混淆,文中提及"啤酒"泛指这两种酒。参见 Martyn Cornell,"Contending Liquors: How Ale and Beer remained Separate Drinks for Hundreds of Years Longer than Generally Accepted," *Journal of the Brewery History Society*, Issue 144, 2011, pp.33—40。

① 法令全称为《面包与啤酒法》(*Assise of Bread and Ale*)。主要包含三个部分,《面包法令》(*Assise of Bread*)、《啤酒法令》(*Assise of Ale*)、《颈手枷判决》(*The Judgment of the Pillory*)。参见 *The Statutes of the Realm*, Vol.1, London: Dawsons of Pall Mall, 1963, pp.200—202. 西方学界对法令颁布的具体时间存在一定的争议。如伊恩·霍恩西指出该法于 1267 年出台。Hornsey, *A History of Beer and Brewing*, p.292. 笔者则以官方记录的时间为准,即 1266 年。

② 参见 John Bickerdyke, *The Curiosities of Ale and Beer: An Entertaining History*, London: Swan Sonnenschein, 1889, Chapter V; H. A. Monckton, *A History of English Ale and Beer*, London: Bodley Head, 1966; H. A. Monckton, *A History of the English Public House*, London: Bodley Head, 1969; H. A. Monckton, *The Story of British Beer*, Sheffield: Pub. & Literary Services Sheffield, 1981; 等。

③ Judith M. Bennet, *Ale, Beer and Brewsters in England: Women's Work in Changing World 1300—1600*, Oxford: Oxford University Press, 1996, Chapter 6.

④ Ian S. Hornsey, *A History of Beer and Brewing*, Cambridge: Royal Society of Chemistry, 2003, Chapter 6; Richard W. Unger, *Beer in the Middle Ages and the Renaissance*, Philadelphia: University of Pennsylvania Press, 2004, p.41.

⑤ 如伍尔夫·席芬霍维尔等从跨学科、跨文化的视角,探讨了啤酒的象征意义和社会作用;罗伯·德塞尔和伊恩·塔特萨尔从自然历史的视角来阐释啤酒酿造的历史脉络;约翰·格科以更加开阔的文化视野,审视中世纪话语体系中的啤酒与酿造。参见 Wulf Schiefenhövel, Helen（转下页）

一步的探讨。如王室对啤酒立法背后有何深层次的经济原因和政治动机？地方政府在《啤酒法令》的实施中起到至关重要的作用，那么王室、地方政府与酿酒行会是如何通过《啤酒法令》的实施进行权力和利益的分配呢？本文将依据相关法令，并结合相关案例，对上述问题进行探讨，以求教于方家。①

一、1266 年《啤酒法令》颁布的动因

中世纪英格兰王室为什么要用立法来规范啤酒酿造与销售？目前，西方学界并未做出系统的解释。相关研究者大都认为，王室立法的根本原因或者在于调控啤酒价格，满足大众或王室的消费需求；或者在于保证啤酒商的利润，扩大王室税收，增加财政收入。②我们认为，仅仅从经济史视角对之做出的阐释并不充分，应从经济、政治和社会多个视角对该问题进行审视，以达到一种完整的理解。

英格兰酿酒业由家庭酿造步入商业化的初步阶段，啤酒在销售中的违法违规现象屡禁不止，为了对违规行为进行有法可依的惩治，亨利二世和约翰王时期已经零星出台了一些啤酒条例，以规范酒商的销售行为。③法令颁布后，销售环境并未得到根本好转，违规行为也没有得到有效遏制。直至亨利三世时期，即便王室不断加大对违规酒商的处罚力度，也依旧收效甚微，违法者仍源源不断。可见，啤酒酿造与销售在市场化过程中违规违法的问题由来已久，迟迟未得到有效整治。分析英格兰王室为何出台 1266 年《啤酒法令》，核心在

（接上页）Macbeth，*Liquid Bread Beer and Brewing in Cross-Culture*，New York：Berghahn Books，2013；Rob Desalle and Ian Tattersall，*A Natural History of Beer*，New Haven and London：Yale University Press，2019；John A. Geck，Rosemary O'Neill and Noëlle Phillips eds.，*Beer and Brewing in Medieval Culture and Contemporary Medievalism*，London：Palgrave Macmillan，2022。我国学者主要集中于近代早期英格兰的啤酒馆和酒类管制问题。如向荣：《啤酒馆问题与近代早期英格兰文化和价值观念的冲突》，《世界历史》2006 年第 5 期；叶乐乐：《近代早期英格兰啤酒馆问题与国家管制》，《历史教学问题》2016 年第 5 期；王晨辉：《英格兰 1830 年〈啤酒法〉与酒类流通管理制度的变迁》，《世界历史》2017 年第 1 期；初庆东：《近代早期英格兰的啤酒馆管制与治安法官的地方实践》，《世界历史》2020 年第 3 期。

① 本文所引用的相关英国原始档案文献与部分市郡档案历史资料，主要来源于 BHO 英国历史资料在线官方网站，参见网址 www.british-history.ac.uk。

② Judith M. Bennet，*Ale，Beer and Brewsters in England：Women's Work in Changing World 1300—1600*，Oxford：Oxford University Press，1996，pp.101，163；Richard W. Unger，*Beer in the Middle Ages and the Renaissance*，chapter 1，esp.，p.9.

③ Geo. L. Craik，*The History of British Commerce from Earliest Times*，London：Charles Knight，1844，p.137.

于阐明法令出台前夕啤酒酿造和销售在市场化过程中出现诸多问题的根源，以便于更深入地认识 1266 年英格兰王室颁布《啤酒法令》动因。

首先，伴随英格兰人口增长，市场扩大，民众对啤酒的需求日益增加，但由于谷物歉收导致啤酒价格持续上涨，从而引发民众的不满，此为英格兰王室出台《啤酒法令》的社会经济动因。自 12 世纪末或 13 世纪初期，英格兰人口开始持续增长，至 13 世纪中期，人口数量达到了 250 万左右，啤酒消费也随之扩大，酿酒作坊数量成倍增长。[1]然而，在此期间，英格兰谷物却连年歉收，产量大幅下降。例如，温彻斯特主教区、威斯敏斯特修道院和格拉斯顿伯里修道院的谷物收入，在 1208—1225 年间下降了约 15％，1225—1328 年间又下降了 10％。[2]这便导致谷物价格的上涨，据研究，至 1260—1270 年，英格兰的谷物（燕麦、黑麦、大麦和小麦）价格比 13 世纪前期增长了 2 倍。[3]由此引发了以谷物为主要酿造原料的啤酒价格的上涨，从而严重影响了民众的日常生活。

面对这种情势，一些地方政府出台相关政策试图控制啤酒价格。然而，这些政策最终却是损害了公众利益，保全了酒商利润与地方的税收收入。一位西方学者指出，"各地政府出于征税的目的，承诺酒商保持啤酒售价高于成本价。酒商为了盈利，与政府合谋征税。即使谷价下跌，啤酒价格也保持不变。当谷价上涨时，酿酒作坊将生产一种较淡的饮料来维持原价"。[4]为了保障广大消费者的利益，英格兰王室出台了 1266 年《啤酒法令》。

其次，从执法方面来看，庄园、城镇、修道院等地方执法主体行为不当，是导致啤酒酿造和销售在市场化过程，屡屡出现违规行为的重要原因。13 世纪早期，王室规定由享有十户联保制特权的领主，行使啤酒法令的审判权。通常情况下，地方法院会通过简易司法程序，当场审判违反啤

---

① H.A. Monckton, Herbert Anthony, *A History of the English Public House*, p.20; Christopher Dyer, *Making a Living in the Middle Ages: The People of Britain 850—1520*, New Haven and London: Yale University Press, 2002, p.156.

② 以购买实物的数量作为衡量农业收入的标准。参见 M.M. Postan, *The Medieval Economy and Society: An Economic History of Britain in the Middle Ages*, London: Weidenfeld and Nicolson, 1972, p.36。

③ William Abel, *Agricultural Fluctuations in Europe from the Thirteenth to the Twentieth Centuries*, New York: St. Martin's Press, 1980, pp.17—18.

④ Richard W. Unger, *Beer in the Middle Ages and the Renaissance*, p.9.

酒法令的指控。①原则上,地方应按照王室出台的处罚办法对违规者处以肉体惩罚。然而,地方领主拒不履行王室规定。诺森伯兰郡、坎伯兰郡、约克郡和林肯郡的领主则表示:"啤酒条例当属地方惯例,王室无权干涉地方法庭的审判。"②一旦王室放宽地方对啤酒条例审判权的掌控范围,领主便有机可乘,在司法实践中滥用权力,以权谋私。为此,王室颁布关于违规啤酒条例处罚办法。如国王亨利三世因城市酒商不遵守啤酒条例,先后于 1239 年和 1254 年收回牛津和伦敦的自治权。③即便如此,违规现象也没有得到有效遏制。正如论者所言,"人们总是不断地违反啤酒法令;颈手枷和囚车好像专为违反啤酒法令的麦酒妻所保留似的"。④可见,王室企图通过法律手段来有法可依的惩治违规行为,加大酿酒业的监管力度,肃清混乱的执法局面,是颁布 1266 年《啤酒法令》的法律动因。

再次,由于这个时期是国王极力扩大王权,并与地方封建主进行激烈博弈的时期,所以扩大中央的司法管辖权,加强对地方的司法的干预与经济控制,是英格兰王室颁布 1266 年《啤酒法令》的政治动因。法令出台前,王室并未过度干预地方社会对啤酒酿造业的日常管理活动,只运用常规行政手段加以控制。如 1233—1234 年,亨利三世驳斥了扣押群众强行加征啤酒税的治安官,准许圣托马斯修道院按照惯例在城堡征收啤酒税。⑤但随着社会环境的发展变化,王室通过收缩地方对啤酒酿造业的司法管辖权,治理地方政府管理机构内部、酒商及普通消费者间存在资源与利益分配不均的问题。从根本上讲,王

---

① 违反啤酒条例罪行在英格兰司法体系中属于轻罪指控。弗雷德里克·波洛克表示,亨利二世时期,经当地法院呈递而受到处罚的罪行。王廷允许郡长和特权领主就涉及国王权力或和平的问题提交王廷法官,包括重罪指控,以及违反啤酒条例这类轻罪指控。Frederick Pollock and Frederic William Maitland, *The History of English Law Before the Time of Edward I*, Volume I, Cambridge: Cambridge University Press, 1895, pp.543—545.

② Frederick Pollock and Frederic William Maitland, *The History of English Law Before the Time of Edward I*, Volume I, pp.610—612.

③ *Calendar of the Liberate Rolls Henry III Vol. I A.D. 1226—1240*, London: Published by Authority of his Majesty's Principal Secretary of State, 1916, p.360; H.T. Riley ed., *Chronicles of the Mayors and Sheriffs of London 1188—1274*, *Chronicles of the Mayors and Sheriffs*: 1254—5, London: Trübner, 1863, pp.22—24.

④ Frederick Pollock and Frederic William Maitland, *The History of English Law Before the Time of Edward I*, Volume I, pp.543—545.

⑤ H.S. Sweetman ed., *Calendar of Documents Relating to Ireland*, London: Longman & Co., 1875, p.311.

室企图在法令实施过程中,将统治者的意志渗透到地方社会,管控地方社会的生活,实现中央集权与国家治理的目的。如论者所言,王室颁布《啤酒法令》既是中央的主张在地方执法活动中得到贯彻实施,也是其控制地方贸易行为的部分尝试。①

基于上述问题所引发的社会矛盾,1266 年,一部权威的《啤酒法令》和一套合理的监管处罚机制在英格兰应运而生。王室从社会群体利益出发,规范酿造作坊与酒商的生产、销售行为,明确中央、地方与酿酒行会的监管职责,营造良好市场环境,保证公众的需求与利益。

二、王室和地方政府对于啤酒酿造和销售的法律规制

英格兰王室通过制定相关的啤酒法令,确立啤酒酿造、销售与监管的统一规范标准,而地方政府则承担了法令实施和行业监管等实际工作。为了应对啤酒销售中频频出现的酿造不善、价格混乱、监管不力等现实问题,英格兰地方政府依据《啤酒法令》建立起了一套良性、动态的啤酒酿造与销售机制。

(一) 啤酒酿造的法律规范

由于中世纪后期生活资料较为匮乏,民众更多地以温饱为诉求,加之卫生条件较差,检验手段有限,饮用酒水安全问题特别突出,因此,英格兰王室和地方政府在法制层面上规制啤酒酿造工艺和质量标准。

据一位 16 世纪的英国医生约翰·凯伊斯考证,中世纪酿造啤酒共分六步。②第一,催芽。催育大麦、小麦或燕麦等谷物发芽。第二,制作麦芽与麦芽汁。将几种混合谷物浸泡、干燥和加热,制成麦芽。再将麦芽研磨成粉,与水混合,倒入糖化桶中浸泡,制成麦芽汁。第三,过滤。分离谷物与麦芽汁。第四,煮沸。加入啤酒花煮沸。第五,发酵。煮沸后,将液体倒入发酵桶中,开始

---

① James Davis, *Medieval Market Morality Life*, *Law and Ethics in the English Marketplace*, 1200—1500, Cambridge: Cambridge University Press, 2012, p.233.

② 霍尔格·芬克翻译了英国医生约翰·凯伊斯于 1556 年记述的早期英格兰啤酒生产的具体情况,同时还参考基思·托马斯与路德维格·纳尔齐斯对啤酒酿造过程的研究。霍尔格·芬克指出,从技术的角度来看,16 世纪中期的啤酒酿造过程与中世纪时期基本一致。Keith Thomas, "Beer: How it's Made—The Basics of Brewing", in Wulf Schiefenhövel, Helen Macbeth, *Liquid Bread Beer and Brewing in Cross-Culture*, pp.35—46; Ludwig Narziß, *Die Bierbrauerei. Die Technologie der Würzebereitung*. Vol.2, Stuttgart: Wiley, 1992. 笔者认为,啤酒酿造过程的改进取决于技术与设备的革新。现阶段,西方学界尚无证据表明,英格兰在 16 世纪中期的啤酒酿造技术与设备,较之前期取得质的飞跃。由此可以推断,酿造过程与中世纪时期基本保持一致。

发酵。第六,酿成。将酿成的啤酒装入木桶,再交付给酒馆老板,进入销售环节。①地方政府围绕着上述流程所涉及的谷物、水、储存容器及运输这四类要素,加以标准化和规范化。

首先,酿酒的原料必须符合王室和地方政府所制定的标准。大麦、燕麦、小麦等谷物是生产啤酒的基础原料。英国学者伍尔格指出:"大麦是最为理想的酿酒材料,燕麦作酿酒原料也比较常见,小麦酿成的啤酒风味与品质更佳。"②为保证啤酒的质量,各地政府制定了酿造所用谷物的标准。1301 年,约克郡出台法令规定:"啤酒应以优质谷物和麦芽酿造。"③1482 年,伦敦市政府规定了优质谷物的标准如下:"麦芽要干净,清甜,干燥,制作精良,不能以次充好。"④颗粒饱满的麦芽中所含的淀粉和糖分高,易于发酵,能够保证出酒率。

其次,必须采用新鲜和洁净的水源。按体积计算,啤酒的 90%—95% 是由水组成的,酿造过程中每一个步骤都受到水的影响。15 世纪医学家认为最佳酿造水源是纯净的雨水,最差的是井水和死水。⑤城市酿酒作坊因用水量大,影响民众日常生活用水,而引发市政府的管制。如 1345 年 7 月 18 日,伦敦出台管道使用限制令,"禁止酿酒作坊主在泰恩取水"。⑥1444 年,考文垂市政府规定:"从晚上 9 点到凌晨 4 点封锁水管,禁止酿酒作坊主从水管里取水。"⑦

① 参见 Holger Funk, "A Little Known, Mid-16th Century Description of the Production of English Ale by John Caius," *Journal of the Brewery History Society*, Vol.165(2016), pp.19—29。需要注意的是,啤酒花需加入麦芽汁中混合煮沸。据笔者所见,早在 13 世纪(已知最早时间为 1289 年)英格兰就已经出现了加入啤酒花的啤酒,14 世纪晚期(已知时间为 1391 年)伦敦市信函簿日历中第一次提及本土生产的啤酒花,即便如此,使用啤酒花酿酒的工艺并未得到推广,生产规模甚小,所生产的啤酒主要用于出口。Richard W. Unger, *Beer in the Middle Ages and the Renaissance*, pp.98—107. 加入啤酒花的啤酒在 16 世纪之前还没有超过啤酒的地位,至 16 世纪中期,英格兰开始盛行在啤酒酿造过程中添加啤酒花。Christopher Dyer, *Standards of Living in the Later Middle Ages: Social Change in England, 1200—1520*, Cambridge: Cambridge University Press, p.58.
② C.M. Woolgar, D. Serjeantson and T. Waldron eds., *Food in Medieval England Diet and Nutrition*, Oxford: Oxford University Press, 2006, p.13.
③ York(England) Laws, *York Civic Ordinances 1301*, York: St Anthony's Press, 1976, p.11.
④ Reginald R. Sharpe ed., *Calendar of Letter-Books of the City of London: L. Edward IV-Henry VII, Folios 181—192: Nov 1482—   *, London, 1912, pp.199—210.
⑤ F.J. Furnival ed., *Andrew Boorde's Introduction and Dyetary with Barnes in the Defence of the Berde*, London: Trubner, 1870, p.253.
⑥ Henry Thomas Riley ed., *Memorials of London Life in the XIIIth, XIVth, and XVth Centuries, Corporation of London Records Office, Letter Books C*, London: Longmans, Green and Co., 1868, p.225.
⑦ Mary Dormer Harris ed., *The Coventry Leet Book or Mayor's Register*, London: Early English Text Society, Old Series, vol.134(1907), pp.105, 189, 208; vol.135(1908), p.517.

不仅如此,城市公共供水管道的水源还经常遭到污染。1305 年,牛津大学师生指控酒商出售的啤酒有杂质,爱德华一世命令酿酒作坊主"必须在洁净的水源取水,用新鲜和纯净的水酿造啤酒"。①尽管到目前为止,笔者并未查阅到中世纪英格兰有关啤酒酿造用水法令的具体条款,但王室已经针对啤酒酿造用水污染这一问题发布了一些敕令。

再次,啤酒酿造完成后,酿酒作坊必须按法令规定的容器储存啤酒。中世纪英格兰各地储存器具的种类和规格一度杂乱无序。直至 15 世纪,一些地方政府才将其统一规范。②1466 年 3 月,林恩镇(Lynn)出台法令要求制桶工人制造的"啤酒的容积为 30 加仑"。③15 世纪,拉文汉姆(Lavenham)酿酒行会使用四种规格的储酒容器,其中最大号的木桶(barrel)容积为 36 加仑;另外两种规格的中号木桶容积分别为:9 加仑中号桶(firkin),8 加仑中号桶(kilderkin);最小号的木桶(pin)容积为 4.5 加仑。④值得注意的是,许多酒商为节约酿造成本,擅自使用自制啤酒桶。为此,亨利八世于 1531 年颁布法令:"酿酒作坊主不得自制啤酒储存容器;允许所有酿造作坊主将啤酒装在酒桶里送到(购买者)家中,并标明酒桶中啤酒的容量。"⑤王室以法令的形式统一了酒桶的规格和供应渠道,便利了啤酒的储存、运输和计量以及日后的分销。

最后,按照规定进行啤酒运输。为了保证啤酒的新鲜度,其运输方式也有相关的法令规定。中世纪英格兰短途运送的主要交通工具是马车。牛津酿酒行会规定,酿制好的啤酒交由送酒车夫(ten couple)运输。⑥长途运输以水路运输为主。1420 年,伦敦市政当局出台法令对运酒船只进行管理。它规定:"凡是涉及运输啤酒使用的船只务必做出标记,以显示其职能。"⑦而 1482 年的伦

① H.E. Salter ed., *Munimental Civitatis Oxonie*, Devizes:George Simpson, 1920, pp.11—12.

② Robert Dickson Connor, *The Weights and Measures of England*, London:H.M.S.O., 1987, p.225.

③ Lynn by laws, "Medieval English Urban History", http://users.trytel.com/~tristan/towns/ly1446a.html[accessed 7 October 2021].

④ "Containers of Different Capacities on Display in the Cellar of the Corpus Christi Guildhall", http://users.trytel.com/~tristan/towns/florilegium/popcom15.html[accessed 9 October 2021].

⑤ Robert Philip Tyrwhitt and Thomas William Tyndale, *A Digest of the Public General Statutes:From Magna Carta A.D. 1224—5 to 1 & 2 Geo. 4 A.D. 1821*, A. Strahan for Joseph Butterworth and Son, 1822, p.70.

⑥ Alan Crossley and C.R. Elrington eds., *A History of the County of Oxford:Volume 4, the City of Oxford, Craft Guilds*, London, 1979, pp.312—327.

⑦ Reginald R. Sharpe ed., *Calendar of Letter-Books of the City of London:I, 1400—1422, Folios ccxli—ccl:Dec 1419—　*, London, 1909, pp.231—243.

敦法令则规定："未经船主许可,不得在他人的船上装运啤酒。"①

中世纪英格兰王室和地方政府依照啤酒的酿造流程及运输方式出台了一系列法令。除了酿造用水没有确切的法令条文之外,对于酿造流程(如酿造原料、储存容器、运输等)都有相关法令出台,从而使啤酒酿造流程有了合乎规范的法令制约。

(二) 啤酒销售环节的法律规范

中世纪后期英格兰酿酒业呈现出商业化、职业化的发展趋势。为保证啤酒的供应和质量,王室与地方政府就销售者之资质、销售场所、啤酒价格和计量单位等都制定了相关法令。

首先是有关销售啤酒资质的授权许可。酒商要缴纳酿造资格税以取得销售资格。通常情况下,王室授予修道院、庄园领主和独立城镇征税权,酒商们缴纳一定金额的税款或罚款即获得酿酒作坊的合法经营权。起初,英格兰酿造资格税由国王征收。据官方资料记载,中世纪英格兰啤酒酿造资格税的记录,最早见于1229年亨利三世恢复巴顿庄园酿造啤酒的收税权(称为tols-ester)。②然而,这一税种并未在英格兰全境统一,各地酿造资格税在名称、形式等方面都有不同表现。在名称上,1288—1289年,莱斯特镇向酒商征收酿造资格税名为"cannemol"。③在征收形式上,除了征税的名义,一些地区以罚款的形式则是收取税款。如13世纪晚期,福德维治习惯法规定:"任何一名从事啤酒生产与销售的麦酒妻都应在一年之内处以不超过2便士的罚款。"④15世纪,英格兰各地政府适当调整了啤酒酿造税征收方式和范围。一些司法管辖区为本地酒商提供长期的酿造许可证。1445年,苏塞克斯的酒商只要缴纳6便士酿造资格费,便可获得了一年的销售资格。⑤还有一些城镇为扩大征税范

① Reginald R. Sharpe ed., *Calendar of Letter-Books of the City of London: L. Edward IV-Henry VII, Folios 18—185: Nov 1482— *, London, 1912, pp.199—210.
② R.B. Pugh and Elizabeth Crittall eds., *A History of the County of Wiltshire: Volume 3*, London, 1956, pp.316—319. http://www.british-history.ac.uk/vch/wilts/vol3/pp316-319[accessed 19 July 2023].
③ R.A. McKinley ed., *A History of the County of Leicester: Volume 4, the City of Leicester, The City of Leicester: Social and Economic History, 1066—1509*, London, 1958, pp.31—54.
④ G.J. Turner and H.E. Salter eds., *The Register of St. Augustine's Abbey, Canterbury*, London: British Academy Records of Social and Economic History, 1915, pp.145—153.
⑤ Judith M. Bennet, *Ale, Beer and Brewsters in England*, pp.160—161. 贝内特认为,这种长期许可证在英格兰并不普遍。

围,接纳了许多"外埠酒商"进入啤酒销售市场。1478 年,伦敦市长在市议会中提出,"既然本地酒商提高了啤酒的价格,外埠酒商就应该在这个城市自由销售啤酒"。①无论是协调征税制度,还是扩大征税对象,本质上都是中央与地方为增加财政收入所采取的行政手段。

其次是有关啤酒销售场所的法令规定。中世纪英格兰啤酒销售一般都有固定场所,如集市、客栈、麦酒屋和酒馆。集市作为一种传统的商品流通场所,可以出售各类商品,其中包括啤酒。爱德华三世颁布法令:"所有集市在开市期间任何人都可以在摊位或其他地方进行啤酒销售。"②客栈、麦酒屋、酒馆是酿制与销售啤酒的主要场所。客栈经营者通常自制啤酒,也可以不通过市场,直接从酿酒作坊采购。麦酒屋等级较低,是专门向穷人出售廉价啤酒的地方。酒馆的主要职能是零售食物和饮品,在啤酒销售时也需要遵守相关啤酒法令。③

再次是啤酒价格的管控。中世纪英格兰啤酒价格一直是由王室和地方政府规定的。1266 年《啤酒法令》按照啤酒价格随着谷物价格浮动的总原则,结合市场情况、酿造成本和消费者收入水平,对之进行估算和定价。该法令规定:"当 1 夸特小麦的价格是 3 先令或 3 先令 4 便士,1 夸特大麦的售价为 20便士或 2 先令,1 夸特燕麦卖 16 便士时,城市酿酒作坊应该以 1 便士的价格出售 2 加仑啤酒,而在城市以外的地区则以 1 便士卖 3 或 4 加仑(啤酒)等。"④王室根据不同品类的酿造谷物制成的啤酒估算出对应的价格,地方政府则遵照《啤酒法令》的有关规定调整啤酒价格,保障价格基本稳定与市场供应。

为了能准确合理地估算啤酒成本,英格兰王室也会根据具体情况适时整顿价格机制。1390 年,酒商抱怨清洗 9 蒲式耳麦芽后只剩下 8 蒲式耳可用。⑤这无疑提高了啤酒生产成本,减少了利润。为此,1391 年,理查二世规定每夸

① Reginald R. Sharpe ed., *Calendar of Letter-Books of the City of London*; L. *Edward IV-Henry VII*, *Folios 131—140*; *Nov 1477—* , pp.153—162.

② Robert Philip Tyrwhitt and Thomas William Tyndale, *A Digest of the Public General Statutes*; *From Magna Carta A.D. 1224—5 to 1 & 2 Geo. 4 A.D. 1821*, p.14.

③ Bruno Blondé ed., *Buyers & Sellers*, *Retail Circuits and Practices in Medieval and Early Modern Europe*, Turnhout: Brepols, 2006, pp.118—119.

④ *The Statutes of the Realm*, vol.1, London: Dawsons of Pall Mall, 1963, p.200. 该法令将啤酒的计量单位误用为夸特,实际上,此处啤酒的计量单位应为加仑。这一错误在后续的法令中得以纠正。

⑤ Robert Dickson Connor, *The Weights and Measures of England*, p.222.

特麦芽应为 8 蒲式耳。①足重的麦芽既保证酿酒作坊收支平衡,又防止酒商因利润不足而随意涨价。总体来看,英格兰王室所采取的根据谷物价格的波动调整啤酒价格的措施,能够保障在谷物价格波动期间啤酒价格的稳定。这不仅使啤酒销售者获利,也符合民众的消费能力,由此保证了整个啤酒市场呈现出平稳的状态。

最后是啤酒计量容器的法令规定。英格兰颁布一系列法令规范啤酒的计量单位。1266 年,亨利三世出台法令:"地方政府使用王国统一推行的计量单位,即加仑、波特、夸特,并加盖郡、镇的印章。"②此后,王室施行的法定计量单位是各地政府规制啤酒计量单位的基本准则。伦敦法庭于 1276—1277 年公布:"酒商使用规定的量度(加仑、波特、夸特)出售啤酒……1 桶啤酒的重量为150 加仑,市议员密封盖章后方可出售。"③1301 年,约克郡的市镇法律记录记载,"2 加仑啤酒的零售价为 1 便士。制作精良的啤酒最高零售价为 1 加仑卖 1 便士,质量稍差一些的啤酒 1 加仑卖 0.75 便士"。④1421 年,考文垂市长颁布法令规定:"酒商要按法令规定的计量容器出售(啤酒),不可按杯或碗出售。"⑤

英格兰王室出台相关法令,地方政府将之细化并加以实施,使得啤酒酿造和销售逐渐走向了规范化和法制化的良性发展道路。但随着商业资本市场的扩大,手工业组织在生产生活方面作用的增强,一些酿酒行会在利益的刺激下力图干预啤酒定价,寡头酒商及来自行业各方力量,也在积极扩大自身的权利范围。面对这种情形,王室和地方政府进一步完善啤酒酿造业的监管与处罚体系,寻求一种通盘的治理进路。

① *The Statutes of the Realm*,vol.2,Dawsons of Pall Mall,1963,p.79. 每蒲式耳等于 8 加仑。

② *The Statutes of the Realm*,vol.1,p.203.

③ Reginald R. Sharpe ed.,*Calendar of Letter-Books of the City of London*:*A*,*1275—1298*,*Folio 129 b*,pp.207—230.

④ P.J.P. Goldberg,*Women in England 1275—1525 Documentary Source*,Manchester University Press,1996,p.185. 为了能准确合理地估算啤酒成本,英格兰政府也会根据具体情况适时整顿价格机制。1390 年,酒商抱怨清洗 9 蒲式耳麦芽后只剩下 8 蒲式耳可用。这无疑提高了啤酒生产成本,减少了利润。为此,1391 年,理查二世规定每夸特麦芽应为 8 蒲式耳。足重的麦芽不仅保证酿酒作坊主收支平衡,也能防止酒商因利润不足而随意涨价。Robert Dickson Connor,*The Weights and Measures of England*,p.222;*The Statutes of the Realm*,vol.2,Dawsons of Pall Mall,1963,p.79。

⑤ Mary Dormer Harris ed.,*The Coventry Leet Book or Mayor's Register*,*Coventry City Record Office*,*Leet Book*,London:Early English Text Society,old series,vol.134(1907),pp.23—33.

三、啤酒法执行之监管与处罚

　　建立啤酒生产与销售监管体制,不仅是英格兰王室贯彻法令实施的保障路径,也是地方政府减少酿造业违规现象的重要手段。为了实现对啤酒法执行的有效监管,1266 年《啤酒法令》颁布后,地方政府作为监管机构的运行主体,监督这部法令的实施情况,根据自身的环境和条件调整管理模式,最终形成了王室与地方政府、行会与民众参与的立体监管与处罚体制。这一监管体系主要体现在三个方面。

　　首先,王室或议会授予地方啤酒法令的审判权。1266 年《啤酒法令》颁布后,英格兰王室授予地方啤酒法令的审判权,地方政府作为监管机构的运行主体,监督这部法令的实施情况。自 13 世纪末至 15 世纪,王室或议会陆续将《啤酒法令》的审判权授予各地的领主、城镇和修道院,获得审判权的地方机构有权对当地啤酒生产与销售实行监督。1289 年,爱德华一世授予白金汉郡的领主爱丽丝·德·卢顿《啤酒法令》的审判权。[①]14 世纪晚期,王室将《啤酒法令》的审判权授予英格兰众多城镇,还包括牛津和剑桥两所大学的校长。[②]15 世纪,下议院授予市长啤酒法令的审判权。市长需在民众面前宣誓:"服从国王,服务于人民……务必监督所有面包师傅、酒商、酒馆老板和厨师等相关从业者。"[③]由此,地方政府对啤酒业的监管逐渐成为常态。

　　其次,英格兰地方政府设立了验酒官,加强对啤酒生产和销售环节的监管。[④]验酒官通常由地方选派,完全独立于酿酒行会,直接对市长(郡)或议员负责。霍恩西指出,1266 年出台《啤酒法令》颁布后,验酒官的权力达到了新的高度。[⑤]原因在于验酒官肩负监督酒商的酿造活动和销售行为

---

① H.C. Maxwell Lyte ed., *Calendar of Patent Rolls 9 Edward I*, *Close Rolls*, *Edward I*: *November 1289*, London, 1904, pp.25—28. http://www.british-history.ac.uk/cal-close-rolls/edw1/vol3/pp25-28[accessed 20 July 2023].

② Janet Cooper ed., *A History of the County of Essex*: *Volume 10*, *Wakes Colne*: *Local Government*, London, 2001, pp.125—126. http://www.british-history.ac.uk/vch/essex/vol10/pp125—126[accessed 19 July 2023].

③ Mrs J.R. Green, *Town Life in the Fifteenth Century Volume II*, London: Macmillan, 1894, pp.36—37.

④ 验酒官英文为 ale-conner 或 ale-taster。霍恩西指出,伦敦以外的地区称呼验酒官为 ale-taster。Ian S. Hornsey, *A History of Beer and Brewing*, p.284.

⑤ Ian S. Hornsey, *A History of Beer and Brewing*, p.285.

的职责。①一方面验酒官要有鉴别啤酒质量的"绝技"。康纳指出,15世纪,验酒官惯用一套独特的检验方法:"验酒官将一杯啤酒倒在长凳上,穿着皮马裤在啤酒上少坐片刻。如果当他起身时马裤粘在了长凳上,那么便可断定酿酒师傅在酿造时加入了糖,这种啤酒不利于健康。"②另一方面,验酒官要根据啤酒的品质、风味与浓度,适当调节啤酒的价格。《伦敦白皮书》记载道:"如果啤酒的质量未达到标准,经议员同意后,你们要酌情定价。"③可见,验酒官在很大程度上保持执法的独立,是地方监管酿造业的一把"利刃"。

再次,酿酒行会的内部监管。随着中世纪英格兰啤酒酿造业的迅速发展,酒商们组成了自己的行会,酿酒行会有权制定章程,监管内部成员。例如伦敦酿酒行会于1482年规定已完成学徒期的徒工在督察员验明其能力之前,不得经营酿酒作坊和销售啤酒。④除培养学徒外,城镇通常要求行会负责酿造行业的生产监督。⑤同时,酿酒行会受到地方政府的严格监管,行会章程必须经地方政府批准才能实施,这便成为城镇监管酿酒业的工具。然而,民众往往会质疑酿酒行会哄抬价格,实际上,行会没有估算和厘定啤酒价格的权利,定价权掌握在王室、地方政府及宗教机构手中。⑥

为了保证相关法令的贯彻实施,监管体系的良性运行,英格兰王室还出台了一系列处罚办法,严惩违规造假行为。1266年,亨利三世颁布了《颈手枷判决》对所有违反啤酒法令的行为作出处罚,"若酒商利用不实的价格和度量衡诱骗消费者,前三次犯罪应根据罪行程度处以罚款;情节严重且屡教不改者,关进囚车,受肉体惩罚"。⑦1326年,爱德华二世修订该法令,加大了对屡次违反者的惩罚力度。法令规定:"如果酒商(前三次)违反了规定将被逮捕,第四

---

① 伦敦书信册H中记录了一份1377年7月3日公告,首次概述了验酒官(alkonneres)的职责。但笔者在查阅资料时并未发现该公告的具体内容。Reginald R. Sharpe ed., *Calendar of Letter-Books of the City of London*:*H*,*1375—1399*,London:J.E. Francis, 1907, pp.71—86.

② Robert Dickson Connor, *The Weights and Measures of England*, p.222.

③ John Carpenter and Henry Thomas Riley eds., *Liber Albus*:*The White Book of the City of London*, London:Richard Griffin and Company, 1861, p.274.

④ Reginald R. Sharpe ed., *Calendar of Letter-Books of the City of London*:*L*,*Edward IV-Henry VII*,*Folios 181—192*:*Nov 1482—*,pp.199—210.

⑤ Richard W. Unger, *Beer in the Middle Ages and the Renaissance*, p.9.

⑥ 参见 M.M.波斯坦、E.E.里奇、爱德华·米勒主编:《剑桥欧洲经济史》(第三卷),周荣国、张金秀译,经济科学出版社2002年版,第196页。

⑦ *The Statutes of the Realm*, vol.1, p.201.

次犯罪则判处木枷刑"。①王室出台这部处罚条例的宗旨是根据实际违规情节,量刑裁定拒不执行政府指导价的行为。那么地方对违反啤酒法令的具体处罚事项有哪些?

第一,违反啤酒生产环节的处罚办法主要有罚没劣质啤酒,查没、销毁违规储存容器等。1301 年,约克郡颁布法令,"罚没劣质谷物制成的啤酒后,以每 3 或 4 加仑卖 1 便士的价格出售"。②各地政府检查所有酒馆及酿酒作坊所使用的储存容器,没收并销毁涉嫌违法的器具。1419—1420 年,伦敦规定,"市长和市议员重点排查违规酒桶,一经查出,(登记后)全部销毁"。③

第二,地方政府通常会按照王室出台的相关处罚办法,惩治违反啤酒销售规定。1268 年,剑桥郡规定,"第一次触犯啤酒法令的酒商处一般性惩罚;第二次违反法令,罚没所销售的啤酒;第三次违反法令,违反者施以鞭刑或囚禁的处罚"。④15 世纪中期,一些地方政府则依照王室法令精神,对违规者进行经济处罚。布里斯托颁布法令规定,"酒商需按照政府规定的价格出售啤酒,对第一次违反法令的酒商罚款 40 便士,第二次违反罚款 6 先令 8 便士,第三次违反罚款 40 先令"。⑤

第三,对于违规使用啤酒计量容器的酒商,地方政府则依据违反者的违规次数和程度量刑裁定,处罚方式主要是销毁违规计量容器、罚款、监禁等。1301 年,约克郡巡回法庭对于违规使用计量容器的处罚方式如下:"烧毁违规计量容器。对于第一次和第二次犯罪的酒商处以重罚,第三次违反则被判入狱。该酒商连续三次遭到起诉,责令查封其酿酒作坊,永久取消经营资格"。⑥1337 年,伦敦对于违反该规定者的处罚是,"第一次定罪者监禁 3 天,罚款 4 便

① Robert Philip Tyrwhitt and Thomas William Tyndale, *A Digest of the Public General Statutes: From Magna Carta A.D. 1224—5 to 1 & 2 Geo. 4 A.D. 1821*, p.69.
② York(England) Laws, by-laws, *York Civic Ordinances 1301*, York: St Anthony's Press, 1976, p.11.
③ Reginald R. Sharpe ed., *Calendar of Letter-Books of the City of London: I, 1400—1422, Folios ccxli—ccl: Dec 1419—* , London: J.E. Francis, 1909, pp.231—243.
④ H.C. Maxwell Lyte ed., *Calendar of Patent Rolls, Henry III: Volume 6, 1266—1272, 1268, Membranes 32, 31, 30, 29, 28, 27, 26, 25, 24*, London, 1913, pp.178—205. http://www.british-history.ac.uk/cal-pat-rolls/hen3/vol6/pp178—205[accessed 18 July 2023].
⑤ Lucy Toulmin Smith ed., *The Maire of Bristowe is Kalendar*, Bristol: Bristol Record Office, 1872, pp.82—84. http://users.trytel.com/~tristan/towns/florilegium/economy/eccom15.html[accessed 18 July 2023].
⑥ York(England) Laws, by-laws, *York Civic Ordinances 1301*, pp.10—12.

士;第二次定罪者监禁 6 天,罚款半马克;第三次定罪者逐出伦敦城"。①尽管各地区对违反使用啤酒计量容器的处罚方式差异较大,但都无一例外地加大了处罚力度。

可以说,中世纪英格兰通过法规体系、监管体制与处罚策略,构成啤酒酿造与销售治理的整体架构。从表面上看,地方政府在啤酒法执行的监管中实行"总负责制",肩负着调节王室、行会和民众关系的责任。而实际上,王室才是权力分配的最大受益者。1401 年,国王授予牛津大学校长面包、葡萄酒和啤酒法令的审判权。王室规定,"上述校长和学者可占有惩罚违规者而产生的罚金,每年向国王缴纳 100 先令。国王特此解除上述年度金额,以便他们每年在米迦勒节向财政署缴纳 1 便士的固定租金"。②正如论者所言,"王室视授予地方啤酒法令审判权这一举措,为一项有利可图的投资"。③

换言之,地方政府只有先满足王室的利益诉求,才可谈及监管啤酒酿造业。一旦地方获得《啤酒法令》审判权,便能获得适度的权力行使空间。这也就说明一些地方政府并未严格遵循王室所修订的处罚条例,而是通过叠加罚款金额的方式,代替肉体处罚。于是罚款便成为地方与王室博弈的焦点。在这场"较量"中,高额的利润诱使王室作出妥协,地方逐步扩大啤酒销售的监管范围,增强了规范力度。从权力分配的角度而言,自 1266 年《啤酒法令》颁布至 15 世纪,王室既是啤酒酿造业的实际操纵者,又是经济上的最大获利者;地方主要通过组建啤酒酿造业监管与处罚体系来进行权利重构,逐步实现权力加强。

此外,笔者据相关文献记载的大量违规者惩治办法可窥见,酿酒作坊与酒商群体面对市政当局与执法机构的严密监督,通常将其视作"例行公事",基本实现了"有法必依"。即便如此,也不乏极少数反抗者。约克郡韦克菲尔德庄园理查德·皮卡德的妻子吉莉安,就置啤酒法令与地方监管于不顾。1275年,当领主视察工作时,吉莉安公开声明,她本人决不服从伯爵与法庭事务官

① Reginald R. Sharpe ed., *Calendar of Letter-Books of the City of London*:F,*1337—1352*,*Folios clxi—clxx*:*May 1349—*,London:J.E. Francis,1904,pp.188—201.

② *Calendar of the Charter Rolls*,Vol.V,*A.D. 1341—1417*,Published by Authority of his Majesty's Principal Secretary of State,1916,p.410.

③ James Davis,*Medieval Market Morality Life*,*Law and Ethics in the English Marketplace*,*1200—1500*,p.233.

下达的任何命令,特别声明,决不遵守地方政府出台的啤酒销售规范。贝内特更是直言不讳地表示,"没有酒商愿意验酒官、法庭事务官等人不断地攫取他们从酿造和销售啤酒中赢得的微薄利润"。①

英格兰各个司法管辖区对啤酒酿造业监管的机构设置和制度创建脱胎于1266年《啤酒法令》,处罚策略由《颈手枷判决》孕育而来。虽然各地方政府在监管的整体架构、手段方法、质量管控等方面各有特点,但监管的法治化与规范化是其共同特征。各地司法辖区对啤酒法令的监管办法具有三点共性:(1)地方法庭陪审团负责厘定啤酒的价格;(2)各司法管辖区大都设立了验酒官;(3)许多司法管辖区在实际执行过程中,不仅运用法令惩罚不良酒商与违规酿酒作坊,也利用罚款这一手段,为其颁发酿造资格证。②

需要注意的是,中世纪英格兰啤酒法令的执行高度依赖地方司法机关,造成啤酒法令在地方司法实践中呈现出偏离法治规范和王室政策的倾向。一旦法治方式偏离,不仅导致实施结果与立法目的相悖,也影响酿造行业的良性发展。彼得伯克认为,尽管啤酒法律和条例旨在保护公众健康与利益,但过于片面和随意的法令,反而限制了行业的发展。③

四、结　语

啤酒作为中世纪英格兰人的日常饮品受到了权威机构的密切关注。13世纪后期,王室面对啤酒酿造不断增强的市场化趋向及其出现的问题而适时颁布了啤酒法令,地方政府以之为基本指向,加强对啤酒质量和价格的监管。为确保相关机构贯彻执行《啤酒法令》,英格兰主要通过司法手段实现与地方、行会及普通民众的互动,逐渐形成司法化治理的路径。

英格兰王室与地方利用司法手段来贯彻政策意志、行使地方管理权,形成了一套富有时代特色的啤酒生产销售管理体系。1266年《啤酒法令》充分考虑到谷物等啤酒酿造原料的成本价格和社会发展的实际情况,调节了供需之间的矛盾,达到资源配置的公平与效率,符合当时市场经济的发展状况。啤酒

① Judith M. Bennet, *Ale*, *Beer and Brewsters in England*: *Women's Work in Changing World 1300—1600*, p.98.
② Judith M. Bennet, *Ale*, *Beer and Brewsters in England*: *Women's Work in Changing World 1300—1600*, p.100.
③ John Bickerdyke, *The Curiosities of Ale and Beer*: *An Entertaining History*, p.96.

立法从生产源头着手,紧紧围绕着酿造流程中的原料、储存、运输,以及销售环节中所涉及的从业者资格、销售场所、价格和计量容器等要素制定了具体的实施条令,因地制宜地整治了因销售行为不端而引发的诸多社会问题,具有一定的可实施性。王室将啤酒法令的审判权授予地方政府及修道院等机构,地方以 1266 年《啤酒法令》与《颈手枷判决》为蓝本,结合行业发展状况,设立验酒官制度,实行行会内部监管机制,按照一定的标准和程序,监督相关啤酒法令的实施,并对违规者予以相应处罚,体现出一种协调联动性。总之,王室、地方政府建构的这一整套自上而下的管理制度,为啤酒酿造业稳步发展提供了制度保障。

综上所述,中世纪后期英格兰酿酒业司法化治理的进路,更容易发现、控制与解决酿造不善和销售混乱等问题,监管机制与处罚策略同样需要建立在法治的框架下,构建中央与地方的权力界限。虽然英格兰王权呈现加强和集权化的趋势,但传统自主性较强的地方势力则在啤酒法的具体执行和实施过程中将自身利益最大化,并再次形成王权与地方势力的利益平衡。从权力分配的角度上看,王室是法令出台的基石,地方政府作为法令执行的主体,充分发挥监管职能。正是由于王室与地方政府对酿造业双重监管机制,行会在监管中的作用才显得较弱,因此,将监管的重点放在生产监督和内部成员的管理等方面。啤酒法的颁布与实施从一个侧面反映了中世纪后期英格兰商业化初步阶段,王权、地方权力之间的角力及各自的权利范围及作用。

The legal regulation of the brewing and selling of beer in late Medieval England

Abstract:Ale was one of the daily beverages of medieval England. There is a series of problems have arisen since the 13th century, when brewing and selling of ale in England has been in the process of marketisation. Henry III of England issued *the Assizes of Ale* in 1266, which formulated a unified decree on the brewing and selling of ale as well as its regulation, to regulate and control it. The local governments then elaborated on the royal decree and issued a series of decrees on the brewing process and quality standards, the qualifications of brewers and retail outlet, prices and units of measurement, provide comprehensive regulation on purpose. In order to ensure the enforcement of *the Assizes of Ale*, a three-dimensional system of regulations and penalties was established, involving the Royal, local governments, brewer gilds, and general public. Although the Royal tried to expand the centralised control over the local judiciary and economy through the enactment of relevant ordinances as the power of the kingship increased, the local government was still the principal part to implement *the Assizes of Ale*. It was a reflection of the scope of power and the role of the Royal and local government in the early stages of commercialisation in late medieval England.

Key words: Medieval; England; *Assizes of Ale*; Legal regulations

作者简介:张欣蕊,上海师范大学人文学院世界史系博士研究生。

南京国民政府时期上海
商标诉愿法制初探
——以"上海美星公司商标注册案"为例

沈俊杰

摘 要: 中国近代商标法制肇始于清末,发展于民初,至南京国民政府时期趋于完善。上海作为近代商标法制形成的标志性城市,以商标专用权为核心,围绕着商标专用权的取得、变更、丧失而展开,形成了一套规范化和制度化的商标注册管理体系。为了维持商标注册管理体系的正常运转,形成了商标诉愿和商标诉讼为中心的纠纷解决机制。发生在南京国民政府时期的上海美星公司商标注册一案,不仅影响范围广,而且诉愿程序完整,历经实业部的诉愿程序和行政院的再诉愿程序裁定后,最终落下帷幕,是当时上海地区商标诉愿案件的经典案例,也是南京国民政府时期商标的注册管理体系和纠纷解决机制的集中体现。

关键词: 南京国民政府;商标诉愿;商标注册;上海美星公司

"商标之于商品,犹姓名之于人类。人有姓名,始能别甲乙,商品有商标,始能别甲所制造于乙所制造。苟无商标,则市场上商品难免有混淆之虞。"[①]关于商标的起源最早可以追溯到古罗马,在罗马城砖上刻有制造者之姓名与各种记号。

近代商标的认定许可始于英国,早在 1590 年,英国"一缝工因技巧胜人,

---

① 金忠圻:《商标法论》,会文堂新记书局 1935 年版,第 1 页。

而营业鼎盛,获利丰厚。其所制衣,皆附一标记。有某同业,羡其兴盛,乃亦采用同一附记,于劣质之衣。诉讼结果,法院下禁止他人使用同一附记之谕。此案为英国法律中有关商标之第一案。1905 年 8 月 11 日,英国颁布商标条例,明定商标之意义。"①中国传统的商业只有商号,并无近代法意义上的商标,传统商人多以字号、招牌等方式取信于顾客,但这并不是近代意义上的商标。自从 1840 年鸦片战争以后,外国商人纷纷来华销售的商品,一般都附有商标记号,商标制度始传入中国。

中国近代的商标法始于清末。关于近代商标法制的研究,目前学术界大多限于对近代商标立法与商标保护的研究,②限于对近代商标法律纠纷的解决机制研究,③而对于商标注册的行政诉愿法制却未有专文进行探讨。为此,本文以南京国民政府时期的《商标公报》和《实业公报》等资料为基础,结合当时颁布的法律法规,对南京国民政府时期上海市商标注册的诉愿程序进行探索,以期从中窥探当时上海的商标注册法制状况和工商业发展的繁荣情况。

一、近代商标注册制度的传入以及上海商标管理机构的设置

中国近代商标法制的传入始于清末,发展于民国北京政府时期,至南京国民政府时期臻于完善,这一过程也是近代商标立法与注册管理逐渐摆脱西方各国控制和影响的过程。而上海作为近代开埠最早的城市,自清末设立商标挂号分局至南京国民政府时期设置商标局驻沪办事处,不仅商标建制最早,还是商标法律研究的重镇,在中国近代商标法制发展中具有重要地位,是近代商标法制的发端。

(一) 中国近代商标注册法制的传入及其演变

清末,1902 年中英两国签订《续议通商行船条约》(又称《马凯条约》),该

---

① 金忠圻:《商标法论》,会文堂新记书局 1935 年版,第 10 页。
② 赵毓坤:《民国时期的商标立法与商标保护》,载《历史档案》2003 年第 3 期;姚秀兰、张洪林:《近代中国商标法论》,载《上海政法学院学报》2006 年第 2 期;汪娜:《近代中国商标法制建设:特色、成就与借鉴》,载《中南大学学报》(社会科学版),2014 年第 20 卷第 5 期。
③ 赵娟霞:《从英美烟公司对民族烟厂的侵权案件看近代中国知识产权制度的失效》,载《江西财经大学学报》2004 年第 1 期;冯秋季:《民国时期上海商标诉讼案透视》,载《信阳师范学院学报》(哲学社会科学版)2005 年第 3 期;钟霞:《民国时期近似商标判例——1929 年"象牌"水泥商标的侵权纠纷》,载《政法论丛》2007 年第 5 期;刘军平:《清末民国华洋商标纠纷及其裁处》,载《湖南科技大学学报》(社会科学版)2020 年第 4 期。

条约共计 16 条,其中第 7 款英方提出在中国由南、北洋通商大臣,于其各自管辖境内,设立牌号(商标)注册局所。①但是对于商标注册的日常管理,完全由英方海关主导,这是清政府最早与外国政府签订的有关保护商标的法律条款。②1903 年 7 月,清政府设立商务部,专门负责管理商务活动,并筹划在其内部设立商标注册局,并于 1904 年 2 月,由海关副总税务司裴式楷等草拟了《商牌挂号章程》共计 13 条,这是我国有史以来的第一部商标法律的原始稿。③但该章程主要是为了保护外商商标,对于中国商人的商标注册与权利保护却未有规定,因此一经公布就引起了国内工商界人士的强烈反对。

经过国内工商业人士和外商的多次敦促,在商务部的主持之下,清政府于 1904 年在原有《商标挂号章程》之基础上拟定了《商标注册试办章程》。④并拟在津、沪海关设立挂号分局接收商标注册呈请。《商标注册试办章程》共计 28 条,对商标注册之要求、主管机关、程序、费用等进行了初步的规定,从章程内容来看,条款大多来自中英《续议通商行船条约》,⑤其中第 1 条就是关于商标注册的规定:"无论华、洋商欲专用商标者,须照此例注册。商标者以特别显著之图形、文字、记号或三者俱备,或制成一二,是为商标之要领。"⑥该条是对章程所适用之范围以及呈请注册商标所应具备的之条件作出了规范。这也是中国第一部近代意义上的商标法律。但西方各国在此章程上之利益多有冲突,因此在各方要求之下,商务部于 1906 年 3 月进行修改,⑦但最终也未能达成一致意见。

纵观清末商标法制的进程,其制定之初,是迫于外商在华利益的需求,因此在法律制备的过程中受到各国大使和商人的掣肘,为平衡各方利益,被迫不断修改,直至清政府覆灭也未能有一部正式公布并施行的商标注册法律,也未能成立正式的商标注册管理机构。并且就已知的商标法律而言,"清末的商标法律制度规则制定得较为粗疏,一些商标法中的重要规则,如优先权的认定、

---

① 梁为楫、郑则民主编:《中国近代不平等条约选编与介绍》,中国广播电视出版社 1993 年版,第 477 页。
② 参见左旭初:《老商标》,上海画报出版社 1999 年版,第 19 页。
③ 参见左旭初:《中国商标法律史》(近现代部分),知识产权出版社 2005 年版,第 20 页。
④ 上海商务印书馆编译所编纂:《大清新法令》(第四卷),商务印书馆 2011 年版,第 203 页。
⑤ 王叔明编:《商标注册指导》,商务印书馆 1934 年版,第 3 页。
⑥ 上海商务印书馆编译所编纂:《大清新法令》(第四卷),商务印书馆 2011 年版,第 204 页。
⑦ 1906 年之修改最终改订为《商标法规》68 条,《商标施行细则》27 条,《商标审判章程》40 条,《商标特别条例》12 条以及《外国商标章程》6 条。可参见左旭初:《中国商标法律史》(近现代部分),知识产权出版社 2005 年版,第 24 页。

商标权的展期等规定得不够细致,而关于商标争议的处理则根本没有规定。"①因此清末的商标法制仅仅停留于准备阶段。

　　1912 年中华民国成立后,重新制定商标法和商标注册规则。1913 年,北京政府将工商部改为农商部,开始负责商标法律的制定以及企业商标的备案,并在其内部特设商标登录筹备处,专门负责商标法律与商标管的管理,该筹备处成立不久,便根据清末《商标注册试办章程》与《商标章程草案》,重新整修厘定了《商标章程》,共有 53 条,并交由北京政府国务院进行审议。其后由于一战爆发,民国商标法制进程再一次被中断。至 1917 年农商部才又开始重新修订商标法律,并拟定了《商标法草案》修订稿,但因时局多变,该草案最终也被搁置。②直至 20 世纪 20 年代,随着近代民族工商业快速发展,与洋商的贸易也日渐增多,商标立法又被提上日程,1922 年 7 月,民国北京政府复设商标登录筹备处作为专门的商标管理机构和商标法律的修订机构,最终于 1923 年 4 月颁布了《商标法》共 44 条。与此同时,还公布了《商标法施行细则》共计 37 条,《商标局暂行章程》共计 12 条,从而初步构建了中国近代的商标法律体系。

　　1923 年所颁行的《商标法》与《商标法施行细则》是中国近代第一部完整的商标法律,而《商标局暂行章程》则是中国近代第一部商标组织机构法规。在此期间还"编辑出版了我国商标史上第一本宣传商标法律、依法进行商标管理的综合性刊物——《商标公报》"。③除此之外,民初因各地方政权势力强大,一些省份也制定过一些地方性的商标法规。如在民国元年,广东省实业司颁布了《商标法法规》,④1925 年又颁布了《商标条例》和《商标法条例施行细则》。⑤民国元年,湖南都督府实业司也制订了《湖南商标注册暂行章程》和《湖南商标注册暂行章程细目》。⑥1921 年上海总商会则制订了《商事公证规则》,用以打击假冒商标之行为。⑦可见,民初北京政府时期是中国近代商标法制发

①　汪娜:《近代中国商标法制建设:特色、成就与借鉴》,载《中南大学学报》(社会科学版),2014 年第 20 卷第 5 期。
②　参见国民政府事业部商标局编:《商标公报百期纪念特刊》,1935 年 6 月 15 日,第 3 页。
③　左旭初:《中国商标法律史》(近现代部分),知识产权出版社 2005 年版,第 125 页。
④　广东省地方志编纂委员会:《广东省志·工商行政管理志》,广东人民出版社 1997 年版,第 168 页。
⑤　陆桐生:《商标法及其判解》,大东书局 1948 年版,第 25 页。
⑥　湖南省地方志编纂委员会:《湖南省志·综合经济志·工商行政管理》,湖南出版社 1991 年版,第 274 页。
⑦　上海总商会编:《商业月报》,1921 年 7 月,第 1 卷第 1 号。

展的重要阶段,对于商标法律的制定开始有了系统性的规划和实践性的成果,并且商标法律的制定开始具有自主权,不再完全受到西方各国的控制和影响。

南京国民政府成立之初,各部门设置尚未完全,法制亦未完备,各地工商业的管理工作较为混乱。就商标注册管理而言,北方地区仍以北洋政府实业部商标局管理商标注册,南方广东地区实行地方性商标注册,南京国民政府控制地区则实行新的商标注册管理制度。南京国民政府于1927年12月成立了全国注册局,并颁布了《全国注册局注册条例》,共计13条与附件2条,①以及《全国注册局组织章程》共11条,②用于管理全国的注册事项,而商标的核准注册则由全国注册局与工商部商标局共同负责,但具体的商标注册审定与核准仍然沿用北京政府时期的《商标法》与《商标法施行细则》。

随着经济迅速发展,工商企业的不断创建,全国注册局注册的商标迅速增加,仅1928年一年所审定的商标就达到了174件,注册的商标更是达到了960多件。③在工商业界人士的催促之下,1929年工商部商标局组织成立“商标法研究委员会”,专门从事《商标法草案》的草拟工作,1930年2月28日,经立法院开会就《商标法》草案进行最后审定,并全文通过,于同年5月6日,国民政府宣布《商标法》诞生,共计40条,并于1931年正式施行。④后因工商部改组实业部,故《商标法施行细则》由实业部于1930年12月公布。除此之外,南京国民政府颁布实行了《商标代理人规则》与《实业部商标局组织章程》等,以及为规范商标纠纷案件的处理,颁布施行《全国注册局审议委员会组织暂行章程》,至此中国近代商标法制已趋于成熟。

1930年的《商标法》与《商标法施行细则》在施行过程中,也收到了工商业各界人士的修改建议。特别是在上海地区,由于商标注册数量最多,因此反应最为激烈,“上海市商会还特别组织成立商标法规研究委员会,对现行《商标法》进行专题研究,同时向国民政府立法院提出多项修正意见”。⑤上海地区的报纸也大量刊载转发关于《商标法》议论的文章,并进行专题性的报道。⑥在社会各界的热议之下,1934年实业部训令商标局开始修订《商标法》,最终于

① 陆桐生:《商标法及其判解》,大东书局1948年版,第36—37页。
② 《全国注册局组织章程》,载《民国日报》,1927年11月28日第四版。
③ 参见国民政府事业部商标局编:《商标公报百期纪念特刊》,1935年6月15日,第6页。
④ 参见国民政府事业部商标局编:《商标公报百期纪念特刊》,1935年6月15日,第7页。
⑤ 左旭初:《中国商标法律史》(近现代部分),知识产权出版社2005年版,第242页。
⑥ 参见国民政府事业部商标局编:《商标公报百期纪念特刊》,1935年6月15日,第8页。

1935 年 10 月 31 日的立法院第 36 次工作例会上通过了《商标法修正案》，并于同年 11 月 23 日公布施行新修改的《商标法》。[1]其后由于抗战爆发，为应对战时情况，国民政府颁布了很多战时的临时性商标法令，如为抵制日货，保护国货商标，民国政府经济部于 1940 年颁布了《非常时期上海特区及各游击区商人呈请商标注册处理办法》共 8 条。[2]抗战结束后，南京国民政府为处理抗战时期汪伪政府的商标法规与商标注册文书，于 1946 年颁布了《收复区敌伪商标处理办法》。[3]南京国民政府对于商标法的修改主要集中于对《商标法施行细则》中费用的修改。

综观南京国民政府时期的商标法制，已经趋近于成熟完备，商标立法也完全摆脱了西方国家的控制，并且开始注重商标法律在施行过程中的问题，并有针对性的进行修改，同时考虑到不同时期的实际需求，制定临时性法令，从而辅助商标法的顺利施行。

（二）近代上海商标注册管理机构的设置情况

上海作为中国最早开埠的通商口岸之一，工商业发展一直居于国内领先地位。民国时期，"上海为我国第一通商大埠，于国际则梯航毕会，于内地则资为绾毂。贸易之盛，甲于全国"。[4]故而称"（上海）论其地则为远东商业之中心，论其人则为中外商民所共处"。[5]华洋杂处的社会环境孕育了上海工商业会通中外的特色。在南京国民政府时期，上海地区工商业不仅数量庞大，且种类纷杂，据统计，彼时的业规章程就涉及近 42 个行业。

上海不仅是中国近代商业最为发达的城市，也是近代商标建制最早的城市。从清政府颁行《商标注册试办章程》，上海海关就作为最早的商标挂号分局，收受商标挂号文件，规定："商部设立注册局一所，专办注册事务。津、沪两关作为商标挂号分局，以便挂号者，就近呈请。凡呈请注册者，将呈纸送呈注册局，或由挂号分局转递亦可。"[6]虽然上海海关作为转呈机关，关并无审查商标的职能，但也说明了自清末开始，上海的商标法制进程就已然先于其他地区。

---

① 参见国民政府事业部商标局编：《商标公报百期纪念特刊》，1935 年 6 月 15 日，第 8 页。

② 国民政府实业部商标局编：《商标公报》第 165—168 期合刊，1940 年 8 月 18 日，第 1 页。

③ 上海市档案馆档案，全宗号 6 号，目录号 1 号，案卷号 63 号。

④⑤ 严谔声编纂：《上海商事惯例》，新声通讯社 1933 年版，序言（徐序）。

⑥ 《商标注册试办章程》，载《北洋政法学报》1906 年第 4 期。

北洋政府时期,在上海设立了商标局驻沪办事处,并制定了《商标局驻沪办事处暂行章程》,共有 10 条。办事处设处长一人,股长二人,股员六人,处长、股长由农商总长选派,办事处的职责是:"一、商标文件之承转;二、商标事项之调查指导;三、商标公报之经售推销;四、其他一切总务。"①由此可知,商标局驻沪办事处的职能是向农商部承转上海市商标注册方面的事务,同时开始负责一些实质性的商标管理事务和宣传工作。1923 年,《商标法》颁布之后,办事处立即发布了《上海商标处说明注册手续》,据其记载:"本处于七月间开始办理商标注册事宜,当兹商标法令施行伊始,虽经登报通告,犹恐各出品家未能周知,特再由本处分别通函知照,所有各种出品应用商标,不论已否向部备案,均应依法尽先呈请注册,以保专用权利。"②可见,在北京政府时期,上海的商标局驻沪办事处已经不再是单纯的文件转呈机关,而是具有实质性商标管理功能的地方商标机构,对于商标注册的宣传也发挥着重要的作用。

南京国民政府成立后,于 1928 年底在上海设立了商标局的分支机构——工商部商标局驻沪办事处,用以受理上海地区的商标审定、注册以及商标事务的调查研究等工作,同时编印出版《商标公报》以及相应商标法律法规的转呈工作。至此,上海的商标办事处开始具有审定注册和商标管理的职能,商标局驻沪办事处审定的第一个注册商标就是上海的"孙总理肖像"牌留声话盘。③1932 年"一二八"事变爆发,南京国民政府迁至洛阳,因战事和交通梗阻,商标注册受到阻滞。上海作为彼时商标注册与评议的重镇,"商标局以沪上为全国工商业中心点,历来注册者,咸占百分之八十以上,而商标行政,关系中外商人法益尤巨,一时中外工商界领袖特环呈请商标局迁沪办公,遂于二月十五日呈部核准于沪战方酣中迁沪贵州路办公。"④直至 1935 年才迁回南京。

上海不仅是中国近代商标建制最早的城市,也是近代商标法律研究的重要地区。上海商会特别组织商标法规研究委员会,采取集体研究的方式,从而推进了新《商标法》不断修订以适应新环境。⑤在商标局驻沪办公期间,"上海

① 《商标局驻沪办事处暂行章程》,载《商标公报》1923 年第 1 期。

② 《上海商标处说明注册手续》,载《法律周刊》1923 年第 12 期。

③ 参见左旭初:《老商标》,上海画报出版社 1999 年版,第 11 页。

④ 黄宗勋:《商标行政与商标争议》,商务印书馆 1940 年版,第 85 页。

⑤ 乔素玲:《民国时期商会推动下的商标法运行》,载《中国社会经济史研究》2012 年第 1 期。

一地当时不但成为我国呈请商标注册的中心,而且还一举成为全国商标法律、法规的研究中心。"①不仅如此,商标局还开始着手编印东亚之部商标汇刊,并在 1934 年 6 月由上海中华书局出版,该刊将"凡在二十二年以前经注册或审定之中日两国商标,悉数附图刊入,凡二千六百余页,实为我国商标刊物空前巨著,而于国人鉴别国货非国货,尤具有莫大之贡献。"②1940 年商标局还因上海战时之特殊情况,颁行了《非常时期上海特区商人呈请商标注册处理办法》。③因此,上海地区不仅是近代商标建制的发端,在南京国民政府时期更是商标立法研究和实践的重镇,在中国近代商标法制发展史上有着特殊的地位。

二、南京国民政府时期的商标注册程序及商标纠纷解决机制

南京国民政府时期,上海地区的商标注册管理以商标专用权为核心,围绕商标专用权的创设、变更与丧失而展开。"所谓商标专用权,即以某种标识附于商品之上,而表彰其为自己所生产制造,加工、拣选、批售或经纪者,经呈准注册而获得之专用权。"④

(一) 南京国民政府时期商标注册的法律程序

商标专用权的创设主要指商标的原始取得,所对应的是商标呈请注册程序。主要是指"不基于他人所有之商标专用权,而独立取得之者"。⑤这也是商标和商标专用权从无到有的过程。

商标之取得首先是注册呈请,向商标局递交具有专门定式的呈请书,其上需列明呈请人与代理人之基本信息、商标名称、使用之商品以及呈请时间。除此之外还应将图样十纸、印版乙枚和注册款费等作为附件随同呈上。⑥

呈请之后进入到审查阶段。即商标局在收到商标注册呈请书后,指定审查员办理审查,根据情况而有四种不同之结果:其一,若认为合法,则予以审定,进入公告阶段;其二,若认为不合程式但是可以补正者,则批示呈请人声复补正,一般是未缴费用或印版不清晰等情况;其三,若认为不合法,则予以核驳,并填发核驳审定书,所谓的不合法主要是指实体上的不合法,如违反商标

---

① 左旭初:《中国商标法律史》(近现代部分),知识产权出版社 2005 年版,第 329 页。
② 黄宗勋:《商标行政与商标争议》,商务印书馆 1940 年版,第 86 页。
③ 《非常时期上海特区商人呈请商标注册处理办法》,载《商业实务》1940 年第 1 卷第 7 期。
④ 黄宗勋:《商标行政与商标争议》,商务印书馆 1940 年版,第 3 页。
⑤ 金忠圻:《商标法论》,会文堂新记书局 1935 年版,第 44 页。
⑥ 参见金忠圻:《商标法论》,会文堂新记书局 1935 年版,第 113—114 页。

法第 1 条,不具备特别显著之性质或与他人之商标存在近似者,呈请人若对核驳决定不服,则可在法定时间内提请再审查程序;其四,批令协议,这种情况主要是针对"遇有商标法第三条规定之情形时,即有二人以上,于同一商品,以或近似之商标,各别呈请注册,其呈请前均未使用,而呈请又为同日。则商标局应指定相当期间,通知各呈请人议定呈报"。①

最后则是商标公告阶段,即商标局在审查后,不论是应准予注册或是核驳不准注册,均应公告以保证程序之完整。公告期内,如有利害关系人提出异议,则启动商标异议程序,商标局负责对被异议程序进行审议,商标异议人与注册呈请人若对商标局之异议结果不服,则可继续向商标局提请再异议程序,若对再异议之结果仍不服,则进入诉愿程序,通过上级官署对商标局行的异议结果进行审议,并最终作出裁定。但商标公告亦有例外之情况,《商标法》第 4 条规定对于善意使用十年以上之商标,由于已经不受他人是否已经注册之影响,因而毋庸公告;最后是核准注册,即公告六个月之内,若无人提出异议,则待期满后即可核准注册,并发给注册证,至此取得商标专用权,但其效力尚未确定,利害关系人仍可请求商标局进行评定撤销其注册。

商标专用权的变更是指商标状态的一种改变,属于呈请变更程序。呈请变更程序分为三个步骤:变更呈请书的递送——商标局核准——商标公报公告。呈请变更程序又可按照变更内容分为使用范围的变更与使用主体的变更。商标专用权使用范围的变更是因与其他商标所使用之商品有部分近似,故商标局限制其使用之商品范围或要求商标专用权人进行局部的修改。由于并未发生法律权利的转移,故只需通过商标的呈请变更程序,向商标局呈报备案。而使用主体之变更则是商标专用之权利发生了转移,商标权人通过呈请转移程序将商标之专有使用权、商标呈请权以及对抗第三人之权利一并转移给受让人。须符合内外两个条件,对内商标专用权转移发生效力需与其相关之经营一并转移,但相反营业主体之变更并非意味着商标专用权之主体须一并变更。②对外发生效力则必须以注册为要件,即所转移之商标必须已经完成商标局之全部注册程序,否则该变更不得对抗第三人。

最后是商标专用权的丧失。"商标专用权与其主体分离之谓。可分为主

---

① 金忠圻:《商标法论》,会文堂新记书局 1935 年版,第 117 页。
② 参见"老美女烟草公司与殷桀那商标纠纷案",载陈启钊:《诉愿法令汇编》,中国书局 1933 年版,第 236 页。

观的或相对的丧失,与客观的或绝对的丧失。"①前者实则是一种商标主体的变更,即对出让人而言虽然丧失其专有权利,但受让人实际上是取得了该商标的专有权,故只是商标出让人丧失了商标的专用权,但商标本身并未实际消灭,故称为相对的丧失,这种情况更多的是归属于商标的呈请变更程序。而绝对的丧失,则是指商标的专用权本身归于消灭,主要包括:商标专用权有效期间届满、商标专用权人废止营业、商标专用权人自动申请撤销、因故被撤销、商标被宣告无效五种情形。其中商标有效期间届满,是指商标专用期限超过法律规定之时间,南京国民政府时期商标专用有效期为自注册之日起 20 年,期满之日可以通过商标续展程序,进行续展,并且不限次数,但若期限届满未为续展,则商标专用权归于消灭。而废止营业是指在商标专用权人在商标使用期限未届满前,即已经废止营业,由于商标之使用,主要是为商业经营,因此一旦营业废止,商标亦已失去存在意义,故而废止,并且根据《商标法》第 20 条之规定,应当以废止营业之日起作为商标专用权丧失之日期,但商标专用权人仍应向商标局呈请撤销。而商标专用权人自动申请撤销乃为商标权人对于自身权利的自由处分,《商标法》第 19 条规定,商标专用权得由注册人随时呈请撤销之。与之相对的则是商标专用权因故被撤销,此为商标专用权人被迫丧失权利,主要是指因某种情事,商标局依职权撤销或根据利害关系人呈请而撤销,主要包括:于其注册商标自行变换,或加附记,以图影射而使用者;注册后并无正当事由未使用已满一年或停止使用满两年者;商标权转移后已满一年未经呈请注册者。

在南京国民政府时期,上海地区的商标注册管理规则已出现了程式化和体系化,并且具有相应的法律规范与其配合。这不仅源于彼时上海地区发达的商业经济,也得益于上海地区自清末以来形成的商标法治底蕴。商标专用权作为财产权的一种,其本质是一种附属于商品之上的标识,并不能改变商品本身的属性、功能、用途,但却能够充分表现或彰显商品之性能,从而成为所附商品的"名片"。但是南京国民政府时期上海地区能够成为彼时商标法治的中心,程式化、体系化的商标注册管理规则只是基础,更重要的是上海地区成熟的商标纠纷解决机制。

(二)南京国民政府时期商标注册纠纷的解决机制

南京国民政府时期,商标纠纷的解决程序是根据主管官署的不同大致可

---

① 　金忠圻:《商标法论》,会文堂新记书局 1935 年版,第 64 页。

以分为三类：其一是在商标局进行的商标异议程序与商标评定程序；其二是在商标局的上级主管机关实业部和行政院进行的商标诉愿与再诉愿程序；其三在行政法院进行的商标行政诉讼程序。三者的主管官署虽然在行政等级上并不相同，但对于商标纠纷的行政处理结果均具有法律效力，就三者之关系而言，并无审级的区分，但一般情况下商标异议与评定程序是提请诉愿与再诉愿程序的前置性条件，而商标的行政诉讼程序则具有终局性的裁定效力，是商标纠纷解决的最后救济途径。

1. 关于商标异议与评定程序

首先商标异议程序，实则是包含了商标的异议与再异议程序，商标异议程序是指"商标所有人或其他利害关系人，以已经商标局审定公告而尚未注册之商标，为妨害自己之商标，或其他权利，因而于法定期间内，向商标局提出异议，请求撤销或变更审定商标之程序也"。①而商标的再异议程序则是指，若任意一方对于商标局的审议结果不服，则可向商标局提请再异议程序。因此商标异议程序的发生时间，是在商标注册程序的公告期内，也就是商标已通过商标局之审定，但尚未准予注册阶段。而商标异议程序之提起者，是因商标局所作之行政决定而利益受损之人，因此可以是商标注册的呈请人，也可以是异议人。而再异议程序与异议程序完全相同，因此再异议程序可以说是商标争议案件中的"第二审程序"。在经过商标局的二次审查后，若争议双方中仍有对再异议审查结果不服的，则可向上一级官署提起诉愿。经过商标局的两次异议程序，这一阶段可以基本将案件事实厘清，争议焦点也较为明确。

在"邓禄普橡皮有限公司和奥山贤次关于双也斯字风车牌商标纠纷案"中，②奥山贤次申请了"双也斯字风车牌"商标用于自行车外带及人力车外带商品，商标局审查核准公告，公告期内邓禄普橡皮有限公司认为该注册商标与其"Triple Stud Design"商标近似而提出异议。经商标局审定后撤销奥山贤次之商标，奥山贤次对此决定不服，向商标局提起再异议，商标局再异议审定后废弃原审定。至此奥山贤次在商标局的异议程序中获得胜利。同时经过商标局的两次异议审查，对于商标争议双方的事实与争议焦点基本厘清。其一为

① 金忠坼：《商标法论》，会文堂新记书局1935年版，第125页。
② 参见商标局异议审定书：第五五三号，载1937年《商标公报》，第131期。

两者名称,一为 Triple Stud Design,一为双也斯风车牌。其二为图样,Triple Stud Design 以两平行线为上下外边,中为不规则之大四角形,与上下两小四角形并行排列;双也斯风车商标虽亦系两平行线为上下外边,中为六角形,与S字所组成,且图样上端有"双也斯风车牌"字样,下端有椭圆形内之风车,及风车商标文字。①商标局两次异议审定结果不同,关键在于对双方商标图样之意匠判断有所区别。后该案进入了诉愿与再诉愿程序,最终支持了邓禄普公司的再诉愿请求,撤销经济部之诉愿决定,维持商标局原异议审定之效力。该案前后经历了商标局、经济部以及行政院三次审查,在商标局审议阶段,基本可将争议事实与争议焦点予以确定,进入诉愿程序后,经济部和行政院基本不再对原争议事实内容进行审查,而是对前一级行政机关所作之行政决定进行审断,并作出决定结果。因此,商标局的异议程序可以大大提高商标诉愿程序之效率,并且诉愿主管机关也可参酌商标局两次审查的结果与理由,更加妥善合理地解决商标纠纷。

商标局之商标评定程序是指:"以已注册之商标,为违反法律之规定,请求商标局宣告该商标为无效之程序也。"②而商标的再评定程序则是指,若任意一方对于商标局的评定结果不服,则可向商标局提请再评定程序。其在流程上基本与商标异议程序相同,两者最主要的区别在于程序发生之时间,异议程序一般以商标处于公告期内,尚未注册完成时发生,而评定程序则是针对已注册商标,故一般发生在商标使用过程中,是一种对于商标专用权人事后的权力救程序。与商标异议程序相同,因评定程序而起之商标诉愿案件,亦须经商标局的二次评定后才可向上一级主管机关提起诉愿程序。如"大光明厂与永光电池厂关于猴牌商标诉愿纠纷案"中,商标局经过两次评定,对于争议双方商标的相似性已确认无疑,并且总结了争议焦点为在先使用之问题,包括双方所呈之材料证据已经清晰明确。③该案之诉愿与再诉愿阶段,主管官署仅对于双方所争之在先使用问题进行司法适用上之讨论,而不再对原争议之事实与证据的真实性进行审查。④

---

① 参见商标局异议再审定书:第一九〇号,载 1937 年《商标公报》,第 136 期。
② 金忠坼:《商标法论》,会文堂新记书局 1935 年版,第 133 页。
③ 参见商标局评定书:第一八二号,载 1936 年《商标公报》,第 121 期;商标局再评定书:第六十五号,载 1936 年《商标公报》,第 126 期。
④ 参见实业部诉愿决定书:诉字第二九一号,载 1937 年《商标公报》,第 136 期。参见行政院诉愿决定书:诉字第九五号,载 1938 年《商标公报》,第 145 期。

由此可见,商标局作为商标呈请注册的主管机关,其本身具有很强的专业性,通过商标异议与评定程序,可以解决大部分的商标纠纷案件,而事实亦是如此,1930 年《商标法》颁布施行后,上海地区商标注册数量不断激增,商标纠纷亦开始大量发生,仅《商标公报》刊载,从 1930 年至 1948 年,上海地区各行各业的商标异议纠纷多达 1 300 余件,商标评定纠纷有 500 余件。[①]可见商标局的异议程序与评定程序,作为商标纠纷解决最初级也是最为便捷的方式,是彼时工商业从业者结局商标纠纷的第一选择。同时也可以大大减轻诉愿机关以及行政法院的压力,即使对于商标纠纷之决定并无终局性的效力,但亦可以为后续商标诉愿纠纷与商标诉讼纠纷的解决提供专业性的事实审查基础,保障商标纠纷解决机制的顺利运行。

2. 关于商标的诉愿程序

南京国民政府时期的商标诉愿程序,作为一种与司法并行的权利救济手段,在商标纠纷的解决中发挥着不可替代的作用,其运行也有着鲜明的特点。根据《商标法》与《诉愿法》之规定,行政性的商标纠纷解决一般分为三个审级,即商标局、实业部(经济部)、行政院,而在诉愿制度下,商标局之审查与结果为诉愿程序发生的前置条件,至实业部(经济部)则为诉愿程序之开始,行政院的再诉愿决定则属于诉愿的终局性结果。"诉愿者,乃人民对于行政官署请求其为行政处分之再审查之一种程序,官署于此负有应行决定之法律上之拘束也。"[②]根据 1930 年《诉愿法》之规定:"人民因中央或地方官署之违法或不当处分,致损害其权利或利益者,得提起诉愿。"[③]因此诉愿之提起,多以利害关系人权利受损而发生,诉愿程序本质上是私权利在应对公权力时的一种权利救济手段。即行政相对人因行政机关之行政处分或决定,而使之获有既定之权利,则此种既定权利已然产生对抗第三人之效果,但若该行政处分或决定侵害第三人之利益,则具有利害关系之第三人可通过诉愿程序请求撤销或变更原处分或决定,从而寻求权利之救济,因此"诉愿有促进官署行使其当然之职权之效力,固不待言,即官署对于某种行政处分,并无当然撤销或变更之职权者,因诉愿之提起,则发生得以撤销或变更之效力"。[④]

南京国民政府时期的商标诉愿,又因《商标法》对于商标诉愿程序之规定,

① 参见 1930 年—1948 年《商标公报》,第 28 期至 283 期。
②④ 管欧:《现行诉愿法释义》,商务印书馆 1937 年版,第 4 页。
③ 朱采真:《行政诉讼及诉愿》,商务印书馆 1937 年版,第 139 页。

而有特别之规定。1930 年《商标法》所规定可提起商标诉愿之事由有三：其一为《商标法》第 19 条第 4 款规定之不服商标局撤销注册之处分；其二为《商标法》第 28 条第 2 款不服商标局再审查之审定；其三为《商标法》第 36 条之规定不服商标局再评定之评决。但商标诉愿之提请并非仅此三种法定之事由。根据司法院第 847 号解释："商标法第十九条第四项、第二十八条第二项、第二十九条第一项及第三十六条所定，乃就不服撤销处分等项，对于诉愿法第五条所定之提起诉愿期间而设之特别规定。非谓商标事项得提起诉愿者，仅以该条所定者为限。"①即对于其他商标纠纷事项，利害关系人亦可根据《诉愿法》第 1 条之规定，在法定期间内提起商标诉愿。如在"上海棕榈公司与广生行关于双妹嚹商标纠纷"一案中，上海棕榈公司以广生行所注册之双妹嚹商标与其 Riblon Dental Cream 相似，遂请求商标局评定，商标局以其法定时效届满为由不予受理，请求再评定亦予以驳回，上海棕榈公司遂向实业部发起诉愿。该诉愿案件之发生虽不符合《商标法》所规定之诉愿发起事由，但却符合《诉愿法》第 1 条之规定，即在商标诉愿程序中，只要特殊法与普通法并无冲突，则完全可适用普通法之规定。但若根据《诉愿法》第 1 条之规定向实业部提起商标诉愿程序，则相应的时效也需以《诉愿法》第 5 条之规定为准，而不再以《商标法》之诉愿期间为依据。因此在上述案件中，上海棕榈公司虽得依《诉愿法》第 1 条之规定向实业部提起诉愿，但因"商标局不予受理之批示为十九年四月四日，乃不依法定期间向本部（实业部）诉愿，而于二十年一月九日向商标局请求再评定，已不合商标法第三十五条之规定，即认为误投，视同诉愿之提起，亦早逾诉愿法第五条之法定期间"。②即上海棕榈公司之诉愿时效应以首次评决驳回为计算，故早已超过《诉愿法》所规定之诉愿期间，最终实业部亦未受理其诉愿。诉愿程序以权利救济为核心，而《商标法》与《诉愿法》作为特殊法与一般法而存在，但二者并无优先级之分，利害关系人可以自身选择其权利救济的途径。

商标诉愿程序作为行政性的纠纷解决机制，很多情况下扮演的是事后的监督和救济的角色。根据《商标法》与《诉愿法》之规定，商标诉愿之提起，除因对于商标异议与评定程序结果不满外，利害关系人如不服商标局撤销注册之

---

① 郭卫编辑：《司法院解释例全文》，会文堂新记书局 1946 年版，第 689 页。
② 参见实业部诉愿决定书：诉字第七四号，载 1934 年《商标公报》，第 84 期。

处分或因商标局之处分违法或不当而致其利益损害时,亦可提起商标诉愿。前者是指《商标法》第 19 条所规定之情形,[1]主要可分为三种,其一为于其注册商标自行变换或加附记以图影射而使用者;其二为注册后并无正当事由迄未使用已满一年或停止使用已满二年者;其三为商标权转移后已满一年未经呈请注册者,但因继承之转移不在此限。后两者为商标之法定期间届满而未使用或废止营业而被撤销商标专用权,实质上是商标专用权因长期未使用或本身所附之商品已然停止销售,是属于实质意义上的商标专用权丧失,商标局只是依职权在法律层面上予以移除。如 1935 年中国英伦香料厂呈请商标局,因英商驻华利华肥皂有限公司所注册之"力士 LUX"商标注册一年后再无商品出售,而请求予以撤销。[2]

因商标使用过程中将注册商标自行变换或加附记以图影射而被撤销注册之情况,则需同时具备主观之行为与目的方能成立。在主观行为上,商标专用权人将已注册之商标擅自变换或附记。该条所设之目的在于防止商标仿冒,即注册者为仿冒使用他人商标,在注册时故意使用近似之商标以求注册成功,后在使用中以稍许之变化,或为图形之变动或颜色之修改,从而达到仿冒他人注册商标之目的。这里所说的"变换和附记",应当包含了对于原注册商标的图案、颜色、样式等进行修改、变换和添加,而"擅自"则是指自行改变而未向商标局呈请备案。在主观目的上,则需商标权人有希图影射之恶意。所谓影射之恶意是指:"某注册商标专用权人,变换或更动其商标,其目的欲使其商标与他人者近似,因此可混朦顾客而脱售其商标。此种影戤之存心,不必定为已属实现,即仅有影戤之希图,已足构成本项要件矣。"[3]简言之,是以出售仿冒他人商品盈利为目的的商标仿冒行为。而商标局对此种商标予以撤销是由于其注册之时就意在仿冒使用他人商标,以获取利益,这与商标法律之立法目的相违背,故商标局依职权予以撤销,本质上是对商标专用权的行使进行事后监督。

3. 关于商标的行政诉讼程序

商标行政诉讼由行政法院管辖,虽然也是商标纠纷解决程序之一,但与前两者相比具有本质的区别。前两者不论是商标局之异议与评定程序,或是实业部与行政院之商标诉愿程序,均属于行政性的商标纠纷解决机制,但商标行

① 金忠圻:《商标法论》,会文堂新记书局 1935 年版,第 155 页。
② 参见行政法院:《行政法院判决汇编》,会文堂新记书局 1948 年版,第 180 页。
③ 金忠圻:《商标法论》,会文堂新记书局 1935 年版,第 69 页。

政诉讼则是完全属于商标纠纷解决中的司法程序。因此商标行政诉讼作为独立的商标纠纷解决途径,与诉愿程序不同,并无任何前置性程序,商标专用权人或利害关系人可不经商标局之异议与评定程序,或诉愿程序,而直接提起商标行政诉讼。但由于商标行政诉讼作为可以出具有终局性效力结果的纠纷解决机制,虽然商标行政诉讼可以参考判例,但仍有较大的风险。因为"行政法院商标近似判例一经确立,就被适用于后来的商标案中,似乎与一般性的成文法则适用于不同案件的过程雷同。然而,这种商标近似判例形成的法则——判例要旨——实际上是因案而异的"。①故大部分商标行政诉讼都是经过了前述两种程序后,才进入商标诉讼程序。

在"永安堂与仁安堂关于猴标、跑狮商标纠纷案"中,仁安堂所注册之猴标跑狮商标因在使用之时,存在另加附记以图影射之情事,被永安堂呈请商标局予以撤销。仁安堂不服商标局之商标撤销决定,故向实业部发起诉愿。经实业部核查,仁安堂早于1931年7、8两月之时,因以加记影射情事,被永安堂呈请商标局,后经协商,仁安堂愿停止使用并销毁包装图样,后永安堂查得仁安堂仍在使用原有附记之商标,故呈请商标局予以撤销其猴标跑狮商标。故此案之争议在于仁安堂是否仍旧使用原有之加记影射之商标,经实业部查证后,认为永安堂所提供之证据不足以证明仁安堂仍在使用,故撤销了商标局的撤销决定。②后永安堂不服,向行政院发起再诉愿,行政院重新审查证据后,认为仁安堂确仍在使用原有附记之商标,并认为此种商标继续使用,实有妨害商标专用权利,故撤销实业部之决定,而支持商标局撤销仁安堂商标之决定。③该案几经诉愿后,仁安堂仍不服行政院之再诉愿决定,故而向行政法院提起行政诉讼,行政法院认为:"原告于所加附记部分仍旧继续使用,又据永安堂之呈请另为撤销原告猴狮两商标之处分,姑无论原告所加附记部分是否继续使用,然于其注册商标既有加附以图影射而使用之事实,则商标局于其以前之处分认为不合而另为处分,核与上开之法例并无违背,再诉愿决定撤销诉愿决定而维持撤销猴狮两商标之原处分于法亦属相符。"④故仁安堂仍以败诉收场。

---

① 王小丹:《民国商标法的续造:商标近似判例及适用》,载《私法研究》第22卷。
② 参见实业部诉愿决定书:诉字第六四号,载1933年《商标公报》,第82期。
③ 参见行政院决定书:诉字第一九号,载1934年《商标公报》,第89期。
④ 参见二十四年度行政法院判决,判字第四号:仁安堂因撤销商标事件行政诉讼案,载1935年《司法公报》,第63期。

在本案中,商标局因永安堂之呈请,而依职权撤销仁安堂之商标,仁安堂不服而进入诉愿程序,诉愿程序最终结果仍支持了商标局之撤销决定。至此该案件之行政性的纠纷解决程序已然用尽,仁安堂转而提起商标行政诉讼,进入司法程序,行政法院对于案件事实与证据重新进行审查,同时对于在商标局之撤销决定、实业部与行政院之诉愿裁定均进行了审查,最终仍旧支持商标局最初之撤销决定。从该案结果来看,从商标局到行政院,再到行政法院,不论是行政还是司法程序,其终局的裁定是一致的。而从案件本身事实而言,仁安堂在使用猴标与跑狮商标过程中,确有为销售商品,而对注册商标加以附记,以求影射永安堂之商标,有违商标注册之本意,故而最终被撤销,实无不妥。因此虽然南京国民政府时期的商标纠纷解决是以行政与司法并行的"双轨制"模式,[1]两者对案件事实的审查并无太大差异,只是所寻求的途径不同,其结果效力亦有一定的偏差,商标行政诉讼之裁判结果虽然具有终局性的效力,但亦有相当之风险,因此,当时商标纠纷仍多以行政性的纠纷解决机制为主。

三、从上海美星商标注册案看南京国民政府时期的诉愿程序

南京国民政府时期商标纠纷的解决,虽为行政与司法并行的"双轨制"模式,但从纠纷案件的实际解决路径来看,仍以行政性的纠纷解决机制为主,而诉愿程序作为商标纠纷解决的行政程序,更具有独特的优势和特点。根据对《实业公报》所载商标诉愿纠纷的统计,从 1931 年至 1937 年上海地区商标诉愿案件就有 900 多起。[2]因此,诉愿程序在该时期商标纠纷解决中发挥着重要的作用。上海美星公司的商标注册案就是其中最具典型性的案件。

(一)上海美星公司商标注册案之缘起

根据《商标法》第 1 条第 2 款规定:"商标所用之文字图形记号,或其联合式,应特别显著,并应指定名称及所施颜色。"[3]而所谓商标之"特别显著",根据司法院第 1855 号解释,是指:"以文字图形记号或其联合式组成之商标,依商标法第一条第二项之规定,只以特别显著为必要,并未限以应与商品形状功用及颜色分离独立为一个物体,因之商标之构成虽系以特殊文字等缀为花纹连贯使用于整个商品外部,苟合于特别显著之要件,即难谓其

①　曾友林:《中国商标法制近代化研究》,2019 年西南政法大学博士学位论文,第 94 页。

②　参见 1931 年—1937 年《实业公报》,第 1 期至 343 期。

③　金忠坼:《商标法论》,会文堂新记书局 1935 年版,第 151 页。

呈请注册不应准许。"①因此,在商标呈请注册时,商标局对于商标相似性的判断,主要考察其外观之特别显著性,而商标的特别显著性基于字体、颜色、纹饰、线条等要素综合考虑,法律对此等要素之审查并为划定严格的数值或范围,主要以审查人员个人判断为准,但各人之才学、眼界、审美以及所处立场不同,因此评判标准必然有所偏差,南京国民政府时期所发生的商标诉愿案件多因此而起。民国时期上海著名的"上海美星公司与永和实业公司商标纠纷"亦是其中之一,上海美星公司以"Maising Label"申请注册商标,使用于牙粉牙膏类商品之上,但商标局认为该商标与永和实业公司在同类商品上之"Gise in moon"商标在颜色、文字排列以及整体图形上极为相似,故予以核驳,后美星公司又以此呈请商标局异议,但商标局经异议与再异议程序后,仍对美星公司之"Maising Label"商标注册申请予以核驳,最终上海美星公司不服商标局之核驳决定,依法提请了诉愿程序。

(二) 上海美星公司商标注册案之诉愿程序

上海美星公司因不服商标局之核驳决定而向实业部递交诉愿书,据其诉愿书所称:"本案商标虽底色之红色相同,然绿色边纹显有粗细之分,四角则一为凹形,一为方形而加四方绿色之花纹,客观一望而知,所用米色彼此均系极小部分,无关宏旨。所用文字彼此迥异,文意彼此各别,文体既各异,排列亦有疏密之分,字体又有大小之别,可谓绝不近似,不致混淆观感。"②由此可知,上海美星公司认为"Maising Label"商标与永和实业公司之"Gise in moon"商标存在显著区别,一方面是商标名称明显不同,另一方面是商标的边框纹饰线条与颜色均有不同。并且美星公司还认为商标注册申请,应以商标内容为主要审查,商标之颜色本不在专用之列。而当时"商标近似判例在为各级裁定机构审理商标纠纷提供依据的同时,也频繁被企业用以提高其所持理由的充分性与合理性"。③故美星公司还列举了"珂而辦"之商标亦与永和实业商标颜色近似,且文字排列相近,亦准予注册之案例予以申辩。

但根据实业部诉愿决定书可知,"鉴别商标是否近似应从商标之图样颜色即商品购买者之辨别能力着眼。该司之 Maising Label 商标与永和公司之

---

① 郭卫编辑:《司法院解释例全文》,会文堂新记书局 1946 年版,第 1463 页。

② 陈启钊:《诉愿法令汇编》,中国书局 1933 年版,第 226 页。

③ 牛浩、袁为鹏:《民国时期立新公司商标权保护述论》,载《中国经济史研究》2023 年第 3 期。

Gise in moon 商标，其图样之主要部分均为两行外国文字所构成，字形大小及排列部位均极相似，虽边缘四角一为凹形，一为小绿色方形花纹，但所差甚微，且非商标之主要部分而所施颜色两商标均系红底白字绿边，虽一方多一米色小线，但米色与白色非在光线最充足之处几无法分辨。至商标中外国文字之意义与字体虽各不同，但此项商品之购买者大部分为中级社会及家庭妇女，多无辨认外国文字之能力。基上观察，则此两种商标自有近似之嫌，并用易生混淆"。①可见，实业部审查商标相似性的标准，其一是立足商标之整体进行审查。所谓商标之整体即诉愿决定书中所称之"商标之主要部分"而言，即在商标中占据主要面积的图样，如 Maising Label 与 Gise in moon，两者字体、边框纹饰虽然在颜色与线条结构上存在一定的不同，但其主要部分均为红底白字的两行外国文字，故实业部认为，就商标整体观感而言，两者属于极为近似，若同时适用于商品之上，则极易混淆。其二是立足于商品购买者之辨别能力。Maising Label 与 Gise in moon 两个商标名称，虽然字形与词义均无相同，但两者在字体排列与颜色使用上均极为相似，且作为商标图样之主体呈现。同时实业部考虑到两者商标所使用之商品，为牙膏牙粉之类日常生活用品，购买者为当时的中产阶级与家庭妇女居多，结合彼时国人对于英文的认知与辨别能力，即使在开埠较早的上海地区，对于此二者商标非有一定英文基础且经仔细观察，实难分辨，故认定两者为近似商标而予以驳回。

（三）上海美星公司商标注册案的再诉愿程序

上海美星公司对于实业部之诉愿决定仍不服，故继续向行政院递交了再诉愿申请，针对商标局与实业部的核驳决定理由，上海美星公司在再诉愿呈请书中从五个角度予以解释与辩驳：②其一是关于主要部分。针对诉愿决定书中商标主要部分图样与文字排列相似问题，美星公司以 Maising Label 之中文含义为美星公司，而 Gise in moon 之中文实为月里嫦娥之含义，认两者中文含义迥然不同，故普通人绝不致混淆，同时就两者英文字体、大小、字体、粗细、排布等均不相同，存在显著之差别；其二是关于边缘部分。对于诉愿决定书所称之商标边缘部分相差甚微之说，美星公司以两者边缘细线颜色、粗细以及四角纹饰不同，而认为其与永和公司之商标一眼便可辨别，绝无混淆之嫌；其三是

---

① 陈启钊：《诉愿法令汇编》，中国书局 1933 年版，第 264 页。

② 参见陈启钊：《诉愿法令汇编》，中国书局 1933 年版，第 228 页。

颜色部分。诉愿决定书认为争议商标均以红底白字为主要色调,即使有些微差别,但仍难以辨别,对此美星公司认为颜色并非可以专用,商标所用颜色多有相近,若以商标颜色近似而核驳注册,则有失偏颇;其四是商品受众问题。诉愿决定书认为此项商品之购买者多为中级社会妇女,故多无辨别英文之能力,因此对 Maising Label 与 Gise in moon 多无辨识能力,且主体部分排布相似,则极易使其混淆,但上海美星公司认为其商品之购买者多为中等社会以上受欧美影响较深之男子,故对于 Maising Label 与 Gise in moon 英文名称之辨认并无障碍;其五是商品行销地区问题。此点为美星公司针对前一点进行的补充说明,认为 Maising Label 商标之牙粉侧重行销于国外南洋等地,与永和实业在产品的销售区域上并无利益冲突。

针对上海美星公司的再诉愿呈请,行政院作出了再诉愿决定书,首先强调了商标注册申请以特别显著性为要,分析美星公司之 Maising Label 与永和实业之 Gise in moon 商标,无论是主体部分之文字图样、排列和颜色均相近似,边缘部分之纹饰颜色、线条粗细、四角形状等虽有差别,然终非商标的主要部分且非特别显著,若非同时同地两相比较,实难分别,故就商标特别显著性审查而言,上海美星公司之 Maising Label 实难通过。其次对于商品受众的辨识能力,行政院认为:"商标上外国文字之读音与意义虽各不相同,然非社会上普通购买者所能识别,要之不准注册之根据仅以异时异地观察该二种整个的商标近似为已足,固不必各部分一一相同者。"[1]可见,行政院对于购买者范围的划分并不仅限定于生产产品本身所欲针对之用户,而是基于所有一般可能接触到此商品并可能购买该商品的消费者。可以明显看到,行政院与上海美星公司对于 Maising Label 商标"特别显著性"的审断有着不同标准,因此行政院最后仍未支持美星公司的再诉愿申请。

(四)上海美星公司商标注册案诉愿结果分析

通过对美星公司诉愿书、在诉愿书与诉愿决定书、再诉愿决定书的内容对比分析,该案诉愿人与诉愿决定机关由于所处立场不同,对于 Maising Label 与 Gise in moon 两商标之特别显著性的判断存在偏差。诉愿人多以商标名称及图样的设计角度出发,熟知其细节,对商标各处要素之意构也有着深入了解,因此诉愿人对于商标显著性之判断标准往往会低于一般人。但诉愿主管

---

① 陈启钊:《诉愿法令汇编》,中国书局 1933 年版,第 266 页。

机关并非商标的设计者,对其意构也不甚熟知,对于商标仅能从外观和图样予以判断,以普通民众理解对于商标的显著性进行判断,有时甚至需考虑到商品受众的阶层与认知,而在一般人认知的基础上提高对于商标显著性之要求,两者所在之立场与对商标认知上的差异,必然导致裁定结果与诉愿呈请人所希望的结果有所偏差。

在本案中,行政院对于商标近似性的认定标准实则有例可循,如在行政院对玉兴泰颜料庄的"狮子牌"商标与大德颜料厂的"单狮牌"商标再诉愿决定书中:"两造商标虽不无差异之处,惟于异时异地,施以普遍之主义,仍不免有混淆之虞,即不能不谓近似。"①这与美星公司商标注册案中行政院再诉愿决定书所称基本相同,因此,"行政院采用的认定方法是,从相关公众的注意力为出发,整体对比的方法"。②同时也表明了在商标诉愿程序的裁判中,对于相似性的认定,实业部与行政院基本采用的是遵循先例的方法。③

四、从商标诉愿案件看南京国民政府时期上海工商业的发展

南京国民政府时期,从上海地区的商标诉愿纠纷案件可以直接反映近代上海地区的商业发展情况。近代上海的商业以华洋交汇为特点,而当时洋商对于商标的使用和保护远超华商。随着民族工商业逐渐崛起,华商的商标意识也开始不断增强,品牌意识也逐渐觉醒。特别是1930年《商标法》颁行后,上海工商业者争相呈请注册商标,据统计从1930年至1938年,中国的注册商标数量高达11 833,而同比英国仅有3 306件,德国仅有3 471件。④一方面是民族品牌大量注册商标容易与洋商商标产生冲突,进而发生商标纠纷;另一方面,上海地区也是中国民族品牌的汇集地,汇聚了众多百年历史的民族品牌,这些品牌在行业内夙著盛名,也极易致其他商人仿冒图利,即使商标法律予以特殊保护,但相关的商标纠纷仍层出不穷。

---

① 行政院决定书:诉字第卅九号,载1933年《商标公报》,第81期,第17页。
② 钟霞:《民国时期近似商标判例——"象牌"水泥商标的侵权纠纷》,载《政法论丛》2007年第5期。
③ 如上海地区"上海鼎顺酱园与张鼎新酱园关于宝鼎商标之诉愿纠纷",参见实业部诉愿决定书:诉字第五二号,载1933年《实业公报》,第133—134期。"大德颜料厂与上海同仁和行关于松鹤商标之诉愿纠纷",参见实业部诉愿决定书:诉字第一一三号,载1934年《商标公报》,第94期。"鲁西火柴公司与信昌火柴工厂关于双牛商标之诉愿纠纷",参见实业部诉愿决定书:诉字第一二五号,载1935年《商标公报》,第217期。
④ 黄宗勋:《商标行政与商标争议》,商务印书馆1940年版,第70页。

为了能够详细了解南京国民政府时期上海地区的商标诉愿情况,笔者根据《商标公报》和《实业公报》等文献资料,对 1931 年至 1948 年上海商标诉愿与再诉愿的案件进行了数据统计,特制作了如下图表:[①]

1931—1948 年上海地区商标诉愿与再诉愿案件数量统计(表 1)

年份 ＼ 诉愿案件	诉愿案件	再诉愿案件
1931—1939 年	331	95
1940—1948 年	130	84
总计	461	179

1931—1948 年上海地区华洋商人商标诉愿案件比例统计(表 2)

数量与占比 ＼ 主体类型	华商与华商	华商与洋商	洋商与洋商
诉愿案件数量	171	249	41
占比	37%	54%	9%

从上述数据可以看出,1931—1939 年的商标诉愿案件数量明显多于 1940—1948 年,原因在于 1931—1939 年恰逢国民政府"黄金十年",社会环境稳定,经济迅速发展,而上海又是其中发展最快且发展态势最为良好的地区,因此商标诉愿纠纷的数量也随之增加。在 1940 年后,随着抗日战争的爆发,经济环境受到严重的冲击,商标诉愿案件也急剧减少。因此商标诉愿案件数量与上海地区的商业发展状态呈正比,而从各时期商标诉愿案件数量的变化上可以看出,南京国民政府时期上海地区经济发展的环境与态势的变迁。

从表 2 数据可以看出南京国民政府时期,上海地区的商标诉愿纠纷案件以华商与洋商之间的为主,占比超过总数一半;华商与华商虽然数量远少于前者,但仍占有三分之一的比例,这表明当时上海地区本土民族工商业之间竞争也非常激烈;而洋商与洋商之间极少发生商标诉愿纠纷,占比不到十分之一。有学者统计,华商与洋商之间的商标诉愿,"由外国企业发起的诉讼数量明显高于由中国企业发起的"。[②]如德商在华之大德颜料厂,就与中国多家商号存

[①] 参见 1932—1948 年《商标公报》,第 47—283 期。

[②] 牛浩、袁为鹏:《民国时期立新公司商标权保护述论》,载《中国经济史研究》2023 年第 3 期。

在商标诉愿纠纷,如裕康颜料号[1]、同仁和颜料杂货行[2]、和丰染织厂[3]、震华号颜料庄[4]、济昶颜料号[5]等,并且无一例外均以大德颜料厂为行政程序之请求人。同时大德颜料与恒信洋行、礼来药厂、信宜化学制药股份有限公司等在华洋商亦存在商标诉愿纠纷,以及英商惠林好林有限公司与三友实业社股份有限公司商标纠纷,[6]美商荣发牛奶公司与林乐生商标诉愿纠纷等。[7]均是外商向华商提起的商标诉愿纠纷。

（一）上海商标诉愿程序促进了民族企业商标意识的增强

南京国民政府时期,上海地区商标诉愿纠纷案件出现此种情况,究其原因,主要是由于洋商之经营,本就注重对商标之使用与保护,商标法律意识极强,在商标法施行前,洋商就已大量呈请注册商标,以占据市场并形成品牌效应,同时对于近似或冒用之商标进行严格的打击。据统计从 1928 年至 1938年,外商注册商标总数高达 19138 件。且在 1931 年之前,具有压倒性优势。[8]

中国传统的商业习惯一直很少有品牌意识。而西方商业以契约为基础,以私法权利保障为前提,故一旦纠纷产生,洋商更愿意采取公力救济之方式保护其商标专用之权利。有学者统计从 1930 年 3 月至 1936 年 3 月的商标诉愿案件中:"因不服商标局异议再审定或商标注册再核驳向实业部提起诉愿的案例中,由华方提起的诉愿多达 89 件,占总提起诉愿的 60.9%。但是,如果再仔细审视这些案件会发现,属于华人主动提起异议审查的只有 12 件,因对商标局审查核驳不服引起的有 14 件。两者相加,即由华人主动提起诉愿的仅 26件,其余都是由外国人提起异议而引起。"[9]

中国近代商标法制之始,本就是为处理洋商在华之商标纠纷,而商标为中国商人所熟知,至民国北京政府时期《商标法》之施行才开始,故华商在商标法律的认知和使用上,与洋商存在差异,并且通过历年商标注册数量的变化,亦

---

[1]　参见实业部诉愿决定书:诉字第一四五号,载 1935 年《商标公报》,第 239—240 期。

[2]　参见实业部诉愿决定书:诉字第一一三号,载 1934 年《商标公报》,第 94 期。

[3]　参见实业部诉愿决定书:诉字第二六二号,载 1937 年《商标公报》,第 131 期。

[4]　参见实业部诉愿决定书:诉字第六十六号,载 1933 年《商标公报》,第 82 期。

[5]　参见实业部诉愿决定书:诉字第五十号,载 1933 年《商标公报》,第 78 期。

[6]　参见经济部诉愿决定书:诉字第零二三号,载 1946 年《商标公报》,第 249 期。

[7]　参见实业部诉愿决定书:诉字第二二二号,载 1936 年《实业部公报》,第 289 期。

[8]　参见黄宗勋:《商标行政与商标争议》,商务印书馆 1940 年版,第 84 页。

[9]　冯秋季:《民国时期上海商标诉讼案透视》,载《信阳师范学院学报》(哲学社会科学版)2005 年第 25卷第 3 期。

可看出华商注册商标呈现突然爆发式增长，至 1932 年后开始超过洋商。而商标注册以商标专用权为核心，是一种排他性的权利，其权利之取得以在先呈请注册为准，因此后注册之商标极易与已经注册之商标产生近似甚至有冒用之嫌。而洋商因对商标权利之重视，在华商井喷式商标注册之前，早已完成商标的注册阶段，这一时期洋商更多的是寻求对已注册商标权利的保护。因此在南京国民政府时期，华商与洋商在商标领域处于不同的阶段，而两者一旦在某一商品范围内发生商标权使用之冲突，进而产生商标纠纷，而洋商为商业利益计算，必然会提请相关纠纷解决程序。

对于华洋商人之间的商标诉愿纠纷，也有学者认为："近代西方列强及其商人把商标作为一种战略，为实现他们倾销商品和垄断中国市场、打击我国幼稚而脆弱的民族企业的目标服务，最终实现独霸中国市场之愿望。于是，肆意诋毁华商，污蔑华商产品质量差、仿冒其注册商标，致函请求商会查禁是洋商的惯用伎俩。"[1]但笔者认为此观点有失偏颇，因为从商标局之异议审定书、评定评决书以及实业部与行政院之诉愿诉决定书中可以看到，洋商对华商的商标"制裁"，皆依法提起，为合法之权利救济途径，且民国时期，上海地区的商标主管机关在处理商标纠纷时，也基本依法予以处理，并未有任何偏向。根据商标诉愿案件之事实，确有诸多中国商人借以注册与外商畅销商品近似之商标，以图牟利，外商因之而寻求权利之救济，实属合理合法，并无所谓刻意诋毁，以经济手段实现政治需求之目的。相反，上海地区华商在应对洋商的商标纠纷过程中，商标法律意识的到了加强，对于商标保护的专业性也得到了提升。

从华洋商人之间的商标诉愿纠纷中可以看出，南京国民政府时期上海地区商业经济的繁荣，最初很大程度上有赖于洋商的大量涌入，且洋商在商业活动中的商标权利意识较强，善于利用商标法律所赋予之权利进行商业竞争。其后民族工商业的崛起，虽然上海地区商人商标法治意识较强，但在商标的规划、使用与维护上，始终不及洋商部署较早，故上海地区之民族工商业在商标领域始终为洋商所压制，即使后期在数量上远超洋商，但极易与洋商在先注册之商标发生相似，从而发生商标纠纷。同时，南京国民政府时期外商针对华商所提起的商标竞争与商标诉愿纠纷，也迫使华商积极应对，从而维护自身的商标法律权益，在此过程中，上海地区民族工商业者的商标保护意识逐渐觉醒，

---

[1]　曾友林：《中国商标法制近代化研究》，2019 年西南政法大学博士学位论文，第 114 页。

商标法律意识逐渐增强。

（二）上海商标诉愿程序也间接促进了民族品牌意识的觉醒

南京国民政府时期,上海地区的工商业者在应对与外商之间的商标诉愿纠纷过程中,不仅商标法律意识得到了增强,市场竞争中的精品意识和本土品牌意识也得到了增强。在与外国商人和商品的竞争和博弈中,上海地区的工商业者逐渐认识到商标已经成为商业活动中的重要组成部分,是赖以生存的品牌信誉。特别是对于长久使用且颇负盛名之商标,能够在市场竞争中形成巨大优势,故商人对此尤为看重。由于此类商标极易被仿冒,产生商标诉愿纠纷,商标法律对此有特殊规定。在一般的商标诉愿案件中,诉愿人所持商标的"特别显著"属性,是指在使用于同一商品而言,这里的"同一商品",并非指性质、用途完全相同之产品,而是专指与《商标法施行细则》第 37 条所规定之 63 项商品类目相同之商品类型。但对于"夙著盛名"之商标,法律对其商标专用权的保护就不仅限于其所注册之商标类目。司法院第 1611 号解释对此有特殊之规定:"袭用他人夙著盛名之注册商标,使用于非同一商品,如其性质相同或相似,易使人误认其商品为他人出品而购买者,即属欺罔公众之一种。"[1]该解释中的"性质相同或相似"是指:"虽使用之商品并非同一,而与注册商标指定商品之属性实属相同或相似,易使购买者误为他人出品。"[2]如所指定商品为剪类,而袭用其商品为小刀、针钳。这里剪类为商标分类第八项下刚锋利器下之一类,而小刀则明显属于该项下之刀类,而针钳则属该项下之针类,本身注册商标是指定为剪类,则法律对于其商标专用权之保护仅限于剪类,但因其商标夙著盛名,对其行业之影响力较深,袭用此类商标虽使用于不同类别之商品,但因性质极其相近,容易使购买者误认为同一厂家所兼出之商品而购买。故行政机关与司法解释特别对夙著盛名之商标之专用权予以扩大,避免购买者之误认,以保障商标持有者与购买者之利益。

南京国民政府时期,在上海地区的工商业交易中,夙著盛名之商标的市场认可度极高,商标也从单纯的商品附带之标志,进化成为商品的品牌。商标从附带的标记变化为品牌的过程,实则是商人品牌化意识逐渐觉醒,以及消费者对于本土民族品牌逐渐认可的过程。商人开始逐渐致力于发展具有代表性的

---

[1] 郭卫编辑:《司法院解释例全文》,会文堂新记书局 1946 年版,第 1272 页。

[2] 郭卫编辑:《司法院解释例全文》,会文堂新记书局 1946 年版,第 1420 页。

品牌,而购买者则开始购买品牌知名度较高的产品。同时也表明彼时上海地区工商业的发展开始逐渐步入正轨,工商业者商标法律意识加强,民族工商业品牌意识觉醒,与世界的商业秩序接轨,商业发展逐步制度化和有序化。

结　论

综上所述,在南京国民政府时期,上海地区的商标争议解决虽然采用"双轨制"的模式,但诉愿程序作为商标纠纷解决的终局性行政机制,仍是处理商标纠纷最重要的手段,也反映了当时上海乃至近代中国商业发展的状况与趋势。关于南京国民政府时期上海的商标诉愿程序,笔者认为有如下几方面的特征:

其一,从主管机构对于诉愿案件的审查来看,当时诉愿决定机关对于商标纠纷的解决,以商品购买者的判断为出发点,审查商标的特别显著性,诉愿人与商标局所处立场不同,因此视角存在偏差,许多诉愿案件最终都会进行再诉愿程序进行复议,甚至还会进入行政诉讼以求终局性的裁判。但这也表明当时的商标法制和工商业发展逐渐趋于法治化和制度化。

其二,根据对1928年至1938年间中国商户商标注册类别之统计,棉布匹头业的注册数量最多,共计1 939件,其次则为服御品,共计1 785件。[①]可见民族工商业仍以技术含量较低的纺织服饰业为主,而对于金属、机械、油漆等领域不足千件,对于这类商品,由于外商早已占据技术和市场的高地,故华商生存的空间较小,消费者对于洋货的认同令一些本身技术和产品较为薄弱的民族工商业在注册商标时,在下意识中会选择与洋商近似的商标以求产品的市场销售,甚至有时需要通过以仿冒近似商标来销售自身的产品,这也正是这些新兴产业容易发生商标诉愿纠纷的原因。

其三,从商标局、实业部以及行政院对于上海华洋商人的商标纠纷案件的裁定结果来看,当时上海地区的商标注册管理体系和商标纠纷解决机制已经相当成熟,对于华洋商人也并不存在任何徇私袒护,其行政决定均以纠纷事实和法律规定为依据。另一方面,从华商对于商标纠纷的应对情况来看,上海地区的华商对于商标权利的保护法律意识已经较强,应对商标纠纷的措施也相当成熟,也有意识开始对民族本土品牌进行开创和保护,并且在与洋商的商业

---

① 参见黄宗勋:《商标行政与商标争议》,商务印书馆1940年版,第85页。

竞争中不断探索并深入,这既是受到洋商的影响而被迫接受,同时也是中国民族工商业逐渐成熟并步入正轨,以适应近代工商业的发展模式。中国近代民族工商业的崛起,必然导致民族工商业在近代化的过程中与外国商人产生经济利益的冲突,中外商人之间的商标竞争和商标冲突加剧,商标纠纷的诉愿案件也随之增多。

On the Legal System of Trademark Petition in Shanghai during the Nanjing Nationalist Government Period
—Taking the "Shanghai Meixing Company Registration Case" as an Example

Abstract: The modern trademark legal system in China began in the late Qing Dynasty, developed in the early Republic of China, and tended to improve during the period of the Nanjing Nationalist Government. As a landmark city in the formation of modern trademark legal system, Shanghai has developed a standardized and institutionalized trademark registration management system centered around the acquisition, change, and loss of trademark exclusive rights. In order to maintain the normal operation of the trademark registration management system, a dispute resolution mechanism centered on trademark petitions and trademark litigation has been formed. The trademark registration case of Shanghai Meixing Company, which occurred during the Nanjing Nationalist Government period, not only had a wide range of influence, but also had a complete appeal procedure. After going through the appeal procedure of the Ministry of Industry and the re appeal procedure of the Executive Yuan, it finally came to an end. It was a classic case of trademark litigation in the Shanghai region at that time, and also a concentrated reflection of the trademark registration management system and dispute resolution mechanism during the Nanjing Nationalist Government period.

Key words: Nanjing Nationalist Government; Trademark Petition; Trademark registration; Shanghai Meixing Company

作者简介:沈俊杰,上海师范大学人文学院专门史专业博士研究生。

20 世纪丹麦福利城市建构的
社会基础探析①
——以民间组织为例

林时峥

　　摘　要：在丹麦参与城市建设方面的民间组织，它们最早产生于 19 世纪中叶的城市住房改革运动。在丹麦城市化的早期阶段，它们开始活跃于大城市的产业工人住房工程中并有效地缓解了住房危机。自 20 世纪起，民间组织经历了规模的扩大与专业化技能水平的提升，从介入城市社区管理和公共设施建设，到针对城市规划中存在的问题向政府部门提出建议，再到直接参与城市规划方案制订和推行，它们逐步演变成为具有较高专业技能和较强社会影响力的团体。20 世纪 60 年代，随着丹麦经济的繁荣、国家财富的增长和福利城市建设理念的提出，民间组织在福利城市的建构中继续发挥着重要的作用，它们是贯彻福利城市理念的直接参与者。

　　关键词：20 世纪　丹麦　民间组织　福利城市

　　关于丹麦具有鲜明的国家和民族特征的福利政策源头，部分本土学者持有相似的观点。丹麦史学家克努特·J.V. 耶斯佩森在著作《丹麦史》中阐述道：丹麦所建设的福利国家和福利城市的政策源头与法律基础，大致可追溯至 1933 年社会民主党—社会自由党政府所推行的大规模社会改革运动和修订的相关法典。②（其中包括了基于福利国家理念而颁布的各项社会政策，它们

---

① 本文系国家社科重大项目"多卷本《西方城市史》"（17ZDA229）子项目阶段性成果。
② ［丹］克努特·J.V. 耶斯佩森：《丹麦史》，李明、张晓华译，商务印书馆 2012 年版，第 71 页。

所推行的前提条件与特定时期的经济结构和社会阶层分布等因素相关。）丹麦史学家、档案学家亨宁·布朗斯维尔（Henning Bro）的研究成果表明：在丹麦福利国家建设背景下颁布并资助民间组织广泛实施的住房工程，究其根源在于一战爆发和20世纪20年代的经济危机背景之下公共部门发挥了突出的作用。①丹麦学者瑟伦·科尔斯特鲁普（Søren Kolstrup）的观点也表明：20世纪丹麦福利国家建设起源的大致时间追溯至一战爆发期间，通常早期制订的政策仅限于应对特定的事项而采取相应的措施，尽管它们具备很强的实效性，但同时也缺乏较为整体的理念。②

丹麦的福利城市建设与国家政策、经济形势和社会基础之间具有密切的关联性，丹麦建筑与规划专家、奥尔堡大学教授克劳斯·贝克·丹尼尔森（Claus Bech-Danielsen）在著作《城市生活景观》中，将福利城市定义为"以创建现代化的城市为开端，与福利国家的诞生和发展并行"③。当20世纪60年代被认为是丹麦官方建设福利国家的起点时，福利城市的理念应运而生。然而，1933年丹麦在经济危机、高失业率和住房短缺等一系列因素的作用下，执政的社会民主党所倡导的"平等获得住房、消费品、教育和职业的机会，同时打破了以阶层和性别划分角色的社会传统"，它已成为建构丹麦福利城市的基础。④此时，活跃于丹麦各大城市的民间组织，它们以获得工程项目经济资助的方式与市政当局开展合作，在缓解以住房短缺为代表的社会问题和部分城市的公共区域建设等方面取得了较为理想的成效。

一、民间组织的早期活动

关于丹麦非营利性民间组织的历史，可以追溯至19世纪50年代的民间慈善机构，它由埃米尔·霍曼（Emil Hornemann）和弗雷德里克·费迪南德·

① Henning Bro, "Housing: From Night Watchman State to Welfare State, Danish Housing Policy, 1914—1930", *Scandinavian Journal of History*, vol.34, 2009, pp.2—28.

② Søren Kolstrup, *Velfærdsstatens rødder*, Viborg SFAH, 1997, pp.94—98.

③ 关于丹麦"福利城市"的建设理念，它出自20世纪60年代丹麦政府的福利国家政策，大致包含两方面的内容：传统意义上的"福利城市"概念是平等消费，即住房、购买商品、受教育以及就业相关的消费。广义上的"福利城市"则是进一步将概念扩大为就业机遇、政治民主以及改变个人生活状况的可能性。参阅：Claus Bech-Danielsen, *Urban Lifescape*, Aalborg Universitetsforlag, 2004, p.15。

④ Claus Bech-Danielsen, *Urban Lifescape*, p.9.

乌里克(Frederik Ferdinand Ulrik)所创立,在工业化与城市化的早期阶段,它们主要致力于从事开展面向产业工人的住房运动,[①]在医疗协会的相关记载中可以看到,该组织的宗旨是为当时的产业工人提供慈善型住房,他们受到了英国劳动人口卫生状况调查报告、欧洲国家倡导的住宅理念以及当时首都哥本哈根的城市规划方案等多方面因素的共同影响。[②]它于19世纪60年代末兴起,早期的活动范围仅限于首都哥本哈根地区,工人阶层中的高收入群体成为了主要成员。[③]该组织的早期人员构成和实际活动范围都具有较大的局限性,但是由于它们的成员广泛活跃于哥本哈根工人阶层的住房工程中,他们所领导的住房改革运动逐渐形成了一定的社会影响力,同时也为它日后发展演变为面向工人阶层和中产阶级的房屋业主协会创造了条件。自1887年起,执政的社会民主党最先提出了通过资助形式向民间的建筑协会提供贷款补贴的倡议,随后,由丹麦政府颁布的面向住宅工程的补贴政策延续至一战期间,该政策使当时规模较小的民间住房协会因获得了官方的部分经济资助开展活动有了保障。[④]

丹麦由于受到近代国际形势变化等历史因素的影响,它的民族单一性特征显著。20世纪早期,丹麦城镇人口比例已经历了两轮显著的增长过程。[⑤]到了20世纪20年代,丹麦的城镇化率也已提升至约40%。[⑥]因此,这一时期的丹麦正值传统农业体系趋于解体和社会格局发生剧变时期,市民阶层的分化迹象也逐渐从城市居所的区域分布方面表现出来。其中,丹麦的工业劳动力人口迁移数量之大在20世纪早期的斯堪的纳维亚半岛的国家中显得尤为突出,这种反映人口生活的艰难和人口总体对经济发展适应性的调整,对于全国经济的增长而言非常重要。[⑦]一战爆发前夕,丹麦全国已有约1 000家工业企

---

① Thomas Hall, *Planning and Urban Growth in the Nordic Countries*, E & FN Spon, 1991, p.18.

② Gösta Esping Andersen, Walter Korpi., "Social Policy and Class Politics in Post-War Capitalism", *Cotemporary Capitalism*, Oxford University Press, 1984, pp.179—208.

③ Thomas Hall, *Planning and Urban Growth in the Nordic Countries*, p.18.

④ Henning Bro, "Housing: From Night Watchman State to Welfare State, Danish Housing Policy, 1914—1930", *Scandinavian Journal of History*, vol.34, 2009, pp.2—28.

⑤ 根据相关统计数据表明,19世纪丹麦城镇人口增长的峰值出现在1840—1860年间,以及1880年后至20世纪初。参阅:Christian Wichmann Matthiessen, *Danske Byers Vækst*, København, 1985, p.30。

⑥ [英]彼得·克拉克:《欧洲城镇史:400—2000年》,宋一然、郑昱、李陶、戴梦译,商务印书馆2015年版,第230页。

⑦ [英]彼得·马赛厄斯、M.M.波斯坦主编:《剑桥欧洲经济史》第7卷,徐强、李军、马宏生译,经济科学出版社2003年版,第767页。

业，它们的雇工人数约为 10 万人，1935 年升至 4 500 家和 16 万人。①随着城市
化进程的推进，丹麦市民阶层的分化现象也日趋明显。②随着产业工人的居所
广泛遍及城市，它们在总体结构和分布方面基本相似，多数选址毗邻市中心
与工业区，少数则位于老城区和新兴的市郊区域。此外，新迁入城市的工人
阶层的定居点则聚集在主干道之间的街区和城市的郊区以及外围地带，在
大量的贫民窟和半贫民窟中，由民间组织承建的非营利性廉租公寓以高密
度分布其中。③关于丹麦城市中产业工人的居所表现出的这种独有特征，著
名城市规划设计师斯通·艾勒·拉斯穆森(Steen Eiler Rasmussen)的比较
研究成果表明：相较于英国古老而高贵的建筑物，在经历了一段时间的退化
后被更低的社会阶层所占用而形成了贫民窟，丹麦(其中以首都哥本哈根为
典型)的贫民窟和低收入群体居住的房屋是经过了有目的性的预先规划而
建立起来的，这些区域所适用的规划方案实际上更接近"大规模且标准化的
建筑工程"。④

当新的现代化城市体系逐步成型时，民间组织除了参与城市区域的产业
工人住房工程外，它们同样活跃在新郊区体系建设中。当以卡米洛·西泰和
雷蒙德·欧文(Raymond Unwin)为代表的"花园型"城市市郊理念被丹麦本土
的城市规划设计师所接受时，相关的工程在逐步演变为中产阶层房屋业主协
会的民间建筑协会的积极参与下实施。⑤在以首都哥本哈根为代表的市郊区
域，这种类型的别墅住宅十分常见，它们因价格相对低廉且标准化设施配备齐

① Ole Markussen, "Danish Industry, 1920—1939: Technology, Rationalization and Modernization", *Scandinavian Journal of History*, vol.13, 1988, pp.233—256；数据来源：Industritællingen, *Danmarks Statistik*, Statistisk Tabelværk, 1914, pp.234—290；Industritællingen, *Danmarks Statistik*, Statistisk Tabelværk, 1935, pp.128—167。

② 19 世纪后，丹麦城市社会阶层分化为：社会精英阶层、中产阶层和工人阶层。丹麦城市的中产阶层主要由不同类型的企业家(包括铸造厂主、工厂主、国内行业的批发商)、富裕的工匠、商人、医生、律师、记者和其他知识分子以及专业人士等构成。参阅：E.I. Kouri, Jens E. Olesen(eds.), *The Cambridge History of Scandinavia*, vol 2, 1520—1870, Cambridge University press, 2016, p.785。

③ John H. Westergaard, "Scandinavian Urbanism: A Survey of Trends and Themes in Urban Social Research in Sweden, Norway and Denmark", *Acta Sociologica*, vol.8, 1965, pp.304—323.

④ Steen Eiler Rasmussen, *København-Et bysamfunds særpræg og udvikling gennem tiderne*, Cobenhagen: G.E.C. Gads Forlag, 1969, p.106.

⑤ 丹麦最早提出"花园城市"理念郊区规划的是博尔森(F.C. Boldsen)，他于 1912 年出版著作《丹麦的花园住宅(*Haveboliger i Danmark*)》，同年成立"丹麦花园城市协会(Danish Garden City Society)"并担任主席。

全而一度受到欢迎。①

19 世纪下半叶至一战爆发前，它是丹麦民间组织发展的早期阶段。从初具规模到具备一定的社会影响力，尽管民间组织实际参与的建设工程数量较为可观，但是根据 1914 年的统计数据显示：由丹麦政府官方资助，民间组织实施的公益性房屋的建筑面积仅占城市房屋总面积的 7.6%。②究其原因，亨宁·布朗斯维尔结合时代背景和国家政策得出这样的结论：由于受到西欧自由主义理念的影响，20 世纪早期丹麦的住房政策实际上仍受到自由市场的指引，住房的建设、开发和供应都以私人的利益为导向，而社会公众对建筑业与住房市场的干预和支持却尚未被官方正式接受。③同时，他将一战爆发至 20 世纪 30 年代之间定义为丹麦政府住房政策从"守夜人国家"向"福利国家"转变的时期。丹麦政府在动荡的社会局势促使下，作出干预经济、缓解危机和进行社会改革的举措，而活跃于非营利性住房建设的民间组织成为了有力的协助者。

二、民间组织的发展壮大

一战爆发期间，尽管丹麦相较于直接卷入战争的欧洲国家，它所受到战争的影响相对较少，但是因战争导致的经济危机和城市住房短缺现象却成了最为困扰政府部门的难题。当城市中房屋的租金出现大幅上涨时，为了避免越来越多的民众因无力支付高额房租而被迫流落街头，从而对社会治安和秩序产生隐患和潜在威胁，丹麦政府开始致力于解决社会住房问题。相应举措包括租金监管、市政监管、金融监管以及和私人建筑协会合作、制定新的住房法案等。④其中提供低息贷款与发放补贴是鼓励并促进建造公营性质和非营利性质住房的新政策，它们为激发民间组织的潜能创造了条件。⑤由于此时的市政当局普遍认为：若要解决市民最迫切的住房问题，最直接的办法是建造更多价格能被民众承受的住宅区，而这些住宅区的建造所需的成本则通过补

① Peter Madsen, Richard Plunz, *The Urban Lifeworld-Formation*, *Perception*, *Representation*, Routledge, 2002, p.33.

②④ Henning Bro, "Housing: From Night Watchman State to Welfare State, Danish Housing Policy, 1914—1930", *Scandinavian Journal of History*, vol.34, 2009, pp.2—28.

③ Henning Bro, "Boligen mellem natvægterstat og velfærdsstat. Bygge-og boligpolitik i tre danske bysamfund 1850—1930", Ph. D. thesis, University of Copenhagen, 2006.

⑤ Thomas Hall, *Planning and Urban Growth in the Nordic Countries*, p.23.

贴形式来维持或继续建造新住宅来获得的。丹麦政府所发放的一定限度补贴,为民间非营利住房组织和建筑协会提供了必要的经济资助,同时新的建筑标准也对新建房屋的质量起了制约作用。民间组织得到了政府的经济资助所开展的公益性住房工程,实际上为国家缓解潜在的危机和稳固社会秩序提供了一定的保障。从 1916—1930 年间,随着城市区域的扩张延伸和新城区建设的速度的加快,同时颁布了以首都哥本哈根向周边区域扩张建造一定数量价格相对更低且适合两户或多户家庭居住的标准化住宅规划。[①]这一时期首都哥本哈根的许多新兴的小规模合作性质的民间住房组织,它们获得了市政府的补贴并活跃于住房工程中,由它们承建的项目约占全市的五分之一。[②]代表性的经典成功案例,主要包括著名建筑大师凯·菲斯克(Kay Fisker)设计的新街区,它位于霍恩布胡斯(Hornbækhus)地区,整体呈现四边形的结构。[③]

20 世纪 20—30 年代,由于世界性经济危机在当时的国际联盟主导和不顾后果盲目乐观的背景下爆发,它不久即成为了对丹麦政府的又一次新考验。丹麦的处境与其他资本主义国家的情况相似,数次通货膨胀对于农业的打击尤为严重。[④]经济危机导致失业率上升,最严重的时段出现在一战爆发期间和20 世纪 30 年代后。[⑤]丹麦的失业率低于邻国瑞典和挪威,全国失业率的峰值出现在 1932 年且高达 32%,即约有近 20 万失业人口。[⑥]根据当时丹麦官方预估的数据,全国约有 100 万人口因受到失业影响而不具备购买力。[⑦]当丹麦的

① Peter Madsen, Richard Plunz, *The Urban Lifeworld-Formation, Perception, Representation*, p.33.

② Henning Bro, "Housing: From Night Watchman State to Welfare State, Danish Housing Policy, 1914—1930", *Scandinavian Journal of History*, vol.34, 2009, pp.2—28.

③ 建筑大师凯·菲斯克(Kay Fisker)设计的霍恩布胡斯(Hornbækhus)四边形街区,它在当时被业内人士称为"住房设计的成功典范",该建筑物的外观体现了"最纯粹的丹麦新古典主义风格",其中大庭院的规模接近于一座小型公园,包含房屋的数量约为 228 套,每套房屋被划分为 2—3 居室和一个备用房间。参阅:*Arkitekten*, 1932, pp.395—396。

④ [丹]帕利·劳林:《丹麦王国史》,华中师范学院《丹麦王国史》翻译组译,湖北人民出版社 1973 年版,第 384 页。

⑤ W. Galenson, A. Zellner, "International Comparisons of Unemployment in National Bureau of Economic Research", *The Measurement and Behavior of Unemployment*, Princeton University Press, Princeton, 1957, p.447.

⑥ [英]彼得·马赛厄斯、M.M. 波斯坦主编:《剑桥欧洲经济史》第 7 卷,徐强、李军、马宏生译,第 783 页。

⑦ Niels-Henrik Topp, "Influence of the Public Sector on Activity in Denmark, 1929—1939", *Scandinavian Economic History Review*, vol. 43, 1995, pp. 339—356; *Rigsdagstidende*, Folketingets Forhandlinger, 1932—1933, Jan.26, 1933.

工业经历了"结构性重组"①并趋于更重要的经济地位时,城市吸引着更多农村人口的迁入,然而,国际市场与自身经济状况的较大波动,城市住房、失业率和市民收入等问题却构成了社会不稳定因素。丹麦经历的一场免于卷入战乱而遭遇了战事之外的逆境,由经济短缺所致的以高失业率和住房困难等为代表的社会问题成了最主要的表现。②为了缓解潜在的社会危机和日益严重的住房短缺局面,国家进一步加强对经济市场和城市规划的干预。当经济危机所导致的城市住房危机困扰着丹麦政府和城市市政当局时,以非营利性住房协会为代表的民间组织对相关决策的积极响应,曾在一定程度上有效地缓解了危机。

二战结束后,尤其是自 20 世纪 50 年代起,丹麦社会福利制度建设的"黄金时期"③,大规模的城市住房建设需求再次为民间组织提供了施展技能的空间。20 世纪 60 年代初,丹麦政府正式提出福利国家理念,此时全国的独立性民间非营利性住房协会已有约 300 个。④当工业建筑进一步普及时,这些活跃的民间组织承包了大部分租赁住房,它们参与了约 80％的新公寓楼住宅工程,根据 1960—1965 年的统计数据可知,由它们建造的住房数量约为 12 000 个单位。⑤

以非营利性住房协会为代表的民间组织投入到二战后新的城市建设工程

① 丹麦经济的"结构性重组"通常经济学家被定义为 20 世纪 30 年代。经济史学家奥勒·马库森(Ole Markussen)对比了自 20 世纪早期至中期丹麦国民经济生产总值中工业和农业所占份额的相关统计数据,在 20 世纪 30 年代前,丹麦的农业长期处于全国经济的主导地位,农业从业者人数过半。自 20 世纪 30 年代起,随着城市人口的大幅增长,工业从业者所占的人口比例逐步增加,1940 年工业从业者比例达到约 40％,而农业人口降至 1/3 左右。参阅:Ole Markussen, "Dansk Industrihistorie-Præsentation af et Forskningsområde", *Fortid og Nutid*, vol. 32, 1985;[丹]克努特·J.V. 耶斯佩森:《丹麦史》,李明、张晓华译,第 151 页。

② 一战结束后北欧国家和英国的经济大萧条现象主要发生在 20 世纪 20 年代,这与其他欧洲国家的经济繁荣景象形成了鲜明的对比。参阅:S.N. Broadberry, "The North European Depression of the 1920s", *Scandinavian Economic History Review*, vol. 32, 1984, pp. 159—167。

③ 丹麦社会福利制度的"黄金时期"通常定义为 1950—1973 年,这一时期全国的社会支出由 8％升至 23％(1982 年继续升至 35％)。参阅:Niels Christiansen Finn, Klaus Petersen, "The Dynamics of Social Solidarity: The Danish Welfare State, 1900—2000", *Scandinavian Journal of History*, vol. 26, 2001, pp. 178—196; J. Christensen, "De sociale udgifter 1890—1990", *Arbejderhistorie*, vol. 4, 1996, p. 27。

④ Marius Kjeldsen, W. R. Simonsen, *Industrialised building in Denmark*, Skandinavisk Bogtryk, 1965, p. 12.

⑤ Marius Kjeldsen, W.R. Simonsen, *Industrialised building in Denmark*, p. 8.

中，并且在一定时期内延续了 20 世纪上半叶政府资助的运作模式，截至 1958 年，丹麦约有 75％的社会租赁住房是由政府贷款出资建造。①20 世纪 60 年代初，即丹麦政府推出"丹麦模式"福利国家理念的早期阶段，民间组织在建设方面继续发挥着积极的先锋作用，这为它们日后规模的扩展以及在更广泛的领域中参与相关的城市规划建设项目打下了基础。自 1967 年成立丹麦国家建筑基金(The National Building Fund)起，民间组织的资金来源方式受此影响逐步转向自筹：相关统计数据显示，20 世纪 70 年代后，由政府贷款出资建造的社会租赁住房下降至仅占 17％。②当此时的非营利性住房协会普遍转向了独立协会的运作和管理模式时，它们依然承包着大量的建造工程，专业性的提升使新工程在制订方案时期就对房屋的外观、建材的选择、配套设施的规划、空间的合理利用以及住宅区的整体建筑环境等相关事项作了充分考量。

由于二战后市内公共区域建设工程普遍得到了重启，民间组织所从事的建设项目已不仅限于公益性住房的范围，还包括部分战前被暂时搁置的公共工程。此时公共区域建设的目标首先是对战争造成的破坏进行修复，其中包括对因战争而毁坏的部分地区制订切实可行的新规划方案；其次是对那些战前尚未实施的规划项目进行部分调整，同时对已经过时的规划项目进行重新设计与实施；最后针对城市的扩张趋势提出相应的管控举措。结合丹麦政府于 1949 年制订并颁布的《建成区条例法案》，提出了对公共公园区域和自然资源保护区域进行合理的设计，同时制订了相关的保护条例细则。③它们所主持的规划方案，结合新出台的条文进行了适当的调整，包括新增的公共绿地、公共娱乐场所等功能性区域，将它们的地理位置和占地面积都进行了详尽的规划。然而受到诸多现实因素的限制，其中部分方案的实施相对较晚。

三、民间组织的官方合作

19 世纪中叶是丹麦民间组织建立的早期阶段，也是大量人口向城市迁移

---

① Timothy Blackwell, Bo Bengtsson, "The Resilience of Social Rental Housing in the United Kingdom, Sweden and Denmark. How Institutions Matter", *Housing Studies*，2021，pp.1—21.

② Timothy Blackwell, Bo Bengtsson, "The Resilience of Social Rental Housing in the United Kingdom, Sweden and Denmark. How Institutions Matter", *Housing Studies*，2021，pp.1—21. 统计数据来源：Gösta Esping Andersen, Politics *Against Markets*：*The Social Democratic Road to Power*，New Jersey：Princeton University Press，1985。

③ Thomas Hall, *Planning and Urban Growth in the Nordic Countries*，p.33.

的时期,为了应对城市人口快速增长而导致的住房困境,同时提升住宅的质量,民间的建筑协会已参与到首都哥本哈根市政当局制订的住宅工程中。在20世纪早期的10年间,随着斯堪的纳维亚半岛各国进入了城市化发展的最佳阶段,民间组织以参与城市规划制订与实施的方式和市政当局进一步开展合作,这种形式持续至一战爆发。当严重住房危机演变为威胁欧洲城市的不稳定因素时,瑞典学者比约恩·林恩(Björn Linn)提出了如下的观点:"在城市的贫民人口中,房租的大幅上涨和由此导致的居无定所现象是威胁社会秩序的主要因素,因此对于当时的欧洲国家而言,政府制定并推行适宜的政策和解决社会公众(尤其是低收入群体)的住房问题是必要的举措。"[1]上述的观点也得到了部分丹麦本土研究者的认同,虽然丹麦未卷入战争而导致直接损失,但是它的经济状况从一战结束到二战爆发期间却处于较为特殊的状态。丹麦政府介入并采取了必要的经济调控举措,其中包括20世纪30年代正式出台的针对住房问题的调控政策。[2]为了应对可能出现的社会危机,丹麦政府在推出了名为"堪斯勒盖德协议"法案中,提出了丹麦克朗贬值、政府对农业实行紧急援助和由议会议员提出的其他社会改良方案等,其中包括通过固定的政府拨款形式支持公共事务的立法原则等,它们都取得了较为理想的效果。[3]丹麦政府为应对经济危机所造成的困境而采取的将国家权力和民间社会力量(包括商界和其他组织)相结合的方法,它后来被称为"丹麦模式"。[4]

　　除了最主要的公益性住房工程外,民间组织已逐渐参与到其他市政建设之中。成立于1922年的丹麦城市规划研究所(Dansk Byplanlaboratorium)是一个具备较高专业水准的民间组织,它促成丹麦政府于1925年颁布了第一部城市规划法案。1938年,这部城市规划法案开始发挥作用,在该法案中提出

①　根据瑞典学者比约恩·林恩(Björn Linn)的阐述:20世纪20—30年代,欧洲各国政府致力于建造大量租金更低廉且质量达标的房屋以满足公众的住房需求,同时,这一阶段政府与民间住房互助社和民间组织进行了广泛的合作。参阅:Björn Linn, *Storgårdskvarteret*, *Et bebyggelsesmönsters bakgrund och karaktär*, Stockholm: Statens Institut for byggnadsforskning, 1974。

②　关于一战后至二战前丹麦政府的经济调控政策与住房政策的相关内容,参阅:Erik Nygaard, "De Lange Bølger i Boligbyggeriet, Byens Rum-Byens Liv", *Den Jyske Historiker*, 1985, pp.107—113。

③　"堪斯勒盖德协议"的命名源于丹麦首相在哥本哈根居所的街道,参阅:*Rigsdagstidende*, Folketingets Forhandlinger, 1932—1933, Jan.26, 1933。

④　[丹]克努特·J.V. 耶斯佩森:《丹麦史》,李明、张晓华译,第143页。

了为每个居民超过 1 000 人的城镇或社区制订总体全面规划方案的义务,而当时的住房部部长所主持的城市规划委员会(Kommitterede i Byplansager)也宣告成立,它兼具了处理规划中问题细则、监督、咨询等特殊的职能。①城市规划委员会中的领导者、管理者、建筑师和规划师都是行业精英阶层,他们在城市规划和建设工程中施展才华。成立于 19 世纪中叶的城市规划设计协会和住房协会历经了半个多世纪的发展,它们依靠市政府的经济资助和自身专业水平的提升,机构与业务已从早期活动范围仅局限于首都哥本哈根和邻近地区到至遍及全国。二战爆发前,丹麦城市的规划和建设水准在政府和民间组织的协作中已较为成熟,从大城市到中小城镇普遍建立了一套适宜的规划方案。

　　20 世纪 30 年代后半期,当丹麦城市的发展状态从快速扩张转向稳步建设时,由于市政当局缺乏治理经验且在短时期内难以拟定合适的方案,而具备一定专业知识和经验储备的民间组织因此受到政府的赏识,它们所具备的专业技能切实有效地解决了当时的危机并产生了积极的社会影响。在国家贷款的经济资助下,民间组织参与的城市建设工程普遍有了新的进展,市政当局与民间组织通力合作优势互补。虽然此时城市的市政当局与民间组织的合作更为频繁,但是却存在一些缺陷,它们主要表现为:首先,市政当局与民间组织合作的地理和业务范围较为狭窄,以合作形式涉及的建设工程仅以首都哥本哈根为代表的大城市和它们的周边区域为主,而合作项目通常以改善民生型的住房工程为主;其次,尽管部分项目根据民间组织草拟法案实施,它们的制订过程经过全面和专业的考量,但是由于受制于现实因素,尤其是经济因素的影响,它们从颁布到具体实施通常要间隔较长的时间,其中最长的时间甚至了超过 10 年之久,②而法案的收效也难免和预期的结果存在差距;最后,由于部分老城区早期的设计不合理,例如一些区域的道路较短,当民间组织致力于拟定新的街区规划方案时,就难免会出现过度拆除等施工问题。当市政当局尝试进一步与民间组织在公共区域规划等更多领域展开合作时,由于受到二战爆发等因素的影响,合作的实际完成率远低于预期。

---

① 丹麦城市规划所是一所半私营性质的民间城市规划组织。它的宗旨是在相关城市规划制订之前收集有关数据和资料并对可能出现的问题进行分析,以此激励市政当局制订更适宜的规划法案。参阅:Thomas Hall, *Planning and Urban Growth in the Nordic Countries*, pp.23—24。

② 例如前文所提及的颁布于 1925 年的规划法案,它的实际实施时间为 1938 年。参阅:Thomas Hall, *Planning and Urban Growth in the Nordic Countries*, p.23。

二战后首都哥本哈根所制订并实行的"指状规划"①,最初由著名城市规划设计师拉斯穆森指导下的半私人性质组织于 1945 年提出,它是丹麦民间组织参与城市规划建设的典型案例②,也成为了当时许多新住宅区制订规划的基础。丹麦城镇规划协会作为与哥本哈根市政府进行合作的民间组织,结合了哥本哈根和邻近区域战前发展经验,充分考虑了哥本哈根大区人口增长、公众住房需求和城市规划用地等多方面的因素而制订建设规划。因此它不仅能够对已有的城市结构(包括历史区域)进行保护,还在有限的范围内容纳一个整体性区域建设目标,同时为城市未来的有序扩张指明方向。③尽管丹麦城镇规划协会制订的"指状规划"得到了当时哥本哈根市政府的支持,但是在具体实施的过程中却依然显现了民间组织与政府合作中存在的弊端:这一项目在推行的过程中始终缺乏必要的法律保障。1954 年丹麦城镇规划协会又针对哥本哈根市中心制订了名为"总体规划草案"的后续优化方案,它不仅对当时哥本哈根的交通建设水平予以肯定,同时提出了建设西进延伸道路与市中心内环路,以分散市中心机动车交通压力的设想,然而受到当时社会条件的制约最终未被采纳。④由此可见,当市政当局与民间组织之间为具体的规划和建设工程开展合作时,虽然具备先进性、专业性的规划理念和设计方案会受到官方的支持,但是在面对各种实际问题考量时则难免会出现许多分歧,尤其是最终的决策通常取决于政府的立场,从而导致部分方案无法以民间组织所拟定的理想形式呈现。⑤

四、民间组织的公众影响

从 19 世纪末到 20 世纪早期,丹麦和斯堪的纳维亚半岛邻国普遍出现了

---

① 哥本哈根"指状规划"的内容,主要为了缓解市中心人口压力过大而提出了以"手指"状延伸的铁路干线为基准,以火车站的选址为中心,在市郊地区建立可容纳一万居民以上的新城市单元的设想。参阅:Arne Gaardmand: Dansk byplanlægning 1938—1992, Copenhagen: Arkitektens Forlag, 1993, p.35。

② Peter Madsen, Richard Plunz, *The Urban Lifeworld-Formation*, *Perception*, *Representation*, p.258.

③ Peter Madsen, Richard Plunz, *The Urban Lifeworld-Formation*, *Perception*, *Representation*, p.84.

④ 丹麦城镇规划协会在 1954 年制订的"总体规划草案"中,指出城市的商业发展应围绕核心区,同时提出了要在曾经的湖泊与城墙中间的地带进行商业发展的设想。参阅:Peter Madsen, Richard Plunz, *The Urban Lifeworld-Formation*, *Perception*, *Representation*, p.169.

⑤ 哥本哈根"指状规划"方案制订初期,它被当时的规划设计者称为"与其说是作为实际性的发展规划,倒不如说是它更像规划设计者的一个辩论主题",最终它于 1956 年被丹麦国家政府所采纳。参阅:Thomas Hall, *Planning and Urban Growth in the Nordic Countries*, p.41.

人口内部迁移的现象,这一趋势与城市化进程存在密切的关联性,城市面积的扩张、农村人口聚居于市郊区域、市民生活方式的转变都对市民阶层产生了较大的影响。除了表现在生活与工作方式的转变之外,还表现在市民的社会心理与传统观念上的改变。①大规模人口迁移所引发的结果,一方面是过剩的人口群体在城市中寻求工作岗位,另一方面则是当部分调整并适应城市和工厂生活的工人阶层相对成功时,这一群体中仍有新来者感到不习惯。②市民阶层住宅状况的演变是城市生活变迁的一个缩影:当市民阶层对于房屋建设规划的认知度和参与度尚处于初期阶段时,他们对于房屋的居住舒适度、房屋的采光效果、住宅区的便利性等相关方面已表现出关注的态度。此时的民间组织在进行住房工程规划和设计时,相较于19世纪中叶建立初期已作了较大改进,同时它们在当时盛行的"实用建筑主义"理念基础上广泛进行应用,并制订和增加了人性化的设计目标及与社会福利政策相关的内容,新建住房也因此广受好评。③随着人性化、社会性和福利性等观念的提出,当社会公众开始关注房屋建筑规划乃至部分城区的规划时,民间组织所参与的事务也不再局限于住宅区的规划建设范围。

　　二战结束初期的丹麦尚未摆脱战争的影响。当经济收入提高的工人阶层家庭搬迁至居住设施更佳的新住宅区时,仍有流浪人员、失业者、单身人士和学生等定居于老城区内的聚居区,④这些后院建筑区域普遍建造于19世纪,存在房屋分布密集、环境较差、结构简陋,缺乏卫浴和中央供暖系统以及基本生活设施等问题。⑤因此有关城市住房的更新工程,再度成为了市政当局所关注的重点工程并被纳入城市更新的范畴之内。⑥由于20世纪30年代制定的

①　John H. Westergaard, "Scandinavian Urbanism: A Survey of Trends and Themes in Urban Social Research in Sweden, Norway and Denmark", *Acta Sociologica*, vol.8, 1965, pp.304—323.

②　[英]彼得·马赛厄斯、M.M. 波斯坦主编:《剑桥欧洲经济史》第7卷,徐强、李军、马宏生译,第767页。

③　Thomas Hall, *Planning and Urban Growth in the Nordic Countries*, p.25.

④　Peter Madsen, Richard Plunz, *The Urban Lifeworld-Formation*, *Perception*, *Representation*, p.35.

⑤　相关内容引自1954年由哥本哈根城市工程师理事会制定的《哥本哈根总体规划纲要》,参阅: *København-skitse til en generalplan*, Stadsingeniørens Direktorat, København, 1954, p.85。

⑥　在丹麦城市中待改建的工人阶层聚居区,房屋建造的时间普遍早于20世纪30年代,通常它们位于城市周边地带或"第一郊区环"区域,这些老城区普遍戒备森严,建筑物密集,街区种类以封闭式为主,参阅:Peter Madsen, Richard Plunz, *The Urban Lifeworld-Formation*, *Perception*, *Representation*, p.36。

社会保障制度此时已不适用,他们暂时仅能依靠民间慈善组织发放的物资来维持生存。当丹麦政府和各级地方政府在力求探索和制订能够缓和社会矛盾的新方案时,官方广泛和民间非营利性住房组织开展新的合作,租金低廉的住宅对于贫困者、居住条件困难的弱势群体、无家可归的流浪者和一些大家庭中的成员而言,就如同其他社会福利措施一样,成为了改善他们生活条件的重要举措之一。①

民间组织与市民阶层日常生活之间的关系日趋密切。当一部分老城区和老建筑随着城市更新的进程而被取代时,同时流逝的还包括曾经定居在此的居民原本的社交圈。正如19世纪下半叶因丧失土地而从乡村向城市或市郊迁移谋生的无产者那样。当传统的家庭结构和社交圈逐渐流失,人们开始适应新的工作与社会生活方式时,以日常生活的住宅社区为特定范围的社交圈就在城市生活中的常态。当民间组织与市政当局达成了长期合作而广泛参与城市建设项目时,它们也以社区组织为纽带和住宅区中的居民建立了紧密且长期的联系。20世纪60年代后期,采用租户选举的途径所产生的董事会成员,以"租户民主"形式对相关住宅区进行管理的模式,在当时的社会公共住房社区中十分常见。②董事会成员还逐步参与了城市的部分规划建设项目。此时的市民阶层对城市的交通设施便捷性、无障碍性和实用性通常会高度关注。随着民间组织与市民阶层联系的加深和影响力的增强,它们所参与制订的规划内容则更兼具专业性与现实性。

丹麦官方执政者和城市规划设计者所认同的观点:"现代化城市的建设以及它们的发展前景,如果仅仅通过回顾它们的过去来探寻经验是行不通的。因此,现代化城市的建设只有将它所具备的历史品质与当代福利城市的规划相结合,才能寻求探索未来的出路。"③20世纪60年代良好的经济形势、富足的国民收入、社会产业结构的变更和服务行业规模的扩大都为福利城市创造了有利的条件。丹麦史学家克劳斯·比约恩(Claus Bjørn)根据"丹麦模式"的福利国家建设形式,在阐述相关的福利城市政策时下了这样的定义:它实际上

---

① Henning Bro, "Housing: From Night Watchman State to Welfare State, Danish Housing Policy, 1914—1930", *Scandinavian Journal of History*, vol.34, 2009, pp.2—28.

② Timothy Blackwell, Bo Bengtsson, "The Resilience of Social Rental Housing in the United Kingdom, Sweden and Denmark. How Institutions Matter", *Housing Studies*, 2021, pp.1—21.

③ Hans Kiib, *Performative Urban Design*, Aalborg University Press, 2010, p.13.

是由灵活且充满活力的国家、传统务实的问题解决方案和明晰的公民权利共同构成的综合体。①在丹麦福利城市理念形成的过程中,民间组织作为参与社会公益性项目的策划设计者和执行者,自 19 世纪中叶出现在首都哥本哈根以来,随着自身专业水平与社会影响力等各方面优势的提升,它们的影响力也随之得以延续。

在推行福利政策的欧洲国家中,民众普遍认同这样的观点:居住的环境对于他们的实际工作效力具有深切的影响,而政府部门的首要职责在于为社会公众谋福利。②从 20 世纪早期丹麦政府实行的住房政策,到二战结束后丹麦政府推行的福利国家政策,福利国家政策的制订与实施,对城市规划和建设都提出了新的要求。当福利国家所指导的城市建设和管理模式形成了稳健的理念时,它必然会历经外界变化多端的政治和经济环境,相关的城市规划方案则可以在特定区域空间内,将住宅、服务、娱乐和教育等领域以快节奏与缓慢的步伐相互融合。③福利国家和福利城市是在一波变革和发展的浪潮中逐步产生的,其本质在于为一部分被排除于社会体制之外,尚未完全融入社会经济体系的公民提供安全网。④而民间组织在城市中的相关活动则对此提供了必要的支持。

结　语

20 世纪丹麦民间组织的发展历程表明,从最初的公益性住房设计与建设到街区的规划乃至大都市区域规划,它们的业务和空间范围逐渐扩大且影响力增强。20 世纪丹麦的民间组织专业水平的显著提升,它们在特定区域的规划方案设计、公益性住房工程、社会救济工作和社会福利政策执行等方面均有所成就。民间组织建立早期的影响力、活动范围和参与的工程数量都存在局限。直到一战爆发后期,因战争和经济等国际因素影响所导致的危机,促使丹

---

① Claus Bjørn, "Modern Denmark: A Synthesis of Converging Developments", *Scandinavian Journal of History*, vol.25, 2000, pp.119—130.

② [美]保罗·霍恩伯格、[美]林恩·霍伦·利斯:《都市欧洲的形成 1000—1994 年》,阮岳湘译,商务印书馆 2009 年版,第 334 页。

③ Claus Bech-Danielsen, *Urban Lifescape*, p.29.

④ 关于当代丹麦所提出"福利国家"模式与"福利城市"的建设理念,它们来源于柏拉图的前现代主义思想和斯科特·拉什(Scott Lash)的后现代主义等学说,并且最终得出结论即:城市的景观、市民的生活方式以及消费行为是构成城市"现代性"的重要组成部分,也是构成现代福利城市的灵魂,而现代人的生活质量则是值得探讨的关键所在。参阅:Claus Bech-Danielsen, *Urban Lifescape*, p.211。

麦政府和各大城市的市政当局政策发生转变,由于政府经济资助方案的落实,民间组织得以在官方的资助扶持下继续活跃于各大城市并广泛参与住房乃至部分城市公共工程。当民间组织所从事的工程项目不断扩展,它们不仅进一步提升了社会声望,并且具备了参与制订区域规划项目和部分政策法规事务的实力。

丹麦政府和民间组织的合作由来已久,其中政府向民间组织提供公益性建设项目的经济资助是最常见和最持久的合作形式。随着民间组织规模的扩大、专业水平的提升和社会影响力的增强,双方合作的形式和内容也更加多元化。因此相关合作的发展历程大致可分为三个阶段,第一阶段即 19 世纪中叶至一战爆发前,即丹麦尚未形成福利国家的建设理念,同时国内住房政策普遍奉行自由市场,因而未足够重视民间组织,此时民间组织活动在地域范围、专业水准、实际成果和社会影响力等方面都十分有限;第二阶段即一战结束后至二战结束之前,由于国内经济危机、失业率上升和住房短缺等困境威胁着社会稳定,丹麦政府为了缓解特定时期的社会矛盾和潜在危机,颁布了一系列具有社会福利性质的政策,民间组织在政府的财政资助下,成为了部分政策的积极参与者和执行者;第三阶段即二战结束至 20 世纪 60 年代,尽管执政的社会民主党在二战爆发期间就初步形成了福利国家的建设理念,但是受制于国土沦陷而尚不具备实施的条件,因此它们一度只停留于条文层面。当战后丹麦政府提出福利国家理念和后续的一系列补充法案细则时,民间组织也因此获得了更加适宜的发展空间,受益于繁荣的经济形势,它们所承担的建设项目普遍有所成就。民间组织除了参与制订公益性房屋建设和城市规划方案外,它们还积极投入于市民的日常社区管理项目之中,从而进一步密切了与市民阶层的关系,同时也敦促政府部门去制订和完善相关制度与条例,它们在丹麦的福利城市理念推进和城市建设的过程中起了重要的作用。

Study on the Social Foundation of the Welfare Cities Construction in 20th Century Denmark

—Taking civil organizations as a case

Abstract：The non-governmental organizations in the field of urban construction were first established in the middle of the nineteenth century in Denmark. During the early stage of the modern city，they were generally active in the housing projects of industrial workers in big cities and effectively alleviated the housing crisis at that time. In the twentieth century，after expansion of their scale and improvement of their professional skills，they joined in the plan and construct of urban community houses and public facilities，they also made suggestions to government regarding the problems in urban planning. They gradually evolved into direct participants in the development and implementation of the urban planning plans. Gradually，they became organizations with high professional skills and strong social influence. In the 1960s，with the prosperity of blooming economy，the growth of the national wealth and the proposal of the construction concept of welfare cities，folk organizations kept on working as a significant role. The non-governmental organizations became direct participants in the construction of welfare cities.

Key words：20th century；Denmark；non-governmental organizations；welfare cities

作者简介：林时峥，上海师范大学人文学院博士后。

包容性文化对种族隔离城市"二元结构"的缓释问题探析
——以南非约翰内斯堡为例①

梁凯宁　张忠祥

摘　要:完全民主化的新南非是一个年轻国家,直到现在,种族隔离历史对其造成的阴影还留有痕迹,尤其是在约翰内斯堡这个种族隔离斗争的前沿城市。实际上,约堡具有南非主要城市尤其是大都会圈共有的一系列"城市病"。特别是种族隔离历史加持下的"通病",这种"通病"一方面表现在殖民政策在塑造城市空间、城市布局、城市规划乃至城市发展速度、力量方面的消极性上;另一方面是潜移默化塑造了社会和种族的不平等——城市权利的实际享受者发生"位移",城市空间的身份定义被"异化"。本文旨在研究南非城市文化中的包容性对一个"有缺陷的城市"或"受到历史伤害的城市"的缓释效能,具体从包容性文化对削减一个城市历史上的"伤疤",以及对由新自由主义指导下资本主义盲目性所造成的城市畸形错位发展能够起多大的"纠正"效果。从而最终分析和论证出城市文化中的包容性对一个城市可持续发展乃至提升城市核心竞争力的重要价值。

关键词:包容性文化　种族隔离城市　二元结构　约翰内斯堡　缓释

城市文化是一个城市的灵魂,是一个城市历史的沉积。不同的城市文化

① 本文系国家社科基金重大项目"泛非主义与非洲一体化历史文献整理与研究(1900—2021)"(23&ZD325)子课题阶段性成果,并受到上海市高峰高原学科建设计划上海师大世界史项目和上海师范大学一流研究生教育项目"博士拔尖计划"资助。

决定不同城市的"面孔"。①如若将"包容性"赋予城市当中,并逐步培养构建为城市的一种文化,尤其是在城市化过程中,对于提升一个城市的竞争力具有重要的价值,将会给城市可持续发展带来活力和韧性。②这里的"包容性"一词借鉴了美籍奥裔经济学家约瑟夫·熊比特(Joseph Schumpeter)的增长理论(内生创新增长理论③),即在经济发展过程中,要保证财富获取方面机会平等;要允许经济多样性、良性竞争和创造性破坏;要鼓励产业突变,不断从内部对经济结构进行革命,不断地破坏旧的结构,创造新的结构。最终实现经济的快速增长。④包容性城市概念与包容性增长概念具有相关性,即在城市化过程中,要保证机会均等,尤其是从中长期来看为城市穷人带来经济利益;满足一系列城市不同阶层的需求,通过文化融合来使各个阶层目标逐步一致,缓释矛盾,增进和谐;最终达成城市战略和资源配置清晰明了的目标。⑤

南非城市历史和城市化发展在整个非洲具有典型性。首先,南非的城市,是南非历史记忆的一个特殊标志物,每一座城市都能够讲述南非一段独特的历史。如开普敦(Cape Town)是南非殖民史的开端,有"城市之母"之称,而约翰内斯堡⑥(Johannesburg)则经历了南非的矿业发展和种族隔离斗争等历史,是南非最独特的城市。1910 年随着开普殖民地(Cape Colony),奥兰治自由邦(Orange Free State),纳塔尔(Natal)和德兰士瓦(Transvaal)四大殖民地合并成立统一南非联邦,约堡的城市发展走上了快车道。1961 年随着切断了与英国

① 张经武:《我国城市"文化特色危机"的多元成因》,《都市文化研究》2022 年第 2 期,第 114—137 页。

② Rammeltc F, Gupta J., "Inclusive is not an adjective, it transforms development: a post-grow interpretation of inclusive development". *Environmental science&policy*, vol.124(2021), pp.144—155.

③ 熊彼特指出增长是一种特殊现象,创新是经济增长的引擎,经济中的创新是"创造性破坏的永恒风暴"。所谓增长,就是实现生产要素"新组合"后的经济进步,发生在经济生活内部的质变,而不是从外部强加给它的。它是流通渠道的一种自发的、间歇性的变化,它是对均衡的干扰,它总是在改变和取代以前存在的均衡状态,而不是意味着价值规模的增加,它只是意味着它们边际效用的增长。熊彼特坚信创新实现了经济的增长,他指出,只有经济体制吸收了创新和技术变革的一切成果,实现了经济结构不可逆转的变化,经济才能实现增长。创新破坏了旧的均衡,实现了新的均衡,也就是说,增长是企业家实施新的生产要素组合,使生产手段和方式发生不可逆转的变化。由此可见,这里的增长与创新有着一致的意义。

④ 参见:Joseph Alois Schumpeter: *Theory of Economic Development*,Harvard University Press,1934,pp.20—58。约瑟夫·熊比特,孔伟艳、朱攀峰、娄季芳译:《经济发展理论》,北京出版社2008 年,第 37—39 页。

⑤ Parker, S, *Urban Theory and the Urban Experience: Encountering the City*, London: Routledge Press, 2015, pp.23—36.

⑥ 简称约堡,Joburg,文章为了控制篇幅,接下来就用其城市简称。

的关系,约堡城市发展速度有所减慢。1994 年随着新南非的建立,种族隔离制度被彻底终结的同时,① 也为约堡城市发展解开了枷锁,城市发展迎来了另一个高潮,城市化迅速发展。总之,南非约堡短暂的城市发展史是经济、政策、历史共同作用的结果。

在中国,非洲城市史研究方兴未艾,当下城市发展问题成为人文社会科学领域研究的重要内容之一。当然,国内对城市史的研究还主要集中于欧洲、美国等发达国家,对非洲城市史尤其是南非城市史与种族隔离史之间的关联问题鲜有研究。华东师大尚宇晨博士比较集中地研究了南非的黑人在种族隔离城市化过程中被疏离,以至日益贫困化。② 他在文章《南非约翰内斯堡贫民窟问题研究(1910~1960)》认为种族隔离政府对于塑造约堡巨型贫民窟——索韦托有不可推卸的责任,间接地造成了城市的"二元式"割裂。③ 在国外对这方面问题研究要首推伊迪丝·霍弗(Edith Hofer),沃尔特·穆萨克瓦(Walter Musakwa),桑德·范拉宁(Sander van Lanen),特里诺斯·浓汤(Trynos Gumbo),斯蒂芬·内奇(Stefan Netsch)和凯瑟琳娜·古格瑞尔(Katharina Gugerell)共同撰写的《包容性见解:约翰内斯堡的两个城市发展项目》("Inclusive Insights: Two urban development projects in Johannesburg"),文章认为约翰内斯堡被"一分为二",呈两种迥然不同的城市表现的历史溯源就是种族隔离历史,城市化发展只是加重了这一程度而已。④ 南非教授乔治·查尔斯·安杰洛普罗(George Charles Angelopulo)发表于《南部非洲战略评论》(Southern Africa Strategic Review)的文章《非洲城市包容性——城市化的比较指标》(A comparative measure of inclusive urbanisation in the cities of Africa)把包括南非约堡在内的非洲主要大城市有关包容性水平高低通过量化指标进行了纵向比较,认为东非内罗毕、坎帕拉、达累斯萨拉姆等城市包容性较高,而

---

① Beavon, K., "Some Alternative Scenarios for the South African City in the Era of Late Apartheid. In D". in Drakakis-Smith, Ed., *Urban and Regional Change in Southern Africa*, London: Routledge, 1992, pp.66—99.

② 尚宇晨:《种族隔离制度下南非白人政府的黑人城市化政策(1920—1960)》,《世界历史》2018 年第 1 期,第 79—95+158 页。

③ 尚宇晨:《南非约翰内斯堡贫民窟问题研究(1910~1960)》,《城市史研究》2019 年第 2 期,第 29—47 页。

④ Edith Hofer、Walter Musakwa、Sander van Lanen、Trynos Gumbo、Stefan Netsch、Katharina Gugerell, "Inclusive Insights: Two urban development projects in Johannesburg", *Journal of Housing and the Built Environment*, vol.18(2022), pp.35—58.

南非约翰内斯堡、比勒陀利亚等城市包容性较低,但潜力较大。约堡等南非城市包容性增长对南非发展至关重要,它间接决定了人们对南非国家的看法,鉴于此,南非处于一个发展的关键时刻,城市包容性的选择决定了未来南非是走向更大的平等和富裕,还是走向不平等和贫困。[①]

笔者在这里粗浅选择南非内陆矿业之城——约堡——作为研究对象,并非只是因为它是南非第一大城市,也并非因为它是南非商业、文化和黄金之都。而是其城市中那种受种族隔离制度影响下的清晰割裂感,这种割裂感表现在城市中的里里外外,像用刀将一座城市劈成两半,一分为二,界限肉眼可见,黑白分明,很具有典型性,直到现在这种痕迹仍然存在。[②]本文将试着从约堡城市史的角度,通过它独特的城市历史和城市发展中所遇到的问题和挑战,尤其是其长期受到种族隔离历史的"毒害",使得城市结构、城市发展水平仍然显出种族隔离造成的隔离感、疏离感和阶级分化的痕迹,去探究包容性的城市文化对于缓释一个曾经历过种族隔离历史影响的大城市的重要意义以及对该种城市竞争力提升的作用和效能。

一、约堡城市历史及其独特性

约堡,它是南非乃至世界上唯一不建在海边或主要河流岸边的大都市,这方面是独一无二的。或许这是因为驱动其建城的主因是黄金等矿业资产,而非依靠贸易。在 1884 年发现黄金之前,这里只是一片拼凑而成的简易农场,但此后很快就变成了混乱、暴力、种族隔离的聚居地,因为此地吸引了白人冒险家、淘金者、性工作者、定居者、罪犯、骗子、黑人劳工和来自欧洲的精英——所有人的动机都是为了黄金和发财。初期殖民安排的松散性却在大约 20 世纪 40 年代结出了种族隔离的恶果,并"诞生"了一个名为索韦托(来自西南乡镇)的黑人劳工储备之地,同时将黑人驱逐到中心城区之外。并强迫他们只有携带许可证,以表明资格才能短暂停留在这里。从 1948 年种族隔离制度正式实行到 1994 年种族隔离制度结束的 46 年里,约堡始终处于一段独特的历史时期——分裂和不平等、黑与白、富人和穷人——一种割裂的二元状态。[③]

① George Charles Angelopulo: "A comparative measure of inclusive urbanisation in the cities of Africa", *Southern Africa Strategic Review*, vol.39, no.1(Jun 2021), pp.1—10.
② Angelopulo G, "A comparative measure of inclusive urbanisation in the cities of Africa", *World development perspectives*, vol.22,(2021), pp.100—103.
③ 参见:德波拉赫·铂瑟尔:《种族隔离的形成(1948—1961):矛盾与妥协》,第 40 页。

　　种族隔离制度是建立在种族隔离的意识形态之上的。在种族隔离之前，约堡有一些各肤色一起居住的综合社区。然而，南非白人政府希望限制南非黑人进入约堡城区，以防止他们与城市白人竞争，并限制他们在政治上组织起来的能力（黑人占南非人口的绝大部分）。1950 年的《群体区域法》（The Group Areas Act）授权政府限制某些种族群体的居住，允许政府随意消除非白人或融合社区。然而，一方面，豪登省农村贫困和人口过剩迫使黑人们离开土地，前往城市工作。另一方面，由于对工人的需求，种族隔离政府在一定程度上容忍了这些定居点的暂时性存在（种族隔离的内部矛盾之一始终是一方面需要廉价劳动力与另一方面希望为白人保留工作岗位之间的斗争）。①因此，大型棚户区在约堡的郊区如雨后春笋般发展起来，在建立有限的棚户区权利之前，占屋者的地位在法律上是不稳定的，且这些定居点获得基础设施的机会非常有限。据一项估计，即使在合法的"贫困区"，1976 年也只有 7％的房屋可以使用自来水，很大一部分没有电——使用煤油照明、使用木炭取暖和做饭。②约堡的南部、西部等"贫困区"由此形成并一直延续下去，其中许多"幸存"下来的"贫困区"不断向外延伸扩大，它们大多处于城市的边缘位置，成千上万的棚屋争抢有限且凌乱不堪的空间。③

　　事实上，残酷的种族隔离政权垮台约 30 年后，南非的城市在经济和种族方面仍然存在巨大分歧。后种族隔离政府虽早已废除《群体区域法》《通行证法》（Pass Laws Act）等一系列种族法律，但非国大政府在废除种族隔离问题上仍步履蹒跚。④如今，约堡的贫困人口仍然主要是黑人和有色人种（有色人种通常认为自己是一个独立的种族，而不是混血儿）。据一项数据统计，2006 年至 2015 年间，所有种族的贫困率都有所下降。但相比白人从 1.4％下降到 1％，黑人仅仅从 76.8％下降到 64.2％。⑤因此直到现在，黑人仍是贫困人口的"主力军"，黑人仍然被迫居住于"贫困区"。随着城市化发展，他们大批量涌入

① Lemon，A.，*Homes Apart*：*South Africa's Segregated Cities*. London：Paul Chapman Press，1991，pp.309—312.

② 《南非联邦统计 50 年：1910—1960》，南非调查与统计局 1960 年，第 A—10 页。

③ Holston，J.："Space of Insurgent Citinzenship". in J. Holston，& A. Appadurai，eds.，*Cities and Citizenship*，Durham，NC：Duke University Press，1999，pp.155—173.

④ Hindson D.C，*The Pass System and the Formation of an Urban African Proletariat in South Africa*，Johannesburg：Ravan Press，1983，p.23.

⑤ Statistics South Africa，South African Statistics 2015（Johannesburg，20016），pp.2＋6—7.

城市,使得在这里擅自占地者人数比种族隔离时期还要多,还要密集。至今,它们仍高度隔离于有摩天大楼和高墙豪宅的北部白人区。实际上,发展未能解决种族隔离的长期影响,发展的重点是中心城区,而非"贫困区"所在的郊区。约堡仍然反映了种族隔离空间规划的遗产——富裕的白人家庭财富几乎是黑人中产阶级家庭的 10 倍。当下,即使黑人中产阶级呈爆炸式增长,黑人在以前白人郊区的存在仍然很少。①

诚然,约堡包括在内但并非唯一在南非历史上的种族隔离式城市,它只是南非此类城市的代表之一,它只是在南非众多城市中较为浓墨重彩的那一笔。从某种程度说,南非历史也是南非城市的发展史,一座座代表性城市见证了南非历史的变迁,更见证了南非种族隔离这段独特历史。相比欧洲和亚洲,南非的城市是非常新的,它的城市轮廓在距今一个世纪前才被正式命名,开普敦虽开启了南非城市发展史之路,是"南非的城市之母",但约堡才是南非近现代历史发展的重要见证,更是南非种族隔离史的"亲历者"。至今仍显示出其种族隔离历史对城市结构的影响。特别是这种影响在他不规则发展中始终呈现,这在一定程度上也由于试图解决与种族隔离结束时定义城市环境的深层社会空间划分相关的问题。结果是保持了强烈的两极分化,并巩固了非正式和隔离住区的存在。1994 年后实施的以人为本或以扶贫方式为基础的社会政策几乎没有关注空间不平等,这也是由于公共决策者难以统一重建一个基于种族处于严重分裂的城市。约堡的城市系统的动态发展,在某种程度上,部分地表达和反映了种族隔离城市历史的典型特征,如城市低收入居民的隔离模式和流离失所、空间边缘化和社会排斥。与此同时,进入全球市场导致失业、贫困和不平等现象加剧,社会仍在寻求私人利益与公共利益、经济增长与社会公平和包容之间的平衡。换句话说,最贫困阶层在市场上竞争的困难加剧了不平等,并剥夺了他们在几个主要方面的"城市权利"。如果没有包容性城市对其进行改造和缓释,这些人口注定要不断地失去平衡和位置,并被城市复兴和重建进程所遗忘。

总之,通过研究约堡城市发展史中所遇到的问题和挑战,尤其是把长期的种族隔离制度对于城市发展产生的消极性影响作为问题聚焦,以便了解包容

---

① Mbembe, A., & Nuttall, S, "Writing the World from an African Metropolis", *Public Culture*, vol.16(2004), pp.349—372.

性的城市文化对于一个大都会圈尤其是经历过种族隔离历史消极影响的大城市的重要意义以及对该种城市竞争力提升的作用和效能。

二、约堡城市"二元结构"成因、表现及影响

约堡北部白人富裕区历史溯源。据当地民间传说,约堡矿业公司董事莱昂内尔爵士的妻子弗洛伦斯·菲利普斯(Florence Phillips)看上了约堡北部一块地并建造了家园,将其命名为赫恩海姆(Hohenheim),德语意为"高处的家"。1893 年 3 月 10 日被正式命名为帕克敦(Parktown),此后,该地吸引来了与矿业相关的白人富有企业家、金融等高级管理阶层来此地居住,如莱昂内尔·菲利普斯爵士(Sir Lionel Phillips),阿尔弗雷德·贝特(Alfred Beit),J·戴尔·莱斯上校(Col. J Dale Lace),托马斯·库里南爵士(Sir Thomas Cullinan)和珀西·菲茨帕特里克爵士(Sir Percy Fitz-patrick)。在维多利亚(the Victorian)时代和爱德华(the Edwardian)时代,这里不断建造很大的豪宅,有 20 多个房间,建造起来几乎不考虑费用。[1]这些住户很多是被这里丰厚的薪水和舒适的生活条件所吸引来,其中许多是高素质的采矿专家,该地区逐渐成为"白人富裕之家"。在 20 世纪初的劳工斗争中,这里更被注入政治色彩,被视为资本主义和殖民价值观的"堡垒"。随着受物理环境以及社会偏好和经济可行性等因素的推动,约堡白人住宅区不断向北扩张,1893 年的奥克兰公园(Auckland Park)和伯里亚(Berea),1894 年的罗斯班克(Rosebank),1896 年的奥克兰(Oaklands)和 1902 年的克雷霍尔(Craighall),到 1910 年,约堡的大部分北部郊区一直延伸到林登(Linden),伊洛沃(Illovo)和布莱姆雷(Bramley)等形成"片区",尽管直到 1930 年才开始形成鲜明的白人特色。[2]但实际上,它是约堡北部白人富裕区聚居点的历史开端。[3]

约堡南部成为黑人贫困区的历史溯源。1936 年至 1946 年间,约堡的黑人人口增长了 59%,总数接近四十万。同期,白色人口的相对增长率为 29%。

---

[1] Murray, M., "Timing the Disorderly City. The Spatial Landscape of Johannesburg after Apartheid. Ithaca", NY: Cornell University Press, 2017, pp.23—56.

[2] Hedrick-Wong Y, Angelopulo G, "The challenges of urbanization in sub-Saharan Africa: A tale of three cities", *Master Card Worldwide Insights*, vol.3.(2011), p.3.

[3] Keith Beavon, *Johannesburg: The Making and Shaping of the City*, Pretoria: University of South Africa Press, 2004, pp.73—78.

然而,到战争结束时,市政府只建造了 9 573 个低收入住房单元,并在男性单性宿舍中提供了 7 270 个床位。这意味着官方只有大约 55 000 人被安置在市政住宅中。①当然实际人数比统计更多。大多数人被迫非法迁入奥兰多(Orlando),皮姆维尔(Pimville),杜贝(Dube),纽克莱尔(Newclare)和亚历山德拉(Alexandra)等地区的空地,并使用任何可用的材料搭建临时居住点。②非正式定居点几乎在一夜之间如雨后春笋般涌现——数以千计的粗麻布结构点缀在奥兰多和克里普维耶(Kripwier)之间的空地上,它们被称为"棚户区"。③接下来的五年是约堡黑人住宅区历史上的重要时期。由于大多数白人劳动力从事海外战争任务,对当地熟练和非熟练劳动力的需求越来越大。战争的持久性不仅推动了工业和制造业的发展,而且其对物质生产的需求打破了许多关于使用黑人劳动力的旧禁令。结果,更多的黑人工人被带到城市,并使黑人构成发生了变化——儿童比例增加(超过 20%的人口是年幼的孩子),这表明黑人家庭倾向于切断他们的农村根源并在城市建立永久性家园。也标志着约堡城市黑人人口的经济和居住构成经历了最终的、不可逆转的变化。这种占屋运动被南非殖民政府视为一种蓄意的政治和抵抗策略,旨在迫使约堡市议会(Johannesburg City Council,简称 JCC)扩大其廉价房屋存量。再一次,市议会无法提供预算来扩大其住房计划并容纳这些居民。1944 年,该运动引起了媒体和其他具有同情心的非政府组织的关注,他们敦促市议会找到解决危机的办法。最后,市议会做出了让步,开始在奥兰多西部的克里普维耶建造廉价房屋,当地人将其称为"Phomolong",即"休息场所"。因此,约堡南部包括索韦托在内就慢慢变成黑人等有色人种的聚居区。④

(一) 约堡城区南、北呈"二元结构"的成因探析

首先,白人殖民官员在历史上早已把约堡塑造为种族隔离城市,在他们思想深处,早已有分裂城市的雏形。实际上,不应脱离"当时盛行的白人观点"这

---

① 参见:大卫·古德休:《体面与反抗:索菲亚镇的历史》(David Goodhew, Respectability and Resistance: A History of Sophiatown),普雷格出版社 2004 年,第 140—146 页。

② Philip Bonner, Peter Delius, Deboral Posel, eds., *Apartheid's Genesis, 1935—1962*, Johannesburg: Witwatersrand University Press, 2001, pp.300—318.

③ Pauline Morris, *A History of Black Housing in South Africa*, Johannesburg: South African Foundation, 1981, pp.16—18.

④ Keith Beavon, *Johannesburg: The Making and Shaping of the City*, Pretoria: University of South Africa Press, 2004, pp.72—76.

一特定历史时刻来理解这一思想。早在 1950 年 4 月,原住民事务部长詹森(EG Jansen)博士在议会表示,"认为应该为刚刚脱离原始条件的原住民①提供一栋对他来说类似于宫殿的房屋和便利的设施是错误的观念,他无法赞同,而且在未来许多年里他都不会欣赏"。②后来成为南非联邦总督的詹森无疑得到了他的领导人、总理丹尼尔·马兰(Daniel Malan)的思想的影响,他认为"土著(指黑人)不需要家,他们可以睡在树下",实际上他的观点是对其前任此观点的一种"传承"或呼应。③在 1894 年,在弗雷德多普(Vrededorp)的规划阶段,弗雷德多普是一个经济条件较差的郊区,旨在为贫困的荷兰人以及附近马来地区的居民提供住房。但时任总统保罗·克鲁格(Paul Kruger)却不断削减地块面积,据说最后已将地块面积削减至 250 平方英尺,并声称"我不会给他们农场,只会给他们坐的地方"④。这从思想深处为南部城市建设尤其是住房等基础设施建设方面不作为埋下伏笔。

其次,虽然官方层面的种族隔离制度早已在 1994 年被废除,但种族隔离历史的无形影响仍然深深地铭刻在约堡的城市结构中。它们的影响可能会在未来很多年内继续被感知到,它们的痕迹可能永远不会从南非的城市肌理中完全消失,并且将持续隔离这座城市。这里用一个隐喻来说明此问题:种族隔离制度的大厦只有通过起相互支持的法律、政令、政策等脚手架才能完全建成;一旦建筑物完工并且可以独立站立且不会倒塌,那么脚手架就失去效能可以被拆除。诚然,在 1990 年 2 月 2 日之后,国民党政府开始不遗余力地取消其对种族隔离的法律支持,但从该制度继承下来的经济不平等的实质结构在约堡城市的结构中仍然存在。它像一块病毒一样牢牢被切入到城市的肌理当中,持续性地对城市施加病变——将城市一分为二的隔离,对城市可持续发展进行"破坏"。⑤

然后,约堡南部黑人贫困区的诞生要归功于其他黑人居住区被有意破坏,例如西部原住民城镇、东部原住民城镇、索菲亚敦(Sophiatown)和莫罗卡

---

① 指黑人。

② A.W. Stadler, "Birds in the cornfield: squatter movements in Johannesburg, 1944—1947", *Journal of Southern African Studies*, vol.1(1979). p.32.

③④ Susan Parnell, "Race, Power and Urban Control: Johannesburg's Inner City Slum-yards, 1910—1923", *Journal of Southern African Studies*, vol.3.(2003). p.23.

⑤ 参见:凯斯·贝文《约翰内斯堡:城市的产生与发展》(Keith Beavon, *Johannesburg: The Making and Shaping of the City*),南非大学出版社 2004 年版,第 75—77 页。

(Moroka)等非正式临时居住点。其中每一个，在各自的时代，都代表了对白人种族主义和种族隔离主义意识形态的政治抵抗。反过来，每一个也都被政府官僚机构有意摧毁之。政府官僚机构一意孤行，系统地破坏临时居住地的社会结构和民主政治运动。①因此，重新安置被当作政治武器来使用，故意驱散稳固的邻里单位和支持团体，将大家庭和邻居分开，最大限度地增加迁移和剥夺群众团结起来进行斗争的手段。使得索韦托等约堡南区最终成为其他区黑人迁移的目的地，不可避免成为了种族隔离历史的副产品。

第四，当时南非联邦政府痴迷于实施单独的"家园"发展政策，试图分散工业并将城市地区的所有黑人居民转移到一系列固定"边缘区"。其目的是让所有城市黑人成为"临时居民"，并在一个或另一个阶段，在征得或未经他们同意的情况下，将他们重新安置到一个"种族"预定的城市偏远地区。他们的"临时"身份使他们的住房需求处于次要地位，政府用于建造新房的资金只提供给那些自愿离开市区的人。据记载，该计划适合一些希望退休领取养老金的老年人，但据了解，很少有人利用了这一机会。②由于所有城市黑人都被视为"临时"居民，因此不受理或者直接拒绝在黑人指定郊区建造私人住房的申请，这实际上相当于将黑人牢牢"捆绑"在政府指定的区域进行居住和生活，即约堡南区。

最后，约堡黑人住宅区的开发主要发生在城区以南。造成这种情况的最初原因似乎不是深思熟虑的政策决定的结果，而是一系列历史和地理巧合的结果。例如，布拉姆弗泰恩(Braamfontein)山脊以南的地区一直被认为寒冷多风，容易出现龙卷风、逆温、猛烈的雷阵雨和冰雹，甚至还有导致墙壁开裂的地震；因此比起其北部的土地更不适合居住。③另一面，采矿工业带的发展及其产生的粉尘污染、水污染加剧了南部这种情况。克利普斯普雷特(Klipspruit)就建在污水处理厂所在地，且远离城镇，多年来交通不便；④而索韦托则建在

---

① 参见：大卫·古德休：《体面与反抗：索菲亚镇的历史》(David Goodhew, Respectability and Resistance: A History of Sophiatown)，普雷格出版社 2004 年版，第 140—146 页。

② Philip Bonner, Peter Delius and Deborah Posel ed., *Apartheid's Genesis 1935—1962*, Johannesburg: Witwatersrand University Press, 2001, pp.32—36.

③ Philip Bonner and Noor Nieftagodien, *Alexandra: A History*, Johannesburg: Wits University Press, 2001, p.44.

④ Philip Bonner and Noor Nieftagodien, *Alexandra: A History*, Johannesburg: Wits University Press, 2001, pp.45—47.

垃圾场结构不稳固的土壤上，土地被用来堆放黏土，因此建造起来很昂贵，直到 1951 年才提供少量正规住房，[1]等等。到 1931 年，南郊的居民仅占约堡白人人口的 14.9％。直到 1960 年代，这个数字相对于大都市城区和北区白人人口一直保持相对稳定，当时南部区域在种族隔离制度下的黑人大规模迁入，这种快速增长从根本上改变了比率，使得白人比率继续下降。[2]总之，鉴于当时大多数人的种族隔离主义心态——该镇的南部地区偏远且不如北部地区舒适——成为了联邦政府默认的一个黑人居住地。

上述是从各个角度造成约堡逐渐沦为种族割裂城市的原因，但不限于这些。

(二) 约堡呈"二元结构"的表现

约堡城市界限的隔离感、城市空间的差异性是否能代表南非主要城市看似不可读、混乱、难以理解和治理的特征。研究约堡城市景观的表层（例如，城市空间、结构、布局的转变）与植根于当地历史和记忆的深层结构形式之间相互作用的结果，在一定程度能够窥测出约堡城市畸形发展的一些具体表现。[3]换句话说，在南非大城市尤其是像在约堡这样的大都会圈内，差异性或者是割裂感显而易见，即在其中既存在白人精英集中居住的中央商务区（CBD）、内城和桑托（Sandton）等中北部富裕城区，又有新迁移发展的城市居住点、黑人贫困者聚居的索韦托等南部落后城镇以及被贫困笼罩的约堡西区，其中在黑人聚局区——索韦托（Soweto）——甚至被有些学者戏称为"黑人贫民窟"。[4]正如默里所认为的那样，"种族隔离之后的约堡是一座令人眼花缭乱的城市，没有支配性的市中心或容易辨认的边界。它的城市空间扩张几乎没有限制，它已经成为一个庞大的、支离破碎的大都市，在很大程度上类似于一个不连贯的群岛，由孤立的、强化的飞地组成，不均匀地分布在广阔而高度分化的领土范围内"。[5]

---

[1] Stephen Shisizwe Hlophe, "Power and Status in Soweto: An African Urban Community Undergoning Industrialization," PhD diss, The University of Alberta, 1979, pp.21—23.

[2] 德波拉赫·铂瑟尔：《种族隔离的形成(1948—1961)：矛盾与妥协》，第 39—41 页。

[3] Mbembe, A., & Nuttall, S., "Introduction: Afropolis," in S. Nuttall, & A. Mbembe, eds., *Johannesburg: The Elusive Metropolis*, Durham, NC: Duke University Press, 2008, pp.1—33.

[4] Philip Bonner and Lauren Segal, *Soweto: A History*, Cape Town: Maskew Miller Longman, 1998; Philip Bonner and Noor Nieftagodien, *Alexandra: A History*, Johannesburg: Witwatersrand University Press, 2001.

[5] Edith Hofer, Walter Musakwa, Sander van Lanen, Trynos Gumbo, Stefan Netsch and Katharina Gugerell, "Inclusive Insights: Two urban development projects in Johannesburg", *Journal of Housing and the Built Environment*, vol.18.(2022), p.38.

默里(Murray)认知中的约堡似乎很庞大、很破碎,然而从更宏大、更全面的社会视角来看,约堡似乎被一分为二———一座为贫困之城和一座为富裕之城。因为其城市会明显呈现出种族隔离历史造成的隔离感和阶级分化的痕迹,这种痕迹呈现向两种极端方向发展,且愈演愈烈。实际上,这两种截然相反的痕迹表现在多种方面。

首先,从城市的空间布局就能窥见一二。从空中俯瞰,约堡好像被劈为两半,城市南北分界线清晰可见,高耸林立的摩天大楼与密密麻麻的锡皮小屋,仅一路之隔或一河之隔,对比鲜明而又刺目。这种造成城市空间割裂、错位的畸形状态固然有发展中国家城市化发展过程的通病,固然有现代化发展道路上所必经历的"阵痛",①但对比如此明显醒目,尤其是黑人和白人、有色和无色人、富人和穷人,居住范围如此界限分明绝非单单经济发展或者城市化发展所导致的这么简单,从历史源头来说是种族隔离历史对城市打下的深深烙印,这个烙印再叠加上城市化发展更加剧了这一裂痕,所以从这个角度来说,城市化只是加深或加剧了这一城市空间布局,而非历史源头。

其次,从城市空间结构也能看到种族隔离历史对城市的影响。索韦托、约堡西区或者城市外围新发展临时居住点等南部"贫困区"尽管通过20多年公共投资,其城市发展得到一定改善,但这里仍然面临城市空间结构不合理问题,它们缺乏对城市内部诸如工业区、居住区、商业区、行政区、文化区、旅游区和绿化区等作明确分区,各个功能区或完全没有或功能丧失。②实际上,根据联合国的发展研究报告,在城市结构的诸要素中,最重要的是工业区、居住区和商业区。一般说来,工业区是城市形成和发展的主要动力,也是城市内部空间布局的主导因素;居住区是城市居民生活和社交文化活动的地方;商业区是城市各种经济活动特别是商品流通和金融流通的中枢。③相对南非中、北部发达地区在空间布局上具有明显的功能分布,且各个功能区排列有序甚至鳞次栉比,索韦托、西区等贫困区所谓的各种功能区往往交叉和混杂在一起,呈现一堆"乱麻"。④如在

①　United Nations, *World Social Situation 2019: Shaping the Future of Inequality*, New York: United Nations, 2019, p.34.

②　S. M. Parnell, "Johannesburg Slums and Racial Segregation in South African Cities, 1910—1937,"Ph D. diss., University of Witwatersrand, 1993, pp.34—39.

③　United Nations, *World Social Situation 2019: Shaping the Future of Inequality*, New York: United Nations, 2020.

④　参见:T.R.H. 达文波特:《南非城市隔离的起源:1923年土著(城市地区)法及其背景》,第4—7页。

居住区内往往有一些对居民生活影响不大或无污染的工业企业,也有一些非正规的零碎型商业体、服务机构;而在工业区也常常有一些住宅和公共服务设施存在等。

第三,种族隔离历史对城市的影响还表现在结构单一问题上。贫困区由于历史上是由黑人金矿工临时居住地发展而来,所以城市结构存在明显单一问题,即整个城区主要以低级居住区为主,缺乏其他相配套的功能区,如正规工业区、较大型商业区、文化区、绿化区甚至休闲旅游区等。只是在居住区内部混杂有非正式经济存在,如类似中国的"小卖部""摆地摊"或者其他临时性质的服务。这些非正式城市区是非正式经济下的产物,能部分弥补正规城市功能区的部分作用,但远非全部。对于更奢侈的绿化区、文旅区等更是天方夜谭。结构单一事实上间接性地降低了黑人等贫困者的生活质量。实际上,在新南非建立之前,非正式经济由于受到白人统治当局的各种限制,使得"贫困区"等城区结构单一问题处于无法解决的状态,由于服务设施的不健全,黑人生活质量更加低下。随着南非新政府的建立,非正式经济被更多认可和包容,这一定程度上弥补了这里的结构单一问题,同时也改善了穷苦黑人的生活质量,但此并非长久之计。[1]

第四,实际上房屋建造材料上的差异也能反映种族隔离的"二元式"割裂感。像约堡的中央商务区,和其他区尤其是索韦托、约堡西区等相比,建造材料明显更加高级,也更加昂贵。在索韦托有大量类似临时搭建的简陋棚屋,建造上主要使用一些不耐用的材料,甚至达不到国际最低标准。[2]大多数建筑都是隔开的小房间,大多家庭全家挤在一起,房子构造非常简易,建造材料上有些使用不规则石块,有些使用黏土墙和波纹铁皮屋顶作材料,有些使用石棉瓦围成简易小屋,有些使用锡制材料,稍好的一些使用破旧的彩钢进行搭建,其他住所使用碎木板和金属板建造没有空气的小屋。屋内基本上没有或很少使用地板砖,绝大多数是泥土地面。[3]总之,这里缺乏更结实的钢筋水泥浇灌的

---

① United nations Human Settlements Programme, Lobal Future Cities Programme Johannesburg City Context Report, United Kingdom, United Kingdom Foreign and Commonwealth Office, 2018, pp.9—13.

② Magubane, Peter, *Soweto*: *The Fruit of Fear*, Africa World Press, 1986, p.74. 参见:李哲:《1652年以来的南非城市与建筑初探》,清华大学建筑系硕士毕业论文,2004 年版,第 75—77 页。

③ Crankshaw O., Hart T., "The roots of homelessness: causes of squatting in the Vlakfontein settlement south of Johannesburg", *South African Geographical Journal*, vol.72(1991), pp.65—70.

中级或更高级的住房。这和约堡北部"富裕"城区房屋的建筑材料完全不一，它里面的建筑统一使用符合世界标准的钢结构、钢管混凝土、型钢混凝土等现代化材料。设计上也和欧美发达国家的房屋别无二致。①

最后，在生活服务设施上割裂感更加明显。主要表现在供水、厕所、道路、医疗、学校等几个方面上。这里以供水和道路为例。首先是供水问题，自来水管道和污水管道连接在较富裕的北部、中部地区，这些地区往往有多个现代化的水龙头，且安装在卫生间等室内，有些与现代饮水机直接相连。②而与之形成隔离的是，索韦托、约堡西区、南区或者城市郊区临时居住点，这里很多没有铺设供应自来水的管道，只是在特定时刻、特定地点有有限的水罐车来此地供水。有的条件稍好的社区仅仅有一个公共水龙头存在。③同时还有一部分人依赖河流和小溪水，甚至部分社区需要从中介机构购买价格不菲的饮用水。④其次道路问题，富裕白人区道路宽敞，笔直，四通八达，有种条条道路通罗马的感觉，而且是柏油路和硬质水泥路，常修且常新。⑤而反观黑人等贫困区道路陈旧且较窄，这直接导致了道路在使用过程中密度较高。其次，步行道缺乏或很不完善，这使得主干道会集了行人、摩托车、汽车，甚至牛车、马等，使得道路通过率被极具降低。高速道路和大桥等跨越自然障碍的物理设施缺乏，铁路线也不够密集，尤其是与外界联系上缺乏地区之间的相互贯通性。⑥

（三）约堡呈"二元结构"的影响

从宏观角度，约堡受到种族隔离政策的历史影响，不断将一个劣势叠加到另一个劣势上，直到他们在富裕的北部郊区和贫穷的南部郊区之间造成事实上的鸿沟，这种鸿沟一直持续到今天。单独看，负面因素似乎不多；但综合来

---

① 参见：李哲：《1652 年以来的南非城市与建筑初探》，清华大学建筑系硕士毕业论文，2004 年版，第70—74 页。

② George Charles Angelopulo："A comparative measure of inclusive urbanisation in the cities of Africa"，*Southern Africa Strategic Review*，vol.39，no.1(Jun 2021)，pp.1—10.

③ Nomavenda Mathiane，*Truths of Soweto Life*，Johannesburg：Southern Book publishers Ltd，1990，p.25.

④ Kourtit，K.，Nijkamp，P.，& Stough，R.R. "Introduction". *In The Rise of the City*. Cheltenham，UK：Edward Elgar Publishing，2015，Retrieved Apr. 17，2023，from https://www.elgaronline.com/view/edcoll/9781783475553/9781783475553.

⑤ 参见：李哲：《1652 年以来的南非城市与建筑初探》，清华大学建筑系硕士毕业论文，2004 年版，第43 页。

⑥ Tomlinson，R.，*Urbanization in Post-Apartheid South Africa*. London：Unwin Hyman，1990.

看,白人政府对黑人施加了贫困落后的诅咒性政策——事实上造成了巨大割裂。

　　首先,从城市横向来说,南北造成了巨大的裂痕并且这个裂痕在不断扩大。从约堡北部来说,它们从帕克敦(Parktown)和霍顿(Houghton)向南延伸,一直延伸到北部的梅尔罗斯(Melrose),邓凯尔德(Dunkeld),海德公园(Hyde Park),桑德赫斯特(Sandhurst)和桑顿(Sandown)。这里从1950年起,就进行"奢侈式"的住宅开发,其中大部分建筑面积在4 000平方米或以上。到1960年,这些地区已经得到再一次更新基础设施的政策和资金支持,并且允许开发更高级别的住宅,每个豪华住宅的面积在1 000平方米到2 000平方米之间。[1]

　　而约堡南部,伤痕累累的临时窝棚在没有规划的情况下发展起来。破旧的建筑、人口密集的老旧街区以及密密麻麻的铁皮小屋杂乱地布满在土地的各个角落。[2]通往索韦托的车辆通道过去和现在都仅限于三大主干道和一条小碎石路。这样做的目的是在内乱期间限制进出该地区。[3]索韦托的许多较旧的郊区,如奥兰多东和梅多兰兹,都是以"蜂窝"模式布局的。[4]大多数开放空间,在城市规划地图上被指定为"绿色"区域,只不过是政府给公共服务开出的一张"空头支票"。在接下来的40年里,几乎在每一个实际位置,这些开阔的未开发土地,被用作汽车残骸的倾倒场和流浪者与犯罪团伙的避风港。

　　其次,从历史纵向来看,这一消极影响给当下的约堡带来了深刻的发展瓶颈。约堡被一分为二,纪念性建筑和贫民窟林立,社会两极分化极为明显,富裕的精英与极度贫困者共存——在物理上被明显分开。约堡这座城市既表达着进步的理想之光,也同时表达着边缘现实的阵痛,集体记忆与故意失忆交替出现。持续不断的城市隔离在形态上影响着这个不断扩张的城市,并影响着其人口分布,通过反映种族隔离城市提供的多种体验、生活方式和活动的有计划和无意识的行动,从中衍生出来的意象——既像是"非洲的纽约(New York)"又像是"非洲的奥兰吉镇(Orangi Town)[5]"——显示出重塑自我和割

---

① Deborah Posel, *The Making of Apartheid 1948—1961 Conflict and Compromise*, Oxford: Oxford University Press, 1991, pp.54—100.

② Kuznets, Simon., "Economic growth and income inequality," *The American economic review*, vol.45. no.1(1955), p.8.

③ Mandy, Nigel, *A City Divided: Johannesburg and Soweto*, St. Martin's Press, 1984. p.45.

④ Mandy, Nigel, *A City Divided: Johannesburg and Soweto*, St. Martin's Press, 1984. p.42.

⑤ 世界上最大的贫民窟,位于南亚次大陆——巴基斯坦。

舍不断的矛盾心理,所揭示的是一段尚未找到与过去历史和解的动荡场景。①因此,由此产生的图像是一个棱镜,一方面反映了正在重塑城市建筑环境、规划和城市文化的社会力量,另一方面反映了社会不平等的持续存在、贫富的巨大分化和居民城市权利的缺失。种族隔离制度的结束引发了一场关于包容性城市发展的广泛辩论,旨在重塑城市景观,以实现种族和解。然而,缺乏适当的住房和社会保障政策,以及严重的不平等和仍然占主导的非正规经济,越来越多亟需包容性城市理念和公平城市空间方略去找寻答案。

三、包容性文化对种族隔离城市呈"二元结构"的缓释效能

包容性城市文化要求公平地享用城市空间资源,消除城市空间中的隔离、排斥(尤其是种族隔离性质的排斥),允许城市所有人能够获得城市权利和具有平等发展机会,实现城市中的空间正义。从南非约堡视角来说,无论从横向还是纵向角度,都具有自身独特的城市历史和城市特征——种族隔离历史使得城市呈现"二元结构"且这种程度在不断加深。本来历史上的利益受损者——绝大部分黑人和少部分白人贫苦者,他们理应享有获得市场和资源的机会平等,生活水平要有明显提高,城市空间尤其是城市资源要对他们或与他们相关的企业平等开放,要建构公正的监管环境,提倡多元化的经济发展,鼓励良性竞争等。②实际上,这都离不开约堡对旧"二元结构"历史的消弭,以创建一个拥有更公平的、种族更融合的城市。让空间正义、城市发展、资源共享惠及城市中的每一个居民身上,特别是"二元结构"的利益受损者身上。最终,让包容性文化提高城市凝聚力,让不同文化背景的人们逐渐开始了解和尊重彼此的文化差异,促进城市全体居民共同发展。让城市更宜居,更具有包容性,更适合包括所有收入水平的居民去居住。

(一)新南非诞生以来约堡城市"二元结构"发生的新变化

实际上,自1994年新南非建立以来,虽然民主和解政府致力于从各方面抹去种族隔离历史的烙印,其中包括约堡城市的"二元结构"问题。但似乎这个城市今天仍然有"二元结构"的影子,只是造成"二元结构"问题的主因发生了"位

① S.M. Parnell, "Johannesburg Slums and Racial Segregation in South African Cities, 1910—1937", *Journal of Southern African Studies*, vol.13(2018), pp.81—83.
② 孟瑞霞:《城市正义与人的发展》,中共中央党校马克思主义学院博士学位论文,2020年版,第50+66—76页。

移"——由种族隔离制度转移到了新自由主义理论指导下的资本主义盲目性上。

　　今天的约堡不但受种族隔离历史"遗毒"的影响,而且有基于新自由主义指导下资本主义意识形态的城市政策所加剧的城市阶层"二元结构分化"的新情况、新问题。虽然种族隔离历史遗毒对于城市影响随着时间的推移会越来越消散,但是新自由主义指导下的资本主义城市却仍旧将城市"二元结构"的裂痕加大而非缩小。狂热的资本主义使得约堡的整个城市资源被重新分配,包括将城市空间、资源和货币从普通城市阶层割让给权贵和富裕阶层。①因此今日新南非下的约堡"二元结构化"仍然不容乐观,有种"按住葫芦浮起瓢"的无力感。虽然包容性的和解政府上台使得种族隔离历史被慢慢消减,但新自由主义指导下的资本主义却仍然横行于城市当中。故"二元结构"仍然在城市中维持,只是可能发生小范围或者小部分人口的角色转换——小部分黑人居民成为富裕者挤进了"富人俱乐部",而部分白人城市居民成为贫困者,跌落到贫民窟当中。位于约堡近郊克鲁格斯多加冕公园(Coronation Park)②的南非最大白人贫民窟的"诞生"或许就是一个有力的证明。③

　　约堡这一"世界级的非洲城市"(a world-class African city),由于种族隔离的历史渊源所呈现出的"二元结构",实际上引起了全球范围内许多大城市的共鸣。世界上尤其是西方国家的大城市诸如纽约(New York),圣保罗(Sao Paulo),墨西哥城(Mexico City),新德里(New Delhi),雅加达(Jakarta),拉各斯(Lagos)和开罗(Cairo)也正朝着约堡的城市"二元结构"方向"发展",只是约堡等南非大都市由于受种族隔离制度的巨大历史负遗产,使其呈现的"空间不平等"具有自身的独特性而已。④一方面,新自由主义理论指导下的资本主义城

---

① Melissa Tandiwe Myambo, Reversing Urban Inequality in Johannesburg, Routledge Contemporary South Africa Press,2019, pp.3—15.

② 这座公园是南非著名的白人贫民窟,里面住着数以万计荷兰血统的白人。每个人每月仅靠着政府的低保,大约28.99镑(约260人民币)赖以生存。它由来已久,当年是白人的专属休闲场地,严格禁止黑人踏入,现在又成了白人的家园。很多白人拖家带口来到这里,扎上帐篷或住进棚屋,曾经白人的休闲之地变成了现在的贫民窟。这里没水没电环境脏乱差,匮乏的基础设施,事实上完全满足不了这么多人生活。以前黑人被禁止进入,现在黑人则不愿意进入,已经过上好日子的黑人,逐渐忍受不了这里的恶劣环境儿选择搬走。

③ 钱芳华:《浅析南非后种族隔离时期白人贫民窟的形成》,《当代教育实践与教学研究》2019年第2期,第237—238页。

④ Melissa Tandiwe Myambo, Reversing Urban Inequality in Johannesburg, Routledge Contemporary South Africa Press,2019, pp.3—9.

市,带来的赢者通吃法则,最终的结果就是城市呈现不平等,且这种不平等的裂痕会不断扩大。这种裂痕或者说割裂感最终到一定程度就呈现出"二元结构"———种同时产生财富和贫困的城市经济体系——富人区对低收入城市居民的欢迎程度、可达性和友好性会持续不断降低,而贫困区会不断扩大、膨胀,并且与城市主流发展方向背道而驰。穷和富二者相互向各自方向集聚,呈现出"人以类聚,物以群分"的极端状态。实际上,这种以西方主导的全球化、城市化产生的推力使得城市的空间动态正在加剧而不是减弱社会阶层之间的分化,加之以叠加种族隔离历史的约堡使得"二元结构"更显深刻性。这意味着或许在 21 世纪,世界各地的大城市都表现出日益加剧的空间不平等,表现为富裕、享有特权的城市核心地带被远离城市资源和基础设施缺乏的低收入者所包围,而其中的南非约堡是这个全球城市发展趋势中的一个典型例子。

实际上,我们知道新南非以来,约堡城市"二元结构"的发展大趋势没有变化。变化的或许只是造成这种"二元结构"的因素而已。就像 2013 年,当时负责国家计划委员会(NPC)的部长特雷弗·曼怒埃尔(Trevor Manuel)在比勒陀利亚举行的政府领导人峰会上与记者讨论一些国家问题时,被引述说:"我们不应该再说这是种族隔离的错,在 1994 年、1995 年和 1996 年,政府可能会说我们没有经验,但随着国家接近几十年的民主,这不再是一个借口了。"这是一种观点——种族隔离历史虽然还对城市有影响,但是影响越来越弱,而这座城市所呈现的"二元结构"仍然严重的罪魁祸首是新自由主义指导下造成的"狂热"的资本主义性质的贫富差距,种族隔离历史反而退居为次。而前总统雅各布·祖马(Jacob Zuma)却呈现出另外一种观点,用一家媒体援引他的话来说:"虽然我们希望看到这个国家的每个角落发生迅速的变化,但我们并不幻想南非会在短短 20 年内自动地全面地发生变化,这是不可能的。种族隔离制度的遗产太深,太久远,民主政府不可能在这么短的时间内扭转它。"这是另一种观点——种族隔离历史仍然较为深刻地影响着约堡这座城市,这座城市所呈现的"二元结构"的罪魁祸首仍然是种族隔离历史。非国大当时最有权力的两位人物采取了两种截然对立的观点,从更深远的角度来看,反映出解决这个问题的复杂性。①

---

① Ndangwa Noyoo, *Social Policy in Post-Apartheid South Africa: Social Re-engirneering for Inclusive Development*, Routledge Contemporary South Africa Press, 2020, pp.11—17.

总之，两位领导人的观点一定程度上反映了新南非成立以来，造成约堡"二元结构"的动因所呈现出的一种新变化。也同时是约堡"二元结构"可能未来发展的一个新趋向。另外，这两种认识也代表了现阶段约堡城市公民的两种主要观点——来自一些方面的城市公民认为，经历了这么多年的自由和民主和解政府之后，把这个国家的所有发展缺陷都归咎于殖民主义和种族隔离的时代的历史影响必须结束——这与曼怒埃尔的观点似乎略有呼应。另一方面是类似祖马的观点，认为几百年殖民主义和种族隔离的影响不可能在短短几十年的自由和民主中被根除。[①]迄今为止，这两种对立的观点持续影响着关于约堡城市包容性文化对城市的"二元结构"改造和缓释问题。

实际上殊途同归，不管新南非以来，约堡所呈现出的"二元结构"城市问题的主因仍然是种族隔离历史，还是已转化为新自由主义指导下狂热的资本主义盲目性。但对于包容性的城市文化缓释约堡城市"二元结构"化问题都是必不可少的。或者说是当下比较好的解决问题的方式方法。迄今为止，虽然约堡城市"二元结构"仍然存在，这个大趋势没有改变，但一些细微的变化实际上正在发生，可能完全改变这个过程需要非常漫长，或者结果可能永远无法改变。

(二) 包容性文化对约堡城市"二元结构"改变的路径和方式

虽然自1994年新南非建立以来，政府在解决"二元结构"割裂方面一直在努力，并且取得了一定的进展，比如政府利用财政政策来支持财富再分配，利用公共资金进行杠杆化运作——政府在教育、医疗服务、社会发展（包括对弱势家庭和个人的社会援助）以及社会保障、公共交通、住房和当地便利设施等方面对约堡城市弱势一方进行倾斜式投资。这种再分配性质的投资，在政府减少贫困和不平等方面发挥了一定作用。这些努力最早可追溯到1993年的重建和发展计划，这是后种族隔离时代的第一个"处方"。尽管如此，据报告显示约堡仍然是世界上最不平等的城市之一，消费不平等自1994年以来一直在加剧，财富不平等程度也很高，且随时间的推移程度还在加剧。两极分化的劳动力市场导致了高度的工资不平等。代际流动性相对较低，成为消减或缓释"二元结构"的一大障碍。[②]

---

① Ndangwa Noyoo, *Social Policy in Post-Apartheid South Africa*: *Social Re-engirneering for Inclusive Development*, Routledge Contemporary South Africa Press, 2020, pp.12—15.

② Overcoming Poverty and Inequality in South Africa: "An Assessment of Drivers, Constraints and Opportunities", March 2018, household budgets as a social indicator of poverty and inequality in south africa-(docin.com).

对此,久居南非的赞比亚裔学者恩丹格瓦浓约(Ndangwa Noyoo)以一种局外人的视角对南非进行了批判:"新南非被非国大领导下的三方联盟塑造过的城市当中,所依赖和使用的大多数工具不仅生硬,而且本身就是从殖民一种族隔离秩序中继承下来的。因此,如果约堡想要从隔离城市转型为一个包容性的城市,需要引入新的、尖锐的工具和思想来为此城市开辟一条崭新的道路。"①这种主张建立一种新的、完全不同的社会政策,对约堡进行一次彻底的改造和重组,使得城市从根基上面进行再改造和再转型。事实上恩丹格瓦的观点似乎借鉴了卡尔·马克思(Karl Marx)的思想内核,即新城市似乎会继承旧城市的缺陷、落后、弱点和繁重的历史包袱,对于这种"不得不"的继承,有必要"彻底删除旧的经济基础",从根本上改变人民的生活,改变维持此城市的经济基石。当然说起来永远比做起来难,这是一个极其复杂的系统性工程,使用激进主义式的方法完全改变几乎是不太可能。②

事实上,通过包容性文化来软性调整或许更具有现实可能性。一方面,联合国人居署在包容性文化对包括约堡城市在内的"二元结构"缓释方面给出的路径或许可以借鉴。它发起了"倡导全球积极城市变革运动"和"新城市范式"两种模式来缓释城市"二元结构"问题。前者源于对当前"关键的城市发展趋势导致隔离、不平等和环境退化加剧等一系列问题,因此将缓释城市问题拨到全球优先解决的议程当中"。后者倡导塑造一个社会包容性高、规划良好、交通便利、经济充满活力尤其是在公平公正包容性方面非常良好的一个城市。另一方面,约堡市政府自己也在寻求路径以便突破。为此制定了一个名为"包容性约堡"的计划,旨在创造一个更加包容和平等的城市。这个计划的目标是在城市中推广包容性文化,促进不同人群之前的交流和互动,增加社会凝聚力。为此,约堡市政府采取了多种措施,例如推广多元文化、增加对历史事件的理解、提高社区参与度等。

对于上述的宏观规划,事实上约堡市政府还采取了一些具体的政策和措施以便更好落实。包括推广平等教育、保护少数族裔的权益、支持性别平等、提高难民和移民的融入程度、鼓励不同文化背景的人们合作创业、创新

---

① Ndangwa Noyoo, *Social Policy in Post-Apartheid South Africa: Social Re-engirneering for Inclusive Development*, Routledge Contemporary South Africa Press, 2020, p.2.

② Ndangwa Noyoo, *Social Policy in Post-Apartheid South Africa: Social Re-engirneering for Inclusive Development*, Routledge Contemporary South Africa Press, 2020, pp.3—4.

和创造等。①这些政策和措施旨在打破历史上的种族隔离,创造一个更加包容和平等的城市环境。其中尤以约堡市政部门在 2013 年就已规划的"自由走廊"计划最具特色。

这一走廊是基于以交通为导向的发展理念,沿着某些走廊部署快速公交系统(BRT),在这些走廊周围建造混合用途、高密度的枢纽,使得整个城市空间更加紧凑,从而更有效地利用城市空间,为城市包容性打造好物质基础。这里以南非约堡富裕区中的诺伍德(Norwood)居民对高密度住房被引入他们豪华社区的感受为例。在大都市的战略走廊上刺激混合用途的经济活动,这个项目以"重建"城市为语言表达,将从根本上改变城市居民的生活——尤其是城市中那些没有被眷顾的穷人。这些以交通便利为导向的自由走廊,将给贫民窟的居民更多的"平等"——包括经济和行动上的平等——将他们从破烂的非正式定居点、落后的学校教育以及有限的娱乐空间为特征的种族隔离空间遗产中解放出来。最初在城市中确立了建设两条走廊,后来增加到了四条,旨在改善贫民窟居民与繁华的工作地之间的联系。将种族隔离时期的政策和法律所塑造出的约堡不平等城市空间打破,从而改善这个城市中最贫困地区人上下班所花费的时间成本。例如将"黑人城市"索韦托(Soweto)和亚历山德拉镇(Alexandra),工人阶级所聚焦的特尔方丹郊区(Turffontein)与内城(Inner city)和桑德顿(Sandton)(约翰内斯堡的主要商业区)通过便利 BRT 有效地连接起来。除此以外,还寻求使战略区域更加密集的方案——建立模范(或者说试点区域)区域,使约堡贫困居民能够不需要将成本都放在路程上或者将不成比例的微薄收入都花销在住房上。使得他们能够在自己的社区就可进行工作、生活、学习和娱乐等日常活动。②

总之,这种通过快速公交 BRT 的方式,试图将城市贫民窟和富裕的工作区之间建立紧密联系,从而尝试打破这种"二元结构"化的城市空间,塑造一种全新的更加包容性的城市空间是一种可供选择的方法。

当然,上述联合国和约堡市政当局的方式方法或许能在一定程度或一段时间段内起到缓释效果。但问题是如果想长期进行改变,还需要更多包容性

---

① Melissa Tandiwe Myambo, *Reversing Urban Inequality in Johannesburg*, Routledge Contemporary South Africa Press, 2019, p.18.

② Melissa Tandiwe Myambo, *Reversing Urban Inequality in Johannesburg*, Routledge Contemporary South Africa Press, 2019, pp.9—23.

方面的智慧。从唯物史观视角，或许能找寻更多包容性方法——包容性地改变经济基础。因为南非的经济基础继续再现殖民和种族隔离的社会和经济结果——迄今为止，这种结果并没有被根本改变。种族隔离的经济基础所支撑的目标是使城市的某一部分群体处于极端软弱和脆弱的地位，同时支持另一部分达到富裕和特权的水平。种族隔离的城市政策和立法都旨在侵蚀约堡城市社会的一部分，使其永远为某些人少数人而得利，并永续下去。例如在约堡城市中，种族隔离制度的负面后果不仅仅是白人占据更好的住房和更多的收入，而似乎是经过深思熟虑的，被精心概念化的从经济基础角度进行残酷地固化。这意味着，在殖民和种族隔离的时代，大量的规划、思考、激情和智力资本被投入到这个社会大工程中。尽管非国大和约堡市政当局在新南非中做出了大量的努力，以消除种族隔离对城市的伤害，但很多行动似乎都没有达到既定目标，因为市政当局改变约堡的政策和计划都源自非种族隔离的"正常社会"的经济基础，这些社会没有经历过350多年来被种族隔离所摧残下的历史。简单来说，经历几个世纪的殖民统治和种族隔离历史的城市理应有一个同样强有力且集中的一次社会改造的事业。有必要对政策进行反思，并制定一个相对更包容性的城市规划议程，即由一个强大的政府主导下进行系统性干预，这或许能够从根本上消除南非种族隔离对城市的消弭。[①]

因为新南非依靠实行新自由主义理论指导下城市经济政策来纠正南非殖民主义和种族隔离下几个世纪的积弊，无疑是处于矛盾之中，因为这样的城市政策不可能通过"涓滴效应"惠及城市中所有居民尤其是那些处于"二元结构"城市中相对不利的一方。例如，新南非在宪法中一直强调每个人都有适当住房的权利，并身体力行从2011年始，规划了为约堡低收入家庭建造数百万套政府补贴的住房计划。但是令人诧异的是，这些住房位于约堡城市的南北边缘位置，远离工作机会和生活设施服务相对集聚的桑托、内城和CBD，这实质上强化了"二元结构"的城市空间模式。[②]

因此，笔者认为在经历了几十年的新南非民主化后，约堡仍然被前殖民主义和种族隔离政权的意识形态所影响的经济基础几乎没有变化。社会改造或

① Ndangwa Noyoo, *Social Policy in Post-Apartheid South Africa：Social Re-engirneering for Inclusive Development*，Routledge Contemporary South Africa Press，2020，pp.7—11.
② Ndangwa Noyoo, *Social Policy in Post-Apartheid South Africa：Social Re-engirneering for Inclusive Development*，Routledge Contemporary South Africa Press，2020，pp.8—13.

转型不能与当前的经济基础相一致,它必须被改变。南非只有为约堡追寻一个更加强大的干预主义的社会和经济改造计划,要与种族隔离时期的南非形成鲜明的对比。实际上,种族隔离、不平等和资本主义是具有复杂的内生性的联系,因此需要强有力的国家干预来创造一个更加公平、更可接受的城市体系和城市结构。①通过将城市包容性文化作为一种合适解决办法的文化内核,将社会政策作为一种关键性工具,依靠精心设计的工具和制定强有力的公共政策——这种新的公共政策应该超越其前人的成果和行动,重新调整从殖民主义和种族隔离中继承下来的排他性断层线。从而从根本上重新配置和调整国家的社会和经济基础,以产生一个深刻而全面的突破。总之,只有国家政权能够一心一意为约堡城市的穷人和边缘化群体撑腰,这个城市日益"二元化"的不平等裂痕或许才能被弥补。

结　语

约堡城市"二元结构"是资本主义贪婪性和20世纪种族主义恶劣思想叠加影响下的"一块伤疤"。在其形成近150年后,这座庞大的都市仍因其历史的罪恶而"伤痕累累"。当下,该城市是南非严重不平等的发源地,这在很大程度上是其种族隔离历史的遗留问题叠加新自由主义指导下资本主义盲目性造成的。很明显,虽然官方层面的有形制度早已在1994年被废除,但种族隔离历史的无形影响仍然深深地铭刻在约堡的城市结构中。它们的影响很可能会在未来很多年后继续被感知到,它们的痕迹可能永远不会从南非的城市肌理中完全消失。如果机会平等、空间正义、自由市场等可持续性的城市发展理念不太可能实现,那么这将不会是一座完整意义上的城市。②虽然按照现在的发展情况,约堡仍然具有优势,但长期来说,它或许将经历日益加剧的不平等和社会弊病的打击。因此,亟需包容性城市文化因子作为内核,驱动强大的民主干预主义价值观、社区赋权和一代人的市政府精心策划、一系列公平的城市土地政策等等"浇灌"。但是当下阻力仍然很大,因为这不是一种可能受到广大

① Ndangwa Noyoo, *Social Policy in Post-Apartheid South Africa*: *Social Re-engirneering for Inclusive Development*, Routledge Contemporary South Africa Press, 2020, pp.5—7.
② Hindson O., McCarthy J., 1994. The Urban Question in South Africa: An Appraisal of Research Efforts and Institutions and Suggestions for Future Research Directions, manuscript submitted to Emile le Bris.

白人选民、白人自由主义者或该国传统殖民政府统治下既得利益者所青睐的哲学,他们过去都从种族隔离经济措施的实施中广泛受益。实际上,"种族隔离城市"是一个受教条驱动的政治经济性产物,它只能通过对黑人家庭施加极端的苦难才会得逞。可以说,种族隔离制度故意为了白人的利益而损害约堡南部黑人社区。因此,包容性城市文化是个可以试验的好方法,至少可能在一定程度能对城市隔离起到缓释效果,或许最终能够结合其他因素共同根除这种城市所滋生的"割裂"性土壤。

An analysis of inclusive culture's mitigation of the "dual structure" of segregated cities

—Take Johannesburg, South Africa as an example

Abstract: The new, fully democratized South Africa is a young country that still bears the scars of its apartheid past, especially in Johannesburg, the city at the forefront of the apartheid struggle. In fact, Joburg has a series of "urban diseases" common to major cities in South Africa, especially in the metropolitan area. In particular, the "common disease" in the history of apartheid, on the one hand, this "common disease" is manifested in the colonial policy in shaping urban space, urban layout, urban planning and even the speed and strength of urban development; On the other hand, social and racial inequality is subtly shaped—the actual enjoyment of urban rights is "displaced", and the identity defining characteristics of urban space are "alienated". The aim is to study the effectiveness of inclusiveness in South African urban culture in alleviating a "flawed city" or a "historically damaged city", especially how much "corrective" effect inclusive culture can have on reducing the "scars" of a city's history and on the malformed and misplaced development of the city caused by the blindness of capitalism under the guidance of neoliberalism. Finally, it analyzes and demonstrates the important value or significance of inclusiveness in urban culture for sustainable development of a city and even the promotion of core competitiveness of a city.

Key words: Inclusive culture; Apartheid city; Dual structure; Johannesburg; Slow release

作者简介:梁凯宁,上海师范大学非洲研究中心博士研究生;张忠祥,上海师范大学人文学院非洲研究中心主任,教授,博导。

城市与社会

"我们生活在一个城市世界"：
孟加拉国城市化刍议①

李兴军

摘 要：21世纪以来，全球城市化进程加快了节奏，"我们生活在一个城市世界"成为人类直面的一个重大现实问题。以帕克为首的芝加哥学派在20世纪初就注意到城市研究的重要性，然而已有研究主要关注发达国家及城市，对发展中国家尤其欠发达国家的城市调查研究较少。孟加拉国是世界上欠发达国家的典型，其城市化模式既有发展中国家之共性，也有一些独有的特征，在卷入全球城市化浪潮后，因工业不发达，从农业社会向工业社会转型的过程中，农业开始凋敝，工业没有发展起来，城市化发展主要依靠服务业推动，工业扮演着相对次要的角色，经济发展和城市化发展的不协调，城市化呈畸形发展。这样的城市化现象普遍存在于非洲、南美洲和亚洲的许多国家和城市，需要我们重视并正视问题之症结，总结相关经验，服务于全球城市治理，在城市治理中充分挖掘和利用城市化带来的福利，推进全球城市共同体的构建。

关键词：孟加拉国 城市化 城市世界 城市贫困 城市治理

"我们生活在一个城市世界"。在21世纪初，超过30亿人口——大约世界人口的一半——生活在城市地区。联合国估计，世界人口的50%以上目前

① 本文为云南省教育厅科学研究基金项目："孟加拉国人类学本土化与民族国家建构研究"（2023J0644）阶段性成果；云南民族大学云南省民族研究所2023年度学科建设科研项目资助："'一带一路'建设与中国—孟加拉国走廊城市化发展研究"（23MYSKT07）阶段性成果。

生活在城市地区,到 2030 年这个数字预期将增加到 60% 以上。这样一来,世界人口的绝大多数将生活在城市地区。[①]当代世界的许多国家和地区正面临空前的城市化。

城市化是城市人类学关注的一个核心议题。20 世纪初,以帕克(Robert E. Park)为首的芝加哥学派率先对美国的城市展开研究,讨论了"移民对城市环境的适应性",开启了人类学对城市研究之先河。在帕克看来,城市是一个有机体,是生态、经济和文化三种基本过程的综合产物;人和动物都有自己生活的环境,而人的生活环境就是社区(Community),生活在社区中的群体形成一种共生关系(Symbiosis)。[②]早期芝加哥学派的探索表明:城市和部落、村落一样,也是人类学家需要关注的重点领域。

城市化,一般指城市的形成和发展的过程。在类型上,又分发达国家的城市化和发展中国家的城市化。从既往研究看,发达国家的城市化研究主要涉及去工业化及其后果的问题,而发展中国家的城市化研究涉及大城市的人口爆炸性增长以及农村向城市地区的移民问题。[③]因此,目前学术界对发达国家的城市化和发展中国家的城市化研究有着不同倾向。从当前学术界的研究情况看,尽管有许多人类学家、社会学家加入了城市研究的队伍,但大多数研究主要集中于那些表现出人口显著增长的发达国家及城市,对发展中国家及城市的研究成果明显不足。比如,对美国、墨西哥、巴西、埃及和尼日利亚等国家及其纽约、墨西哥城、圣保罗、开罗和拉各斯等大城市的研究,要比世界上最贫穷、城市化程度最低的国家及其城市研究要多。而实际上,当前发展中国家城市人口的爆炸性增长,将会比发达国家的城市化产生更多的社会问题。

作为第三世界国家的孟加拉国,建国于 1971 年,是世界上人口最多、人口密度最大,也是世界上最贫穷以及城市化程度最低的国家之一。该国国土面积约 14.75 万平方公里,仅次于中国的辽宁省,人口却接近 1.7 亿人,人

---

① [美]马克·戈特迪纳、雷·哈奇森著,黄怡译:《新城市社会学》(第四版),上海译文出版社 2018 年版,第 12 页。

② [美]帕克等著,宋俊岭、吴建华、王登斌译:《城市社会学——芝加哥学派城市研究文集》,华夏出版社 1987 年版,第 3 页。

③ [美]马克·戈特迪纳、[英]莱斯利·巴德著,邵文实译:《城市研究核心概念》,江苏教育出版社 2013 年版,第 229 页。

口密度约为 1 265 人/每平方公里(2017 年),三分之二的人生活在官方贫困线之下。①孟加拉国农村人口占绝大多数,因工业不发达,从农业社会向工业社会转型的过程中,农业开始凋敝,但工业和服务业并没有发展起来,农村人口急剧下降,城市人口出现爆炸式增长,"城市病"严重。这在发展中国家,尤其在欠发达国家行列中,孟加拉国的城市化模式具有一定代表性。因此,本文通过孟加拉国城市化及其特征的讨论,希冀上升到对全球发展中国家城市化的科学认识,在城市治理中达成共识,形成一些可供借鉴的经验。

一、孟加拉国的城市化历程

孟加拉国位于喜马拉雅山脉南麓,地处由恒河、布拉马普特拉河(雅鲁藏布江)和梅格纳河等水系汇聚的孟加拉三角洲,河网密布,地势平坦,土壤肥沃,农业发达,盛产黄麻、水稻、小麦、玉米、甘蔗、茶叶等,这里的农业生产使早期孟加拉社会分层和经济多样化成为可能。另外,孟加拉三角洲地区是世界各国交通的"十字路口",区域人口流动性大,这里较早便出现了城市。考古学家在孟加拉东部的瓦里—巴特施沃(Wari-Bateshwar),诺尔辛迪地区(Narsingdi)发现有防御工事的城堡、铸有标记的银币、许多铁制和陶制的器具,以及一条以陶瓷碎片和碎砖铺成的道路;并考证瓦里—巴特施沃是一个与东南亚和罗马进行贸易的重要港口城市和行政中心。②公元前 3 世纪,在孟加拉泛滥平原上已经建成了复杂的城市中心,比如西南部的耽摩栗底(Tam-ralipti),即今天的塔姆鲁克(Tamluk);北部的摩诃斯坦(Mahasthan)和东部的麦纳玛蒂(Mainamati)。③公元前 5 世纪,这里已形成了城市中心。12 世纪,孟加拉三角洲地区的拉克瑙提—高尔(Lakhnauti-Gaur)成为森纳王朝的首都;到15 世纪时,它成为南亚最大的城市之一。④

在古代时期,孟加拉三角洲地区因发达的农业和便利的水陆交通,这些城

---

① 孟加拉国有 4/5 的人口生活在每天 2 美元的标准之下,且有 1/3 的人口每天的消费少于 1 美元。具体参见 Binayak Sen, "Drivers of Escape and Descent: Changing Household Fortunes in Rural Ban-gladesh", *World Development*, 2003, 31(3), pp.513—534; Naila Kabeer, Snakes, Ladders and Traps: Changing Lives and Livelihoods in Rural Bangladesh(1994—2001), *CPRC Working Paper 50*, Brighton: Institute of Development Studies, University of Sussex, 2004.

② 〔荷兰〕威廉·冯·申德尔著,李腾译:《孟加拉国史》,东方出版中心 2011 年版,第 15 页。

③ 〔荷兰〕威廉·冯·申德尔著,李腾译:《孟加拉国史》,东方出版中心 2011 年版,第 17 页。

④ 〔荷兰〕威廉·冯·申德尔著,李腾译:《孟加拉国史》,东方出版中心 2011 年版,第 20—21 页。

市得益于所在的腹地、海上贸易线和当地生产的资源而兴旺起来,发展成为辽阔贸易网络上的重要节点。哈佛大学历史系教授苏尼尔·阿姆瑞斯(Sunil S. Amrith)的《横渡孟加拉湾——自然的暴怒和移民的财富》一书用许多案例证明了上述观点,并认为三角洲吸引了大量的外国商人,尤其欧洲各地区的商人都被孟加拉三角洲提供的机遇所吸引。为了满足对外贸易和市场扩张至关重要的交通需求,在移民劳工的推动下,孟加拉湾的港口城市发展成大都市,让渔村和古老的帝国所在地变成了现代城市。①

整体而言,孟加拉国的城市化可以划分为三个阶段。

1. 酝酿阶段:英国殖民时期(1757 年至 1947 年)

在英国殖民时期,英国通过东印度公司控制孟加拉及印度次大陆的其他地区,富饶的孟加拉成为英国殖民不断扩张的资源供应地,东印度公司在孟加拉地区种植鸦片、大米和黄麻,达卡失去了作为区域城市中心的重要性,取而代之的是加尔各答。孟加拉地区的重要港口城市,比如吉大港、库尔纳也更加依赖加尔各答的货物交易。因此,英国殖民时期孟加拉的城市并未得到较好的发展。

在英国殖民时期,东孟加拉(现孟加拉国)的城市人口稀少,不能称为真正意义上的城市化。据孟加拉国分析局分析,1901 年,东孟加拉全境只有2.43%的人口居住在城市,在接下来的 20 年里,城市人口几乎保持不变。1911~1921 年,城市人口只增加了 8.8%。②在这一时期,瘟疫导致城市中心人口大规模减少。自 1921 年以来,城市发展缓慢但稳定——除了二战期间成千上万的人出于恐惧离开城市外,随之而来的饥荒迫使数百万人从农村流向城市。

根据申德儿的研究,"事实上,当英国人在 1757 年吞并东孟加拉时,那里基本上就是一个乡村社会。当他们在一百九十年后离开的时候,依然有 96%的人居住在乡村,孟加拉国社会是乡村型的。然而,与此同时也发生了许多变化。在 18 世纪后期人口下降之后,东部和南部更肥沃的土地养活了比西部和北部更稠密的人口。随着工业的消失,乡镇和城市走向衰落。孟加拉国的乡

---

① [印度]苏尼尔·阿姆瑞斯著,尧嘉宁译:《横渡孟加拉湾——自然的暴怒和移民的财富》,浙江人民出版社 2020 年版,第 161 页。

② Bangladesh Bureau of Statistics, *Bangladesh National Population Census Report—1974*, Dhaka: Ministry of Planning, 1977.

村化直到19世纪中期才结束,此后城镇再次开始兴起,但十分缓慢。到1901年,后来孟加拉国的领土上约有3 000万居民,但只有2.5%(约70万人)居住在乡镇和城市。虽然到1947年大约有4 200万人口,但四个最大的城市人口都很少,达卡约25万居民,吉大港有20万,库尔纳有6万,拉杰沙希有4万,城市人口仅占总人口的4%。换句话说,在殖民统治末期,孟加拉人几乎所有人都在乡村谋生。他们中的大多数人从事农业"。①英国殖民政府将整个东孟加拉地区变成加尔各答的腹地,蓄意破坏本土工业,而在加尔各答周围建立大规模的工商业集聚区。②当时东孟加拉地区较低的城市化程度,一定程度上受英国殖民政策的影响。

2. 发展阶段:巴基斯坦统治时期(1947年至1971年)

孟加拉国第一个重要的城市化阶段始于1947年。这是一个非常关键的节点,既是国家转型的节点,也迎来了城市化。"印巴分治"后,东孟加拉地区和巴基斯坦同属于一个国家。达卡成为东巴基斯坦的首府,城市人口开始迅速增加。

在巴基斯坦统治初期,东巴基斯坦依然有超过90%的人口居住在乡村,但以达卡为首的主要城镇却发展迅速。1951年,达卡市人口为411 279人,1961年增至718 766人。"1947年以来,达卡的人口翻了近3倍,人口达到100万。但大多数新来的人都是从乡村来的求职者,想要在城市工业或服务业中找到一个合适的工作。服务业稳定增长的一个领域是公共交通,尤其是人力车,就像妇女找到家政工人的工作一样普遍。……几万名男子在这座城市的第一份工作就是人力车夫。大多数新来者住在工人阶级聚居区,其已经超越了英国殖民时期达卡的城市范围。随着城市的拓展,达卡还增建了其他一些社区:办公楼在摩提杰黑尔(Motijheel),行政机构和新的市场在拉姆纳(Ramna),工厂在代杰冈(Teijgaon),高级住宅在达蒙蒂(Dhanmondi)。"③尤其在1951～1961年之间,东巴基斯坦的城市人口增长了45.11%,是前十年18.4%的两倍多。④当然,城市人口不断增长的原因主要有两个:其一,政治原

---

① [荷兰]威廉·冯·申德尔著,李腾译:《孟加拉国史》,东方出版中心2011年版,第70页。
② Chaudhury, Rafiqul Huda, *Ubanization in Bangladesh*, Dhaka: Centre for Urban Studies, University of Dhaka, 1980, p.45.
③ [荷兰]威廉·冯·申德尔著,李腾译:《孟加拉国史》,东方出版中心2011年版,第143—144页。
④ Bangladesh Bureau of Statistics, *Bangladesh National Population Census Report—1974*, Dhaka: Ministry of Planning, 1977.

因,1947 年获得新的政治地位后,巴基斯坦政府开始大量发展新的贸易、商业、工业和行政中心;其二,社会经济原因,1947 年以来,受宗教冲突的影响,印度穆斯林和东巴基斯坦印度教徒开始出现人口互换,导致大规模移民——来自印度城市的穆斯林大规模移民至东巴基斯坦的城市(尤其是首府达卡),而东巴基斯坦移民至印度的印度教徒大多来自农村地区,并且移民至东巴基斯坦的城市穆斯林人数多于从东巴基斯坦农村移出至印度的印度教徒人数。

值得注意的是,尽管城市人口在不断增长,但在巴基斯坦时期,东巴基斯坦城市化的性质和特征与英国殖民时期相似。西巴基斯坦将东巴基斯坦(现孟加拉国)作为殖民地。在巴基斯坦统治的前半段,东巴基斯坦地区没有显著的工业化,到 1960 年代,有一些工业发展,但并不显著。根据 1961 年的分析,当时东巴基斯坦仅有达卡、吉大港、纳拉扬甘杰和库尔纳 4 个城市的人口在 10 万人以上,而 10 万人以下的城镇较多。5 万人至 10 万人的城镇有:博里萨尔(69 936 人),塞得普尔(60 628 人),拉杰沙希(56 885 人),科米拉(54 504 人)和迈门辛(53 256 人);大约 14 个城镇的人口在 2.5 万人至 5 万人之间,32 个城镇的人口在 1 万人以下。①当时的小城镇可分为六类:半城镇和乡村集镇;靠黄麻收购和贸易发展起来的城镇;靠交通运输发展起来的城镇;工业和商贸集镇;行政中心集镇以及走向衰落的集镇。

3. 快速城市化阶段:独立后(1971 年以来)

1971 年,孟加拉国独立后,城市中心迅速发展,大城市人口呈现爆炸式增长。建国初期的城市人口占总人口的 8%。1974 年,开始有 9%的人口居住在城市地区,1984 年为 10.6%,1992 年达到 17%,1980～1993 年城市人口年平均增长 5.3%。②人口 10 万人的城市从 1961 年的 4 个增加到 1974 年的 6 个,1981 年的 13 个增加到 1991 年的 23 个;这表明在 1961～1991 年间增长了38.3%;城市中心的总数从 1961 年的 78 个增加到 1991 年 492 个,在 30 年的时间里增长了 64.7%;城市中心按规模/阶层划分的增长表明城市规模和城市增长率之间有很强的联系。人口在 2.5 万～5 万人之间的城市从 1961 年的 15个增加到 1981 年的 45 个,增长了 30%;在同一时期,人口在 5 万～10 万人的

---

① 张汝德主编:《当代孟加拉国》,四川人民出版社 1999 年版,第 59 页。

② 此处同时参考 Richard Mashall and Shibaab Rahman, *Internal Migration in Bangladesh*: *Character*, *Drivers and Policy Issues*;张汝德主编:《当代孟加拉国》,四川人民出版社 1999 年版,第 52 页。因两处出现同一年代数字不一致的情况,笔者在本文中进行了分析和校对。

城市从 1961 年的 21 个增加到 1981 年的 129 个。①50 万人以上的城市从 1960 年的 1 个增加到 1980 年的 3 个。②总之,孟加拉国城市人口在 1961~1974 年之间快速增长至 8.8%(有超过 600 万人生活在城市地区);并在 1974~1981 年之间达到峰值 10.97%,在此期间的人口增长,约 30%可以用 1981 年对城市地区的扩展来解释。③

独立后的孟加拉国持续出现大幅度的人口增长,造成农村拥挤和大量"剩余劳动力"的出现。就孟加拉国总人口增长的情况看,独立后至 1975 年,孟加拉国的总人口虽在增长,但并不快,1960 年为 4 801 万,1971 年为 6 423 万,到 1975 年达到 7 006 万。20 世纪 80 年代以后,开始出现急剧增长。1990 年突破 1 亿,达到 10 317 万;2005 年达到 13 903 万;2018 年达到 16 135 万;2020 年总人口达到 1.67 亿。由此可见,独立后的孟加拉国人口增长非常快。孟加拉国是一个农村人口占总人口绝大多数的国家,总人口增长的贡献源于农村人口的快速增长。随着人口的不断增长,孟加拉国的农村变得拥挤不堪,人均占有的空间严重不足。人口快速增长,资源分配不均,出现大量的农村"剩余劳动力",农民生活变得更加贫困。这样一来,"每年至少有 30 万孟加拉国乡村贫困人口移居至达卡"。④

从 20 世纪 90 年代到 21 世纪 30 年代,孟加拉国城市人口更是急剧增加,成为南亚城市化发展最快的国家之一。2000 年孟加拉国总人口达到 1.458 亿,城市人口达到 2 662 万;到 2025 年达到 2.193 8 亿,城市人口将达到 7 876 万。⑤最近数据统计,到 2050 年孟加拉国人口将达到 2.5 亿,是 1970 年人口数量的 3 倍还多,比今天孟加拉国的总人口还多 1 亿。⑥随着农村地区不能完全容纳快速增长的人口,届时将有更多的农村人口流向城市,特别是达卡、吉大港等重要城市。孟加拉国刚建立时,达卡约有 100 万居民,到 1990 年则拥有 600 万居民,2007 年则是 1 400 万。如此之快的增长速度使其成为世界上人口增长最快的城市之一——每年至少有 30 万孟加拉国贫困人口移居至达

① A.Z. Eusuf, Urban Centres in Bangladesh: Their Growth and Change in Rank-order, in N. Islam and R.M. Ahsan(eds.), *Urban Bangladesh*, Dhaka: Urban Studies Program, 1996, pp.7—20.

② 张汝德主编:《当代孟加拉国》,四川人民出版社 1999 年版,第 52 页。

③ Bangladesh Bureau of Statistics, *Bangladesh Population Census 1981: Analytical Findings and National Tables*, Dhaka: Ministry of Planning, 1984.

④⑥ 〔荷兰〕威廉·冯·申德尔著,李腾译:《孟加拉国史》,东方出版中心 2011 年版,第 236—237 页。

⑤ 参见联合国:《世界城市化前景:1984—1985 年》(修订本),1987 年。

卡——并且预计到 2025 年这座城市的人口将达到 2 400 万。到那时,达卡将成为世界上最大的城市之一。除达卡外,其他城市的人口也在迅速增长:吉大港于 1971 年时拥有 80 万人口,而在 2007 年时则成了 400 万。[①]上述分析表明,20 世纪 90 年代,孟加拉国爆炸式的人口增长,使得孟加拉国出现空前的城市化。

二、孟加拉国城市化的动因

孟加拉国出现空前城市化,是社会发展之必然。从长时段看,今天孟加拉国城市化发展的现状是多重因素共同作用的结果。孟加拉国同其他欠发达国家一样,拥有大量的农村人口和农业劳动力,面临经济贫困、气候变化的长期困扰,加之建国后孟加拉国社会结构的急剧转型,推动孟加拉国快速城市化的原因是多方面的。

从城市人类学的角度,城市化主要指农村人口向都市迁徙,导致城镇人口数量增加、城镇人口规模扩大的过程。就孟加拉国而言,不仅人口基数大,而且人口增长快,这是孟加拉国快速城市化的主要原因。

孟加拉国的城市发展与移民也有很大的关系。2009 年,根据权力参与研究中心(PPRC)对城市居民的调查显示,在达卡只有 16.4％的人口出生于城市,83.6％则是移民。[②]历史上孟加拉是移民最典型的地区。根据申德尔的研究,孟加拉国广泛存在着海外劳动力移民、中等阶层的教育和工作移民以及去往印度的非法劳动力移民。[③]这些跨国移民是三角洲经济发展的重要财富资源。孟加拉人存在强烈的亲属观念,20 世纪 90 年代随着跨国移民数量的增加,移民向国内的汇款迅速增长,对国家经济增长提供了重要支持。

乔杜里(Chaudhury)指出,近年来内部移民是造成孟加拉国城市人口迅速增加的最重要因素。[④]孟加拉国之所以有大量的内部移民,有如下原因:(1)经济动力。贫困是孟加拉国农村固有的现象。随着城市非正规经济部门为城乡

---

① [荷兰]威廉·冯·申德尔著,李腾译:《孟加拉国史》,东方出版中心 2011 年版,第 236 页。

② Hossain Zillur Rahman, *Bangladesh Urban Dynamics*, Power and Participation Research Centre (PPRC), 2012, p.4.

③ [荷兰]威廉·冯·申德尔著,李腾译:《孟加拉国史》,东方出版中心 2011 年版,第 230—233 页。

④ Chaudhury and Rafiqul Huda, *Urbanization in Bangladesh*, Dhaka: Centre for Urban Studies, University of Dhaka, 1980, p.32.

移民提供就业岗位数量的增加,大量农村贫困人口选择移民到城市,充分利用城市的就业机会,获取比农村更高的收入。男性劳动力主要是拉人力车,女性劳动力则主要到服装生产部门工作。(2)躲避饥荒。历史上孟加拉经历了三次大的饥荒:1769—1770年,大饥荒导致孟加拉1/3的人口死亡;1943—1944年,孟加拉大饥荒导致350万人死亡;1974年的饥荒导致150万人丧生。为了躲避饥荒,许多人选择到城市谋生。(3)农闲时期的季节性移民。孟加拉国是世界上水稻的主要产区之一,一年中可种植三季水稻:阿曼稻(Aman)、奥斯稻(Aus)和博罗稻(Boro),时长为9个月,剩余的3个月(9月—11月)为淡季,同时,冬季还是严重的干旱期,大批劳动力处于季节性失业状态,季节性失业导致家庭收入减少,很多年轻男性劳动力选择淡季到城市寻找就业机会。孟加拉国西北地区,特别是朗布尔专区大量存在着季节性移民的现象,每年淡季时期至少有10万人外出寻求经济机会。[1](4)城市劳动力市场的需求。随着孟加拉国城市的扩张,贸易、服务业、纺织业、交通运输业、制造业等需要大量的劳动力。拉杰沙希就是一个以服务业为基础扩张的城市。[2]

工业区对城市化发展有着重要影响。工业化引起了相应的城市变革,创造了大量的就业机会,吸引了大批来自农村和城市地区的剩余劳动力。1971年孟加拉国独立时,工业发展处于起步阶段。主要的加工制造业有黄麻、纺织和糖。大约85%的属于政府所有。20世纪70年代末,孟加拉国实行政府控股产业的去国有化政策,私营企业开始得到自由化发展。[3]

私营企业的自由化比国家控股企业更灵活,更能适应市场经济发展的弹性,也有助于吸收更多的贫困人口就业。孟加拉国主要的私营企业包括:(1)成衣加工业。20世纪90年代以来,成衣加工逐渐发展成为孟加拉国的支柱产业,在劳动力就业和出口创汇等方面贡献巨大。成衣业主要集中在达卡、吉大港和纳拉扬甘杰等重要城市。根据2013年孟加拉国服装制造与出口商协会(Garment Manufacturers and Exporters Association)公布的数据,1983—

---

[1] Hahidur R. Khandker, M. A. Baqui Khalily and Hussain A. Samad, *Seasonal Migration to Mitigate Income Seasonality: Evidence from Baneladesh*, http://documents.wordbank.org/curated/en/2010/08/18417860/seasonal-migration-mitigate-income-seasonality-evidence-bangladesh.

[2] Hossain Zillur Rahman, *Bangladesh Urban Dynamics*, Power and participation research centre (PPRC), 2012, p.135.

[3] Hossain Zillur Rahman, *Bangladesh Urban Dynamics*, Power and participation research centre (PPRC), 2012, pp.51—52.

1984 年有服装厂 134 个,雇佣工人 4 万,2011—2012 年服装工厂发展到 5 700 个,工人增加到 400 万(其中 320 万为女性),服装业的产值高达 190 多亿美元,占所有出口的 78.6%。根据预测,孟加拉国服装业的规模在未来 20 年里将增长 4 倍,可继续吸纳数百万的劳动力就业,是国内人口流动的强劲动力。①(2)黄麻加工业。博格拉和附近的贾木纳河地区以盛产高品质的黄麻而闻名,仅次于法里德布尔的黄麻生产总量。多年来,许多黄麻厂的关闭导致麻袋供应短缺。随着国家政策和农业的繁荣,新的需求增加,博格拉黄麻工业中心重新崛起,吸收了大量贫困劳动力就业。(3)中资企业。根据笔者的调查发现,达卡、吉大港和拉杰沙希等重要城市聚集着许多中资企业,负责桥梁修建等重要项目,为许多孟加拉贫困人口提供了就业岗位。(4)餐馆服务、交通运输等部门。这些部门多为非正规经济部门,使许多贫困劳动力非正式或临时地被雇佣。他们没有被正式的组织控制定价,而是被市场经济主宰。②由于没有任何技术、资金的要求,非正规经济部门和服装厂为大多数农村贫困人口进城务工提供就业机会。

此外,气候环境压力下的乡村—城市人口流动,加速城市人口增长,推动了城市化进程。孟加拉国是全球灾害频发多发的国家,洪水、飓风、干旱、地震等灾害给孟加拉国造成了重大损失,其中又以洪水和飓风影响最大,68% 的国土面积和 71% 的人口暴露在洪灾风险之下,最易受到洪水灾害的影响。③该国各地区面临的气候环境压力各不相同。孟加拉湾沿海地区(19 个县,面积47 000 公里,占该国领土的 32%)易受周期性气旋和极端暴风的影响,海岸居民易遭受洪灾;内陆中部和中西部地区在每年雨季(集中了全年 80% 的降雨)都会发生频繁的洪水灾害,致使河水受到侵蚀、土地滑坡等;西北地区每年冬季(9 月—11 月)面临的季节性干旱,对当地农业生产影响较大。④2009 年"艾拉"(Aila)飓风登陆西南沿海,导致海岸地区被海水淹没数月,60 万民房被毁,

① *Bangladesh's Clothing Industry: Bursting at the Seams* [EB/OL]. http://www.economist.com/news/business/21588393workers-continue-die-unsafe-factories-industry-keepsbooming-bursting-seams.html, 2013-10-26.
② [美]马克·戈特迪纳、雷·哈奇森著,黄怡译:《新城市社会学》(第四版),上海译文出版社 2018 年版,第 376 页。
③ 李永祥:《孟加拉国的自然灾害与防灾减灾研究》,《西南民族大学学报》(人文社会科学版)2018 年第 10 期。
④ 陈松涛:《孟加拉国的人口流动问题》,《东南亚南亚研究》2015 年第 2 期。

12.4 万公顷的庄稼受损;生存环境的恶化使沿海地区每年约 5 万—20 万人背井离乡,涌入城市。孟加拉国城市研究中心(Centre for Urban Studies,CUS)2007 年的统计数据表明,达卡贫民窟的居民中有 31.9% 来自沿海地区。[①]联合国开发计划署"综合灾害管理计划"(Comprehensive Disaster Management Project)对孟加拉国的 64 个县进行了一项调查,其中有 40 个县面临的环境风险可能导致人口流失。[②]自然灾害和环境退化将导致更大规模的人口流动,如果 2050 年海平面上升至 45 公分,孟加拉国将有 10%~15% 的领土被海水淹没,3 000 多万人被迫流离失所。[③]

行政区划的调整在应对城市扩张上发挥了重要作用。巴基斯坦统治时期,东巴基斯坦实行五级行政体制,设有专区、县、区、塔纳等行政单位。在中央政府下设 4 个专区,19 个县,60 个区,470 个塔纳和 4 300 多个乡。80 年代初,孟加拉国政府进行地方行政体制改革,将原来的五级体制改为中央、县和区三级。此外,还有 27 个城市地区警察局仍保留塔纳的名称,铁路和河流警察局设立单独系统,不包括在塔纳内。[④]1971 年孟加拉国建国后,全国被划分为达卡、吉大港、库尔纳、拉杰沙希、巴里萨尔和锡莱特 6 个行政区,64 个县,490 个警管区,4 451 个乡,59 990 个村。随着城市人口的增加,政府为了便于人口的管理,将原来的 6 个行政区划分为 7 个,新增了朗普尔专区。

三、孟加拉国的城市化特征

孟加拉国的城市化既有发展中国家之共性,也有一些独有的特征。该国和大多数发展中国家一样,城市化水平低。直到 1970 年,该国农村人口还占全国总人口的 90%。另外,战争、饥荒、自然灾害、疾病导致总人口减少。肯帕(Kemper)研究发现,孟加拉国城市人口占总人口的比例为 15.7%,仅领先

① Richard Marshall and Shibaab Rahman, *Internal Migration in Bangladesh*: *Character*, *Drivers and Policy Issues*. http://www.undp.org/content/bangladesh/en/home/library/democraticgovernance/internal-migration-in-bangladesh--character-drivers-and-policy-1. p.24.

② Richard Marshall and Shibaab Rahman, *Internal Migration in Bangladesh*: *Character*, *Drivers and Policy Issues*. http://www.undp.org/content/bangladesh/en/home/library/democraticgovernance/internal-migration-in-bangladesh--character-drivers-and-policy-1. p.8.

③ 参见常旭旻:《气候变化致使孟加拉国粮食安全面临极大威胁》,http://www.weather.com.cn/index/ssj/2/37585.shtml,2009-12-30。

④ 张汝德主编:《当代孟加拉国》,四川人民出版社 1999 年版,第 52 页。

于尼泊尔(7.4%)和柬埔寨(10.8%)。[1]然而,1971年孟加拉国解放后,城市化发展迅速,有三个特点较为突出。

城市人口密度大是孟加拉国城市化最显著的特点。2011年,孟加拉国人口普查显示,全国人口密度为1 016人/平方公里。预计到2050年将翻一番,整个国家的平均人口密度将接近城市密度。在这样的情况下,城市人口密度将会随着国家总人口密度的增大而增大,且有可能出现持续的城市化。

孟加拉国城市化的第二个特点是城市空间和经济增长在运输走廊出现,且主要集中在西北—东南对角线和一些边境交通走廊。这种集中化趋势的出现,在很大程度上是政策导致的,投资者优先选择在交通走廊进行城市投资,以最大限度发挥其创造力。

第三个特点是农村贫困人口从农村和小城镇移民到大城市中心,推动了城市化进程,但出现区域发展的不平衡。全国六大城市——达卡、吉大港、库尔纳、纳拉扬甘杰、迈门辛和拉杰沙希的城市人口占全国城市总人口的64.15%,达卡市、吉大港市和库尔纳市占59.02%,其中首都达卡市占37.13%。该国的城市化模式与其工商业中心和经济发展的总体水平相适应。[2]在国家政治不稳定、经济不景气的背景下,内部移民主要为了解决生存问题。

在城市化发展水平上,孟加拉国内部各区域表现不均衡。北部、南部、东部和西部差异较大。以达卡为主的中部地区是孟加拉国城市化程度最高的地区。首都达卡是孟加拉国的政治、经济、文化中心,是孟加拉国最大的城市,也是孟加拉国与外部世界的主要连接点。相比于该国其他区域,中部地区工业化程度最高,教育水平也最高。中部地区几乎有20%的人住在城市,到1981年,该地区的城市人口几乎占全国城市总人口的40%。南部和东部地区在城市规模和经济发展上处于中间位置。南部地区有孟加拉国第三大城市库尔纳市(该国第二大港口),该地区约有19%的人口生活在城市。东区南端拥有孟加拉国第二大城市吉大港(该国最大海港),吉大港有许多外资组装业务指定的联营工厂,为孟加拉国自由贸易中心区。另外,东区北端的锡尔赫特是一个

---

[1]　Robert V. Kemper, Urbanization In Bangladesh: Historical Development and Contemporary Crisis, *Urban Anthropology and Studies of Cultural Systems and World Economic Development*, Vol.18, No.3/4, Anthropological Research in Bangladesh: Studies of Households, Land, and Subsistence in the Countryside and City(FALL-WINTER, 1989), 2018, pp.365—392.

[2]　何承金:《孟加拉国城市化的人口学研究》,《南亚研究季刊》1991年第3期。

产茶园,属于孟加拉国跨国移民率最高的地区,移民通过汇款促进该地区经济的发展。东区拥有全国 26％ 的城市居民,约有 15％ 的人口生活在城市。但是,长期以来,北部地区一直是经济欠发达的地区,也是城市化程度最低的地区。1974 年,北部地区城市居住人口比例为 5.31％,到 1981 年达到 10.08％。但该地区的城市人口在全国城市人口中仅占 16％。就其非农业人口的比例,在非农产业工作,以及完成中学以上教育人口的百分比,均低于全国其他地区。

四、孟加拉国的城市问题

随着孟加拉国城市化的推进,城市问题也随之产生。从殖民城市到全球化城市的转型中,孟加拉国因工业不发达,无法为爆炸式的人口增长提供更多就业岗位,无法在空间、人口和结构上加以控制,物质、社会和经济基础设施存在不足或质量低下,未能为快速增长的城市人口提供基本服务,[1]暴露出的种种城市问题,并非孤立,而是一个系统性、结构性问题。当前,城市贫困犹如特殊品一样在孟加拉国持续存在,城市化的发展表现为一种无序状态,现有政治体制在城乡移民的管理上还需进一步规范化。

一是城市贫困长期存在。城市贫困是孟加拉国长期存在的社会问题。为了躲避自然灾害(洪涝、干旱、飓风等)、饥荒、疾病的影响,大部分农村贫困人口迁移到城市,使得城市贫困人口急剧增长,很多人面临极度贫困。孟加拉国出现从农村贫困向城市贫困的转变。此外,还存在另一种可能性。贫困发生在长期居住的市民中。肯帕通过达卡、吉大港、库尔纳和拉杰沙希四个城市 1 230 户贫困家庭的调查发现,93％ 的户主在城市居住超过 5 年,74％ 的户主在城市居住超过 10 年。这表明,城市贫困人口不一定是最近才从农村迁徙来的,还与长期居住的城市居民有关。[2]

当然,孟加拉国城市贫困有以下几个方面的原因:(1)以往政策中不合理因素造成农村居民拥有土地形式的不合理。1960 年左右,约有 20％ 的农村人

---

① Saleh Ahmed, Mahbubur Meenar, Just Sustainability in the Global South: A Case Study of the Megacity of Dhaka, *Journal of Developing Societies 34*, 4, 2018, pp.401—424.

② Robert V. Kemper, Urbanization In Bangladesh: Historical Development and Contemporary Crisis, *Urban Anthropology and Studies of Cultural Systems and World Economic Development*, Vol.18, No.3/4, Anthropological Research in Bangladesh: Studies of Households, Land, and Subsistence in the Countryside and City(FALL-WINTER, 1989), 2018, pp.365—392.

口没有土地,大多数土地持有者拥有较少的土地;超过 50% 的农田小于 1 公顷,而几乎 90% 的农田都小于 3 公顷。①(2)公共消费水平低下,社会服务分配不合理,如受教育的机会不均等。(3)不能平等地享受健康服务。(4)与经济政策有关,在政治中缺乏解决贫困问题的主要政党或政府。②上述原因导致孟加拉国城市贫困人口居高不下。

孟加拉国平均每年有 50 万人涌入城市。达卡等大城市中聚集着庞大的贫民群体。贫民群体约有 62% 居住在贫民窟。③这些贫民群体主要以打零工和拉人力车为业,少部分受聘于工厂工人、警卫、低级职员和家庭佣人。他们的收入极其微薄,90% 以上的人生活在贫困线之下。目前,达卡约有 400 万穷人生活在贫民窟之中。1996 年,达卡只有 150 万人生活在贫民窟;到 2006 年,贫民窟人口增加到 340 万,10 年之间翻了一番。④贫民窟多数聚集在城乡接合部或新的高层办公楼附近,住房以板房为主,建筑材料简单,用竹片搭建,上面覆以镀锡铁皮。大多数住房是简陋的单间房,除了睡觉外,还需做饭,非常拥挤。大多数家庭没有独立卫生间,也不能获得安全饮用水。贫民窟卫生条件糟糕,痢疾、胃肠道疾病、营养不良、皮肤病、肺结核等疾病患者较多。

二是城市化朝着无序发展。孟加拉国的城市增长呈一种杂乱的状态,很多未经规划的城市扩张引发了城市危机。比如:(1)狭窄的城市道路,布满街头的人力车,混乱的交通秩序,导致市中心经常面临严重的交通拥堵;达卡被人们称为“世界上的堵城”。(2)城市硬化道路设施不完善,工厂(尤其是砖厂)排污、排烟处理不善,人们随处乱丢垃圾,空气污染、噪音污染、环境污染和水污染严重;近年来,达卡经常出现在世界上污染最严重的城市名单之列。(3)发电或供电设施经常遭遇洪水、飓风的破坏,导致城市经常面临断电或供电不足。(4)刚涌入的移民很难马上找到工作和住宿。城市里大量居无定所的流动人口,靠施舍、救济、临时工,甚至通过偷盗、抢劫暂时生存下来。在这样的状况下,城市贫民窟存在严重的人口、法律和秩序问题,犯罪率较高。

---

① Pk Md Motiur Rahman, *Poverty Issues in Rural Bangladesh*, Dhaka: University Press Limited, 1994, p.73.
② [孟]W.默罕默德等:《孟加拉国的城市贫困:趋势、决定性因素与政策问题》,《国外社会科学》1995 年第 12 期。
③ 参见《孟加拉政府与世行签署 2 亿美元贷款协议》,中国驻孟加拉国经济商务参赞处。
④ 刘建编:《列国志:孟加拉国》,社会科学文献出版社 2010 年版,第 41 页。

随着大批农村人口进入城市，对城市空间造成巨大压力，城市化整体上表现为一个无序发展的状态。进入城市的农村人口包括两类：一类是受过高等教育的人群；另一类是大量的文盲、半文盲贫困人口。一般而言，通过教育在城市找到体面工作的农村人口占少数，大多数是逃离农村到城市谋求生存的贫困人口。由于孟加拉国政府在应对快速增长的城市人口方面缺乏有效对策，导致城市生态危机。现有公共基础设施满足不了疯狂的城市人口增长需要，城市人口规模在不断扩大，因公共基础设施不足，城市秩序混乱，城市化呈无序发展。

三是政府对城市移民管理的缺失。在面临大量农村贫困人口向城市迁徙的背景下，交通拥堵、环境污染、空气污染等城市病在孟加拉国频繁出现。但是，当地政府及相关部门缺乏相应的管理和服务，没有系统研究农村的社会转型和快速的城市化现状，在应对上缺乏综合应对的措施，对人口流动模式和重要性的认识不够，缺乏专门管理人口流动的机构，人口流动的监控统计数据没有及时更新，使国家整体的综合数据缺乏。①另外，相关的立法和制度不够健全，对城市贫困人口的扶持和保护力度不够，城市贫困出现恶性循环。由于长期存在政府的弱治理及社会不平等，贫困人口在房屋居住、教育资源和医疗条件上不能享受和富人同等的待遇。刚进城的农村移民在就业上容易遭遇族群、宗教和性别的歧视，这些偏见和排斥使很多人长期处于失业、半失业状态，导致乞讨、犯罪率较高。面临窘迫的生活现状，很多人对孟加拉国现行政治体制表现出不满的情绪，参与集体罢工、游行、示威，甚至推翻和焚烧公共汽车等抗议行为频繁出现。

五、结　语

在孟加拉国建立民族国家之后，城市化进程逐渐加快，然而作为一个在历史上长期遭受殖民剥削的国家，独立后因工业不发达，从农业社会向工业社会转型的过程中，农业开始凋敝，工业没有发展起来，经济发展和城市化发展的不协调，城市化发展靠服务业推动，工业只扮演着相对次要的角色，城市化呈畸形发展。

放眼全球，"我们生活在一个城市世界"之潮流难以改变，孟加拉国的城市

---

① 陈松涛：《孟加拉国的人口流动问题》，《东南亚南亚研究》2015 年第 2 期。

化模式普遍存在于发展中国家，尤其欠发达国家之中，如墨西哥、印度尼西亚以及非洲、南亚的许多国家和城市，需要我们重视并正视发展中国家城市化发展问题，通过个案研究，总结和归纳相关经验，服务于全球城市治理。

城市化，是危机还是机遇？ 对一个国家而言，它的影响不是绝对的，既带来希望，也产生问题，哪个特征将成为主导，在很大程度上取决于政策参与城市议程的性质和有效性。在孟加拉国城市化进程中，许多公民社会成员普遍信奉一种乡村浪漫主义，城市治理层面缺乏有力和持续的政策愿景和政策参与，产生了诸多城市问题。需要指出的是，城市是人类文明的表征；城市，让生活更美好！ 不管是发达国家还是发展中国家，城市化总会带来一些问题，但我们不能拒绝城市化，应顺应城市化发展之潮流，充分挖掘和利用城市化给人类带来的福利，推进全球城市共同体的构建。

"We Live in an Urban World": A Rustic Opinion on Urbanization in Bangladesh

Abstract：Since the 21st century, the pace of global urbanization has accelerated, and "we live in an urban world" has become a major realistic problem facing mankind. The Chicago School led by Robert E. Park noticed the importance of urban studies in the early 20th century. However, existing studies mainly focus on developed countries and cities, and few studies on the urban experience of developing countries, especially underdeveloped countries. Bangladesh is a typical representative of underdeveloped countries in the world, as it is late in establishing a nation-state and starting urbanization. Its urbanization pattern has both common and unique features of developing countries, after being involved in the global urbanization wave, due to the underdeveloped industry, in the process of transforming from an agricultural society to an industrial society, agriculture began to decline and industry did not develop, the development of urbanization mainly relied on the service industry, and industry played a relatively minor role, the pace of economic development is inconsistent with that of urbanization, which leads to abnormal development. Such urbanization phenomenon is widespread in many countries and cities in Africa, South America and Asia. We need to pay attention to and face up to the crux of the problem, sum up relevant experience, and serve the global urban governance. The influence of urbanization on a country is not absolute, which brings both hope and problems. We cannot reject urbanization, but should respect and conform to the trend of urbanization development，fully tap and utilize the benefits brought by urbanization in urban governance，and promote the construction of global urban community.

Key words：Bangladesh；Urbanization；Urban world；Urban poverty；Urban governance

作者简介：李兴军，云南民族大学云南省民族研究所（民族学与历史学学院）讲师。

从巴黎到东京:巴尔扎克等著 《动物私生活与公共生活场景》 在近代日本的流传与接受①

林惠彬

摘　要:《动物私生活与公共生活场景》是一部由斯塔尔、巴尔扎克等 15 位法国代表文学家在 1840 年至 1842 年间共同创作的动物寓言短篇故事集。该作品在法国初版后,不久在日本出现了两种翻案版本:一是田岛象二于 1885 年撰写的《人类攻击禽兽国会》,二是菊亭香水于 1904 年撰写的《禽兽会议人类攻击》。为了迎合当地读者的阅读习惯,两位日本作者对原著中主人公的转述者视角进行了改编,采用了传统梦游主题故事中的观察者视角;同时,为了弘扬"接受欧洲现代化、日本传统及尊重皇室"的思想,他们对原著中关于西方社会和历史文化的内容进行了显著的"近代日本风格化"改写。此后,这些"禽兽会议类"的小说也在朝鲜半岛和中国广为流传。可以说,《动物私生活与公共生活场景》在一定程度上开启了中日韩近代反乌托邦寓言文学的新篇章。

关键词:《动物私生活与公共生活场景》《人类攻击禽兽国会》《禽兽会议人类攻击》 动物寓言

---

①　本文为上海师范大学国际比较文学创新团队成果;国家社会科学基金重大项目"中国古典小说早期西译史及文献数据化整理(1714—1911)"(23&ZD298)的阶段性成果;受到上海师范大学都市文化研究中心资助。本文中的部分内容发表于"世界文化多样性与交流互鉴:国际比较文学论坛"(上海师范大学主办,2023 年 4 月 8 日),当时得到任大援、梅定娥、金美兰等三位老师们的建议,再次表示衷心的感谢。

一、序

《动物私生活与公共生活场景》在近现代西方动物寓言以及社会讽刺文学方面产生了深远的影响，在国外关于这方面已有相当丰富的研究成果。①然而，关于其在东亚文学中的影响，相关研究相对较少。韩国学者金成哲首次提出了这部作品对近代日本与韩国的影响。②在其论文《试论〈禽兽会议录〉的小说构成渊源》中，他通过比较韩国首部动物寓言政治小说《禽兽会议录》、日本动物政治小说《禽兽会议人类攻击》(鹤谷外史著，1904)以及法国小说《动物私生活与公共生活场景》三者之间的关系，指出韩国的《禽兽会议录》是基于日本的《禽兽会议人类攻击》改编而成的，而后者则是基于法国小说改编的作品。然而，金成哲的研究主要集中于小说的外在结构上，对小说"本土化"过程的分析则显得不足。本土化内容的变异与差异，不仅揭示了原著和改编作品之间的直接联系，也能阐释当时东亚地区动物政治寓言小说间的有机联系的重要性。因此，本文将通过分析《动物私生活与公共生活场景》这一近代寓言故事集从法国巴黎到日本东京的接受过程，探究法国社会讽刺动物寓言文学在近代日本被翻译与接受过程中的时代化及本土化特征的意义。

二、法国《动物的私生活与公共生活》刊行背景与主要作者

（一）刊行背景

法国作品 *Scènes de la vie privée et publique des animaux*（英译为"*Public*

---

① 目前尚未有一部专门研究《动物私生活与公共生活场景》的著作，但是一些研究法国现代文学、报刊连载文学的论文中有提及到巴尔扎克和格朗维尔。有关这方面可以参考：Aaron Sheon, Parisian Social Statistics：Gavarni，"Le Diable à Paris,"and Early Realism. Art Journal，Vol. 44，No. 2，1984，pp.139—148；Jillian Taylor Lerner, The French Profiled by Themselves：Social Typologies，Advertising Posters，and the Illustration of Consumer Lifestyles. Grey Room，No. 27，2007，pp.6—35。还有，Clive F. Getty 的一些专门介绍格朗维尔作品的图册、论文可以参考，如：Clive F. Getty with Simone Guillaume, Grandville：Dessins originaux, Nancy，1986；Grandville：Opposition Caricature & Political Harassment, The Print Collector's Newsletter，1984，Vol. 14，No. 6，pp.197—201。目前研究《动物私生活与公共生活场景》时关系比较密切的研究著作有 Keri Yousif 的 Balzac, Grandville, and the Rise of Book Illustration(Farnham：Ashgate. 2012)。该书重点介绍和分析了巴尔扎克和插图作家格朗维尔的活动、合作及西方文学史、艺术史方面的研究。Yousif 的书出版后受到了西方现代文学研究者的关注，如 H. Hazel Hahn、Mary Anne Garnett 等人为这本书写了书评。本文也在写作过程中均参考了以上海外的研究成果。

② ［韩］金成哲：《试论〈禽兽会议录〉的小说构成渊源》，《韩国学研究》第 65 辑，2018 年，第 133—140 页。

图1　1852 年法语原著版封面

and Private Life of Animals"；中译为"动物私生活与公共生活场景"）于 1840 年至 1842 年分期刊登在法国的期刊与杂志中。该作品于 1841 年至 1842 年间配以插图，并附加副标题"现代习俗研究"，由黑泽尔出版社出版。

《动物私生活与公共生活场景》是一部反映 19 世纪中叶法国社会、政治与文化背景的重要作品。该作品出版之际，正是法国政治局势混乱的时期。法国七月革命后，奥尔良王朝的路易·菲利普登基为王，其间法国社会动荡不安，频繁出现叛乱。同时，该时期的法国正经历工业革命和现代化的冲击，社会阶层差距日益加剧。这样的政治和社会氛围催生了当时法国社会讽刺和政治小说的蓬勃发展。《动物私生活与公共生活场景》便是在此社会背景下，由皮尔·儒勒·黑泽尔（Pierre-Jules Hetzel，1814—1886）策划并由多位作家联合创作的故事集。

（二）原著目录及主要情节

《动物私生活与公共生活场景》主要讲述了与人类共存的动物们对人类的贪婪、私欲和暴力行为的不满。尤其是，生活在社会底层（相对于高层阶级动物而言）的动物们，它们试图通过整理和出版一套书籍，揭露人类的不合理和荒谬行为，以文字的形式进行社会变革。故事从具有人格化特征的底层阶级动物们试图反抗人类的情节开始展开：

> 动物们对于不停地被人类剥削、中伤已感厌倦，它们越来越意识到自己应享有的权利，也开始醒悟"平等"这个概念不应该只是说说而已——于是，动物们召开了磋商大会，想方设法提高自己的地位，推翻人类的奴役。①

① 巴尔扎克、乔治·桑等著，由沛健、周梦凡、房美译《动物私生活与公共生活场景》，深圳：海天出版社，2018 年，第 1 页。本文中的《动物私生活与公共生活场景》中文译文均引自：《动物私生活与公共生活场景》，2018 年；及巴尔扎克、缪塞等著，程毓凝、张颉文、孙毅、朱子璇译《动物私生活与公共生活场景（续）》，深圳：海天出版社，2019 年。据《中文版版本与翻译说明》，其底本分别为 1842 年的法国黑泽尔版和 1852 年的 MM. Marescq Et Compagnie 版。

小说的故事内容丰富多样,包括经历法国革命风暴的贵族和平民生活体验的野兔故事;驱逐出苏伊士运河的鳄鱼;蜜蜂和狼群共同体生活的巴黎麻雀(尽管都是共同体社会,但蚂蚁和蜜蜂有阶级歧视,而狼的平等社会却充满贫困和掠夺);孤岛上的哲学家企鹅在独居生活中痛苦挣扎,最终徒劳无功;怀旧和悲伤的老乌鸦对过往社会的回忆等。故事既有展现邪恶狡猾特性的生活片段,也有温柔和感人至深的情节。每个故事都通过动物们的"哲学性"发言,反映出人类内心的挣扎。

法语原版分上、下两部分共含 28 个故事,附有 175 幅插图。每个短篇故事均标有作者的署名。笔者曾查阅 1852 年出版的法国原著,书末附有各个故事及其作者的详细目录:

表 1　法国原创故事和作者一览

第一部分		第二部分	
篇名	作者	篇名	作者
开场白	P.-J. 斯塔尔	又是一场革命	P.-J. 斯塔尔
大会总结	P.-J. 斯塔尔	蟾蜍长老的难忘远游	勒里提耶
野兔的故事	P.-J. 斯塔尔	金龟子的苦难	保尔·德·缪塞
鳄鱼的回忆	E.德拉贝多里埃尔	肖像画家黄玉	路易·维亚多
心烦意乱的英国母猫	巴尔扎克	燕子信札	梅内尼希耶·诺迪埃夫人
蝴蝶历险记	P.-J. 斯塔尔	第七重天	P.-J. 斯塔尔
动物医生	皮埃尔·贝尔纳	二兽之恋	巴尔扎克
动物刑事法庭	E. 德拉贝多里埃尔	一只企鹅的生活与哲思	P.-J. 斯塔尔
熊,或山中来信	L. 波德	植物园里的长颈鹿	夏尔·诺迪埃
驴子指南	巴尔扎克	白乌鸦的故事	阿尔弗雷德·德·缪塞
哲学家老鼠	E. 勒穆瓦纳	蚕的悼词	P.-J. 斯塔尔
一只巴黎麻雀的履行	乔治·桑	最后一章	P.-J. 斯塔尔
落入陷阱的护理	夏尔·诺迪埃		
手枪的第一篇连载	儒勒·雅南		
一只老鸦的回忆	P.-J. 斯塔尔		
非洲狮游巴黎	巴尔扎克		

该书的策划者皮尔·儒勒·黑泽尔,不仅是主要作者之一,还以 P.-J.斯塔尔(P.-J. Stahl)的笔名参与创作。参与本书写作的还包括多位著名作家,如巴尔扎克(Honoré de Balzac,1799—1850),夏尔·诺迪埃(Jean Charles Emmanuel Nodier,1780—1844),乔治·桑(Georges Sand,1804—1876),艾米尔·德·拉贝多里埃尔(Émile de La Bédollière,1812—1883),儒勒·雅南(Janin Jules,1804—1874),保罗·德·缪塞(Paul Edme de Musset,1804—1880)等。此外,插图作者是著名版画家格兰德维尔(J.J. Grandville,1803—1847)。斯塔尔在 1842 年版《动物私生活与公共生活场景》的前言中提到:

> 我们相信,借用动物的形象,让人附属于动物,这种双重意义的批评,可以不失公正、明朗和灵活,又可以避免粗暴和敌意,把评论家的笔变成单种批评。这一武器到了一些别有用心的人手里,会变得十分危险,有时甚至不公正,是因为它能让我们坦率而不粗暴,不直面人和事,而仅仅针对某些特点和类型。这种做法今日非常盛行。(略)我们觉得自己做得没错,我们很好地与他人分摊了任务,把最重、最难的那部分任务交给了一些杰出的作家,他们乐意用他们的名字和才能来支持这本书。如果说,由于多人合作,体裁不同,这本书在整体上会失去什么,我们却相信,它因此而获得的东西可以让人忽略给整体造成的影响,这种影响即使有也微乎其微。(略)最后,我们得说,这本书,如果没有格兰德维尔先生的合作,是无论如何也不能完成的,因为我们知道,这位大画家无所借鉴,也无所模仿。我们还要说,这本书,哪怕它只有一个目的,即给那支独特的铅笔提供一个画框,让那位画家信笔由缰,也足以保证它的成功。①

该书出版后获得了巨大的成功。据笔者调查,截至 1845 年,该书已经重版 5 次,并且在英国也有英译版本问世。斯塔尔在 1842 年重印版本的前言中指出,该书之所以成功,与当时法国文化、文学、绘画领域的著名作家的合作密切相关。此外,该书试图呈现的"动物为人类担忧,它们在自我评判的同时也评判人类"的主题,是其区别于传统寓言文学的独特之处。

---

① 《动物私生活与公共生活场景》,第 1—2 页。

(三) 主要作者

参与该书创作的作者中,巴尔扎克无疑是最为著名的一位。作为法国代表性的文学家,巴尔扎克在上、下两部分中共撰写了《心烦意乱的英国母猫》《驴子指南》《非洲狮游巴黎》和《二兽之恋》四篇故事。他是法国现实主义社会讽刺文学的杰出代表。在上篇收录的《心烦意乱的英国母猫》中,巴尔扎克以英国的母猫为主角,讲述了当时英国帝国对亚洲的侵略及工业革命引发的内部矛盾和冲突。故事中的母猫,将其本性的肮脏用"表面文章"掩盖,表现出各种高傲和"清洁"的外表,忠实地反映了母猫的本性。文中指出:"这就能体现出英国道德的完美之处了,英国的道德只看重表面。唉! 这个世界不过是由表面和欺骗构成的。"①这直接讽刺了当时生活在英帝国社会中的人们,他们相信虚伪是最高的"善意",显示出英国统治者背后的"阴暗面"的尖锐批判。不难看出,该故事充分体现了当时英国的历史背景,如 1763 年英国在与法国的七年战争中获胜并获得了对印度的殖民统治,1783 年美国独立,1801 年爱尔兰合并等历史事件。特别是在 1837 年维多利亚女王即位之后,英帝国进入了其鼎盛时期。随着工业革命和资本主义的发展,英国正经历着传统和现代"混合"的成长阵痛。故事的主人公——英国母猫,对其所目睹的现实进行了深入地揭露。为了维持殖民统治,强大的英帝国海军以传教为名,宣扬善意,以"最端正的形象"占领亚洲。然而,母猫传达的真实情况却是:"重商注意披上道德的外衣,这才是英国在打的真正算盘。"②有趣的是,这种对英国的尖锐批评,在英译本中被改编成了一个完全不同的故事,重新命名为《法国猫的爱情冒险》并收录在下卷中。换言之,原本批判英帝无节制的金钱主义和弱肉强食的作品,为了出版物的商业目的而被改编,这与原作《心烦意乱的英国母猫》的主题保持一致,从而在另一个层面上展现了讽刺。

实际上,《动物的私生活与公共生活场景》之所以能够在法国、英国、美国等欧美国家取得巨大成功,与其插图有着直接的关联。插图作家格朗维尔(J.J. Grandville),原名让·伊尼亚斯·伊吉多尔·杰拉尔(Jean Ignace Isidore Gérard)。据悉,他在父亲的影响下开始绘画。出身贫寒的格朗维尔自十岁起便代替父亲工作,或画素描,而他的父亲曾将格朗维尔的画作冒充自己的作品

---

① 《动物私生活与公共生活场景》,第 82 页。
② 《动物私生活与公共生活场景》,第 89 页。

出售。有说法指出,格朗维尔为了与不幸的童年画上句号更改了自己的名字。成年后,格朗维尔沉迷于共和主义思想,成为了一位热衷于政治讽刺的漫画家。1830 年,他参与了推翻波旁王朝最后一位国王查尔斯十世的革命,并在路障上战斗。自那时起,格朗维尔的时政漫画开始在巴黎的讽刺报纸上连载。1835 年,路易·菲利普政府关闭了格朗维尔所在的报社,迫使他寻找其他谋生方式。因此,格朗维尔转而成为商业书籍的插图画家,而他在这一领域赢得了声誉。通过观察格朗维尔精挑细选或接受的书籍,可以清楚地看出他的才华。他曾为《拉封丹寓言》、拉布吕耶尔的作品绘制插图,还为斯威夫特的《格列佛游记》、丹尼尔·笛福的《鲁滨逊克鲁索》的法国版进行设计。格朗维尔在每幅插图中都巧妙地描绘了模仿人类服饰和行为的异类动物形象,通过这些动物族群,他反映了人类在不断发展的社会中越来越破坏和控制自然的不自然之处。在现代西方艺术史上,格朗维尔亦是一位极具影响力的人物,他是最早在人体上绘制动物面孔的艺术家之一,对后来的《动物农场》《爱丽丝漫游奇境》等作品产生了深远影响。

三、从巴黎到东京:两种日本翻案版本概况

据调查,目前发现的《动物私生活与公共生活场景》的日语翻案小说共有两种。根据出版时间,其排序如下(由于这两部作品的名称相似,因此在文中提及时,将统称为日译本"禽兽会议类"小说):

第一,田岛象二著《人类攻击禽兽国会》,1885 年①。

第二,鹤谷外史著《禽兽会议人类攻击》,1904 年②。

根据小说内容和结构的比较可知,这两部日译本"禽兽会议类"小说均参考了法国寓言小说《动物私生活与公共生活场景》(上、下)(1841、1842)。这两部在日本出版的小说在结构上与法国原著基本相似:原作由作者的前言、开场白(开会主旨)、大会总结、动物的演讲、结语五部分组成;而"禽兽会议类"小说则由绪言、开会主旨、动物的演讲、结语四部分组成。因此,韩国学者金成哲在《试论〈禽兽会议录〉的小说构成渊源》一文中曾提及过法国原著和《禽兽会议人类攻击》之间的联系。然而,两部作品的序文中,作者均指出该书为他们的

---

① 〔日〕田岛象二著《人类攻击禽兽国会》,东京:文宝堂印行,1885 年。日本国会图书馆所藏。

② 〔日〕鹤谷外史著《禽兽会议人类攻击》,东京:金港堂书籍株式会社,1904 年。日本鸣门教育大学所藏。

"原创作品"。实际上,在语言文字层面上,日本的"禽兽会议类"小说并没有直接翻译《动物私生活与公共生活场景》,而是对几乎全部内容进行了改写。因此,将这两部作品视为受法国《动物私生活与公共生活场景》影响的作品,也是恰当的。

(一)日本《人类攻击禽兽国会》(田岛象二著,1885)

《人类攻击禽兽国会》的作者田岛象二(1852—1909),是明治时代著名的戏文家和新闻记者,号任天、醉多道士。年幼时期,田岛象二在书店工作,对书籍有深刻的了解,并在明治初期学习汉学。他与成岛柳北(1837—1884)和服部抚松(1841—1908)一同成为了汉文系戏文。同时,他学习了国学,并在 17 至 18 岁时信奉尊王攘夷思想,前往京都。但在明治维新后,他对新政府推行的西化政策感到不满。因此,田岛象二一度无视废刀令,携带长刀,束发出现在街头,过着放荡不羁的生活。最终,他在时代潮流下妥协,于 1877 年加入了"团团珍闻"编辑部工作。在那里,他担任编辑,并通过发表的"狂文"和"狂书"闻名于世。①

图 2　1885 年
《人类攻击禽兽国会》封面

特别是在《团团珍闻》发表的狂体汉诗文社论、杂录和诗歌中,他以独特的观察角度和轻松笔触,创造出了滑稽且具有讽刺意味的文字。这引起了官方的反感,遭到出版停止和处分,但却获得了民众的广泛支持。尽管《团团珍闻》作为讽刺时代的杂志发行了 30 多年,但由于田岛的独特文风被称为"团珍调"而遭人轻视,他最终在两年后辞去了工作。②

《人类攻击禽兽国会》于 1885 年(明治十八年)出版在东京文宝堂,同年另以《任天居士漂流记》为题在东京青木文宝堂发行。两部小说在书名上有所不

---

① ［日］中村光夫编《现代日本文学全集》别卷一,"现代日本文学史:明治",筑摩书房 1959 年版,第 45 页。

② 有关田岛象二的信息主要参考了以下文献:［日］久松潜一等编《现代日本文学大事典(增补缩印版)》东京:明治书院,1968 年,第 680 页;［韩］朴庾卿:《动物表象の文化论の考察——日韩比较の视点から》,日本法政大学博士学位论文,2017 年 9 月 15 日,第 69—70 页。

同,但其序言、内容和出版事项(包括定价、出版时间、出版社)完全一致。两者唯一差异在于,《任天居士漂流记》中附有作者"我"发明的水上步行器插图。"任天居士"是田岛象二的别号,因此书中的"我"便是作者本人。然而,值得注意的是,在《绪言》中,作者并未提及任何关于法国原著的内容。

人类攻击禽兽国会绪言

　　夏季之虫类,岂能知冬季之皑雪乎?人类于此亦然。以有限之智慧想无限之天地,谓之至论,犹夏虫不识皑雪何异。日耳曼理学家闻之,言近时月界中已有动物生活。其说曰,巨大望远镜以写月界,再以照影数倍放大,可见城邑与村落等。因此,有人企望巨大望远镜之成。呜呼!此人竟越推理法之围,大胆夺天机者也。然则,月界中之动物究竟何状?虽如是言,人惟以己之骨骼及他动物之组织推之。吾人类宜知,与世间之下等动物无异。何知?比我等人类奇异而机敏,比此世之下等动物灵妙而神通者,此乃吾孤岛漂流之寓言。或言,下等动物将制人类。罪吾者,识吾者,唯此书也。[1]

　　《人类攻击禽兽国会》刊行之际,正是明治政府推行欧化主义,试图以此获得欧美欢心之时。当时,日本为了促进与欧美列强的条约修订,不仅积极推动本国风俗的西欧化,还加强了与外国的交流。[2]作者田岛象二在此背景下,试图批判那些相信欧化即文明开化的执政者和社会风气。同时,他坚持自己的信念,即维护日本固有的传统及尊重皇室,以此来改善对文明批判的观点。[3]田岛象二认为,人类试图用有限的智慧去掌握无限的世界,这种无知和傲慢的态度,犹如夏日的虫子无法理解冬季的白雪。随着科学的发展,一些人大胆超越推理的界限,试图窥探天机。然而,人类的能力仅限于从过往经验和自身的体验中推测和理解世界,与下等动物并无差别。因此,通过这部寓言,作者试图描绘一个"被下等动物统治的人类"世界,以此警醒读者不要因科学的进步

---

[1]　《人类攻击禽兽国会》,"绪言"。

[2]　[日]芹川哲世:《韩日开化期寓话小说的比较研究》,《日本学报》第5辑,韩国日本学会,1977年,第171页。

[3]　[韩]王熙子著:《〈禽兽会议录〉和〈人类攻击禽兽国会〉的比较研究》,首尔:宝库社,2014年,第209页。

和新知识的增长而变得自大忘形。

(二) 日本《禽兽会议人类攻击》(鹤谷外史著,1904)

作者原名佐藤藏太郎(1858—1942),生于大分佐伯,是一位日本新闻记者、小说家,以别名菊亭香水、鹤谷外士、柴门隐士等在日本政治小说史上声名显赫。佐藤藏太郎自幼以卓越的学识和才华著称,据《文士佐藤鹤谷传》记载,他 4 岁时就能默诵《小仓百人一首》,16 岁便开始学习汉籍。①1875 年,他毕业于大分师范学校后,曾在鹤谷女子高中担任教职。鹤谷外史在从事教育工作的同时,深入研究汉学。1881 年,他与矢野龙溪一同前往东京。②

图 3　1904 年版
《禽兽会议人类攻击》封面

在 1877 年西南战争后,日本反政府政治力量开始了自由民权运动。鹤谷外史在佐伯市开始了他的首次公众演讲,并于 1880 年组织约 70 名佐伯市青年,成立了名为"久敬社"的自由民权运动团体。该团体在早期就倡导尽快开设国会,并组织演讲会、讨论会等活动,为公众提供讨论政治的平台。鹤谷外史的代表作《惨风悲雨世路日记》最初以《月冰奇遇艳才春话》(1878)为题发表,后更名。1884 年,该作经过润色和修改,增添了政治色彩。鹤谷外史的政治意识随着时间的推移而发生变化,其 1904 年 6 月出版的《禽兽会议人类攻击》反映了他那时"对政治的幻灭、厌世的思想"③。该书中的动物演讲内容,映射了作者当时的政治思想。④《禽兽会议人类攻击》的序文如下:

---

① ［日］柳田泉:《政治小说研究上》明治文学研究第八卷中的"菊亭香水",东京:春秋社,1967 年,第222—225 页。

② 有关作者的信息主要参考了如下文献:［韩］徐在吉:《有关〈禽兽会议录〉翻案的研究》,《国语国文学》第 157 辑,第 220—222 页;［日］久松潜一等编《现代日本文学大事典(增补缩印版)》,第 309页;［日］三好行雄外编《日本现代文学大事典・2　作品・事项篇》,东京:明治书院,1994 年,第109—110 页;日外アソシエーツ编《(新订)作家・小说家人名事典》,东京:日外アソシエーツ,2002 年,第 236 页;［韩］朴庚卿:《动物表象の文化论的考察——日韩比较の视点から》,第 68—69 页。

③ ［日］柳田泉:《政治小说研究上》,第 222 页。

④ ［韩］徐在吉:《有关〈禽兽会议录〉翻案的研究》,第 222 页。

禽兽会议人类攻击序

哲学之泰斗,英国培根氏曾驳无神论者之说,曰:"言无神者,自毁其尊荣也。何以故? 人虽其体同于禽兽,然其神异于上帝,当受贱辱之被造物也。"孟子亦曰:"人之所以异于禽兽者几希,庶民去之,君子存之。"盖人与禽兽异类,有灵性也。"舜明于庶物,察于人伦,由仁义行,非行仁义也。"此乃人与禽兽之异处,免为贱辱之造物之故。明镜虽腐蚀,其面将损。古柱生光泽,物无若胜者。具灵性之人类,然营利一事而汲汲,财物之奴隶,外诱之私,蔽本然之明。禽兽之天性全然,千古不渝之本分。岂无此观乎? 若假设禽兽为灵者,示现代社会之道义败坏。其心将何以感? 禽兽之不知,惟人之福也。故读书余暇,执笔作一小史,题曰"禽兽会议,人类攻击"。托言于禽兽,讽刺纵横人道之不振。虽一场谐谑,然而亦非阿谀浊世之戏,欢乐污俗之卖,聊有异趣,非无之也。观者请恕焉。①

鹤谷外史引用了英国哲学家培根(Francis Bacon,1561—1626)和孟子(公元前 372—公元前 289)的观点,强调了人类与动物之间的区别。作者强调人类在肉体上与动物没有太大的区别,但是在精神层面上,人类与上帝相联系,与动物不同。人类可以理解事物的道理并遵循道德行为。然而,尽管具有这样的精神面貌,人们往往因为自私的欲望和物质利益而变得盲目,失去道德价值。因此作者为了批判人类,将这本书题为"禽兽会议人类攻击",试图以动物的视角讽刺人类的行为,揭示社会道德的崩溃。

(三)《人类攻击禽兽国会》(1885)与《禽兽会议人类攻击》(1904)的关系②

田岛象二撰写的《人类攻击禽兽国会》与鹤谷外史的《禽兽会议人类攻击》在书名上极为相似,且情节结构也颇为类似,均采用了"入梦——动物演说——觉梦"的结构。然而,两部作品在目录(主要是出现动物的种类)和主题思想上存在显著差异。

---

① 《禽兽会议人类攻击·序》,第 1—2 页。

② 有关这两本书的目录、主题方面已有在韩国和日本的学者们进行过比较,相关内容可参见:[韩]徐士吉:《有关〈禽兽会录〉的底本〈禽兽会议人类攻击〉的考察》,《韩国近代文学研究》第 26 辑(2012),第 77—82 页;[韩]朴庚卿:《动物表象の文化论の考察——日韩比较の视点から》,第 68—87 页。

在小说中出现的动物物种方面,《人类攻击禽兽国会》共涵盖了 10 种动物,而《禽兽会议人类攻击》则包含了 44 种。《人类攻击禽兽国会》根据动物的类型和角色将故事分为兽族(猩猩、养犬、虎、马),禽族(鹦鹉、鸦),昆虫(蚁),鱼族(蛸,即章鱼),介族、羽虫族、书记(兔、羊),旁听所(狐、鹿)等多个类别。《禽兽会议人类攻击》则于小说的"绪言"和"开会主旨"之后介绍了 44 种动物(第一席 东云的乌鸦;第二席 井出的蛙;第三席 埃田的蜂;第四席 北海的蟹;第五席 废宅的蜘蛛;第六席 酒屋的蝙蝠;第七席 桃林的牛;第八席铜雀台的瓦;第九席 晓的鸡;第十席 牡丹花下的猫;第十一席 巴山的猿;第十二席 荒野原的猪;第十三席 阿苏沼的鸳鸯;第十四席 无宿的虱子;第十五席 外墼的子子;第十六席 五月的苍蝇;第十七席 猷臥的蚕虫;第十八席 空城的雀;第十九席 河畔的蜻蜓;第二十席 古穴的狸;第二十一席 姮娥宫的兔;第二十二席 深窗的鹦鹉;第二十三席 泽边的萤火虫;第二十四席 破壁的蜗牛;第二十五席 大仓的鼠;第二十六席 荒石的鹰;第二十七席 百岁的狐狸;第二十八席 槐安国的蚂蚁;第二十九席 骥北的马;第三十席 夏野的鹿;第三十一席 焚野的雉;第三十二席 尾上的山鸟;第三十三席 木末的蝉;第三十四席 大道的狗;第三十五席 蓬莱的龟;第三十六席 山谷的莺;第三十七席 丛中的百舌鸟;第三十八席 海沟的海鸥;第三十九席 卯月的杜鹃;第四十席 黑暗之夜的鹕;第四十一席 南方的猫熊;第四十二席 九渊的龙;第四十三席 南越的象;第四十四席 深山的猛虎)。可以说,《禽兽会议人类攻击》的动物种类几乎涵盖了《人类攻击禽兽国会》中的所有动物,唯独不包括狮子、猩猩和章鱼。这些动物的差异性直接反映了两部小说在主题思想上的不同。

在主题思想方面,《禽兽会议人类攻击》呈现出浓厚的儒教和道教色彩。相较之下,田岛象二的《人类攻击禽兽国会》更倾向于佛教观点。例如,在《人类攻击禽兽国会》中,章鱼从佛教视角审视当时的社会现状。在其演讲的开头,章鱼自我介绍道:"人类称吾为章鱼法主,然则与佛教并非无缘,古来驳斥佛教之儒道事可论,以挫人类之鼻。"①章鱼的这一形象在日本文化中具有独特性。②由于其头部形状与僧人相似,因此章鱼在小说中扮演着对抨击佛教的

---

① 《人类攻击禽兽国会》,第 80 页。
② [韩]朴庚卿:《动物表象の文化论の考察——日韩比较の视点から》,第 84 页。

儒家进行反驳的角色。章鱼对儒教所崇拜的"圣人至圣"孔子进行了批评："人
类以孔子为大圣至圣,然吾视之,平凡之男耳。"①它认为,尽管孔子提倡"修身
齐家治国平天下",但他自己却未能做到"修身齐家",反而向他人推广这一理
念。章鱼对儒学的大圣人及其教义持完全否定态度,提出:"末世的盲目儒者
崇孔子为大圣至圣。而孔子自身难成此业,末世且盲儒者焉能? 人类思想大
抵如是,知识分别之魔法亦复如此。"②表面上看,章鱼在反驳"对佛教进行批
判的儒教",但实际上,它在强调现实生活中的佛教并未充分关注众生的救济,
而更多专注于个人的禅修。值得关注的是,《禽兽会议人类攻击》(1904)这部
偏向于儒教和道教的作品,在所有动物演说结束后的结尾部分,作者增添了
"娑婆的红鬼飞入演说""鬼舞及唱歌""天使降临(以天帝之命)中止解散"等情
节。其中,"娑婆"这一佛教术语指代我们所在的世界;而"天使"与"天帝"则更
贴近西方宗教的象征。因此,在儒释道范畴内确立这些作品的主题思想时,难
免会出现一些"偏差"。

这两部作品均围绕"人与动物的关系"进行讨论,涉及日本传统的动物观。
在日本,人们普遍认为人与动物之间存在着一种连续性的传统观念。自古以
来,日本便将动物视为具有"灵能完满"的神圣存在,与人类保持着紧密的关
系。这种观念基于代表"草木国土悉皆成佛"的传统价值观,构成了一个不受
特定宗教框架限制、众神共存的信仰世界。③从古代日本文学中可见,人们通
常将人类、动物和植物的特性分为三类:首先,人类兼具智慧和情感;其次,动
物仅具备情感;最后,植物则两者皆无。④因此,虽然人类拥有知识优势,但自
古以来动物一直被视为与人类共享神赋予特性的共同体成员。然而,《人类攻
击禽兽国会》和《禽兽会议人类攻击》描绘了一种全新的动物形象:在"近代"这
个新世界中,它们成为了"能够与人类抗衡"的独特存在。在这两部作品的结
尾,动物们在绝对力量的源头——神面前,坚信自己保持了"天然的神性",这
被视为它们"优于人类"的特质,并纷纷指责人类的过错。最终,神回应了动物
们的诉求,人类不得不承担相应的代价。可以说,在这两部作品中,动物在自

① 《人类攻击禽兽国会》,第81页。
② 《人类攻击禽兽国会》,第85页。
③ [韩]朴庚卿:《动物表象的文化论的考察——日韩比较の视点から》,第85页。
④ [日]中村祯里:《西鹤と动物.器物の妖怪》,《西鹤と浮世草子研究第二号特集怪异》,东京:笠间书
院,2007年,第33—37页。

己的世界里实现了与人类的"平等"。

除此之外,纵观这两部作品的出版时期和故事结构,可以推测当鹤谷外史撰写《禽兽会议人类攻击》时,他可能不仅参考了法国原著(或其英译本),同时也可能参考了田岛象二的《人类攻击禽兽国会》。尽管这方面的分析仍需进一步研究与验证,但考虑到这两部作品中出现了7种相同的动物,以及部分内容的相似性,可以初步推断两部作品之间在一定程度上存在直接的影响关系。至于这两部作品之间的具体关系和影响的详细情况,则有待于后期的研究中进行深入的探讨。

四、继承与变奏:法国原著与日译本"禽兽会议类"小说的比较

法国原著与日译本"禽兽会议类"小说虽在小说结构、人物刻画等方面存在相似性,但由于语种和文化的差异,两者之间仍存在显著的文化间隔。值得关注的是,两者在文学性上的差异。日本的"禽兽会议类"小说由于其强化的现实性和时事性,本身的文学性则相对较弱。法国原著与日本"禽兽会议类"小说在文学性上的主要差异表现在以下三方面:

第一,从转述者到观察者:小说叙述视角的变化。

在《动物私生活与公共生活场景》中,故事开场以愤怒的动物们逃离笼子并聚集在一起,共同声讨对人类的不公平和不满。它们计划将人类的罪行整理成书,公诸于世。开头第一段如下:

> 在世界大国都不知道的情况下,刚刚发生了一件大事。然而已经习惯了代议制政府的人们可能觉得这事儿稀松平常,不过还是要通知整个新闻界,使后者可以就此讨论一番,并且好好衡量这事儿带来的影响。动物们对于不停地被人类剥削、中伤已感厌倦,它们越来越意识到自己应享有的权利,也开始醒悟"平等(equality)"这个概念不应该只是说说而已——于是,动物们召开了磋商大会,想方设法提高自己的地位,推翻人类的奴役。①

在《动物私生活与公共生活场景》中,叙述者的角色类似于新闻记者,他揭示了近期动物世界发生的重大事件,并叙述了曾经被人类奴役的动物们,如今

---

① 《动物私生活与公共生活场景》,开场白,第1页。

为了摆脱人类控制、实现"平等"而召开会议的故事。"开场白"中提到,一只学会了开锁的猩猩创造了奇迹,在动物们决定聚集的那一天,打开了所有动物笼子的门。这些一时获得自由的动物们随后聚集到会场。尽管会议过程中出现了一些插曲,但最终它们都欢欣地相互拥抱。作者在"开场白"中还介绍了讲述这一事件的"秘密线人",即朋友家的一只鹦鹉。在这部作品中,"我"并没有直接参与故事情节,因为所有的消息都是通过鹦鹉传达的。因此,文中的叙述者"我"以转述者的视角出现,不仅记录了会议上代表动物的演讲,还从多角度描述了周围动物们的反应,全面记录了这次会议的全过程。

在日本的"禽兽会议类"小说中,鹦鹉不再作为"秘密线人"出现,而是由人类以观察者的身份参观动物的会议。实际上,这种变化与日译本"禽兽会议类"小说普遍采用梦游题材和画框式叙事结构密切相关。例如,在较早出版的《人类攻击禽兽国会》中,主人公"我"有一天乘坐自己发明的水上步行机去钓鱼,携带两天的粮食和钓鱼工具离开。在钓鱼途中遭遇暴风雨,被巨浪卷走后在无人岛上漂流。在那里,"我"沉睡并在梦中目睹了动物们召开的"禽兽会议"。同样,在1904年出版的《禽兽会议人类攻击》中,"绪言"讲述了外史一日入睡,其灵魂忽然来到一片开阔的荒野,在那里看到一座高耸入云的楼宇。楼门上的牌匾写着"禽兽会议人类攻击场"九个字。昆虫、鱼类、草木等纷纷到场,各抒己见。[①]在这两部作品中,主人公均以旁观者的身份听取动物们的讲话,展现了观察者的叙述视角。值得一提的是,韩国近代文人安国善(1878—1926)后来以日本的《禽兽会议人类攻击》为底本,改写成韩文版翻案小说《禽兽会议录》(1908),同样采用了梦游主题。这部小说中的梦游寓言成为了作者表现启蒙思想的一种"机制"。

梦游主题在传统小说中源远流长,古代小说常利用梦游情节来增强作品的虚构性。而到了近代,梦游元素与寓言相结合,演变成具有启蒙意义的教育读物。可以说,近代日本文人对原作的改写虽然删减了原著作者斯塔尔所强调的"独特之处",但从东亚汉文小说史的角度看,这种借鉴古代文学传统的手法,反而传达了一种全新的思想。

第二,从"寓言版文学"到"现实版寓言":日译本"禽兽会议类"小说的局限性。

《动物私生活与公共生活场景》在法国和英国等地出版后大受欢迎,值得

---

① 《禽兽会议人类攻击》,第2页。

关注的是,这部小说在叙述过程中将《拉封丹寓言》《伊索寓言》等经典动物寓言故事作为插曲融入。在"开场白"中提及的"事件"和"事故",是从其他西方动物寓言故事中延伸出来的情节。实际上,小说中动物们共同讨论的"事件"被赋予了一种在它们自己的世界中家喻户晓、"人"尽皆知的普遍性。作者将其从西方寓言文学传统中汲取灵感,使故事具有了"事件化"的特征。小说的"开场白"中讲到:

> 一只开心过头的狐狸掐死了一只鸭子,一只兴奋的狼咬死了一只羊,一只狂喜的老虎弄死了一匹马。由于肇事者与受害者之间的恩怨由来已久,他们声称这是一时的情绪失控和惯性使然,是这次大会胜利结束的喜悦导致他们犯下了这些外交礼仪上的小小失误。①

叙述者讲到,虽然会议圆满结束,但过程中发生了3件"小小失误"。其中提及的狐狸掐死鸭子、狼咬死羊的故事,源自《伊索寓言》中的"狐狸和丹顶鹤"、及《拉封丹寓言》中的"狼和羊"。②在《拉封丹寓言》中,狼为了吃掉小绵羊而进行各种诡辩,而《动物私生活与公共生活场景》继续了这一故事,使狼与羊的事件再次发生。这一次,狼因杀羊一事接受审判,并最终被判处死刑。小说中首先详细介绍了"动物法庭"的官方报《公报》上关于狼审判的前情。"前情"即是之前已发生的"故事",作者有意将《拉封丹寓言》中的"狼与羊"故事以插曲形式融入本作,使读者不仅能感受到与其他寓言文学的延续性,还能欣赏到由与《拉封丹寓言》相同的插图作家绘制的插图,从而增强了阅读兴趣。随后,小说详细描述了不同动物在审判过程中的反应,执行死刑的过程及随后的尸检过程。《动物私生活与公共生活场景》出版之时的法国实行君主立宪制,因此小说中的动物被描绘为生活在与人类相同的世界里,遵循与人类世界相似的法律制度。值得关注的是,小说中狼被执行死刑后,其头骨被交给生理学家猫头鹰进行解剖。在此,所提到的"生理学(Physiologie)"并非指生物学中分析生物功能的领域,而是指19世纪法国社会流行的一种文学体裁。这种文学样式的特点在于,当现有的观念和知识无法进一步解析人类社会时,人们就像研

---

① 《动物私生活与公共生活场景》,第2—3页。
② 相关故事可参加于上海图书馆编《拉封丹寓言》,上海科学技术文献出版社2004年版,第17页。

究动物和植物一样,对人或人的类型进行细致的科学式分析,这是一种结合了科学分析和逻辑思维的文体风格。例如,巴尔扎克在 1841 年发表的《公务员》就是这类现实主义文学的代表作。这类作品的作家认为,通过文学对人类的生存方式和固有的生理特征进行分析和分类,可以更深刻地理解社会。而猫头鹰对狼头骨的研究结果出人意料地表明,狼的头部结构中负责"善意"的骨头发达得超出常人。然后这一部分的故事则由此结束。在《拉封丹寓言》中,故事通常以传达一个教训开始,然后叙述相关的寓言故事。相比之下,《动物私生活与公共生活场景》中由于叙述者"我"没有直接参与故事,因此对事件的分析和理解需要由读者自行完成。

在日本的"禽兽会议类"小说中,尽管没有像《动物私生活与公共生活场景》中专门讨论"狼和羊"的故事章节,也没有将这两种动物作为演讲者出现的情节,但相关的隐喻仍然存在。例如,在《禽兽会议人类攻击》(1904)中,第 44 位演讲者是老虎。老虎在自我介绍时提到自己是被"人类所称的狼",它承认自己是"天性残忍的动物",但强调自己族群只在深山中表现出本性,而人类的自私行为则无时无刻不在发生。老虎感慨地说:"特别是现代人类,披着人的皮,内心却是老虎,不惜为了残忍的目的而行动。"第三个演讲者蜜蜂则对人类的残忍行为和"弱肉强食"的现象进行了批判。文中提到:"人类因其罪恶被赶出伊甸园,但在 20 世纪的今天,他们自己制造了狼和老虎巢穴,互相展示利爪进行争斗。"[1]还提及了人类社会中的弱肉强食线上:"俗话说,弱肉强食,浴血奋战。这原本是指禽兽社会生存竞争的,如今却成了人类的问题。弱者和强者的肉是同一块肉。强者欺负弱者,夺取他国领土,掠夺资源。可怜的是那些失去国家的人民。"[2]另外,在《人类攻击禽兽国会》(1885)中,老虎作为猛兽代表发言,但其介绍中并未提及狼。在谈及自己的凶猛天性时,老虎引用了《圣经·创世纪》中的诺亚方舟故事,提出了"性本善"的观点。文中提到:"若我族天性狠心残忍,那么诺亚一族当时怎么平安无事?"[3]老虎认为真正残忍粗暴的其实是人类。人类忘记了和平相处的过去,虽然口头上高呼"文明开化",实则社会充斥暴力。因此,老虎指出:"越是欧洲的'大文明国',实际上越倒退成为'大野蛮国'。"这反映了作者田岛象二对明治政府推行的欧化政策的强烈不

① 《禽兽会议人类攻击》,第 17—18 页。
② 《禽兽会议人类攻击》,第 18 页。
③ 《人类攻击禽兽国会》,第 45—46 页。

满，以及对西欧列强的殖民统治的严厉批判。然而，作者并非一味否定西欧文化。在同一段落中，又提到了人类与动物和谐相处的例子："若人类以绝对不伤害动物的仁爱之心和无邪之心对待我们，我们又怎能伤害人类呢？举个例子，看看欧洲许多国家的驯兽师，他们训练狮子、老虎、大蛇，因为他们对动物和善，从未伤害过动物，所以狮子、老虎和大蛇都能与人和谐共处。"小说中的动物并不简单地按"东方"和"西方"划分界限，而是如"开会宗旨"中所提，仅对那些行为残忍、不合理的"低等人类"进行批判。

《动物私生活与公共生活场景》并未仅仅按照因果报应的逻辑简单地判定恶狼死刑，而是深入分析了狼行为的根本原因。通过对头骨的解剖，该作品传达了一个信息：恶人并非没有善意，但基于自私立场的善意也可能导致可怕的后果。法国原著利用当时流行的社会讽刺文学框架，结合人们熟悉的其他寓言故事，进行了进一步的延伸和拓展。在著名版画家格兰德维尔和巴尔扎克等作家的合作下，这部作品将"近代动物寓言"提升到"近代动物政治文学集大成"的高度。原著中的动物描述了人类世界的明暗两面，内容深具哲学意味，并通过动物议会的模式，试图传达"公正"和"平等"的观念。而"禽兽会议类"小说则重点突出了人性和社会暗面，通过近代化的国会手段批判了痴迷于"近代化（欧化）"的黑暗世界。

第三，问题解决主体的改变：旁观者动物与第三方判官的出现。

在"禽兽会议类"小说中，由于采用了梦游主题，故事通常以主人公在梦中醒来作为结尾。在这些小说中，动物们仅在梦境中进行热烈的讨论，而在现实世界中这一切都显得虚无缥缈。然而，法国原著的结局则有所不同。

在原著中，动物们的会议随着时间推移变得越发激烈，宛如一场革命。动物们认为，与发动革命相比，将会议内容整理成书出版更为可行，因此他们开始高呼"墨水！"。此时，人类饲养员（看守）回来，动物们迅速恢复平静。由于原著分为第1卷和第2卷单独出版，因此动物们希望未来能够出版第3卷、第4卷、第8卷和第100卷的续集。接着，每个动物轮流表达了自己在这个世界上渴望的东西：

> 更远处，夜莺歌唱着："我们这个世界所缺的，正是和谐。"
> "是勇气。"狮子说。
> "是怒火。"老虎说。

"是怨恨。"狼说。

"是胃口。"貉说。

"是顺从。"羔羊咩咩叫道。

"这些都不是我们所缺的。"白鸽说,"我们缺的,是爱。但愿大家都能相爱!"

"您也许是对的,"夜莺对白鸽说,"但没有人会告诉您您是对的,因为人们并不相爱。"

"让狐狸说话。"人们最后说道。

"先生们,"狐狸激动地说,"为什么要指责别人呢? 如果我们没有做任何有意义的事,这难道不是我们的错吗? 还有什么比教会民众读书认字更好的事吗?"

"我们要的是干草而不是书。"驴边说边勒紧裤腰带。

"什么! 驴,您也这么认为? 天啊! 您放弃了学识!"狐狸沮丧地问。

……

"呸! 干草,你只要干草! 可对我来说,对我们来说呢,我们什么都不要,只要能打开笼的钥匙!"

"自由! 自由!"大家齐声喊道。①

狐狸和石貂试图告诉其他动物们更需要的是启蒙,但对于那些本能先于理性的动物来说,它们并未听进狐狸的话。当看守出现后,动物们在大约 1 小时内被重新关进了笼子。看守告诉动物们,无论它们做什么,都是徒劳无功。动物们沉默了。自从开会的几天里,老编辑部附近出现了一些奇异的动物。老编辑部是动物们的会议地点,也是会议记录出版的地方。从外表看,这些动物似乎来自地球的另一端。还有一些"谦虚"(作者所用反语)的动物说:"如果我当时在场,人类不会轻易制裁……"②对此,作者讽刺地表示:"明天的英雄有什么好怕的呢?"这突显了它们的可悲。法国原著的后记中提到,帮助动物们出版书籍的 11 位相关人士被人类惩罚,关入动物笼子中。这 11 人实际上指的是版画家格朗维尔及该书的作家群。然而,两位相关人物——主笔斯塔

① 《动物私生活与公共生活场景》,第 369—370 页。

② 巴尔扎克等著,程毓凝等译《动物私生活与公共生活场景(续)》,第 373 页。

尔和格兰德维尔一直未被捕获,因此赫兹尔作为斯塔尔先生的替代者被关入笼中。这样,这 10 人便成动物园的一道奇观。实际上,斯塔尔是赫兹尔的笔名,两者其实是同一个人。作品以这种幽默和想象力的方式,将作者以两个不同人物的形象呈现,增加了社会讽刺小说的文学趣味性。小说最后并未描绘动物们成功推翻人类社会的大团圆结局。斯塔尔和格兰德维尔所传达的并非起义的成功,而是这种尝试改变历史的可能性。通过动物的话语,他们传递了希望人类在历史的动荡中,能铭记永恒的博爱、希望和救赎。

到了日本的"禽兽会议类"小说,其结尾发生了显著的变化。《人类攻击禽兽国会》的作者田岛象二,作为 1877 年西南战争后站在反政府立场的自由民权运动的先锋人物,其作品深受当时政治背景的影响。自由民权运动是明治时期日本要求开放式民主主义的政治、社会运动。明治维新使日本走向中央集权的近代国家,这为自由民权运动的开展提供了政治背景。运动主要由旧士族领导的地方富农阶层发起,后期还吸引了贫农阶层的参与,主张制定近代宪法,并实行三权分立。自由民权运动的势力在开埠后,为了对抗集中在特定士族的权力,要求民众有参政权,希望将日本打造成君主立宪制国家。田岛象二通过其作品指出了文明开化十年间社会的诸多矛盾和缺陷,犀利地讽刺了被文明迷惑的明治政府。《人类攻击禽兽国会》的结局描绘了动物们向天神控诉人类的恶行,希望人类得到天神的惩罚,以解决问题。天神像判官一样作出回应,指出人类当前所遭受的苦难正是其惩罚的结果。动物们接受这一结果,会议因此而结束。《禽兽会议人类攻击》的结尾与《人类攻击禽兽国会》略有不同。实际上,鹤谷外史也是反对以天皇为中心的明治政府的人物之一。他于 1904 年出版的《禽兽会议人类攻击》,可以看作是他在人生中"对政治有幻灭和厌世"时期完成的作品。①这部作品的结尾,当动物们对人类的批评和告状到达高潮时,突然有一个来自婆婆世界的赤鬼飞到会场。赤鬼解释自己与儒教、道教、基督教中所说的"恶魔"无关,并指出"人们被称为恶魔,并非真正的我们"。随后,一个天使按照天帝的《宇宙大法》第 8 条命令会议停止,全体解散。

"禽兽会议类"小说中第三方判官出现的结局设定,表明当时的日本文学虽在形式上借鉴西方小说,但在文学传统和想象力方面依然保留着日本传统

---

① [日]柳田泉著《政治小说研究(上)》,春秋社 1935 年版,第 267—289 页。

思想和古代传奇小说的风格。这也说明,尽管当时西方启蒙思想盛行于文人当中,但对于一般读者来讲,法国原著中所述的"公共""自由"等概念相对较为陌生。在《动物私生活与公共生活场景》中,动物们追求的是摆脱人类束缚的"自由",即个人权利得到保障的"公民"权利,这与明治时期日本推广的政治观完全一致。然而,在"禽兽会议类"小说的改编过程中,原作中的"自由解决问题"的部分变成了更偏向"人类审判"和"定罪"的情节。在这些小说中,动物们并没有主动去解决问题,而更多是进行了一次性的控诉。因此,在每部小说中都出现了迎合作者宗教立场的神灵形象:例如,1885 年的《人类攻击禽兽国会》中出现了带有佛教色彩的基督教"天神";1904 年的《禽兽会议人类攻击》中提及"天帝"等。作者为了迎合本土读者进行改编,这种写法上的"改编",或者语言转换中的"翻案",虽然作为尝试本身具有教育和文学的意义,但最终仍未能脱离传统的局限性。

五、结　语

在《动物私生活与公共生活场景》的"前言"中,作者指出,虽然之前已有动物寓言的创作,但它们大多仅是披着动物外衣的人类故事。站在动物的角度去理解他们的世界,同时反观人类世界,这正是本书的独特之处:

图 4　1885 年
《任天居士漂流记》插图

> 至今为止,在寓言、童话和戏剧中,人类一直是历史学家和讲述者,他们总是自己给自己上课,在扮演动物的时候也从来没有让自己完全消失。他们总是主角,而动物永远是附属品,是配角,最终还是由人类来照管动物。而在这里,是动物为人类担忧,他们在自我评判的同时也评判人类。大家可以看到,我们的角度变了。在这方面,我们终于有所区别了。①

---

① 《动物的私生活与公共生活场景》,前言,第 2—3 页。

　　值得关注的是,田岛象二的《人类攻击禽兽国会》也表达了类似的"创新"观念。在《任天居士漂流记》(即《人类攻击禽兽国会》的另一版本,排版和文字相同)中,附有一张独特的插图,题为"水上步行器械",展示了主人公"我"发明的一种风力步行器,象征着创新和挑战。但这种发明最终被暴风雨和巨浪所吞噬,反映出人类终究无法战胜大自然。事实上,利用动物批判人类社会是一个古今中外的文学传统。斯塔尔所谓的"创新"虽有些模糊,但从动物们在现代政治平台"议会(或国会)"中的讨论这一角度来看,如果说这种题材是《动物私生活与公共生活场景》的首创,那么可以认为斯塔尔参与撰写的这部故事集为近代日本的动物会议主题的寓言小说提供了借鉴。

　　总体来说,在《动物私生活与公共生活场景》这部作品从法国传至日本的过程中,两种日译本经历了几乎"脱胎换骨"的改编。整体上来讲,法国原著在近代化进程中,较为强调人类本性所引发的社会问题及其反思。相比之下,日本的"禽兽会议类"版本则更加突出了一个无可救济的黑暗世界。可以说,法国原著基于欧洲动物寓言文学的传统,较为客观和人性化地构建了近代动物社会文学的形象;而日本的两部"禽兽会议类"小说,尽管其中描述的社会现象和问题均源于现实,但动物们提出的依据往往显得主观且肤浅,总体上呈现了一种"低等动物"的形象。当时,日本的知识分子虽具备改编法国"范本"的能力,但他们所面临的大环境变化十分飞快,使人们感到十分不安与恐惧。这种内心的动荡反映在作品中,警示人们若失去人性中天赋的"善",则会沦为"连禽兽不如"的怪物。此后,日本的"禽兽会议类"小说也传播至朝鲜半岛和中国。可以说,《动物私生活与公共生活场景》在某种程度上开启了中日韩近代反乌托邦寓言文学的序章。

From Paris to Tokyo: The Transmission and Reception of *Scènes de la vie privée et publique des animaux* by Balzac and Others in Modern Japan

Abstract: *Scènes de la vie privée et publique des animaux*, a collection of animal fables co-authored by P.-J. Stahl and Balzac, and 15 other representative French writers between 1840 and 1842. After its initial publication in France, two translated editions were published in

Japan："人類攻擊禽獸國會" by Tajima Shoji in 1885，and "禽獸會議人類攻擊" by Kikutei Kosui in 1904. To cater to local readers' preferences，the Japanese authors transformed the narrator's perspective of the original work，adopting an observer's viewpoint from traditional dream-journey theme narratives. Simultaneously，in an effort to promote the ideology of embracing European modernization alongside Japanese traditions and respect for the imperial household，significant "modern Japanese-style" adaptations were made to the content pertaining to Western society and historical culture in the original work. These adaptations of the "Animal Parliament" series also became widely popular in the Korean Peninsula and China. In this respect，*Scènes de la vie privée et publique des animaux* can be said to have initiated a new chapter in the modern East Asian Dystopia fable literature.

Key words：*Scènes de la vie privée et publique des animaux*；人類攻擊禽獸國會；禽獸會議人類攻擊；Animal fables

作者简介：林惠彬，上海师范大学人文学院副教授。

重读《大众画报》杂志及其文学史料整理①

——兼论画报期刊视域下的新文学史料研究

温江斌

摘　要:作为"边缘期刊"的中国现代画报蕴含了丰富多样的文学史料,是中国现代文学的重要组成部分,亟待发掘、整理与研究。《大众画报》是1930年代上海的一份重要画报,它采用"新海派"的编辑方式介绍知识、传播艺术和启迪思想,形成了雅俗共赏的风格;特别是《大众画报》每期刊登了大量的小说、随笔以及文学图本,充溢着浓郁的"文学性",是1910—1940年代"画报文学化与杂志画报化"的典型缩影。实质上,自1910年代《小说画报》、1920年代《上海画报》、1930年代《良友画报》再到1940年代《三六九画报》等,画报这种休闲杂志一直以"边缘身份"积极参与中国现代文学生产与传播,挖掘、整理与研究其中文学史料对于钩稽佚文佚作、考察文体变迁、探究图文互动以及考察现代文学场域等具有重要意义和价值。

关键词:现代画报　文学性　《大众画报》　文学史料　文学场域

一、问题的缘起与画报的"文学性"

作为"边缘期刊"的中国现代画报蕴含了丰富的文学史料,是中国现代文学的重要组成部分。自阿英等学者开创新文学史料学以来,一代代文学史家

---

① 本文为国家哲学社会科学基金项目"1930年代上海画报文学史料整理与研究(22BZW138)"研究成果。

积极推进百年中国新文学史料的整理与研究。随着视野拓展,近些年来学者已注意到新文学诸多史料,甚至进入到小报、地方文学杂志之中,但稍许遗憾的是,目前对于"边缘期刊"中的文学史料没有进行细致的整理;而实质上,"(这些)大量非文学报刊(边缘期刊),几乎为现代文学不可或缺的媒体,甚至可以说没有这些非文学媒体几乎就没有完整的中国现代文学"。[①]一般而言,"边缘期刊"是指主要刊载"非文学"内容,不以传播"文学"为目的的期刊,画报是其中的重要一类。画报是以图像为主、以文字为辅的杂志。关于画报的研究,学者一般多从新闻视角考察,如 19 世纪 20—30 年代的戈公振、萨空了和后来的方汉奇、祝均宙等学者均从新闻角度对画报进行研究,宏观探寻中国近现代画报的历史衍进;而近年韩丛耀、吴果中等学者则注意到其中的图像新闻,他们以《良友画报》等为个案考察晚清民国图像新闻传播特点。另外,从文化史考察画报的学者有李欧梵、陈平原、张英进、彭丽君等人,他们的研究主要从现代性、视觉文化等入手,通过对图像表征意义的分析来揭示中国近现代都市文化的纷繁与复杂。整体而言,这些研究重心大多聚焦于画报"新闻"性,而在有意无意间忽略了其中的"文学性"。

　　较早注意到画报"文学性"的是吴福辉先生,他在论文《漫议老画报》中就看到"《良友》实际是上海'新感觉派'作家发表的刊物之一",并指出"文学的掺入,也提高了画报的品格"[②]。以后他在《海派文学与现代媒体:先锋杂志、通俗画刊及小报》一文中分析认为 1930 年代上海存在着"画报的文学化和杂志的画报化"的倾向,并举例指出"《良友》画报的文学魅力在于它对海派的推动力,同时利用文学来装扮、提高自己的品位"[③]。他敏锐的文学史料意识和独特的观点很有启发意义。新世纪以来关于"画报文学"探究主要有"搜集整理"这一路向,其中如陈子善、程德培等学者对《良友画报》《妇人画报》等画报中的部分文学史料进行了编选与出版[④],这些成果的搜集并选编成册,有意识地使人们发现画报拥有丰富的"文学性"。当然,这种收集整理因重心在于个别画报的作品"编选"而很少研究其中的文学现象,为此诸如流行于上海的《玲珑画

----

① 周海波:《传媒时代的文学》,人民文学出版社 2007 年版,第 62 页。
② 吴福辉:《漫议老画报》,《多棱镜下》,人民文学出版社 2010 年版,第 139 页。
③ 吴福辉:《海派文学与现代媒体:先锋杂志、通俗画刊及小报》,《东方论坛》2005 年第 3 期。
④ 这些编选成果分别为:陈子善《朱谷律的回忆》(浙江文艺出版社 2004 年版)、《脂粉的城市》(浙江文艺出版社 2004 年版);程德培、郜元宝、杨扬《〈良友〉小说》《〈良友〉散文》《〈良友〉随笔》(上海社会科学院出版社 2004 年版)。

报《时代画报》、天津的《三六九画报》《一四七画报》等，没有学者具体探究其中的文学现象。实际上，中国现代画报蕴含了各式各样的文学史料，具有丰富的"文学性"，值得整理与研究。

《大众画报》是 1930 年代上海一份重要的画报杂志，《大众画报》的英文名称为"The cosmopolitian"，主编为梁得所，1933 年 11 月《大众画报》正式出版发行，出版地址定为上海租界舟山路 12 号，在广州、香港、汉口、南京、北平、厦门、汕头、天津等国内城市进行发行，并在新加坡等海外设置经销代理。《大众画报》八开本，道林纸印刷，每月发行，每期 40 页。《大众画报》发行人为黄式匡，美术编辑是李旭丹，其他参与编辑的还有李青、莫自衡等人。自 1933 年 11 月创刊至 1935 年 5 月，《大众画报》总计发行 19 期。主编是梁得所于 1926 年 10 月进入上海良友图书出版公司，并在周瘦鹃退出之后的 1927 年 6 月正式接编《良友画报》。自 1927 年第 13 期到 1933 年第 79 期离开，历经 6 年 66 期，梁得所把《良友画报》初创期杂乱无章的内容加以调整和提高，形成了稳定成熟的风格，使得《良友画报》进入全盛期。1933 年 8 月由于他"不甘于只当保姆"①遽然离开《良友画报》，并于 1933 年 11 月推出《大众画报》创刊号，一时给《良友画报》造成威胁，"它的出现，不同于别的画报，可以说是《良友画报》最足注意的劲敌。"②

梁得所在编辑《大众画报》中采用了具有现代观念的"新海派"方式，其中包罗了文学、绘画、摄影、电影、科学、常识等各类内容，这些材料一改传统文学脱离社会与时代的陈腐，创作灵感来自都会生活，对现代性发展具有深刻的认识。因此在梁得所的统一调度下，《大众画报》将摄影、图画、漫画等图片与各类文字的穿插呼应，以其快速的反应能力，敏感地捕捉都市时尚生活、流行事物以及突发新闻。作为一种商业性的休闲刊物，《大众画报》自然不乏趣味、猎奇的目光，实际上当时各种画报都还承担旧派通俗杂志曾经肩负的娱乐功能——虽然旧派通俗杂志于 1920 年代已经迅速萎缩，不过那些反映市民的隐秘审美趣味却依然潜藏于市民之中——它们需要继续通过漫画、照片等图像构建新的趣味来消遣和愉悦大众市民，因此于不知不觉间形成了新海派的特色。"摩登"确是 1930 年代上海画报的主要特色，《大众画报》也有着"时尚新

---

① 马国亮：《良友忆旧——一家画报与一个时代》，生活·读书·新知三联书店 2002 年版，第 99 页。
② 马国亮：《良友忆旧——一家画报与一个时代》，生活·读书·新知三联书店 2002 年版，第 105 页。

潮"与"摩登主义"的一面,不过与《上海画报》常刊登"软性趣味"的明星名媛、服饰运动等图像并散发一股"媚俗"气息相比,《大众画报》注重知识介绍、艺术的传播以及思想的启迪,显示出活泼有趣与严肃高雅的兼容相济的格调。这种雅俗共赏的气质在"创办旨趣"中就体现出来:

> 文化事业,灌输知识,为邦国前途之所系……书报之普及,赖乎方法之实施也。具体言之:取材切合实际生活,售价低廉以便购买,意识正确以负时代前驱之责,经营克己以服务效率为前提。①

梁得所谈及《大众画报》编写时曾说画报这种刊物"可供消遣,但不至于消遣"②,更应"负时代前驱之责",这种极具明确教育启蒙色彩的风格,是梁得所有意追求的目标。为此他对于采稿格外严格认真,其中《征稿条例》就要求:"文字之需用,以短篇为主。凡随笔散文,短篇小说,新闻故事,各项趣味性或有意义译著,及文笔流畅之学术常识,均乐于采用。"而对于图片要求同样追求高格调:"照片之采用,种类之繁……凡一切广见闻,增加美感之作品,均受欢迎。"③正是基于启蒙与消遣的办刊旨趣和编辑理念,《大众画报》在创刊第一期就召集了老舍、叶恭绰、邵洵美、徐悲鸿、郎静山、叶浅予、郭建英、马国亮等一批重要的现代名家,有系统地登载了时事新闻、美术摄影、现代艺术、学术随笔、运动健身、生理知识等内容,这些丰富且有系统的内容具有文化美育、开阔视野、启发心智等功效,为《大众画报》的营销带来不小的影响,成为1930年代上海画报杂志中的一朵奇葩。当时有学者就认为,"惟就印刷及材料方面来分别轩轾",《大众画报》是"所有画报中""最佳的"④。特别是它的文学比重较大,刊发了老舍、穆时英、黑婴、张天翼、杜衡、袁牧之、予且等作家的小说、散文等各类作品,以及各类各样的文学图本,具有浓郁的"文学性",因此通过探究《大众画报》的文学史料在一定意义上能够"窥探"现代文学创作的历史面影。

---

① 梁得所:《大众出版社创办旨趣》,《大众画报》1933 年第 1 期。
② 梁得所:《编辑后记》,《大众画报》1934 年第 12 期。
③ 梁得所:《征稿条例》,《大众画报》1933 年第 1 期。
④ 吴越生:《画报种种》,《文化建设》1934 年第 1 卷第 2 期。

二、"创作小说":杂语共生的文学原生态

在面向读者的市场消费中,现代画报一方面通过新闻、服饰、广告、艺术等内容制造时尚与潮流,另一方面也通过登载包括小说在内的各类文学作品来吸引读者,以致登载了纷繁芜杂的小说文本,真实呈现了现代文学杂处共生的原生态图景。《大众画报》设置"创作小说"栏目,几乎每期都刊登一到两篇短篇小说,根据统计总共刊登了四十余篇小说,这些小说丰富驳杂,不少是佚文佚作。从小说作者构成群体来看,这些小说大致可以分为新感觉派作家作品、左翼作家作品、自由主义作家作品等三大类:

《大众画报》创办发行于都市上海,得地利之便,新感觉派几位作家都在其中刊发小说,如穆时英的《百日》①发挥心理描写的长处,书写吕太太为死去丈夫准备一场水陆道场而向三叔、二伯及佣妇借钱,人们在跟随着吕太太的变动的细微心理活动,感受到世态炎凉。而施蛰存的《鸥》②没有具体的故事,在银行做实习生的小陆坐在办公室看着黑漆漆的窗户与修女的帽子而联想到家乡的海鸥、想起曾经一起玩耍的女朋友,又因看到"绮想"多年的女朋友与同事阿汪在一起,写出了美好梦想难以追寻的空幻。小说没有主题,然而那种断断续续的联想,却带给人们颇多的惆怅和思考。黑婴在《大众画报》刊发了两篇小说,其中《域外》③里教书先生黄文星深深地爱着妻子和孩子,然而残酷的战争把平静的生活打破了,他来到城市找寻妻子,而她却已成别人的恋人。战争使得一位对生活满怀信念的年轻人失去孩子,失去恋人,小说以一种低回的诉说展现时代的突如而来的异样痛楚。另外,他的《叼海员烟斗者之事业》④写的是叼着海员烟斗、留着一撮胡子的教授洪先生一向认为女人与事业冲突,因此只喜欢咖啡和书籍而独身,当一次偶然之间改变观点娶得一个女子回家后,他却依然过着纯粹的个人生活,因为他仍然认为女人和事业是相冲突。黑婴的这些小说没有鲜明的矛盾冲突,新颖的外文词语以及细腻的心理的描写充溢着浓郁的新感觉派摩登气息。

在《大众画报》中刊发小说的左翼作家有张天翼、欧阳山等。张天翼的《我

---

① 穆时英:《百日》,《大众画报》1934 年第 3 期。
② 施蛰存:《鸥》,《大众画报》1933 年第 2 期。
③ 黑婴:《域外》,《大众画报》1934 年第 11 期。
④ 黑婴:《叼海员烟斗者之事业》,《大众画报》1935 年第 17 期。

的太太》①描写一个曾是大户人家的女儿嫁给一个普通军队"文书"之后,既不会做饭生活,更无端哭泣,写出了热烈爱情背后普通青年的日常情形,小说在一定意义上有意激发人们有关理想爱情与平凡生活之间的思考。欧阳山的《银狗仔》②通过省城银庄伙计梁承裕与骚姑相恋,骚姑是礼贤乡贩卖枪械的恶徒刘吉源的女儿,他反对女儿上学,打死过与女儿自由相恋的彼得,面对刘吉源的威逼,梁承裕只得返回省城,这篇小说一方面反映三十年代广州地方赌徒等的恶行,另一方面也暗示了年轻一代缺乏血性,缺少为爱情奋不顾身的那种冲劲。作为左翼戏剧家,袁牧之在《大众画报》刊发三篇小说,《理发师小胡子》③中生意渐好的理发师小胡子竟然爱上了富裕的杨女士,他大胆地寄上信,却在音讯石沉大海中看到杨女士结婚的征兆,小说从理发师小胡子的视角书写这场没有爱恋的情感,把底层人物渴望爱情的期望与失望、不安与自卑的交替心理写得极为真切,作者有意对都市中的贫富差距进行了批判。《寻人》④叙述了一个已婚女性在家庭婚姻与社会事业之间两难的心理,男女平等倡导多年然而依旧不平等,男性可以三日四夜不归,而女性却需要苦苦守候家庭。小说探讨了女性在两性关系中的不平等问题。而他的《一个不用镜子的女人》⑤里自小被父母遗弃的女子女性阿五,跑到大都市里自食其力。因为长年的劳作,模样、体态与男子几为一样,丈夫为此厌弃她。她开始发现镜子的魔力,效仿摩登女性,以求得男性的青睐,然而这些男子一个个见异思迁,小说再次展示男女间的不平等性。

还要注意的是,老舍、杜衡等自由主义作家在《大众画报》中登载了数篇小说,老舍的《柳家大院》⑥刻画了租住于"柳家大院"中"赚钱不多"的下层人物形象,算命先生的我与拉洋车的儿子、当花匠的老王与其石匠儿子、张二夫妇以及儿子等,重点叙写了一家庭内公公、小姑子与丈夫虐待小媳妇导致她上吊而死的悲剧故事,作家于简洁的描绘之中写出底层人物生活艰辛,描述了社会底层贫民的挣扎与苦痛,展示出作家深沉人道主义情怀。杜衡的《莉莉》⑦写

---

① 张天翼:《我的太太》,《大众画报》1934 年第 5 期。
② 欧阳山:《银狗仔》,《大众画报》1935 年第 19 期。
③ 袁牧之:《理发师小胡子》,《大众画报》1934 年第 4 期。
④ 袁牧之:《寻人》,《大众画报》《大众画报》1934 年第 12 期。
⑤ 袁牧之:《一个不用镜子的女人》,《大众画报》1935 年第 15 期。
⑥ 老舍:《柳家大院》,《大众画报》1933 年第 1 期。
⑦ 杜衡:《莉莉》,《大众画报》1934 年第 6 期。

了一位都市女性微妙感情,她游走在时尚与沉闷的两位男子之间难以选择,最终又无缘无故的消失,写出了都市中人与人之间那种捉摸不透的关系。王家械的《咸鲫鱼》①中李福的妻子因家贫来到城中作奶妈,实质是做大户人家的妍头,而她希冀未来有一天能赎回土地,过上自由的生活。小说在天真的儿子和憨厚的丈夫拿着她性交易后寄回的两张洋钱戛然作结,给人以无奈的悲怆和深沉的思考。

作为商业性杂志,画报强调刊物的包容与多元,着力于刊物内容的扩大与更多读者的接受喜爱,带来各流派作家及普通作者的八方汇聚。从以上可以看到,《大众画报》的"创作小说"集新感觉派、左翼、自由主义以及"无名作家"等多样的写作于一体,呈现出包容性极强的作家队伍。其实,《大众画报》同样包含了作家张亦菴、老舍、巴金、邵洵美、予且、郑伯奇、穆木天以及学者陈大慈、艺术家陆丹林等不同身份的散文、随笔写作,由此形成了一种"杂文学"的形态。因此,林林总总、丰富多样的小说及散文将不同语言形式、不同文体样式、不同表达方式、不同情感内容的文学文本充溢其间,它的纷繁芜杂使人目不暇接,将那个多元的繁复时代进行了生动地展现,让人感受到时代跳动的脉搏,真实呈现了现代文学杂处共生的原生态。

因办刊宗旨或因编辑爱好有着某些侧重,文学在不同的画报并形成自己某些特征,如《上海画报》偏于海派市民通俗文学,《北洋画报》倾向于"津派"市民通俗小说,《妇人画报》擅长新感觉派的"轻文学"写作,《中华图画杂志》注重书写沉重的城市与农村底层生活,《时代画报》则在邵洵美的召唤下形成立体性的"都会文学",实际上几乎所有的"画报文学"都是包罗万象的,它们的庞杂多样使人难以在完全统一的视域中进行清理。如果将1910—1940年代都市画报中的文学按照刊登时间进行有序罗列的话,大体能见到文坛的流行色的——在这里,雅与俗的对峙、互渗,先锋与流行的协调、冲突都能在这里和谐共处,其中各类文学互动、融合乃至纠缠,构成了鲜活流变、杂语共生的文学现场,具象地展示了现代文学复杂的场景。

三、文学图本:"现代文学审美整体的一部分"

作为一种特殊期刊,现代画报以大量的图像占据主导地位,在给读者带来

---

① 王家械:《咸鲫鱼》,《大众画报》1934年第10期。

全新的阅读机制的同时,还深刻影响了其中的文学生产。《大众画报》的文学文本常与图画结合,这些插图尽管往往是作品作成之后所加,也可能并非出自作者之手,但是它与作品结合在一起构成了小说成品和散文成品,读者也是将它们当作一体去接受的。这些插画以其空间、结构、质感,增添了小说的艺术感染力,唤起读者心理美感和阅读兴趣。因此,插图并非"画报文学"的陪衬品,而是这些文学的重要内容,"插图显然是这一时期的杂志内容整体的组成部分。从这些杂志的阅读中排除插图,就如同从一部小说中删除一个章节"。①纵观《大众画报》,其中文学的"图本"主要由漫画和照片两大类型组成。

其中为小说作画的以漫画家为主,《大众画报》小说文本中常能看到漫画,李旭丹、黄苗子、郭建英等均为所登载的小说创作漫画,其中李旭丹的漫画最多,他所创作的漫画偏离当时海上流行的唯美主义,在整体画面的灰白关系中运用素描表现技法,以写实手法来呈现小说的内容,形成一种朴实而不失现代的风格,他为小说《鸥》《域外》《寻人》《理发师小胡子》等所作插图,以黑白的构图、朴实的表情来转述故事情节,形象地展现了小说的关键场景,如他为1934年第7期默生的小说《妻》②中所作的四幅插图:第一幅是清癯而没有任何表情的吴先生;第二幅是吴先生与妻子相背而坐;第三幅则是吴太太与一军官骑马同游的场景;第四幅是军官辞别之际吴太太惆怅的表情。这些插图中,吴先生悲戚的面容、吴太太出轨的愉悦,刻画出无爱婚姻中人物的各自微妙的心理。这些漫画并不是简单地对小说故事的模仿,而是抓住最富有孕育性的那一刻进行表现,有意识地突出小说的情节和情调,细微地为它们进行了形象的注释。

除了置放漫画之外,有不少文学文本还插入了照片,如穆木天《船离开了大连的埠头》③就配上一幅大连码头风景的照片,巴金《在普陀》④分别插入普陀海滨风景照片,邵洵美《秋天的经验(剑桥的幻象之一)》⑤插入秋水、秋虫、秋收等三幅照片。特别是华尚文的《女间谍》⑥插入"少女时代川岛芳子""摩

<hr />

① ［荷］贺麦晓:《文体问题——现代中国文学社团和文学杂志》,陈太胜译,北京大学出版社2016年版,第130页。

② 默生:《妻》,《大众画报》1934年第7期。

③ 穆木天:《船离开了大连的埠头》,《大众画报》1934年第7期。

④ 巴金:《在普陀》,《大众画报》1934年第7期。

⑤ 邵洵美:《秋天的经验(剑桥的幻象之一)》,《大众画报》1933年第2期。

⑥ 华尚文:《女间谍》,《大众画报》1933年第1期。

登男装之女间谍""婚礼装束""间谍化妆又一种""戎装之川岛芳子"等五幅川岛芳子的不同照片,无疑使这篇"实事小说"具有互文性,"插图暗示了理想化,而照片则意味着现实"①,摄影照片的插入无疑使文学故事显得更有真实感。此外,小说中插入照片的另一种方法是将作者真面目呈现在读者面前,如1933年第1期刊登了小说《柳家大院》②作者老舍的图片、1934年第3期刊登了小说《百日》③作者穆时英的照片,有意识地满足读者渴望了解作者的需求。这些照片与小说的"并置",使得后者更具生命气息和趣味张力,成为现代小说不可或缺的组成部分。

如果说以上所插入的照片主要起衬托、阐释等辅助作用,那么在《大众画报》中还有一类图像与文学对话的模式,即照片与小说文字处于平等对话关系,形成诸如"摄影游记"一类新的文学类型。在这些游记中有的纯粹书写风景之美,如刘体志的《丹霞山纪》④记叙了丹霞山风景气质、张印泉的《黄山烟雨》⑤记录烟雨雾霭中的黄山美景;有的在风景之中有所兴发,如钱立庵《鸡公山胜景》⑥就喟叹"在我们这国度里,风景也要受势力的支配,假如没有风流人士达官显贵去赞扬它,一辈子不要想发迹";而有的则在风景之中深藏着关注普通民众和体恤底层的人道情怀,如陆丹林的《杭徽之行》⑦在杭州、徽州山川风物的风景描述中尤为注意展示底层劳工的生活,体现了作者深沉的悲悯心情。需要注意的是,这些游记作者多是当时著名的摄影艺术家,他们优美富有情味的游记文字与逼真直观的摄影照片相搭配,极大地刺激和满足人们的想象和欲望,也显示出现代文学中复杂的文学与图像相互借用的图影。

特别是自1933年第1期至1934年第12期的"中国游记"专栏,以连载系列的形式将中国边疆风情风景展现在国人眼前,从"三峡天险""蜀道难""西藏新年之鬼神舞"到"贡嘎雪山""男惰女勤之打箭炉""四川茶与西藏人",从"川边行猎""失去的热河""猓夷族"到"游牧生活""北平印象",一一展现出"美丽的中华"风景。这些风景游记颇有趣味,有的书写边地风景的奇异,有的咏叹

① ［美］卡罗琳·凯奇:《杂志封面女郎》,曾妮译,天津人民出版社2006年版,第165页。
② 老舍:《柳家大院》,《大众画报》1933年第1期。
③ 穆时英:《百日》,《大众画报》1934年第3期。
④ 刘体志:《丹霞山纪》,《大众画报》1934年第9期。
⑤ 张印泉:《黄山烟雨》,《大众画报》1934年第11期。
⑥ 钱立庵:《鸡公山胜景》,《大众画报》1934年第3期。
⑦ 陆丹林:《杭徽之行》,《大众画报》1934年第4期。

边疆民族的顽强,而在这些饱含深情的文字中穿插十几幅甚至几十幅相关的风景摄影,更显得极为壮阔和真实。如《蜀道难》①游记从"蜀道难,难于上青天"诗句说起,以自己的游历逐步介绍沿途风物人情,其中饶有趣味地介绍了行程中的"花杆""山揹"等四川山路中载人方式,满足了读者的猎奇的趣味,作者在叙述中也对蜀道上艰辛生活的人们如纤夫予以同情,也对他们乐观生活精神加以赞赏,游记多以四字一句,读来干净利索。而在这些文字中插入"山揹""天桥之基""花杆""竹筏""力之贱卖""悬桥攀渡"等十五幅摄影照,展现了常人难以知晓的风景以及生活于蜀道中的人们;其中文字被摄影照片分割,构成完整的带视觉效果的图文形式,在光影黑白的对照参差中呈现纪实与抒情的水乳交融,"摄影游记"以颇为时尚前卫的姿态吸引了读者,可以看作是当时海派各种先锋的文学试验的大胆探索。吴福辉先生在论及海派文学时就曾说,"至于真正属于画报的文学创作,我想提到的是摄影小说、漫画小说、图画散文等形式",并认为"这是可视的文学,能同画报紧密贴近的文学"。②

语言和图像是文学世界的两翼,它们彼此的互动竞合构成文学史常谈常新的话题,事实上,文学图像也是现代文学的重要内容。从以上考察中,以《大众画报》《良友画报》《北洋画报》等现代画报贡献给现代文学的不仅是"纯文字"小说,还有诸多"文学性的东西",其中小说散文等文体与漫画、摄影、广告等密切结合,以致杂志本身拥有不小的文学性。为此作为"平行阅读的若干要素"的文学插图、文学广告、文学照片等,它们在画报中形成诸多对话与张力,构成了兼及不同趣味但又有一定指向的巨大文本,因此超出了一般意义的文学范畴,形成"泛文学"形态。"这种让杂志具有浓郁的视觉吸引力的习性,使得照片和插图作为中国现代文学闻名遐迩的审美整体的一部分,提供了某种最初的辩护理由。"③

四、画报研究之价值:现代文学的重要史料库

《大众画报》具有浓郁的"文学性",它是近现代期刊"画报文学化与杂志画

---

① 王小亭:《蜀道难》,《大众画报》1933 年第 2 期。
② 吴福辉:《漫议老画报》,《多棱镜下》,人民文学出版社 2010 年版,第 139 页。
③ 〔荷〕贺麦晓:《文体问题——现代中国文学社团和文学杂志》,陈太胜译,北京大学出版社 2016 年版,第 117 页。

报化"①的典型缩影。所谓"画报文学化"是指以图为主的画报在自身的发展中不断通过借用文学来装扮和提升自身的气质和品位,显示出"新闻性"与"文学性"并重的格调,或显示出由"新闻性"向"文学性"杂志靠拢的倾向。虽然晚清之际《点石斋画报》没有刊登纯粹的文学作品,但是其固有的文化、文艺色彩,必然使它与文学有着天然联系。实际上,晚清之际的第一个画报《小孩月报》就已刊登了少量的诗歌作品,而后1900年代起受印刷便利等影响,广州《时事画报》等就吸收许多的文学因素,成为刊发文学作品的重要平台,以致到1910—1940年代画报杂志成为当时各类作家写作的重要空间,似乎各种文学流派以及各类作家都在这里精彩的"上演",成为新旧文学包容性很强的文坛舞台。因此在某种程度上,画报为当时各类中国作家提供了一个发表己见、交流切磋的平台,开辟了现代文学与文化的一个"公共空间"。

值得注意的是,在通常的文学史叙述中,左翼文学和民族主义等流派水火不容,然而在这些画报中,雅俗的对峙互渗,先锋流行的协调、冲突都在这里和谐共处,甚至达到融合的程度。画报杂志不但为当时许多作家提供一席文学生产之地,包容各方的写作形态,而且由于它们的广泛流行对于现代文学的传播具有重要意义,如在20世纪20—30年代大多数普通市民对于"五四"以来的新文学及新文化相对比较隔膜,加之当时受国民党南京政府查禁了革命书刊的影响,进步刊物难以公开发行,画报因距离现实政治斗争较远一些,不易招致被绞杀而获得了重要发展。同时,相比较于一些言之凿凿的严肃报刊,这类刊物因富有直观性、趣味性、时尚性,获得众多读者的喜爱,影响之广泛超过了革命文艺期刊和国民党的御用期刊。因此,当时市民实际上更多接受的是包括《良友画报》《时代画报》《玲珑画报》等各种流行画报在内的休闲出版物的影响,邵洵美在论及画报地位时就曾说:

> 我总觉得图画能走到文字所走不到的地方;或是文字所没有走到的地方。对于前者,我有一个极好的例子:譬如说,新文学运动到现在多少年了,但是除了一部分学生以外,他曾打进了何种领域? 以群众为对象的普罗文学,它所得到的主顾,恐怕比贵族文学更少数。但是画报是走到了

---

① 吴福辉:《海派文学与现代媒体:先锋杂志、通俗画刊及小报》,《东方论坛》2005年第3期。

他们所走不到的地方了。所以普罗文学刊物的销数一千，非普罗文学刊物的销售有一万；而画报如《时代》《大众》，及《良友》之类便到过六七万。①

对于国人的文学与启蒙教育，邵洵美认为"从画报着手应当算是最好的方法"，画报能在"供给读者眼睛及神经的享受以外，自会有心灵的食粮"，能"走到"新文学、普罗文学等"所走不到的地方"。就传播特点来看，画报在文学专业性方面或许不如某些纯粹文学杂志强，不过由于它倾向通俗化、大众化风格，以致传播广发行大，传播呈现出密集状态，有利于文学信息与受众更"亲密的接触"。如果把视野稍稍放大，从 1910 年代的《小说画报》起到 1920 年代的《上海画报》、1930 年代的《良友画报》，再到 1940 年代《三六九画报》等，作为消闲的画报杂志一直悄悄地参与现代文学的生产和传播，成为贯穿整个现代文学发展的一方园地，这是不争的事实。陈平原先生曾说，"大众传媒在建构'国民意识'、制造'时尚'与'潮流'的同时，也在创造'现代文学'"②，这一论断对于中国现代画报是相当贴切的。画报作为一种新的媒介产物，以一种全新并且独特的话语符号，参与到现代文学的生产和传播之中，推进了大众的文学阅读，构建了新的阅读群体，推动了新文学的广泛传播，并最终参与到现代文学的现代性进程。

近年关于新文学史料整理颇为丰富，现代文学研究得到较为深入的开展，但稍许遗憾的是，目前对于画报文学史料没有进行全面系统的整理与研究。据彭永祥等学者的不完全统计，除去部分纯粹新闻画报、美术画报和科学画报，1911—1949 年那些文艺性画报就有 90 余种，其中发行广、流行长并比较重要的就有《小说画报》《上海画报》《良友画报》《北洋画报》《时代画报》《文艺画报》《中华画报》《妇人画报》《玲珑画报》《文华画报》等③ 30 多种，这些画报具有浓郁的"文学性"，几乎囊括了当时各种文学思潮，包含了丰富的文学史料，将它们称为现代文学史料库并不为过。因此，对于整个"拥挤"而又充满活力的中国现代文学学科而言，画报文学史料是有待开采的富矿，对它们系统、深入的考察对于现代文学研究具有重要的意义。

---

① 邵洵美：《画报在文化界的地位》，《时代画报》1934 年第 6 卷第 12 期。
② 陈平原：《文学史家的报刊研究》，《中华读书报》2002 年 1 月 9 日。
③ 这些画报有的称之为"画报"，有的称之为"图画杂志"，为了行文方便统一简称为"画报"。

其一,钩稽佚文佚作。画报的兼容并包的办刊姿态和大胆撷取文学流行色的个性,使得当时各种文学写作纠缠在了一起,时间上的连续性与空间上的杂生性构成了鲜活流变、杂语共生的文学现场。因此挖掘和整理画报中的文学史料,能够钩稽现代作家散佚作品,梳理文学史上的"失踪"作家,如《大众画报》中的老舍《还想着它》、郑伯奇《汽车夫的威权》、黑婴《叼海员烟斗者之事业》等都是梳理过程中惊喜发现的佚文佚作;如老舍的《还想着它》①是一篇数千字的回忆散文,作者写了从法国来到新加坡旅途上的见闻,船上所见所闻和异域风景真切吸引,重点描述了在新加坡教学和创作计划等生活场景,写出了对那段自由而充实的南洋生活的热爱,文字素朴自然,拉家常的话语具有亲切感;而其中把当时创作小说《小坡的生日》的经过进行了回忆,颇有文史价值。此外王家槐、潘子农等作家经过重新打捞,可以想见他们的创作在当年是颇为活跃。因此,对画报的系统、深入考察可以补文学史料之缺、洞察现代文学更多的历史"真相"。

其二,考察文体嬗变。一般而言,作为商业性杂志,画报它们大多是拉作家来提高刊物的名气和吸引读者,而很少有试验新文学文体意识的用心。不过它们在靠拢读者的同时常不经意制造某些次文体类型,如《大众画报》的"摄影游记"以优美的游记文字与风景摄影的相互穿插,呈现出现代文学图文互动崭新面相;《时代画报》的"连载散文"采用系列、并置等形式,有意拓展散文的表现容量,形成多种话语碰撞交流态势,成为 1930 年代新型都市散文体式。此外,《时代画报》的"都会小说"和《妇人画报》的"掌篇小说"等次文体都是基于画报特点的基础上所诞生的,这些次文体的形态谈不上严格意义上的文学流派的有意创作,仅仅是关于都市商业写作的"集合体";然而从报刊原生态出发,正是这些文体的"进化"从一个侧面显示了新文学文体嬗变、互渗的复杂多元的细节。

其三,探究泛文学形态。画报贡献给现代文学的当然不仅是"纯文学",还有诸多的"化整为零"的"泛文学"作品。如在《大众画报》中,小说与插图漫画、小说与作者图像、散文与摄影等密切结合,构成了现代文学"泛文学"形态,甚至形成文字与图像平等对话的文体,而这些正是现代文学原生态图景的重要表征。文化学者戴安娜·克兰曾说:"在一定程度上,新的文化形式和体裁的

① 老舍:《还想着它》,《大众画报》1934 年第 12 期。

出现,是新技术产生的结果,新技术为文化创造者提供了更多的对形象和声音生产的控制。"①某种意义上,这些"泛文学"作品正是画报这种"新的文化形式"所带来新的文学形式,是科技与文学的联姻的产物,而这背后一切都是印刷、摄影等"新技术产生的结果"。因此回到画报等"边缘期刊",关注文学与漫画、摄影等"文学周边"的关联,勾勒和阐释彼此之间的互动,无疑在一定程度上能有效拓展都市文学和现代文学研究的边界。

其四,探寻新文学场域。一个极为有意思的事是,作家新闻报道史料在画报中颇为丰富,除了在时事新闻中有所介绍外,更开设专栏报道现代作家讯息,如《大众画报》的"文坛逸话"专栏以趣味内容报道现代作家的信息,其中 1933 年第 2 期就报道"鲁迅笔名之意义""周作人口袋之充实""洪深导演的婚讯""郁达夫飞黄腾达""丁玲所编之'大雄'"等②,这些史料多少有些小道消息味道,但也较真实展现出民国时代现代作家种种情状,成为今天探寻现代作家生活与创作细节的一个重要窗口。另外,画报中有不少作家属于"无名作家"③,"无名作家"通常指没有成名的文学青年,如《女间谍》④小说的作者华尚文即是日本京都大学毕业生,《哑巴日记》⑤的作者郑启中是流寓上海的刚学写作的作家,当时这些文学青年模仿现代名家,创作不少精彩的小说,详细考察"无名作家"的文学生活,可以进一步厘清新文学变动的历史现场与原始形态。

现代文学作为一种历史现象和存在,是由多种合力整合而成的。在这复杂的合力因素中,现代大众传媒之一的画报杂志对于新文学的生成和发展,无疑是一股不可忽视,也是不可抗拒的作用力。或许文学史叙述的线索可以清晰,但历史现场总要比文学史叙述复杂和丰富得多,经由画报这种"边缘期刊"重返现代文学,能让文学史诸多声音不至于消失在历史的烟尘里,亦能洞见更多的新文学历史细节和文化特质。

---

① [美]戴安娜·克兰:《文化生产:媒体和都市艺术》,赵国新译,译林出版社 2001 年版,第 10 页。
② 丁晔:《文坛逸话》,《大众画报》1933 年第 2 期。
③ 佚名:《名作家·老作家·新作家·无名作家》,《铁报》1936 年 8 月 16 日。"无名作家"群体是 20世纪二三十年代文坛的重要文化现象,1936 年就有论者将中国作家分为名作家、老作家、新作家及无名作家,而无名作家在中国文坛中是占"极多数"的。
④ 华尚文:《女间谍》,《大众画报》1934 年第 1 期。
⑤ 郑启中:《哑巴日记》,《大众画报》1934 年第 4 期。

Rereading the magazine The cosmopolitian and organizing its literary historical materials

—On the Study of New Literature Historical Materials from the Perspective of Pictorial Journals

Abstract：As amarginal journal，modern Chinese pictorial contains rich and diverse literary historical materials，and is an important component of modern Chinese literature that urgently needs to be explored，organized，and studied. The cosmopolitian was an important pictorial newspaper in Shanghai in the 1930s. It introduced knowledge，disseminated art，and inspired ideas through the "New Shanghai School" editing method，forming a style that was both refined and popular；Especially in each issue of The cosmopolitian，a large number of novels，essays，and literary illustrations are published，full of strong literary quality，which is a typical epitome of the pictorial literary and magazine pictorial in the 1910—1940s. In essence，from the 1910s' Novel Pictorial，the 1920s' Shanghai Pictorial，the 1930s' The Young Companion，to the 1940s' 369 Pictorial，and other leisure magazines，Pictorial has actively participated in the production and dissemination of modern Chinese literature as a marginal identity，excavating，organizing，and researching literary historical materials for the collection of lost works in Gouji，examining stylistic changes Exploring the interaction between images and text，as well as examining the field of modern literature，is of great significance and value.

Key words：Modern Pictorial；Literary nature；The cosmopolitian；Literary historical materials；Literary field

作者简介：温江斌,江西财经大学人文学院副研究员。

吉田松阴的幕府观与伦理困境

——兼论松阴非"倒幕论者"①

侯雨萌

摘　要:德川时代日本的长州藩士、阳明学者吉田松阴始终持"敬而不尊"的幕府观,他以天皇为日本的最高统治者,但同时承认幕府在军事上对各藩国的统帅地位。吉田松阴对幕府有着攘夷的现实诉求,当幕府无心攘夷时,松阴就陷入了一种伦理困境之中:幕府对自身所属的长州藩有着长久以来的恩情,即便幕府有违天皇的攘夷旨意,身为藩士的松阴也无法转身倒幕,只能履行死谏的责任。即便幕府两次违敕,松阴也始终对此报以高度克制,其生前种种言行都为矫幕、谏幕而发,不以打倒幕府为最终目的。

关键词:吉田松阴　长州藩　幕府观　倒幕论者

德川时代日本长州藩(今日本山口县)藩士、阳明学者吉田松阴(1830—1859)是狂热的尊王论者。1854 年,松阴在江户湾"下田踏海",企图搭乘美国将军佩里率领的军舰赴美但遭到拒绝,返回登岸后被捕,后被遣返长州藩,收于野山狱,一年后假释出狱,改于杉家幽闭。②在狱及幽闭期间,松阴给囚犯、狱卒及亲友讲授《孟子》,并将讲稿整理成《讲孟札记》,该书被后世评为松阴思想的集大成。③

---

① 本文为上海市"世界文学多样性与文明互鉴"创新团队研究阶段性成果。
② 相关年谱参见郭连友:《吉田松阴与近代中国》,中国社会科学出版社 2007 年版,第 219—231 页。
③ 野口武彦:『王道と革命の間』,筑摩书房 1986 年,第 251—256 页;侯雨萌:《江户儒者"王霸之辨"诠释中的"位""道"之争》,《世界历史》2022 年第 4 期,第 75—89 页。

　　"倒幕论"(或称"讨幕论"),指的是打倒德川幕府、树立新政府的思想;而秉持倒幕论、试图推翻幕府并建立新政府者即为"倒幕论者",幕末维新时期的真木和泉、吉村虎太郎、坂本龙马、高杉晋作、木户孝允(桂小五郎)等人均属于此。幕末日本很多以倒幕为目的的行动①都打着尊王的旗号,因此尊王与倒幕这对概念经常被联系成一个整体,亦即"尊王倒幕"。

　　尊王论者吉田松阴与倒幕二字同样有着千丝万缕的联系。一方面,松阴曾多次公开发表"倒幕言论",如他曾在《讲孟札记》中论述废除幕府将军的合理性:"故征夷而如足利氏之旷职,则可直废是也。"②又如,松阴曾在向长州藩政府提出的《议大义》中痛斥幕府违敕结约"是征夷之罪,而天地不容,神人皆愤。准于大义,讨灭诛戮之,然后可也"。③另一方面,松阴还策划过水野暗杀策、间部暗杀策等针对德川幕府核心要员的暗杀计划。此外,松阴被幕府处以极刑后,其门下的久坂玄瑞、入江九一、高杉晋作等长州藩士渐次都成为了倒幕派的重要人物;明治维新后,伊藤博文、木户孝允等弟子在新政府中均担任了重要角色。

　　鉴于吉田松阴有过上述种种"倒幕言行",既往研究往往将松阴定性为倒幕论者,并以之为幕末长州藩倒幕派的精神领袖。如,野口武彦认为,松阴把天皇设定为日本的"究极主权者",意味着松阴正式脱离了其之前遵守的同时效忠于天皇和幕府的"二重忠诚原理",也标志着松阴从谏幕论者正式转变成了倒幕论者;④冈崎正道认为,松阴在《讲孟札记》中提出"征夷旷职论"就是为了通过极力抬高天皇权威以贬低幕府权力的相对价值、以此建立倒幕的理论根据,此后更是以"讨灭幕府、一变今之世界"为目标积极投身于倒幕运动;⑤张惟综认为,松阴的国体论把天皇作为了裁断幕府功罪的准据规范,实质上提示了尊王倒幕的可能性,而松阴之所以能如此,是因为其所在的长州藩毛利家是外样大名,藩士松阴得以站在被治者之立场,所以其思想能突破后期水户学拥护幕藩体制的极限进而转化为倒幕思想;⑥松本健一认为,

---

①　如 1863 年的"八·一八政变"、1868 年的"鸟羽·伏见之战"及其后的"戊辰战争"等。

②　吉田松陰:『講孟箚記』(上),近藤啓吾訳注,講談社 1979 年,第 89 頁。

③　山口県教育委員会編:『吉田松陰全集』(第五巻),岩波書店 1939 年,第 192 頁。

④　野口武彦:『王道と革命の間』,第 301—306 頁。

⑤　岡崎正道:「吉田松陰の思想(I)」,『アルテスリベラレス』第 65 号,1999 年 12 月,第 49—59 頁;岡崎正道:「吉田松陰の思想(Ⅳ)」,『アルテスリベラレス』第 69 号,2001 年 12 月,第 43—55 頁。

⑥　张惟综:《日本国体论——从幕末至明治——》,《育达科大学报》第 28 期,第 77—98 頁。

松阴策划的间部暗杀策就是其对倒幕思想的实践,其身上有着阳明学"知行合一"的色彩。①

如上述研究所述,吉田松阴的确曾多次明言倒幕、且曾数次策划针对幕府要员的暗杀行动;但至于能否用"倒幕论者"四字给松阴定性,则仍有商榷的空间。梳理相关史料可知,松阴虽然否认幕府对日本的统治权,又对幕府中的掌权者多有批判,但其并没有推翻幕藩体制、建立新形态国家的想法。基于此点,近年来部分研究提出松阴不是倒幕论者。如,鹿野政直认为,松阴虽持"幕阁打倒论",但其身为武士的忠诚原理限制其不能认可对"上"的叛逆,因此松阴无法将"幕府讨灭论"进行到底;②唐利国认为,松阴一直秉持道德主义的政治观,因此松阴在思考倒幕问题时首先立足于道德考量,依据旧秩序的理想观念来批判现状,其矛头指向的是当权者的个人资质而非制度本身,这也导致松阴的反幕行动只能止步于刺杀阁僚,无法真正发展出近代性制度观。③

综上,既往研究对吉田松阴幕府观的定性呈正相反的两种样态:一种观点认为松阴对天皇的极度尊崇代表着其对幕府的全面否定,松阴是不折不扣的倒幕论者;另一种观点认为既然松阴没有突破幕藩体制的基本框架,就不能把松阴算成倒幕论者。既然上述两种观点互相冲突,那么其中定有一方是不成立的,松阴绝不会一面在言论与行动上号召倒幕,另一面内心却抗拒倒幕。松阴的确有过诸多"倒幕言行",但松阴的思想也的确一直局限在幕藩体制的框架内,此为无可争议的事实;既如此,那关于松阴诸多"倒幕言行"的合理解释就只剩下一种:这些所谓的"倒幕言行"并非真为打倒幕府而发。若果真如此,那松阴种种"倒幕言行"的真正用意是什么? 松阴又是如何看待幕府与天皇、幕府与诸藩特别是长州藩之间的关系的? 为弄清这些,我们有必要对松阴的幕府观重新做一次全面梳理。只有准确把握住松阴的幕府观,才能正确认识身为藩士的松阴在幕末这一特殊时期所面临的伦理困境,进而以之为基础分析松阴种种"倒幕言行"的真正用意,最终判断松阴是否为倒幕论者。本文致力于解决以上问题,以期对既往研究进行补充,并就教于方家。

---

① 松本健一:『「孟子」の革命思想と日本』,昌平黌出版会 2014 年,第 149—156 頁。
② 鹿野政直:『日本近代思想の形成』,辺境社 1976 年,第 38—43 頁。
③ 唐利国:《兵学与儒学之间——论日本近代化先驱吉田松阴》,社会科学文献出版社 2016 年版,第 227—229 頁。

一

　　德川时代的日本是公武二元政治,京都的朝廷(天皇)与江户的幕府(将军)各自承担着不同的职责。日本各地的各个藩国究竟是"王臣"(即效忠于天皇)还是"幕臣"(即效忠于德川幕府)? 这是近世日本思想界、尤其是幕末思想界讨论较多的一个问题。其中,近世日本儒学界的主流观点是"幕臣论"。如,后期水户学的代表人物之一会泽正志斋曾在《迪彝篇》中指出,"幕府佐天朝而统御天下","邦君皆为天朝之藩屏而布幕府之政令于其国","(武士)各从其邦君之命,即从幕府之政令",①主张诸藩直接听令于辅佐天皇统御日本的幕府,是幕府之臣;②长州藩大儒、朱子学者山县太华亦认为,自镰仓时代源赖朝开府以降,日本已经从"王代"进入了"武代",此后实际掌握日本的是幕府的武家政权,天皇只有名分、并无实权,因此德川时代诸藩的效忠对象是德川幕府。③与此相对,高唱国体论的吉田松阴坚称"日本天皇万世一系,无人敢觊觎君位、行篡弑之事"并以之为傲,是"王臣论"的忠实拥趸,他认为若将幕府定义为诸藩之主,就相当于认定幕府是日本的实际掌控者,这无异于承认天皇的君位已被幕府篡夺,会构成对国体论的直接否定。松阴强烈批判太华的幕臣论,痛斥"太华之罪无所容于天地",④主张包括幕府在内的日本诸藩都是王臣:"普天之下,莫非王臣王土。"⑤

　　松阴一面以诸藩为王臣,一面却又主张诸藩应当遵奉幕府的命令,他提出日本诸藩应该"相共协心合力、奉事天朝幕府",⑥而其所属的长州藩更须"与列藩协心,尊崇幕府,上奉事天朝,下守封疆,内爱养万民,外威服夷狄。"⑦既然诸藩不是幕臣,那为什么还要遵奉幕府的命令呢? 对此松阴给出的答案,是将幕府定义为诸藩的"主帅",⑧他将幕府比作春秋时期的齐桓公、晋文公等霸

① 高須芳次郎編:『水戸学大系』(第三巻),水戸学大系刊行会(井田書店内)1941年,第358頁。
② 既往研究已经指出,在会泽正志斋的思想中,德川幕府是天皇统治之"委任代行者"。参见岡崎正道:「近代日本と国体観念」,『人間・文化・社会』編集委員会編:『人間・文化・社会』,岩手大学人文社会科学部地域文化基礎研究講座1997年,第349—350頁。
③ 山口県教育委員会編:『吉田松陰全集』(第三巻),岩波書店1939年,第559—566頁。
④ 山口県教育委員会編:『吉田松陰全集』(第三巻),第539—540頁。
⑤ 山口県教育委員会編:『吉田松陰全集』(第三巻),第553頁。
⑥ 吉田松陰:『講孟箚記』(上),近藤啓吾訳注,第73頁。
⑦ 吉田松陰:『講孟箚記』(上),近藤啓吾訳注,第55頁。
⑧ 山口県教育委員会編:『吉田松陰全集』(第三巻),第608頁。

者,肯定其在军事上统领诸藩的兵权,但否定其在政治上对诸藩的主权。松阴以诸藩为受主帅统领的"战阵之大将",①强调当外夷来犯时,战将需听主帅调遣,共同守卫天皇。如此,松阴给诸藩规定了"王臣"和"幕将"的双重立场,以诸藩为"奉天子之命、从幕府之令者"。②

虽然松阴否定幕臣论,但松阴并未因幕府是"主帅"而非"天下之主"就轻视或贬低德川幕府,反而恪守自身及其所属的长州藩与幕府间的上下关系。他坚持诸藩需要对幕府尽"信义",③且多次明言"吾生来未曾轻蔑幕府",④始终对幕府抱有敬重之意。松阴认为,朝廷与幕府间是一种共生关系:"重天朝而轻幕府,浅见也。有天朝则亦有幕府。故尊天朝为安皇国之大计,即幕府亦自重也。"⑤既然二者是共生关系,那么听从幕府的号令自然就等于是尽忠于朝廷与天皇:"于幕府之御忠节即于天朝之御忠节。"⑥

综上所述,我们可以得出以下结论:吉田松阴否认幕府对日本的统治权,他将天皇视为"日本之主",主张幕府与诸藩都是王臣、必须共尊天皇;同时,松阴又将幕府定义为诸藩的主帅,强调诸藩作为战将需要听从幕府的号令。吉田松阴的幕府观整体呈"敬而不尊"的基调:"敬",是指松阴一直持"尊天朝敬幕府"的观点,⑦承认并敬重幕府在军事上对诸藩的领导地位;"不尊",是指松阴尊王而不尊幕,以天皇而不以幕府为"日本之主"。在这种"敬而不尊"的整体基调下,松阴一方面坚持着自己国体论中对天皇"日本之主"地位的绝对尊崇,⑧另一方面又必须承认现实中德川幕府之于诸藩的领导与支配地位。

二

1853 年 7 月,美国东印度舰队司令佩里用军舰敲开日本国门,要求日本开港通商;此后幕府迫于压力,与美、俄先后缔结了《日美和亲条约》《日俄和亲

---

① 吉田松陰:『講孟箚記』(上),近藤啓吾訳注,第 389 頁。
② 吉田松陰:『講孟箚記』(上),近藤啓吾訳注,第 73 頁。
③ 山口県教育委員会編:『吉田松陰全集』(第八卷),岩波書店 1939 年,第 457 頁。
④ 山口県教育委員会編:『吉田松陰全集』(第三卷),第 548 頁。
⑤ 山口県教育委員会編:『吉田松陰全集』(第三卷),第 569 頁。
⑥ 山口県教育委員会編:『吉田松陰全集』(第八卷),第 423 頁。
⑦ 吉田松陰:『講孟箚記』(上),近藤啓吾訳注,第 105 頁。
⑧ 学界已有多篇研究论述吉田松阴的天皇观,今不再赘述。可参见山口宗之:「吉田松陰の天皇観」,「日本思想史学」第 15 号,1983 年,第 1—12 頁;郭连友:《吉田松阴与近代中国》,第 137—145 頁。

通好条约》,①摆出了妥协的姿态。彼时,身居京都的孝明天皇本人有着强烈的攘夷意愿,他对幕府的处理方式表示不满,要幕府拒绝开国。尊王论者吉田松阴也力陈攘夷之必要性,他呼吁幕府能够起到主帅的作用,统领帐下诸藩、惩戒从海上汹汹来犯的外夷:"惩彼之小丑而清海波。"②

事实上,即便没有孝明天皇的表态,松阴对开港通商一事也极为敏感。他认为,美国派舰队迫使日本开放下田、箱馆二地通商,俄国强取松前藩领下的桦太岛久春古丹(即大泊),③无异于中国先秦战国时期的滕文公曾担心的"齐人将筑薛",美、俄目的就是要在下田、箱馆、久春古单等地构筑军事设施并以之为据点发动侵略战争,最终吞并日本。④既然幕府是主帅,诸藩是战将,那么当日本面临美俄的侵扰时,上自幕府下至诸藩将士自然有责任挺身抵御。松阴急切地盼望幕府能够"合六十六国之人心",以"尊奉天朝,挞伐外夷"。⑤

然而,意识到自身与美俄军事实力之差距的德川幕府深知若轻易开战日本定然不敌,因此在权衡利弊后选择隐忍,与美俄等国接连缔结了和亲条约。今日看来,幕府的这一抉择是考虑到客观实力的巨大差距后的无奈之举,本也无可厚非;可当时在松阴看来,幕府这等举措"有失国体",是"屈皇国之大体而从陋夷之小丑"。⑥松阴认为,身为诸藩主帅的幕府完全有能力动员日本诸藩合力攘夷,但幕府却瞻前顾后,"无战之必胜,转而恐滋出变故"。⑦松阴指出,这一切的深层原因,在于幕府与诸藩将士"其心不正,而不能为国忠死"。⑧他声称:"苟人心正,则百死以守国。其间虽有胜败利钝,未遽至失国家。苟人心先不正,则可至不待一战而举国从夷。"⑨

所谓的"心不正",又被松阴借朱子学的理气说进一步解释为"蔽性善于形气之欲"。松阴认为,上自将军下至诸藩藩士"初念素非无忧国疾夷之心",⑩然而这种"忧国疾夷之心"终被物质上的欲望所蒙蔽,使其不愿以身报国:"但

① 两条约分别缔结于 1854 年 3 月 31 日和 1855 年 2 月 7 日。
② 吉田松陰:『講孟箚記』(上),近藤啓吾訳注,第 73 頁。
③ 虽然《日俄和亲通好条约》最终未在桦太岛划定日俄两国国界,但俄国在 1853 年已袭击了久春古单并在该地构筑了军事设施。
④ 吉田松陰:『講孟箚記』(上),近藤啓吾訳注,第 104—105 頁。
⑤ 吉田松陰:『講孟箚記』(下),近藤啓吾訳注,講談社 1980 年,第 430 頁。
⑥⑦ 吉田松陰:『講孟箚記』(上),近藤啓吾訳注,第 30 頁。
⑧⑨ 吉田松陰:『講孟箚記』(上),近藤啓吾訳注,第 266 頁。
⑩ 吉田松陰:『講孟箚記』(下),近藤啓吾訳注,第 71 頁。

及于战争,则姬妾数百千人,置于何地？珍玩奇器,藏于何地？甲胄之穷屈不如绢蒲团之安稳,兵粮之粗粝不如膏粱之滋美……——笔记其意匠,则丑怪不堪言。而皆形气之欲也。"[①]

于是,想要敦促幕府攘夷的松阴,决定从"正幕府之心"着手。为此松阴选择的方法是"谏"。1856 年 8 月,勤王僧宇都宫默霖在给松阴的来信中出言贬斥幕府,松阴在回信中虽附和默霖说"吾固知天朝之为尧舜、征夷之为莽操",[②]但其后话锋一转,表示自己所属的长州藩二百年来久受幕府之恩,故须向幕府尽信义,履行劝谏幕府的责任:"征夷之事虽非我主人之君,然大将军在总督之任二百年来之恩义非比寻常,故三谏九谏唯尽也。"[③]如果没能尽责谏幕,则"与征夷同罪也,我主人亦同罪也,阁己之罪而论人之罪吾死亦不为。"[④]

在松阴看来,谏幕是倒幕的前提,长州藩为幕府之将,若未能尽全力劝谏身为主帅的幕府,则没有理由举兵讨之。至于究竟做到何种程度才算是"尽全力劝谏",松阴给出的答案是"死谏"。松阴曾感叹"三仁之中仆以为师者唯比干一人",[⑤]表明了自己对比干死谏纣王的敬仰。松阴还希望能够获得直谏幕府的机会,他曾表示过对汉武帝元狩五年置谏大夫之前的、中国古制里的谏言自由的向往:"是以前无云谏官者故,诸官皆得上言也。"[⑥]松阴主张进谏者不应等待所谓的恰当时机,应该立刻将所思所想上言:"欲待时而言,则无可言之期。"[⑦]

松阴还认为,即便尽全力谏幕后幕府仍不知悔改,自己与长州藩也不能擅竖倒幕的大旗。他强调,幕府与诸藩同为王臣,故而只有天皇可以问幕府之罪:"若夫征夷大将军之类,天朝之所命,而唯称其职者得居于是。故征夷而如足利氏之旷职,则可直废是也。是与汉土君师之义甚相类。然如汤·武,依义讨贼,称承命于天。在本邦则不然。赫赫天朝,天日之嗣,照临于宇内。不奉天朝之命,而擅问征夷之旷职,则所谓'以燕伐燕'者也,所谓'春秋无义战'者也。"[⑧]

---

① 　吉田松陰:『講孟箚記』(下),近藤啓吾訳注,第 71 頁。
②④ 　山口県教育委員会編:『吉田松陰全集』(第八卷),第 519 頁。
③ 　山口県教育委員会編:『吉田松陰全集』(第八卷),第 520 頁。
⑤ 　山口県教育委員会編:『吉田松陰全集』(第八卷),第 519 頁。此处松阴引用了《论语·微子》开篇"殷有三仁焉"的典故。
⑥ 　吉田松陰:『講孟箚記』(上),近藤啓吾訳注,第 163 頁。
⑦ 　吉田松陰:『講孟箚記』(上),近藤啓吾訳注,第 162 頁。
⑧ 　吉田松陰:『講孟箚記』(上),近藤啓吾訳注,第 89—90 頁。

在这段论述中,松阴借中国先秦的君师之义点明了幕府将军可废之理,但他同时也强调,不奉天皇之命就不能擅问幕府之罪。若真想倒幕,只有在诸藩苦心谏幕后幕府仍不悔改时,才能上奏天皇请降倒幕之敕:"不得已,与知罪之诸大名相共奏闻此由于天朝,唯遵奉敕旨而行事也。"①

从松阴的以上论述可知,虽然松阴在理论上的确提示了倒幕的可能性,但他也给这份可能性加上了相当严苛的限制:第一,对于不愿攘夷、"心不正"的幕府,松阴和其所属的长州藩必须履行死谏的责任;第二,倒幕之命必须由天皇下达。松阴的以上种种主张,实际上给自己构筑了一重无从破解的伦理困境:一方面松阴明确了自身及其所属的长州藩的"王臣"身份,这要求松阴必须以天皇的旨意为最高准则;但另一方面,松阴也承认幕府在军事方面对诸藩的统帅地位,这又使得松阴作为长州藩士不能不听从幕府的号令。当幕府的号令与天皇的旨意相违背时,既需遵从天皇的意旨、又需听从幕府号令的松阴就陷入了两难的境地;鉴于德川幕府长久以来对长州藩的诸般恩情,松阴无法站出来对抗幕府,只能以死进谏,之后方能奏请天皇降敕问罪。然而,若真的履行了死谏的责任,又如何再能上书天皇呢? 在这种伦理困境之下,留给松阴的选择只有死谏而已,绝难及"倒幕"二字。

松阴所面临的伦理困境,实际上与松阴作为长州藩士的社会地位也有很大关系。德川幕府在近世日本推行严格的身份等级制度,在武士阶级以下依次是农、工、商、贱民等阶级。不同于农、工、商、贱民阶级的自食其力、靠双手糊口,德川时代的武士们只能依靠藩主发放的俸禄维持生活,也就是说,对武士们来说,藩主便是其衣食父母。身为藩士的松阴极其重视长州藩主的恩情,他认为不仅自己的一切吃穿用度全部出自藩主的赏赐,且授身体发肤于己的父母也是一生沐浴藩主的恩情,可以说无有藩主则无有父母,那么自己的这副身躯归根结底也应看作是拜藩主所赐:"凡人臣者,自未生之前生长于君恩,一衣一食,一田一庐,无非君恩。况其世世重禄高位乎? 虽云身体发肤父母所赐,自父母祖考皆所生长于君恩,则自顶迄至踵,皆无非君之物。瞑目而思此身根本之来由,感激之心悠然而兴,报效之心勃乎而生。"②既然身为藩士,那么对于"二百年来之恩义非比寻常"的幕府自然应当尽信义。如若松阴生在农

---

① 山口県教育委員会編:『吉田松陰全集』(第八卷),第520頁。
② 吉田松陰:『講孟箚記』(下),近藤啓吾訳注,第76—77頁。

工商之家,则无论是自己的身躯还是衣食住行就与藩主关系不大了,或许其对地方政府的忠诚以及对德川幕府的信义感便不会如此强烈。

至此,本文详细梳理了吉田松阴的幕府观,分析了松阴对幕府的现实诉求与其所面临的伦理困境。松阴不因尊王而贬幕,也不因幕府不攘夷就轻言倒幕,他对幕府抱有高度克制,始终坚持自己"敬幕谏幕"的态度。然而,事态在1858年的夏天发生了变化。是年7月,幕府大佬井伊直弼违背天皇旨意,与美国缔结了《日美友好通商条约》,约定通商开国。幕府的这一行为不仅没能履行攘夷的职责,还无视了天皇的权威。以此为契机,松阴的言行逐渐转向激进。

三

承前之绪,《日美友好通商条约》是幕府在违背天皇旨意的情况下缔结的。签约之前,幕府曾派老中首座堀田正睦、目付岩濑忠震等人上洛奏请天皇批准结约,然而得到的却是"不批准条约"的答复。①得知幕府违敕结约后,吉田松阴大怒,于1858年8月21日作《议大义》一文并上书藩政府痛斥幕府"敖然自得,以诸事墨夷为天下之至计,不思国患、不顾国辱,而不奉天敕。是征夷之罪,而天地不容,神人皆愤。准于大义,讨灭诛戮之,然后可也。"②这是松阴生平第一次明言倒幕。

在松阴看来,幕府胆敢公然违敕结约,原因在于其权衡利弊后想借美国之力压制国内不服于己的诸藩:"盖疑诸侯过于墨夷,而畏墨夷甚于诸侯。"③松阴虽因此动了倒幕的念头,但在前文所述的伦理困境之下,他并未放弃自己坚持的"应尽全力劝谏幕府"与"不奉天皇之命则不能擅问幕府之罪"的原则,在《议大义》的文末他笔锋一转,再次阐明了自己的立场:"虽征夷亦二百年恩义之所在,当再四忠告,劝其勉而遵敕。且天朝未必轻讨灭征夷,若征夷幡然悔悟,决不追究前罪也。"④此时松阴的幕府观与之前并无不同,他虽然写下了"讨灭征夷"的文字,但其目的更多在于敦促幕府一改前非、遵照天皇的旨意行事。在发表《议大义》一文当日的晚些时候,冷静下来的松阴又作了《与要路役

---

① 参见小林庄次郎:《早稻田大学日本史(卷十一):幕末史》,米彦军译,华文出版社2020年版,第170—195页。

② 山口県教育委員会编:『吉田松陰全集』(第五卷),第192页。

③④ 山口県教育委員会编:『吉田松陰全集』(第五卷),第194页。

人》一文要求长州藩"神速发忠告于幕府、密奏于天朝",①呼吁长州藩能够督促幕府"改叡虑",②撤换、惩戒幕府中促成结约的不忠不义之人,撤销已结之条约,维护国体与国土完整。

此后不久,又发生了幕府处罚德川庆笃、松平春岳等亲王藩主一事。③朝廷中的公卿们不满幕府的种种行径,于是在 9 月 13 日以孝明天皇的名义向德川庆笃降诏,对幕府违敕签约一事表示担忧,并请幕府及其他诸藩大名共同就德川庆笃等人受罚一事重新展开讨论,致使朝廷与幕府间的关系变得更加紧张。④得知天皇降诏的松阴迅速向长州藩家老益田亲施进言,在再三强调长州藩应采取"敕旨尊奉之外更无他肠"⑤的态度后,松阴表示希望亲施能够"屹立忠节于天朝、不失信义于幕府",⑥妥善处理长州藩与朝廷、与幕府间的关系。此时松阴提出,幕府违敕结约一事盖非出于征夷大将军之谋划,而是"群小朋党比周"所致。⑦他认为已逝的第十三代将军德川家定和刚刚成为世子的幼主德川家茂"绝无违敕之思召",⑧而是幕府中以纪州藩附家老水野忠央为主谋、佐仓藩藩主堀田正睦、上田藩藩主松平忠固、鲭江藩藩主间部诠胜三位老中为羽翼的"数小人逞一时之逆威"。⑨至于"彦根侯张邪议,天下皆切齿唾骂",⑩也是因为彦根藩藩主、大老井伊直弼受制于水野忠央等"权奸之胁诱"。⑪事实上,松阴的判断是准确的,幕末安政年间,实际把持幕政的是大老和老中,将军几乎从不根据自己的意志提出政策、发布命令,或是做出人事任免的决定,只是按原样批准大老和老中提出的方案与建议。⑫松阴并未因将军是幕府名义上的最高统治者就把全部责任归咎于将军,而是敏锐地捕捉到了幕府违敕背

① 山口県教育委員会编:『吉田松陰全集』(第五卷),第 423 页。

② 山口県教育委員会编:『吉田松陰全集』(第五卷),第 424 页。

③ 水户藩藩主德川庆笃及其父德川齐昭、福井藩藩主松平春岳、尾张藩藩主德川庆胜都曾因幕府违敕签约向井伊直弼提出反对;此四人又在幕府将军世子的问题上与井伊直弼持不同意见(井伊直弼拥立德川庆福;德川庆笃、德川齐昭、松平春岳拥立德川庆喜;德川庆胜自己想做世子);德川庆笃、德川齐昭、德川庆胜还都曾向朝廷表达过尊王的意愿。相关历史事件可参见小林庄次郎:《早稻田大学日本史(卷十一):幕末史》,米彦军译,第 191—199 页。

④ 此即著名的"戊午密敕"。参见小林庄次郎:《早稻田大学日本史(卷十一):幕末史》,米彦军译,第 198—199 页。

⑤ 山口県教育委員会编:『吉田松陰全集』(第五卷),第 427 页。

⑥ 山口県教育委員会编:『吉田松陰全集』(第五卷),第 428 页。

⑦ 山口県教育委員会编:『吉田松陰全集』(第五卷),第 446 页。

⑧⑨⑩⑪ 山口県教育委員会编:『吉田松陰全集』(第五卷),第 430 页。

⑫ 三谷博:《黑船来航》,张宪生、谢跃译,社会科学文献出版社 2017 年版,中文版序言第 11—17 页。

后的几位重要人物。

为了顺天皇之命、正幕府之心,松阴认为有必要除掉幕府中的奸小。他声称戊午密救的真意在于"乃叡断之所出,独有违救讨伐之命",①主张天皇希望有人能铲除幕府违救背后的奸人,②并坚持除奸的使命当由长州藩完成:"朝廷与诸侯隔绝二百余年也,于是朝廷果委大命于谁与?亦有义仲·董卓之畏……我藩于朝廷,家系祖先固不待言,当今之正议尤能彻于朝廷,君公亦能察天情,诸藩最不能若此,而盖朝廷特倚赖……臣私察列藩,可任者甚希也。且此任岂肯委之于他藩与?"③

急欲除掉幕府中的奸小、矫正幕府态度的松阴,首先计划暗杀水野忠央。1858 年 10 月 15 日,松阴写信给身在江户的弟子松浦松洞,密令其与越前藩的山田、吉田贞藏等志士一起,迅速诛杀水野忠央:"于营中打舍为上策,袭一邸为中策,坐视观望则不足言也。"④松阴认为诛杀水野忠央这一幕后黑手足以促使幕府端正态度,他嘱咐松浦松洞"一旦诛入鹿,当直足登营,明白书立入鹿之罪呈于将军,合前八字之意味发大令于天下,天下一夕可定。然后天朝尊而幕府重,藤氏之尊荣乃归于越氏也"。⑤水野忠央暗杀计划的目的在于正幕府之心而不在于摧毁幕府,反而应该说是在保全幕府,故而并不背离松阴"敬幕谏幕"的态度。然而,被松阴寄予厚望的松浦松洞最终没有执行老师的命令,水野忠央暗杀计划不了了之。

10 月 23 日,井伊直弼任命的幕府使者间部诠胜为面见天皇而抵达京都,但他不仅称病不进宫,还在京都大肆抓捕尊王人士。11 月 29 日,间部诠胜进宫要求孝明天皇追认《日美友好通商条约》,但未能成功。幕府方的上述行动,构成了对戊午密救的再度违背。至此松阴对井伊直弼和间部诠胜的不满极度加剧,他认为幕府两度违救的原因都在于此二人:"当今幕府幼冲而无所辨识,若非大老于上主之、间部于下辅之,天下之事安得至此?"⑥且间部诠胜"称病

① 山口县教育委员会编:『吉田松陰全集』(第九卷),岩波書店 1939 年,第 94 頁。
② 冈崎正道把松阴信里的"违救讨伐"四字解释为"讨幕"(参见冈崎正道:「吉田松陰の思想(Ⅳ)」,第 43—55 頁。),然而本文认为,结合松阴在此前后的发言与行动来看,此处"违救讨伐"的对象应是指水野忠央、间部诠胜等奸小。
③ 山口县教育委员会编:『吉田松陰全集』(第九卷),第 94 頁。
④ 山口县教育委员会编:『吉田松陰全集』(第九卷),第 99—100 頁。
⑤ 引文中"前八字"指"歼其巨魁,胁从无治"。参见山口县教育委员会编:『吉田松陰全集』(第九卷),第 99—100 頁。
⑥ 山口县教育委员会编:『吉田松陰全集』(第五卷),第 266 頁。

不朝、伪言反复"，①二人之罪已是"上违天子之明敕，下害幕府之大义，内背于列侯士民之望，外饱虎狼溪壑之欲。极天穷地，无容俯仰"。②12 月 10 日，在听闻萨摩、越前、尾张、水户四藩要联合暗杀井伊直弼（后来证明是假消息）后，松阴同门下诸生宣誓要相应四藩，暗杀间部诠胜。③松阴以书信的形式向长州藩披露了自己的计划，④又向藩政府借用暗杀所需的大炮、弹药等物，⑤还写信给身在江户的弟子高杉晋作、久坂玄瑞、中谷正亮等人命其参与暗杀。长州藩苦心劝说松阴放弃暗杀计划未果，于是为制止松阴、防止事态扩大，在 1859 年 1 月 29 日将其逮捕，再度投入野山狱。松阴入狱后，接到了高杉晋作等弟子寄来的回信，诸弟子在信中不但明确反对暗杀计划，还劝告松阴自重。松阴展信后难抑失落之情，慨叹"仆欲成忠义、诸友欲成功业"。⑥

　　幕府两次违敕后，松阴对幕府的不满由其不能攘夷逐渐转向其不能尊王。在他看来，不攘夷无非是因为幕府大员蔽于形气之欲，不尊王则意味着幕府可能怀有篡逆之心。1858 年 11 月 2 日，松阴在给朝廷公卿正三位参议大原重德送去的《时事论》一文中慨叹天皇对幕府两次违敕的处置过于宽大，以致"德川益逞凶威"，⑦他预测幕府日后"必至援承久·元弘之故事而议主上"，⑧暗示幕府或将行篡弑之事。间部诠胜暗杀计划，就是在这种担忧中成形，确定的，它是对萨、越、尾、水四藩的井伊直弼暗杀计划的呼应，直接威胁到了幕府政权中的绝对核心人物。间部诠胜暗杀计划是松阴一生中策划的最为激进的行动，然而此行动毕竟没有以打倒幕府为目标，本质上仍未跳出除奸的范畴，松阴本人也在计划中一再申明自己只想为幕府除奸正心，对幕府及将军本人没有任何不敬之意。1859 年夏，松阴因受安政大狱牵连，被转送至江户，收监于传马町牢狱。在狱期间，松阴主动向幕府招供了间部诠胜暗杀计划，并因此被处以极刑。

　　梳理完松阴的种种"倒幕言行"后，我们可以得出以下结论。幕府两次违

---

①　山口県教育委員会編：『吉田松陰全集』（第五卷），第 265 页。
②　山口県教育委員会編：『吉田松陰全集』（第五卷），第 266 页。
③　即所谓"血盟十七士"。今名单已佚。
④　山口県教育委員会編：『吉田松陰全集』（第九卷），第 125—126 页。
⑤　山口県教育委員会編：『吉田松陰全集』（第九卷），第 126—127 页。
⑥　山口県教育委員会編：『吉田松陰全集』（第九卷），第 192 页。
⑦　山口県教育委員会編：『吉田松陰全集』（第五卷），第 253 页。
⑧　山口県教育委員会編：『吉田松陰全集』（第五卷），第 251 页。

敕后,松阴对幕府的不满由其不能攘夷逐渐转向其不能尊王,因此言论与行动均转向激进;然而,松阴发出的"倒幕言论"多数意在规劝或警告,并没有延伸成实际的倒幕行为,其真意不在于号召天下诸藩打倒幕府,而是想敦促幕府一改前非、尽到尊王攘夷的职责;松阴先后策划暗杀幕府要员水野忠央和间部诠胜,但由于种种原因并未付诸实施,且两次行动的本意均非要打倒幕府,而是试图通过外力手段替幕府除奸,矫正幕府的错误;松阴始终未以将军本人或幕府本身作为攻击对象,反而极力为将军辩护。可以确定的是,松阴种种"倒幕言行"的真意并不在于倒幕,反倒带有一定的"矫幕""佐幕"色彩。

如上,本文详细考察并分析了长州藩士吉田松阴的幕府观与其所面临的伦理困境,并论述了"松阴非倒幕论者"的理由。松阴以幕府为诸藩主帅,认为幕府有责任统领诸藩尊王攘夷,当幕府未能尽责时,自己与诸藩必须尽全力劝谏幕府。松阴的确曾在理论层面上提示了倒幕的可能性,但他始终坚持倒幕必须由天皇下令,即便幕府先后两次违敕,松阴也没有竖起倒幕的大旗,其策划的数次暗杀行动手段虽然过激,但目的均在于矫幕、谏幕,不以倒幕为最终目的。自始至终,松阴都以"幕府之药石"自任,[①]希望自己的言行能够促使幕府一改前非。松阴的部分观点和行动是激进的,这一点毋庸置疑;但松阴并无打倒德川幕府、建立新形态政府的构想,也没有举长州藩之力讨伐幕府并取而代之的打算。在自身构筑的伦理困境下,只要天皇和朝廷坚持仰仗幕府,松阴就断不能放手实行倒幕的举措。因此,本文下定结论:吉田松阴不是倒幕论者,其幕末时期的种种"倒幕言行"实际上都服务于"攘夷"与"尊王"这两个根本目的。

The Shogunate View and Ethical Dilemma of Yoshida Shoin

—on Shoin is not "a Person who Crusades Against the Shogunate"

Abstract: During the Edo Period, Yoshida Shoin, a vassal of Choshu domain and scholar of Yangming, always held a shogunate view of "respect but not support". He regarded the emperor of Japan as the supreme ruler, but also recognized the shogunate's military position as

---

① 山口県教育委員会编:『吉田松陰全集』(第三卷),第548頁。

the commander of all vassals. Yoshida Shoin had a realistic demand for the shogunate to fight against foreign countries. When the shogunate had no intention of fighting against foreign countries, Shoin fell into an ethical dilemma: the shogunate had a long-standing favor towards Choshu domain, and even if the shogunate violated the emperor's will to fight against foreign countries, Shoin, as a vassal of Choshu domain, could not overthrow the shogunate, but could only fulfill his duty of persuasion until death. Even if the shogunate violated the enperor twice, Shoin always showed great restraint. His various words and actions during his lifetime were aimed at correcting and admonishing the shogunate, and ultimate goal was not to overthrow the shogunate.

Key words: Yoshida Shoin; Choshu domain; shogunate view; one who crusades against the shogunate

作者简介:侯雨萌,上海师范大学外国语学院日语系讲师。

基于国家文化数字化战略下传统文化的数字版权保护路径研究①

陈笑春　邓　肯

摘　要:面对我国传统文化长期保持无形形态、版权主体薄弱、文化资源分散等局限,版权保护和传统文化发展陷入僵局。而随着二十大报告重视文化强国建设,并提供了国家文化数字化战略解决方案,传统文化迎接数字化转型新发展。文化数字化在构想与实践中逐渐成为传统文化实现版权保护的合理选项,将漂移的传统文化固定为具有独创性和"一定形式表现"的智力成果,为成为版权作品提供了可能性。除了作品之外,讨论作者也尤为重要,从多元建设主体参与到政府版权主体主导公共数据归属,将提高传统文化的丰富性、安全性和稳定性。最后,还需站在更长远的角度构想对数据库授权与管理规范化,为后续文化发展提供保障。上述每一步的转化蕴含着巨大的传统文化的数字版权机遇,推动着我国传统文化的传承与传播发展,以及为传统文化"走出去",面向国际市场夯实基础,以期尽早实现文化强国目标。

关键词:国家文化数字化战略　传统文化　版权　数据　数据库

在二十大报告中指出到 2035 年要实现文化强国目标,并提出要求"实施国家文化数字化战略,健全现代公共文化服务体系,创新实施文化惠民工程"②。

---

① 本文系国家哲学社会科学基金项目"数据化语境下自媒体版权侵权治理研究"(21BXW041)的阶段性成果。

② 新华网:《习近平提出,推进文化自信自强,铸就社会主义文化新辉煌》,http://www.news.cn/politics/cpc20/2022-10/16/c_1129066869.htm,2022 年 10 月 16 日。

在文化强国背景下,建设国家文化数字化战略,发展数字文化是建设文化强国的重要抓手,正如英国文化学者霍尔看来"传播的影响力受限制于文化样态和内涵"①。《关于推进实施国家文化数字化战略的意见》(简称《意见》)的出台一定程度为文化强国建设列举了更为明确的数字化解决方案,赋予了传统文化的文化内容再次生产和传播多样的数字文化产品,并且为产品的持续性、链条性开发提供源动力。更为重要的是,数字化过程也为文化内容的数字版权保护提供了潜在的巨大机遇,借此机会能够更好地传承和传播传统文化。

事实上,在我国三次修订的《著作权法》中均提及文化保护。而我国版权制度的构成中,对于传统文化的版权保护一直以来都存在"悬而未决"的议题,德国学者莱万斯基在总结了涉及民间文艺知识产权保护的各国立法后指出所谓保护民间文艺的立法实际只是保护民间文艺的演绎作品,而非民间文艺本身。②这是因为版权制度指向的客体并非文化内容本身,而是基于独创性表达的"作品"。换言之,传统文化现存的一大问题是其部分思想、意识等内容无法得到版权的保护。文化内容只有以法定的作品形态表达出来,才有可能得到版权法律的保护,得以有效传播。因此,数字化可望实现的第一个版权机遇就是传统文化的客体化。漂移的文化内容可能以法定的作品形态表现出来,形成"具有独创性和按照一定形式表现的智力成果"③。同时,建构版权保护还需作者发力。面对传统文化、非物质文化遗产传承人等作为版权人,显现的问题是势单力薄,可能面临接班人断代的风险,还有存在事情应接不暇,把关不严等问题。数字化可望实现的第二个版权机遇就是多元的建设主体,还有版权主体归属重新认定,随着政府的不断参与传统文化数字化再生产的全过程,赋予其版权主体地位,保障公共文化数据的丰富性、安全性和稳定性。最后,五千年的中华传统文化内容在其历史沉积中已经成为人类共同的文明成果,具有极强的公共属性,传统文化的授权和管理是一大严峻挑战。数字化可望实现的第三个版权机遇就是传统文化顺沿版权作品要素的基础上,政府发挥作用,做好在数据库的授权和管理上相应的制度建设,实现科学的"社会共

---

① 童怡源、曹琦:《"中国节日"系列节目传播中的双向认同建构与逻辑递进》,《传媒》2023 年第 3 期,第 29 页。

② Silke Von Lewinski, *Indigenous Heritage and Intellectual Property*:*Genetic Resources*,*Traditional Knowledge and Folklore*,Hague:Kluwer Law International Press,2008.

③ 中国政府网:《中华人民共和国著作权法》,http://www.gov.cn/guoqing/2021-10/29/content_5647633.htm,2021 年 10 月 29 日。

享",融入当代社会的形成和广泛传播。

一、数字化生成具有独创性且"一定形式表现"的版权作品

从作品的一般构成要件来看,根据我国 2020 年《中华人民共和国著作权法》第三条的规定,某个对象要构成作品有三个要素,第一,作品处于文学、艺术和科学领域内。第二,具备独创性的智力成果。第三,能够以某种有形的形式复制利用。毋庸置疑,传统文化属于作品领域,但是不一定能以有形和独创性方式呈现。而《意见》提及的数字化将为传统文化带来版权生机。数字化包含人工智能、区块链、VR 等多种基于数字技术对文化内容所做的采集、固定和保存的过程,最终形成文字、图片、视频等多种数字化形态,这一过程中包含了选择、组合的创造性劳动以及以法定作品形态表达出来的文化作品,使其具有独创性且"一定形式表现"的法定要件,并有成为完整版权作品的可能性,特别是一些民间口头文学和文化技艺等没有形成法定作品类型的文化内容。同时,数字化的过程还可能进一步形成文化数据的专库,供人们利用文化资源进行更多创作。

(一) 数字化赋予传统文化丰富的表达形态

思想与表达二分法是著作权范畴最基础的学术理论之一,即著作权不保护作品内含的抽象思想、观念、理论、创意、概念、工艺系统、操作方法、技术方案等等,而只保护作品以书本、音乐、绘画等各种有形的方式对思想的具体表达。而数字化赋予有形和无形的传统文化以数据化的形态中转,最终将形成更加丰富的表达形态,解决了有形传统文化形态单一的问题,更解决了无形传统文化无法显现的困境,为版权作品所需"一定形式表现"提供了方案。其实数字化提供丰富表达形式并非新事,早在 2015 年新闻业中的《人民日报》等新闻媒体,先后建立了"中央厨房式全媒体报道平台"(简称中央厨房),改变同一媒体集团的报、网、微、端独自生产局限。中央厨房运用集约化采集的方式将真实场景转换为数字化,记者可以寻找心仪的新闻数据,生产新的新闻报道。为求丰富的表达形态,现今传统文化的数字化步骤同样如此。简单来说,首先,作者采集传统文化的样本。其次,解构转换为多元的数据。最后,作者激发创作的灵感和热情,进行合适的重组和编排,延伸制作出图片、视频、数字藏品、数据库等表达形态。比如 AR 成像的故宫博物院打破了老版《故宫日历》复制文化原图的思路进行创新,自 2022 年起发布的《故宫日历》将文化与数据

相结合,运用 AR 技术重塑日历中的藏品、文物等文化,使得传统文化焕发生机。当用户购买日历后在封面或者翻开书本内页扫码,就能够感受到"梧桐双兔图""清代红色纱绣云纹飞虎旗"等不同传统文化的三维立体效果,一度被称之为"中国最美日历"。数字藏品像国家博物馆、河南博物院、成都金沙遗址博物馆等陆续发布的长信宫灯、皮影戏、唐三彩等传统文化上线数字藏品。敦煌美术研究所与支付宝合作,尝试将传统文化通过数字内容转变为非同质化代币(NFT),创造具有中华文化的九色鹿和敦煌飞天付款码皮肤,供不应求。数据库像诸多文化机构将有形或无形传统文化精髓转换为数据库的形式呈现,江西省打造"萍乡族谱数字资源库""九江记忆特色库""陶渊明资源库""石城县客家家谱资源库",涉及古籍、人物、族谱、记忆等诸多方面。众多数据以及数据库建设为传统文化版权客体形态建设提供了蓝本和资源。这些案例都能够揭示未来随着越来越多中华文化经历数字化呈现后,可以拥有更加丰富的表达形态。

(二) 数字化的过程具有独创性劳动

自版权法史的里程碑判例"米勒诉泰勒案"和"唐纳森诉贝克特案"开始,其在争论作者法律地位的过程中萌发了作品应该有独创性的概念。直至今日,我们讨论版权法的时候已经离不开独创性这一要素。独创性体现了作者个性特征和创造性智力劳动成果,传统文化要想作为版权作品关键在于内容是否具有独创性。这不仅要求作者自身对传统文化进行数字化处理,像简单地记录与再现,更需要其自身对传统文化进行选择、加工,增加新的内容、思想或表现,就可能构成新的版权作品。

首先是满足"独"的要求,要求作者不直接抄袭别人的作品,"作者自身独立完成作品,不是剽窃、抄袭、模仿、复制的结果"[①]。与创作性相比,作者独立完成的判定更加容易。因为"独"的要求仅仅需要举证对方没有存在与自己一样或实质性相似的作品。这一点上,需要数字化的作者能够超越原有传统文化的作者,并且注意其他数字化作者有无类似的数字创作。

除了满足"独"的要求,传统文化若要获得版权的保护,还需要经过"创"的考验,即"在追求作者最基本的智力判断、选择与创意,智力选择与判断渗入作品的创作过程之中,创成为作品中凝集的创作活动成果"[②]。正如有学者主张

---

① 黄汇、黄杰:《人工智能生成物被视为作品保护的合理性》,《江西社会科学》2019 年第 2 期,第 35 页。

② 于波、沈汪成:《展览的独创性认定与版权保护路径探析》,《中国出版》2022 年第 7 期,第 55 页。

"'创'凸显了作者的精神劳动和智力判断,不是简单的摹写或材料的汇集"①。还有学者主张"'创'不是对他人现实作品的复制和具备最低范围的创造性"②。而借助数字化能够帮助我们彰显"创"的存在。以"北京知产法院二审宣判杂技作品著作权纠纷案"为例,面对杂技本身作为民间艺术,属于公有领域,并不能直接体现作者的独创性。中国杂技团以数字化节目《俏花旦—集体空竹》的原创材料以及著作权登记书,表明节目的设计具备艺术性,内容动作、编排等具有独创性,达到一定的独创性高度,其中数字化的作用功不可没。由此启发,我们发现数字化带给传统文化的"创"有几方面,第一,满足作品构成要求的"创"可以体现在作者选择不同的数字化工具介质来进行记录,即作者创作和制作文化作品过程中使用的生产工具,是作品生产活动中的辅助性介质,例如摄影师选择的相机、电影制作组架的摄影机、录音师用的录音话筒。第二,作者对传统文化的权衡选择上,通过数字化可以选择并赋予传统文化以新的动作、思想、编排等形式介质呈现便是一种创作,即作者构思和表达文化符号的媒介,如文化影片的画面、声音,音乐的节奏、旋律等。第三,数字化提供了传统文化非质料介质,即文化符号的非物质介质,是承载、显现、储存和传输文化符号的非物质性材质。像是数字时间上,通过控制数字作品的时间长短,受众感受作品的时长。数字空间上通过传统文化摆放位置的选择、虚实场景的搭配、不同媒介空间的运用表达出不同层次的空间叙事。正如列斐伏尔所述,"空间是一种包含想象的产物,如推想、投射、象征和乌托邦,是逻辑—认识论的空间和被可感知的现象占据的空间"③。

二、讨论公共文化数据的最优建设主体与版权主体归属

著名版权学者谢尔曼和本特利针对作者与作品之间的关系曾给出过广为流传的解答,认为正是二者的结合,版权法才能变成为封闭和完整的体系。④⑤这反映了除了确定作品之外,作者的地位也对版权保护十分关键。如今,文化

---

① 李明德、许超:《著作权法》,法律出版社 2003 年版,第 31 页。
② 李扬:《知识产权法基本原理(Ⅱ)——著作权法》,中国社会科学出版社 2013 年版,第 32 页。
③ 列斐·伏尔亨利著,刘怀玉译:《空间的生产》,商务印书馆 2021 年版,第 18 页。
④ Brad Sherman and Lionel Bently, *The Making of Modern Intellectual Property Law: The British Experience 1760—1911*, Cambridge University Press, 1999, pp.35—42.
⑤ Debora J. Halbert, *Intellectual Property in the Information Age*, Greenwood Publishing Group, Inc., 1999, p.121.

数字化推动下,赋予了作者更多的讨论空间,可以尝试让多元主体参与建设传统文化,而作品当中关键的公共文化数据,应该突出参与建设的政府为重要版权主体,以保障用户的公共权利,开拓现有的发展格局。

(一) 多元建设主体"打捞"漂移的文化内容

在传统的文化建设过程中,传统文化和非物质文化遗产传承人成为主力军,但也面临着接班人断代,而他人无法接替的困局。而在数字化技术的加持下,涵盖门槛低,技术易上手等特征,面对公共的传统文化资源,人人都是参与传统文化建设的主体,主体逐渐多元化,共同"打捞"漂移的文化内容,充满活力。早在"公共产品理论"中,政府、市场与私人的供给关系一直是一个热议不断的话题。霍布斯认为,"个人本身不易提供公共产品,而唯有政府或集体来提供。该理论成为后来公共产品理论的基础之一"①,奠定了政府的主要责任。随后以科斯为带头的产权学说与交易费用为公共产品理论的发展提供了补充,认为供给效率作为评判标准,供给应该形式采取多元化,可以用来探讨政府与市场的关系,为政府与私人关系讨论奠定了基础。除了科斯外,德姆塞茨和萨瓦斯等学者进一步表明了多元主体提供公共产品的可操作性。像是有学者关注意大利、加拿大等国家,经过实践探索发现单纯借助公共财政不足以支撑文化遗产的数字化开发,尝试摸索与文化机构和私人的合作,行之有效。②《意见》提及支持多元主体依托国家文化专网,共同搭建文化数据服务平台。意味着除了政府主导外,其他社会主体同样可以加入。主体主要分为五方面,政府如国务院、文化和旅游部、文化部门等;公益性文化机构以及传统文化事业单位如图书馆、美术馆、博物馆、非遗保护中心等;高校如中山大学、山西大学等;媒体如抖音、微博、电视台等;个人如非遗和传统文化传承人、文化爱好者、自媒体等。多元主体参与形成的建设主体格局将关乎对我国传统文化的科学发掘、健康传播和资产保护,尤为关键。

(二) 政府版权主体主导公共文化数据

费瑟斯通在《消费文化与后现代主义》中认为后工业社会出现文化狂欢的场面。③波斯曼在《娱乐至死》也担忧现今媒体把不该娱乐化的内容变为了娱

① 王磊:《公共产品供给主体选择与变迁的制度经济学分析——一个理论分析框架及在中国的应用》,山东大学经济学院博士学位论文,2008 年,第 25 页。

② 谭必勇、张莹:《中外非物质文化遗产数字化保护研究》,《图书与情报》2011 年第 4 期,第 7—11 页。

③ 迈克·费瑟斯通著,杨渝东译:《消解文化:全球化、后现代主义与认同》,北京大学出版社 2009 年版。

乐化,像"教育等都心甘情愿地变成娱乐的附庸"①。在脱离了政府作为版权主体的环境中,传统文化可能也更容易陷入消费文化和娱乐文化困境。因此,传统文化的数字化从多元主体共同开发后,顺理成章可以由其中的政府参与者身为合适的把关人,成为公共文化数据的重要版权主体,把关公共文化数据的流入与流出,保障公共文化数据的高质量高标准,并为今后传统文化发展保驾护航。

具体而言,从我国《意见》提及的文化数字化实施来看,第一,我国文化数字化由中共中央办公厅、国务院办公厅提出并要求各部门各地方推进。文化和旅游部需要组织各地图书馆、博物馆对数字化建设进行统筹规划,执行地方数字工作。第二,文化数字化无论规模还是成本都比较大,需要投入大量的财力、人力、物力,我国这方面的投资部分来源需要政府参与。建设国家文化大数据体系,一般需要由政府参与制定标准规范和购买相关软硬件,以达到数据库数据入库标准、数据安全标准等要求。一般对地方文化项目的选取和区域的选择也由政府参与确定。第三,文化数字化需要将文化资源数据的采集加工挖掘和数据服务划进工作范畴。同时规定要将数据,转化为可交易、可分发、可呈现的资产,在"数据超市"出售变现。在这个过程落实到对传统文化的版权转化中,政府成为传统文化版权作品的主要主体之一,能够明确其对于文化资源的开发按照数据市场化的要求进行把关。第四,由于我国是为数不多承认"法人作者"的国家,为政府作为原始版权人提供了版权法律制度的依据。因此传统文化数字化建设符合《著作权法》对法人作品的规定,由政府享有版权。

三、基于数字版权要求探索国家公共文化数据库的授权与管理路径

文化数字化形成的最终形态不止步于数据或具体的作品,而是背后形成巨大的数据库。数据库是保持对于传统文化以版权作品创作路径的持续开发模式。现有的数据库建设研究大多集中在个案数据库,例如张笔等学者关注"天津音乐家资源数据库"。②许宗瑞学者关注"翻译索引"数据库。③未来,随着

---

① 尼尔·波兹曼著,章艳译:《娱乐至死》,中信出版社 2015 年版,第 4 页。
② 张笔、柴会明:《面向地域文化的特色数据库建设——以天津音乐学院图书馆"天津音乐家资源数据库"建设为例》,《图书馆工作与研究》2019 年第 12 期,第 66—73 页。
③ 许宗瑞:《中译外海外出版对中国文化"走出去"的启示——基于联合国教科文组织"翻译索引"数据库的研究》,《上海翻译》2019 年第 3 期,第 61—67+95 页。

文化数字化蓬勃发展,这需要进一步探索符合版权要求的国家公共文化数据库建设,可以尝试按照国家公共文化数据库的授权与管理路径,厘定数据库分类建设标准,整合推进国家公共文化数据库以及完善文化资源数据分享动力机制,以期延伸传统文化的数字活力。

(一)完善准入、确权和授权的文化数据库分类建设

准入层面,数据在进入数据库前,如果没有一定的标准和格式要求,将造成信息冗杂混乱且无法管理,因此数据在进入数据库时,需要按照一定的标准录入。第一,数据库可以根据 2022 年由中国公共关系协会文化大数据产业委员会等单位发布的《国家文化大数据标准体系》,包括文化大数据监管标准体系、文化大数据资源端标准体系、文化大数据基础应用标准体系等,严格要求文化资源数据标准。按照高质量、健康、安全的数据标准,要求"中华文化素材库""中国文化遗产标本库""中华民族文化基因库"等文化资源数据库,确保以后采集的流通文化数据的安全性和稳定性。第二,统一文化数据格式,数据库可以参照《国家图书馆数字资源建设规范》等,将不同形式的文化数据转换为统一格式,按照文字(TXT),图片(JPG),音频(MP3),视频(MP4)等格式划分。第三,规范文化资源数据分类与代码,数据库可以依照已经发布的《文化资源数据分类与代码》和《2009 年联合国科教文组织文化统计框架》等,对不同类型的文化资源进行统一的分类和编码,包括文化和自然遗产、书籍和报刊、音像和交互媒体、设计和创意服务。代码则可以采用通用的英文字母和十进制进行七位代码四级分类表示。

确权层面,相较于以往传统文化确认版权的证据通常是建立在有形的客体,搭建了有据可依。现今,传统文化借助数字化后生成数据,通过在区块链、NFT 等技术的加持下,为完成确权过程赋予更多可能性。以区块链技术为例,区块链的区块包含时间戳、数字签名、哈希值和分类账本等,用以数据的确权,为创作者保存创作的"轨迹",提供版权确权的技术方案,一旦发生版权争议的时候,这种"轨迹"能够确定作品版权主体,还原创作过程,分析独创性构成,帮助创作者规避版权侵权风险。该流程首先在为传统文化内容建立新区块过程中,系统为了确认版权生成时间,它会运用加盖时间戳的方法记录区块的录入时间。其次,每次交易为检测数据的真实和加密机制的完整,将要进行数字签名与加上时间戳。随后,为了传统文化版权得以溯源,需要在区块中录入经过哈希算法计算的哈希树根值,而且各个区块中都会登记先前区块的哈希树根值。传统文化原始版权人,能够在区块链形成的版权法律保护下享有自己的权利。这一点同样得到法律支持,根据《关于互联网法院审理案件若干问题的规定》提出,如果当事人利用区块链、时间戳技术认证的真实电子数据,法院理应认可,此举为数据库版权确权提供了新的使用方案。目前像腾讯与敦煌研究院基于区块链技术合作了"数字敦煌开放素材库",保障 6 500 份甘肃数字文化资源的安全和流通。还有中国少数民族文化艺术促进会建造"中国民族文化数字文库",运用区块链对各类民族传统文化资源实施数字记录、版权保护与文化传播工作。而 NFT 属于一种新型数字资产,一方面承接区块链技术和算法技术,拥有不可篡改和唯一性特点,已经在数字藏品和游戏领域展开确权,并有望为数据库中存在的数据确权问题提供方案。同时,NFT 确权成本较低,未来可以降低数据库所花费的确权成本。

授权层面,数据库的建设还涉及数据版权授权。现在的影视素材库,出现了剧方从素材库购买素材去制作影视内容,但是最终剧方发现入库的时候签订的版权授权协议的授权人并不是真正的版权人,相当于是盗窃复制别人的成果进入素材库,造成后续传播困扰。比如电视剧《扫黑风暴》播出后,有摄影师表示自己拍摄的延时摄影内容出现在该剧片头中,但摄影师从未授权剧方。经调查发现,《扫黑风暴》制作方是从名为"VJshi 网"购买的素材,而该网供稿人并非原创作者,最终制作方提出更换片头素材,经此风波,该剧口碑受损。因此,数据库管理方在考虑接受素材时,除了审核内容外,还要注意授权相关事宜,确保数据库资源经过合法授权。

现有设立著作权集体管理组织,"为权利人的利益依法建立,依据权利人授权、对权利人的著作权或同著作权相关的权利开展集体管理的社会团体"[1],可以成为未来数据库与版权人的桥梁。将来可以创新现有的版权集体管理模式,设置传统文化版权集体管理平台,负责协调不同类型的版权集体管理组织的运行工作。版权人在文化数据生成时与图书、视频、音频等平台签订版权授权合同,平台将相关的授权法律合同上报版权集体管理组织,再由其汇总到传统文化版权集体管理平台,而需要授权的数据库只需要与传统文化版权集体管理平台联系授权事项,版权集体管理组织再把版权费交付平台,平台

---

[1] 中国政府网:《著作权集体管理条例》,http://www.gov.cn/zhengce/2020-12/27/content_5574522.htm,2020 年 12 月 27 日。

再与版权人按约定比例分配。多方共同提高了版权授权的效率与安全性，一方面版权人减少了要同时和平台还有版权集体管理组织联系的手续；另一方面，数据库减轻逐个向版权人获取授权的繁琐工作量。而作为传统文化版权集体管理平台能够汇总一手版权信息，减少信息差导致担保没有版权的数据。除了依靠传统文化版权集体管理平台授权数据库之外，同样，数据库方，一是自身也需要注意的是调查版权人的实力与背景，审核版权方的营业资质和法人资历，选择引进大型、可靠的文化机构；二是应当核对素材的版权链完整性，检查有无版权人的有效授权；三是与合作方签署法律合同，应约定相应的风险承担或侵权赔偿条款。最大限度地促使文化机构对所授权或转让的版权履行应有的审查责任，规避因受作品侵权风险导致数据库方承担侵权后果。

（二）整合推动国家公共文化数据库及其数据共享机制的构想

规范数据要素后需要进一步整合推动国家公共文化数据库及其数据共享机制构想。整合推动国家公共文化数据库，主要依靠互联互通。数据因关联而展现价值。现有的大大小小文化数据库，文化资源存在分散分布的现象。未来依靠国家文化专网要实现数据以及数据库的关联，将符合要求的各类传统文化数据库，按照大小、等级等划分打造三级部署，分别为国家级文化数据库、区域级文化数据库和省域级文化数据库，三类中心之间统一通过国家文化专网实现互联互通，逐一对分散的文化数据库进行数据标准统一，重新对资源整合归类，上下和同级数据库之间相互关联，壮大规模，形成庞大全面的文化数据库群，将有利于推动国家公共文化数据库的发展。例如南京文化投资控股集团应国家文化大数据体系建设的要求，根据不同类型划分"金陵母库""长江专题库"等板块。正是按照国家公共文化数据库的标准生成，后续仅需通过国家文化专网，就能连接国家公共文化数据库，不断补充数据库的资源。

数据共享机制层面，数据共享意指不同机构、平台之间的数据交换。其多存在平台或机构层面上使用。[1]有学者认为"数据要想获得开发和利用已经离不开数据共享"[2]。国内外对于传统文化的数据共享使用观念这一点，均有所实践。国外像欧盟的"文化计划"、美国的"美国记忆"、意大利的"因特网文化遗产项目"等，目的均是推动本国乃至跨国范围内文化资源的合作、共享、交

① 罗洁：《网络开放平台用户隐私权的风险防范研究》，《理论月刊》2014年第11期，第173—176页。
② 王利明：《数据共享与个人信息保护》，《现代法学》2019年第1期，第45页。

流。国内像文化部组织的"全国文化信息资源共享工程",将文物、史料等传统文化资源进行数字化加工和整合,随后依靠各级公益性文化机构,运用广播电视网、互联网等传播介质,实施传统文化资源的共享,同样意在打造共享机制,效果显著。现今,为求传统文化的持续生命力,《意见》提及的文化数字化欢迎众多文化机构接入国家文化专网,开始从文化数据库中共享文化资源数据。而随着数据共享理念的推进,为了让文化资源更广泛且有序地传播,需要配套相应的版权管理机制。目前像是在国家"剑网行动"还有网络文学领域等已经开始实践,国家版权局《关于加强网络文学作品版权管理的通知》计划建立网络文学作品版权监管"黑白名单"制度。一方面,将那些从事侵权盗版的网站、浏览器纳入"黑名单"。另一方面,通过公布重点监管作品"白名单",保障热门文学作品的版权保护。从中启发国家文化专网同样可以借鉴"黑白名单"制度,健全数据库共享传播的版权管理机制,鼓励各类文化机构能够接入国家文化专网和授权其他文化企业,进一步共享数据使用权,"盘活"待开发的资源,保证后续传统文化的再次利用和广泛传播。具体而言,一是未来国家文化专网可以设立数据共享者的黑名单制度,面对涉嫌侵犯版权的文化机构,恶意复制传播数据库数据的行为,根据技术手段对其 ID 身份、IP 地址等信息进行锁定,进入共享者黑名单后,不得再次登录数据库。二是针对遵守规定,表现良好的文化机构,可以进入共享者白名单,其可以按照国家文化专网渠道,更便捷,更少审核程序的使用数据库资源。三是国家文化专网可以设立数据的监测名单,面对引用率高和点击率高的受欢迎数据,加大对其版权链条关注,确保其在传播过程中的安全传播,版权权利受到保护。

四、结　语

在文化强国与文化数字化建设背景下,传统文化的数字化转型,搭配数字版权保护,不仅关乎保护创造者、使用者和传播者的利益,更关系到我国是否能够在国内和国际版权市场把握传统文化版权开发的源头,提升国家文化传播力。因此,未来如何继续将这些继承和阐释的成果纳入法律制度的保护和规制中也是一个亟待思考与研究的方向。一方面,我国政府以及相关文化部门应该及时学习了解传统文化与大数据、区块链、人工智能生成内容等技术合作的前沿动态,不断丰富传统文化的数据以及数据库建设,满足我国和国际规定的相关《著作权法》法律法规。另一方面,我国立法工作也需要不断与时俱进,根据实际实践情况,查漏补缺,完善数据立法与《著作权法》法律条规。唯有多方通力合作,共同抓住文化市场先机,做好传统文化的数据搭建与版权保护工作,才能增加传统文化的传播力与影响力,并为迈向国际市场打下一个夯实基础,以期更好更快地实现文化强国目标。

Research on the Digital Copyright Protection Path for Traditional Culture in the Context of the National Cultural Digitization Strategy

Abstract：China's traditional culture has long faced limitations such as its intangible nature, weak copyright ownership, and scattered cultural resources, leading to a deadlock in copyright protection and traditional cultural development. With the 20th National Congress of the Communist Party of China emphasizing the construction of a culturally strong nation and providing a national cultural digitization strategy, traditional culture is embracing new developments through digital transformation. In both conception and practice, cultural digitization is gradually becoming a reasonable option for achieving copyright protection for traditional culture, transforming drifting traditional culture into intellectual achievements with originality and a "certain form of expression", thus providing the possibility of becoming copyrighted works. In addition to the works, discussing authors is also crucial. From the participation of multiple construction subjects to the government-led attribution of public data, the richness, security, and stability of traditional culture will be enhanced. Lastly, it is necessary to envision database authorization and management standardization from a long-term perspective, providing security for subsequent cultural development. Each step of this transformation contains significant digital copyright opportunities for traditional culture, promoting the inheritance and dissemination of traditional culture in China, as well as laying a solid foundation for traditional culture to "go global" and face the international market, ultimately striving to achieve the goal of building China into a country with a strong socialist culture.

Key words：national cultural digitization strategy; traditional culture; copyright; data; database

作者简介:陈笑春,西南政法大学新闻传播学院教授、博士生导师、广播影视与新媒体研究院院长;邓肯,西南政法大学新闻传播学院博士研究生。

抖音短视频中辽宁城市形象的
呈现与传播策略研究[①]

蔡馥谣

摘　要：本文以抖音为研究对象，通过 Python 抓取抖音平台上辽宁省的相关短视频，进行共现语义网络及 LDA 主题模型分析，结合数据与具体案例，分析总结抖音短视频中所呈现的辽宁省主要城市形象特色与不足，有针对性提出辽宁城市传播策略，进而为提高辽宁文化传播效能，为改进辽宁省城市形象建构实践层面提供科学依据。

关键词：抖音　辽宁　城市形象　特征　传播策略

引　言

媒介是城市形象呈现与传播的重要建构者。我国的城市形象传播与建构在不同阶段呈现不同特点。从早期主要以传统主流媒体中的长视频，即城市形象宣传片或公益广告为主，由政府为主体进行传播，以提升城市知名度为主，呈现城市景观风貌、生活场景及人文特色，但城市形象多较为抽象且不接地气。随着技术的不断发展，城市形象的展现手段及方式表现出更多样态。"文字＋图片"的移动端图文体裁出现，城市推广与特色介绍开始在论坛、微信、微博等社交媒体上呈现，主要以微博大 V 及自媒体博主输出为主，开始注重信息分享与互动。随着智能手机及通信技术的不断进步，静态文字与图像

---

①　本文为辽宁省教育厅高等学校基本科研项目青年项目"人类命运共同体视域下提升辽宁对东北亚地区传播力的策略研究"（LJKQR2021057）阶段性研究成果。

表达已经无法满足人们对城市景观的想象,短小便捷、生动具象、丰富多样的移动短视频作为重要的信息传播载体与工具,重构人们的日常信息获取方式。短视频作为移动互联网时代最具代表性的新型传播方式之一,其趣味性、沉浸式的内容逐渐获得广大用户、各大平台和资本的青睐。2016 年被称为"中国移动短视频元年",各具特色的短视频应用 App 不断涌现,根据《2020 抖音数据报告》显示,自 2016 年 9 月上线以来,抖音用户数量持续攀升,2020 年日活跃用户突破 6 亿,日均视频搜索次数超 4 亿,成为中国最受欢迎的短视频生产与传播平台。①创作者们通过短视频有意或者无意对城市的影响进行记录、分享、评论及转发,催生了网民自发原创的城市印象与生活感受的广泛传播,都在无形地塑造城市的风土人情与文化意象。一方面,短视频平台通过数字孪生映射出城市的空间形象,即线上传播数字化城市,另一方面,短视频平台与城市文化互联网化,通过用户在短视频平台参与的互动、评论与转发,通过为建立城市文化自信与文化认同,为城市赋予底气和定力。生活化、趣味化、无处不在的高强度渗透性的短视频成为了我国城市形象传播与建构的重要媒介,引发城市形象传播新变革。技术参与门槛低的短视频影像实践也使得更多受众参与其中,成为传播主体,短视频使得个体感知聚成群体的感知,打破城市形象的单一固化的认知标签与壁垒,为受众提供了想象的城市空间,使得城市形象变得更为鲜活,多维度、立体化。

辽宁省作为共和国的长子,具有自然生态、历史人文、工业优势、对外开放、非遗传承、文化风物等诸多方面优势与资源。在新时代东北振兴的重大战略机遇发展时期,辽宁应充分利用抖音短视频资源实力"圈粉",让更多的人发现辽宁之美、感受辽宁之好。字节跳动《2019 抖音数据报告》分析指出,2019年抖音创作者视频平均播放量省份 TOP5 中,黑龙江、吉林、辽宁三省荣誉登榜,辽宁省创作群体热情活跃,其文化传播机制以及传播特征值得关注。②但就多次抖音发布的相关数据报告来看,虽然辽宁省创作者才华横溢,创作者视频平均播放量较高,但就 2020 年及 2021 年抖音发布的数据报告显示,近年来全国播放量较高的景点、获赞城市、上升最快景点、获赞县城等前十名都缺少

① 《2020 抖音数据报告》,网址来源:http://www.sohu.com/a/442893269_441449. 访问日期:2023 年 1 月 1 日。

② 《2019 抖音数据报告》,网址来源:http://www.sohu.com/a/366535920_174744. 访问日期:2023 年 1 月 1 日。

辽宁身影。①因此,需从抖音短视频城市内容呈现进行研究,可以有针对性地调整传播策略,提高辽宁文化传播效能,为改进辽宁省城市形象建构实践层面提供科学依据。

一、研究设计与方法

(一) 抖音短视频平台数据采集

本研究首先借助 Python 将 2022 年 12 月 31 日之前抖音短视频平台开源的关于辽宁的短视频发布记录进行抓取。以关键词"辽宁"进行抓取,但由于抖音限制接口分页,抓取数据有限,为使得研究样本更为全面,同时按点赞量高低对抖音平台中涉及辽宁省 14 座地级城市(沈阳市、大连市、鞍山市、抚顺市、本溪市、丹东市、锦州市、营口市、阜新市、辽阳市、盘锦市、铁岭市、朝阳市及葫芦岛市)的前一百条短视频进行了抓取,分析其基本的城市形象呈现概况。

(二) 共现语义网络及 LDA 主题模型挖掘

共现语义网络是用于表示词与词之间的语义关系的一种网络理论,其原理就是以词语为网络的结点,以沟通结点的共现次数表示词语之间的语义关系,构成一个彼此相互联系的网络,以达到理解自然语言句子的语义关系。本研究首先对相关抖音视频标题进行分词,使用 Jieba 和 Snownlp 做中文分词。使用 Jieba 分词后保存到源数据,构建共现语义矩阵,绘制共现语义网络图。描述关键词之间的连线越多,说明共现的次数越多,从而探索视频标题文本中的意义。

LDA(Latent Dirichlet Allocation,隐含狄利克雷分布)是一个三层的贝叶斯模型(文档集层、主题层、特征词层),可以将文档集中每篇文档的主题按照概率分布的形式给出。②为了更有效挖掘用户评论的语义信息,以抖音用户对视频评论数据为研究对象,研究使用 Python 的 SnowNLP 处理用户评论信息,基于整体数据集进行 LDA 主题特征可视化分析,LDA 主题抽取是基于统计学来实现的,给文档的词进行标号,同时统计其所对应的词频,引

---

① 《2021 抖音数据报告》,网址来源:http://www.sohu.com/a/514976687_121123886,访问日期:2023 年 1 月 1 日。

② 赵妍妍、秦兵、刘挺:《文本情感分析》,《软件学报》,2010 年第 8 期,第 1834—1848 页。

入 TF-IDF 来构造更能描述词语重要性的词频矩阵,进行词频统计,挖掘用户主要讨论话题,对文本主要进行定位、筛选、查找等预处理,采用比较删除法,删除重复、自动评论,挖掘用户对辽宁短视频的关注焦点,挖掘评论特征的内在联系。

二、辽宁城市形象在抖音平台上的传播特征呈现

本研究通过抖音平台开放搜索进行 Python 数据抓取,获得关于辽宁的抖音短视频,由于受到抖音限制了接口分页,返回精确匹配数据 2 870 条,加之各个城市相关视频数据,最终形成相关分析数据 4 270 条。

(一) 整体特征呈现

从辽宁相关抖音短视频标题共现语义网络图可以看出,抖音上所呈现的辽宁形象主要以城市旅游、打卡、地标、推荐、记忆以及地方美食特色为主,极为符合新媒体时代下,"记录美好生活"这一口号特征,进而推动城市形象传播。14 个地级市之间具有一定的关联性,尤其是省内周边城市的相关推荐形

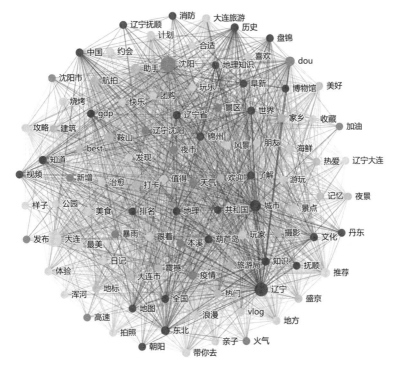

图1 辽宁抖音短视频标题共现语义网络

成了一定的传播矩阵,但总体来说,主题较为松散,并没有明显的突出特色符号,同质化内容较为明显,对社会大众表层传达,如何凸显城市文化内核是关键。2022 年由于疫情影响,相关讨论也较多。从热门短视频来看,以"网红""亲子""打卡""小众""美食""鲜为人知"为标题的旅游地视频备受推崇,"烟火气"的表达较易引发城市共鸣,赢得城市认同。

就与辽宁相关短视频时长来看,1 分钟以内的短视频数量较多,占总数的 74%,1～5 分钟时长的短视频占总数的 22%,而五分钟以上的短视频仅占到 2%。这是受到短视频时代受众"眼球经济"短平快的需求及抖音短视频平台特色要求的影响。拍摄者需要在最短的时间尽量选取最具特色、生动有趣和极具"烟火气"的城市内容进行传播,再现最激动人心的画面,增强受众的在场感,对短视频创作者的要求非常高,但与此带来的问题是,仅通过城市建设与景观进行视觉冲击传播,无法表达城市深层文化特色,内容容易琐碎且主题中心不明确,实则很难在受众脑海中留下城市意象表征,需注重城市文化传播最具价值的挖掘,以系列式主题呈现,策划与制作系列具有关联性的短视频合集,提高城市文化传播的广度与深度。

短视频提高了城市的曝光度,但与此同时也是一把双刃剑。俗话说,"好事不出门,恶事行千里",由于受到时间的限制,创作者需要在最短的时间内剪出最吸睛的部分,如果是负面舆情事件,往往会将最富争议及话题性片段剪出,引发的关注度及曝光度也随之增加,对城市形象认知会迅速建构起负面印象,甚至在评论中会看到"不会想去这座城市"等表达,难以挽回。

(二) LDA 主题维度分析

抖音短视频中的辽宁城市感知形象主题维度分析主要利用 LDA 主题模型进行视频主题及评论主题挖掘,并对聚类的结果进行可视化展示,呈现出不同的聚类主题及每个主题中的关键词。其基本思想是文本由隐含的主题随机混合生成,每个主题对应特定的特征词分布。在辽宁短视频主题识别图的左侧形成了大小不同的圆圈,每个圆圈代表视频标题文本形象的一个主题,圆圈的大小表述主题的核心度,越大主题出现概率越高,越小次之。点击圆圈,右侧则出现与主题词对应的关联文本词条。另外,圆圈的距离表示主题之间的相似度,距离越近,主题越相似,否则反之。

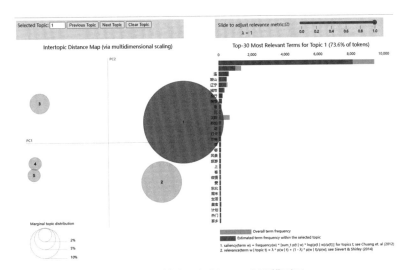

图2 辽宁抖音短视频 LDA 主题模型图

从视频主题的 LDA 模型能看出,辽宁抖音的主要主题呈现还是以商业、旅游、探店、推荐、生活、"玩"及美食等主题为主,分别点击 LDA 主题模型图进行深度挖掘可以发现,得到的辽宁省在抖音上整体感知形象主题分别为城市旅行推荐、美食探店、疫情、共和国长子(GDP)及博物馆。城市旅行推荐及美食探店主要落点为商业、旅游及美食探店、打卡,这与抖音城市传播的本身调性与特色较为吻合,从高点赞视频也能看出,如房琪 KIKI 的破百万点赞短视频"这里是辽宁大连,我的第二故乡"、黑总 35.3 万点赞"飞了 3 200 公里体验大连的海鲜,绝♯日常 vlog♯男人简单的快乐♯简简单单又得一餐"等。2020年以来,新冠疫情成为各个城市绕不开的话题,疫情之下,一座城市的疫情防控工作、知识科普、疫情通报及防疫封城中的人情冷暖等抖音关注与播放量都极高。共和国长子(GDP)所包含的主题主要以辽宁省城市历史发展中的工业文化特色展示为主,如长安范儿——人文地理发布的♯长子风范,国之栋梁,东北最强——辽宁♯辽宁♯地理♯沈阳;辽宁申请出战!!!♯辽宁♯城市宣传片♯工业重镇等,都从共和国长子、辽宁工业文化视角进行了展示。由于近年来文博类电视综艺节目不断涌现,《国家宝藏》《赢在博物馆》《国宝档案》等节目的大火带动了"博物馆热",越来越多的年轻人对博物馆文化、文物艺术品感兴趣,抖音平台关于辽宁省博物馆、沈阳博物馆在抖音话题的播放量都超过五百万次,旅顺博物馆的话题播放量也超过一千四百余万次,文博领域可以成为自带流量的"资源富矿"。

(三) 整体特征与不足

总体来说,辽宁省抖音相关视频虽多,播放量也可圈可点,有关辽宁、大连及沈阳的话题都是"亿"级单位播放量,但短视频对辽宁城市的政府形象、市政服务及文化特色等符号挖掘不足。虽然辽宁的城市形象传播在近两年借着流量和政府的积极推动,相对于在传统传播时期传播途径变多,传播内容丰富,传播的范围相对更广,但目前较为缺少网红元素的编码和解码,城市魅力元素表达不够新颖,缺少持续的内容创新输出能力。就点赞破百万的抖音视频来看,辽宁省整体城市形象建构呈碎片化特征,内容主要涵盖地方饮食及景点风光等主题。政府对短视频内容创作主题的共情能力及互动参与度不足,与平台展开的战略活动及引导力度都有待加强。视频内容相对简单及同质化,难以找准定位深耕厚植入。如 2022 年上半年,与辽宁相关的最高点赞短视频则是一名男子在冰面滑稽摔倒似跳舞的视频,视频虽然幽默新奇,但缺少城市属性塑造。虽然我们难以要求个人账号全力对城市文化进行输出,但关注辽宁相关城市政务号和媒体号也不难发现,粉丝量相对较少,作品关注度相对较弱,对辽宁省主要城市的塑造也相对较少,发布内容多为二次创作,如"7 月 28日,辽宁大连。宠物狗未拴绳,在自家门口被轿车撞死,主人见状哭晕过去。♯社会百态"这条短视频在第一轮爬取中就发现,青白江—融媒快报、封面新闻、987 私家车广播、光影中国都进行了发布。内容缺少新意,没有形成城市传播矩阵,缺少专业引导,相互联动的能力。

相比历史景观及非物质文化遗产,现代网红及商业景点在辽宁热门短视频中占据更多席位。短视频中城市形象的深度解读应该重视城市文化和城市精神,加入当代潮流文化因素,尽量符合短视频用户浏览习惯,目前许多城市形象短视频没有解读能够体现城市气质的人、事、物和内涵。短视频内容还是浮于表面。短视频平台如果只是放大了城市的景点和美食,不论景点有多么美,也不能在用户心中留下深刻的印象,难以引起情感共鸣,产生不了新的记忆点。美丽的沙滩海岸等景色对于不了解大连的人来说,也许有一种新奇感,但这些新奇感能在用户心中持续多久,同质化严重的内容能否建构大连东亚文化之都的核心内涵和持久的文化吸引力。短视频娱乐性强的特征,在城市形象解读时如果一味重视娱乐性,缺少文化感染,城市文化的历史内涵将被人淡忘。

三、提升短视频平台辽宁形象传播力的对策与建议

（一）挖掘文旅资源，提高城市文化特色吸引力

承载城市文化的符号主要包括物质文化符号、行为文化符号及精神文化符号，共同建构城市形象完整的表意系统。[①]城市文化传播可以通过符号形态的建构、理解与利用创造了现实，并使现实成为一种存在。[②]目前抖音平台中辽宁省的城市文化符号系统基本都有所呈现，如城市景观、美食等物质文化符号；东北方言、曲艺、秧歌等行为文化符号；城市宣传片、文化书籍等精神文化符号等，但就传播效果而言，问题较为明显。辽宁省各大城市形象特色不够鲜明，文化符号特色与魅力表现不尽如人意，城市视觉符号缺乏顶层设计与传播合力，往往以旅游宣传的城市建筑或地标物来展示城市文化特点，自然风光展示更多，人文层面的符号展示相对较弱，所以难免给人一种缺少文化底蕴之感。抖音短视频"不红"，并非城市的旅游热度不够，而是城市缺乏"人设"，没有标签，短视频账号和内容的记忆点不够鲜明，话题不够新颖。城市在抖音平台的短期爆红不是城市形象建构的最终目标，有记忆点，有内涵，有能够激发用户某种情感因素的符号挖掘是根本。符号承载了人们所赋予的情感及价值意义，将城市独特的符号元素融入抖音短视频内容创作中，将独特的地域文化符号与城市形象符号融入短视频内容创作，将情感、温度、回忆等与城市形象建立联系，通过抖音短视频建构用户与城市共情。城市居民记录自己的生活百态进行分享，将城市形象符号通过视觉呈现、味觉记忆、听觉享受等身体语言符号建立联系，建构起有情感的短视频。外地游客搜索并传播某一城市特色，期待更多了解该城市景观及地方特色美食，期待体验与享受美食，本土化与非本土化视角对城市形象进行建构，这都催生了不同城市形象特色的分享与传播。

提高城市形象传播力，需在城市已有具有较高文旅特色关注的短视频基础上进一步整合将其可能的"网红"爆款元素进一步深度挖掘，将用户互动与体验进一步完善。如大连在抖音传播中出了积极推动其浪漫、时尚、包容等海洋文化特色旅游，东北之窗，北方明珠的特色之外，大连也正在积极推进创建

---

① 吴惠凡：《表意与叙事：城市文化传播的符号学解读》，《当代传播》，2018 年第 3 期，第 31—34 页。
② 詹姆斯·凯瑞：《作为文化的传播："媒介与社会"论文集》，丁未译，华夏出版社 2005 年版，第 8—13 页。

大连"东亚文化之都",从国际视野建构大连特色符号的独特记忆点,积极承担起建构共生创新和谐的口号及文化城市形象的重任。沈阳同样也在不断借助新的文化符号来重构自己的城市定位。"一朝发祥地,两代帝王都",沈阳不仅见证了辽金、清、民国、抗战等历史文化变迁,新中国成立后,沈阳作为"东方鲁尔",工业文化一直是沈阳区别其他城市重要的现代文化符号特色,古典与现代交融,都有可能从中深入挖掘出具有代表性的网红文化特色元素进而进行广泛传播。城市文化需要运用隐喻这一修辞方式通过符号将其意义进行表达,形成象征性符号世界,形成更为生动和深刻的符号意指。在辽宁省下辖的14个地级市的相关短视频搜索中可以发现,东北话、辽宁各城市地方方言都是较为吸睛的拍摄主题,方言是十分典型的规约符号,其所指对象往往极具地方特色,如抖音账号"结巴老爹""大连老湿王博文"等都是用大连地方方言为大家分享丰富有趣的大连人的民俗生活习惯,介绍大连的各种美食,南北交融的辽西方言以锦州话为代表,从语音上看,辽西一带的语音特点最明显的是一句话尾音上扬,听起来很像疑问句,因其方言特色在抖音上掀起了"锦州话质疑全世界"的热门活动,不仅能愉悦受众,也能折射出一座城市的人文风情,增强地方文化自信,提升城市文化认同感。

(二) 借助平台扶持,提高非遗文化传播影响力

辽宁省的文化底蕴不仅只有现在短视频中侧重的海鲜烧烤麻辣烫的美食与旅游资源,非物质文化遗产、老字号品牌、文博资源都极为丰富。说美食,辽菜的特色是山珍海味取料广,火锅白肉美名扬;说历史,辽宁是中国历史上开发较早的地区,创造了光辉灿烂的文化,说文艺,从丰富多彩的辽宁节庆民俗、诙谐幽默的盖州皮影戏;吹打并重、热情洋溢的丹东鼓乐及辽宁鼓乐;唱腔徐缓的东北大鼓,干净利索的辽宁评剧,以口头形态流传的锡伯族的民间故事,蕴含丰富的北票市民间故事,醇厚清新的阜新东蒙短调民歌,火爆烂漫的抚顺地秧歌,锦州满族民间刺绣等等,都入选了国家级非物质文化遗产名录,这些都可为抖音短视频创作提供了大量的素材与选题。实际上,抖音平台上这些非物质文化遗产的短视频作品也不在少数,《抖音 2022 非遗数据报告》指出,抖音上国家级非遗项目相关视频播放总数达 3 726 亿,[①]但在抖音话题搜索中

---

① 《抖音 2022 非遗数据报告:濒危非遗视频播放量同比增长 60%》,网址来源:https://www.souhu.com/a/557949568_121124760.访问日期:2023 年 1 月 1 日。

发现，♯辽宁省非物质文化遗产/辽宁非物质文化遗产♯话题播放量不足5万次，当然，如果单独搜索♯东北大鼓♯，有65万次的播放量，♯辽菜♯527万次播放量，而在本次样本爬取中，辽宁非遗相关的短视频不足十条被爬取进来，也就是说，辽宁省非物质文化遗产虽然素材丰富，但在抖音的播放量、影响力及声量还是极为微弱，大部分的非物质文化遗产账号并没有形成传播矩阵，且多以民间自发组织拍摄、传播，标题特色不明显，受众互动转发参与度较低，话题搜索中的非遗相关短视频点赞量及评论仅为数十甚至个位数。

根据抖音发布的《2022年非物质文化遗产数据报告》显示，1 557个国家级非遗项目的抖音覆盖率99.74％，与2021年报告相比，覆盖率增长1.8％，这意味着，实际上我们所谓热门或冷门的非物质文化遗产相关信息基本都可以在抖音上搜索到，像濒危非遗在抖音上越来越受关注，其中辽宁东北大鼓位列其中，为第二位，在2021—2022年度，播放量同比增长60％。抖音上各省份独具特色的非遗项目成为地方文化名片，助力地方提升城市形象，打造独特文化标识。全国各地最受欢迎国家级非物质文化遗产排名前十分别为相声（天津），黄梅戏（安徽），柳州螺蛳粉制作技艺（广西），京剧（北京），豫剧（河南），越剧（浙江），象棋（北京），狮舞（广东），烤全羊技艺（内蒙古）及秧歌（河北），80、90后年轻人成为非遗传承主力军。但较为遗憾的是，辽宁并未有国家级非物质文化遗产进入前十榜单，全国的传播力及影响力明显不足。

抖音上最受欢迎的非遗商品也琳琅满目，非遗好物销量同比增长668％，主要包括紫砂茶壶、生丝刺绣、乔师傅皮雕包、玉雕茶器、法根糕点、王星记扇、油纸伞、苏罗织品、青瓷杯及龙井茶。在抖音"商品"搜索"辽宁非物质文化遗产"，相关商品仅有辽菜"鹿鸣香鸡"在销，商业价值影响力较弱。非遗文化产品传承及保护需要关注，同样具有极高的商业价值，通过抖音直播和电商助力，使得非遗项目不再单纯依靠政府资金资助及传承人"自掏腰包"的境况，充足的资金支持可以使非遗项目得到更多关注，焕发新生。

（三）重视城市IP，提高城市话题影响力

互联网时代，海量内容可供受众进行选择，短视频数量的激增，用户对短视频的需求从单纯的娱乐转向内容的更高层次的要求，短视频进行城市形象传播时，城市短视频的传播数量固然重要，但形象的建构，受众接受与认同，更需要重视视频的质量与内容的优劣及账号的运营。相比传统图文传播，短视频为受众提供了更小的想象空间，更密集的相关推荐及更强烈的印象刺激。

城市传播需提高短视频质量,补齐内容短板,增加故事趣味感,建构用户与城市的共情与共生,扩大城市知名度的核心目标是让更多受众对城市的特色感兴趣,在现有的城市特色基础上进一步挖掘文化底蕴与城市性格,打造具有特征的地域化城市名片。城市形象短视频创作者需重视账号的个性签名的标识性,重视城市 IP,重视具有地域特色的个性签名及内容标注,让短视频内容更加直观,尤其是在话题分类及用户搜索中容易获得,增加短视频的曝光率。重视短视频内容选题与拍摄视角,重视城市细节刻画,尽量使得拍摄内容文案适配,富有内涵。令受众感同身受,产生沉浸感。在选题层面,应具有话题性,增加视频的故事趣味性,唤起与城市关联的记忆点,营造亲近感,引发共鸣,形成围绕话题的广泛传播,展现城市风采。同时重视评论区及私信运营,扩大粉丝群体,在用户流量的时代留着用户,积极与受众互动,潜移默化地拉进城市与受众之间的距离,加深受众的记忆点,拉进传播者与受众之间的距离,潜移默化构建城市形象。

(四) 关切热点舆情,提高官民传播联动力

在前文主题模型中发现,热点舆情对城市形象塑造影响力也不容小觑。需要重视负面热点舆情的"破坏力"。负面舆情事件带来的直接后果就是固化某一城市的刻板印象,进而导致对城市印象的简单化与概括化,如"雪村"与"宰客";"青岛""38 元大虾"等,这种带有地域倾向或歧视的负面新闻还极容易在社交媒体上被病毒式或裂变式传播,固化受众认知图式,极大损坏城市形象建构。此外,政府需对短视频平台上的热点舆情做出积极的回应,针对正面热点事件应放大其声量,提高影响力。如 2022 年 8 月 16 日,习近平总书记在辽宁锦州考察调研,央视新闻、人民日报、新华每日电讯抖音账号都进行了视频推送,辽宁相关政务抖音账号应抓住此次机会,形成超级传播矩阵,尤其应借助习近平总书记此次调研的机会,将锦州城市形象进行特色传播,以此增强辽宁省区域城市传播影响力。政府在融合抖音形成以城市文化为故事的城市之窗展示的顶层设计同时,也需重视城市的硬件升级,如城市地标建筑、服务流程优化、城市交通、安保设施完善、城市大数据危机舆情应对等。

政务的传播也要"因地制宜"转变话语的方式和讲述的心态,以更亲和形态走入大众,给予个体更多的自我表达的途径。政府应利用议程设置有效进行城市形象传播活动或相关议题的推动,重视活动引导,积极联合抖音平台发起系列有历史底蕴、地域特色及时代热点的话题标签与挑战活动,并适当与平台合作,给予平台流量支持,增强视频曝光率。如多部作品点赞破百万的官方网红账号"盘锦网警",不仅注重"全网最皮最魔性"的特色幽默搞笑标签,还充分体现其"接地气"的办案过程,切实为民众解决问题及进行科普宣传服务,重视"民警一家亲"的形象塑造,内容富有新意,被众多网友关注并喜欢。互联网时代的短视频用户是"游徙不定的传播者",①应提高受众传播意识,充分利用抖音八成用户的智慧与传播力,使其创作能引发受众情感共鸣的优质城市形象传播作品并不断裂变,将城市传播主题进行解构及重构,传者与受者进入共建意义空间,因势利导,统一官民舆论场,形成传播共振效应。

结 语

总体来说,抖音短视频中辽宁城市相关议题呈现分布不均,以城市文旅景观、美食、幽默趣闻、市民生活及疫情防控资讯相关内容为主,各地级城市短视频形象呈现主题各有侧重,但官方账户传播力相对较弱,主动意识不强,政务服务及非遗文化传播力影响力不足,传播过程中存在普通用户参与度低等问题,应进一步拓宽传播主体,重视头部账号影响力,强化本土符号,丰富城市内涵,补齐内容短板,打造官民结合的立体传播矩阵,进而带动城市文旅产业发展,输出城市文化,提高城市综合竞争力与软实力,通过短视频平台更好地讲好辽宁故事,构建美好辽宁形象。

Research on the Presentation and Communication Strategy of Liaoning City Image in Douyin Short Video

Abstract: This paper takes Douyin as the research object, captures relevant short videos in Liaoning Province on the Douyin platform through Python, and analyzes the co-occurrence semantic network and LDA topic model. The characteristics and deficiencies of the main cities in Liaoning Province are presented, and the communication strategies of Liaoning cities are put forward in a targeted manner, which will provide a scientific basis for improving the efficiency

① 罗伯特·洛根著:《理解新媒介:延伸麦克卢汉》,何道宽译,复旦大学出版社 2012 年版,第 27 页。

of Liaoning cultural communication and improving the practical level of Liaoning Province's urban image construction.

Key words：Douyin；Liaoning；City image；Characteristics；Communication Strategy

作者简介：蔡馥谣，大连外国语大学新闻与传播学院传播学教研室主任，副教授。

论王安忆近作中城市漂泊者的
精神困境书写①

戴　娜

摘　要:近年来,王安忆陆续创作了《红豆生南国》《考工记》和《一把刀,千个字》三部作品,继续她熟悉的都市日常书写。突破以往大多关注城市市井人物命运和女性生存体验,以一种更为开阔的视角,链接更深厚的中国社会现实。用在城市中漫游的男性目光,烛照全球视野下的当下城市精神和新文化建构。叙写了站在新的历史节点上,怎样立足传统文化,创新发展"文艺心"。把日常审美和精神超越融合起来,以观照历史与当下,弥合传统与现代的精神裂缝,破除城市漂泊者的精神困境,寻求自身身份、价值的确立和精神主体性的建构。王安忆始终坚守现实主义的写作立场,不断为理解上海、理解城市精神提供新的观照视角和文化资源,开拓都市精神文化空间发展的可能性。

关键词:王安忆　《红豆生南国》《考工记》《一把刀,千个字》　城市漂泊者　精神困境

　　王安忆是中国当代文坛都市书写的代表性作家。她是文学创作的多面手,"视野颇为开阔,能够驾驭多种生活经验和风格题材"②,乡土和城市生活图景自由穿梭,齐头并进,而尤以都市书写独树一帜。

　　王安忆的都市书写聚焦城市市井人物命运,关注个体生命尤其是女性独

①　本文为国家社科基金项目"中国当代生态批评研究"(19BZW114)的阶段性成果。
②　洪子诚:《中国当代文学史》,北京大学出版社 1999 年版,第 360 页。

特的生存体验,展现了以上海为创作中心的都市丰富样貌,精准描摹世俗日常审美和现代都市精神。从 80 年代的《庸常之辈》《流逝》,到 90 年代的《米尼》《好婆与李同志》《纪实与虚构》《我爱比尔》《文革轶事》等,尤其是 1995 年在《钟山》杂志上发表的《长恨歌》,达到了都市书写的一个高峰,奠定了王安忆海派传人的位置。进入新世纪,又涌现出《富萍》《桃之夭夭》等作品。《富萍》围绕女性成长的主线,透过不谙世事的乡下姑娘富萍在城市的成长故事,展现边缘底层人民朴素的生命力和乡村诗意,凸显日常生活的质感和世情审美,以抵抗现代都市对个体心灵空间的压抑,丰富了都市叙事的文化内涵。

近年来,王安忆陆续创作了《红豆生南国》、《考工记》和《一把刀,千个字》三部作品,继续她熟悉的都市日常书写,续写"香港的情和爱"和"低回慢转的上海别传"。突破以往大多关注城市市井人物命运和女性生存体验,以一种更为开阔的视角,链接更深厚的中国社会现实。用在城市中漫游的男性目光,烛照全球视野下的当下城市精神和新文化建构。在历史的缝隙、时代的变迁中,三个男性主人公都在不断突破某种记忆和现实中的生存困境,寻求自身身份、价值的确立和精神主体性的建构。

一、无根的漂移

"城市既是一个巨大的事实,又是现代性的公认象征。它既构成了现代的困境,又象征着这一困境:置身于人群中的人,既无名,又无根,切断了过去,切断了他曾拥有的人际关系纽带;他焦虑,不安,受到大众媒体的奴役,又因上帝的消失而拥有可怕的精神选择的自由。这就是典型的大都市居民。"[1]这种无根、漂泊、焦虑的情感体验,与王安忆本人的知青经历、生活经验共通,也在她的作品中一以贯之。作为"一个'同志'的后代"[2],以"移民"身份进入上海的王安忆,如此表达自己对人的生存体验和命运的理解:"人类其实是一个漂流的群体,漂浮是永远的命运。"[3]城市化席卷全球的进程,伴随着大规模的人口流动,亲情解体,人文价值失落。漂泊和离散成为现代都市人的生活常态,而"无名"和"无根"则成为全球化语境下人们的共同感受。

---

① 斯皮尔斯:《狄俄尼索斯与城市》,引自张英进:《中国现代文学与电影中的城市——空间、时间与性别构形》,秦立彦译,江苏人民出版社 2007 年版,第 127 页。
② 王安忆:《父系和母系的神话》,浙江文艺出版社 1994 年版,第 90 页。
③ 王安忆:《伤心太平洋》,时代文艺出版社 1995 年版,第 383 页。

《红豆生南国》讲述了一个隐去姓名的主人公"他"少年移居香港的人生历程，而故事背景则横跨五六十年代的香港直到后九七的沧桑变化。自小以"三百番薯丝"被收养，又背井离乡来到香港，"他"是一个典型的无名又无根的城市居民，甚至是一个多余的人。因此身份的焦虑、"寻根"、生恩和养恩的纠缠就成为他最初也是一生的情结。如李小姐所说："地产是有形资本，艺术则是无形，有形资本已近饱和。"①在香港这样一个寸土寸金的现代大都市，一切都快节奏，资本化，飞速发展，容不得他享受黄金单生汉的生活。不做生活的弄潮儿，简直有负社会家庭的"道德良心"。他的缺少激情、格格不入仿佛就是对社会的一种亏欠和辜负。"海湾已成回音壁。这是香港吗？他都不认识了！他似乎身在异处，连自己都脱胎换骨，成另一个人。"②香港本身就承载着历史赋予的精神困境，在传统与现代、中西方文明中的撕裂中，城和人互为镜像。这种异己、异处的感受，弥漫在文本中。他想要奋发，融入新人类，却最终把自己陷入要逃遁的窘境。

《考工记》讲述了一个非典型的洋场小开陈书玉的风雨人生，从 1944 年民国上海的前世纪遗民直到新世纪市场经济大潮下新新世界的"局外人"。老宅是上海沧桑变化的一个缩影，也成为陈书玉寻根的一个切入点。老宅似乎是一个恒常不变永不转化的物质，守着老宅，他似乎就有了根。老宅压迫着他，庇佑着他，也召唤着他。他"阅读"他的老宅，竭力探索拼凑他的家族史，然而这些努力终于滑入时代大潮没入虚无。他不愿投入婚恋，因为自觉是个身份不确定的无根之人。在时代动荡中，他看不清自己的位置和身份，因此也不敢亏欠情债。"西厢四小开"都隐匿或改变了自己的身份，这个城市的历史记忆也变得神秘。老宅虽被妥协地列为文物，终是不可阻挡地日夜在破碎、分崩离析下，最终也没有完成修复。它在周围新建的高楼中间成了"锅底"，"那堵防火墙歪斜了，随时可倾倒下来，就像一面巨大的白旗"③。陈书玉则和老宅一样，不断地老，朽，碎，在祖宅置换的过程中成为了大妹妹口中"背时背德"的"阿缺西"。在上海近现代飞速的都市化进程中，膨胀的物质欲望挤压着城市精神空间。在老宅修复、寻根受挫及现代化经济大潮冲刷的夹击下，他只能深陷围困，缴械投降，等待滑入命运。

---

①　王安忆：《红豆生南国》，人民文学出版社 2017 年版，第 113 页。

②　王安忆：《红豆生南国》，人民文学出版社 2017 年版，第 105 页。

③　王安忆：《考工记》，花城出版社 2018 年版，第 267 页。

　　历史也就这样在社会飞速的发展变化中成了不可考的碎片。女性的缺席，自身主体性建构的受挫，在中西文化、传统与现代矛盾下的失语，构成了一种现代性的精神困境。

　　而在《一把刀，千个字》中，陈诚在大西洋城倩西的小屋里，说自己也不知道究竟算哪里人，像孙悟空猪八戒，没有前尘来历。他经历了东北、上海、苏北的漂泊，现在又来到了异国他乡。连"陈诚"这个名字也并非真实，因为纽约鱼龙混杂，没有人会去追究在意。他随遇而安，没有强烈的进取心，自然又坚韧地在日常中生长。是漂泊，也是重生，在法拉盛"纯粹的生存原则下"①，悬置了宏大的国族叙事，切断了所有的渊源由来，只有每一个个人当下形成的能量循环。但是上海仍是连接东北过往和美国当下的关键节点，也是情感记忆延伸和发展的支点。作为他的精神原乡，在上海，七岁的他对世界的记忆有了初步的轮廓，嬢嬢用一套绣像本《红楼本》对他进行了最初的文化启蒙。嬢嬢去世后，他重返故里，回望幼时的澡堂和招娣，那饕餮一餐的惊艳记忆，面对自己心中的缺失和怕怵，仿佛一个命定的轮回。他在法拉盛的逃避和寻找，围困和自由，最终都落在上海。

　　一个能指丰富、不断滑动的"南国"，一座需要不断"阅读"的上海老宅，一个无法逃避的精神原乡，既构成了主人公生活成长的背景，又镜像式地隐喻了主人公的命运和处境。城市境遇"不再只是环境或者客体化的存在。它们也铸造了人的身心，与人形成了相互交融、相互对象化的关系。"②知识分子的成长记忆、心路历程，与城市时代风云激荡同构性地生成丰厚的文本意义。面对城市的现代性精神围困，王安忆"以寻根来应对景观世界，以成长阐释变化，以思乡的情感来理清全球化的同一性。"③

二、"相思"与重建自我的凭依

　　在时代激变中，以上三部作品的主人公均以"有情"的传统为凭依，去面对命运，观照生活。"相思"成为传统人伦、传统文化的载体。而"自我"与强势"他者"的对峙，凸显了传统情义人伦价值在时代浪潮里的尴尬和失落，现代化

---

① 王安忆：《一把刀，千个字》，人民文学出版社 2021 年版，第 154 页。
② 陈力君：《上海文明的"开"与"合"——王安忆的〈匿名〉和〈考工记〉》，海南师范大学学报（社会科学版）2020 年第 6 期，第 17 页。
③ 程德培：《你就是你的记忆》，《上海文化》2017 年第 11 期，第 29、30 页。

进程中东方传统文化与西方现代文明的冲突。

《红豆生南国》中,"他"重恩情,念旧情,相比与时俱进的新人新辞,仿佛是个行止老派的古人。在命运中磨炼出强悍的养母是强人,妻子从主动与他确定关系,到一路升职加薪投资理财,也是杀伐决断的力量型人格。母亲和妻子两个强人的力量对峙中,他便成为了被埋怨的弱者,正因为自己的软弱,更亏欠她们的恩情。"女性是他天然的债主,他生来就是为还报她们的施舍。"①她们对他的情和亲都变成了恩,变成了他的亏欠。他的匿名,也是一种主体性和独立性的缺失。"他的恩欠,他的愧受,他的困囿,他的原罪,他的蛊,总得一个名字,这名字就叫相思。"②"红豆"即是相思,是恩情,是传统人伦的裹挟。他自称自己是一个支离破碎的人,谁跟他就会被辜负被亏欠,可见他难以完成自我主体性的建构。一次次"艳遇"和相亲的窘迫过程,或者可以说大城市里越来越不会产生爱情体验,也许像最后一瞥之钟情,终究没入陌生人的潮涌里。他一生亏欠,报恩,直至最后背信弃义,一路向南逃遁,亦可说是被城市罢黜。他想逃出这种情义裹挟和主体的困囿,然而逃无可逃,他终是看见了红豆,也是他既定的命运。

《考工记》里,陈书玉自觉自己的贪食症是一种相思病,"取消了物质性,纯粹的精神世界,那就是相思"③。"相思"升华为一种纯粹的精神追求和建构,积淀着上海的地域文化内涵。他给相思的冉太太的定义则是一个"义"字,与势利的采采、软弱的谭小姐相比,冉太太具有一种不为时不为势转移的传统情义、恩义甚至侠义。而陈书玉也为此裹挟,一生为别人,一身子然。身处乱世,本应该把自己打磨得更为坚硬旷达甚至麻木些,这样才不容易伤人自伤。而他却恰恰相反,更加多愁善感。不管是面对女性的青睐,还是偷运铁皮的老厨子的误解,他总是不落忍,用悲悯和自苦来确立自我的存在。总是被情势推着走,直至困窘失语,"人是困窘,事是困窘,世道皆为困窘"④。

他们的"相思"是一生情义,也是一生亏欠和自我主体的困囿。对传统人伦、传统文化的遵从和坚守,构成了他们真正的自困之境。

《一把刀,千个字》里,陈诚的成长中母亲是缺失的,而相比自己,自小具有

---

① 王安忆:《红豆生南国》,人民文学出版社 2017 年版,第 68 页。
② 王安忆:《红豆生南国》,人民文学出版社 2017 年版,第 127 页。
③ 王安忆:《考工记》,花城出版社 2018 年版,第 157 页。
④ 王安忆:《考工记》,花城出版社 2018 年版,第 142 页。

领袖型人格的姐姐更像是母亲的孩子。妻子师师比他年长,他也被倩西揶揄、被姐姐指认有恋母情结。母亲所隐喻的隐晦不明的历史时代记忆,成为了他精神世界中的一个盲点和隐痛,也是他抛开情义束缚的心理伤痛基础。母亲平反后成为一个英雄人物,而母亲的孩子这个身份无法使他认同,英雄少年的处境也使他难以适应,像那个夏令营里的鄂伦春小孩一样格格不入。于是他选择逃开,奔向原始吸引力的呼玛林场。姐姐遭遇情感挫折后,他又离开了林场,最终断然去国离乡。逃离使他暂时摆脱了传统人伦情义和"相思"的困窘。在法拉盛重生,也像少年时相交的小毛一样,作为一个外来者,怀着重写历史、重塑自我的意识。

宗璞五十年代的作品《红豆》中,江玫和齐虹的爱情建筑在脱离实际的幻梦"绝域"上。江玫的红豆发夹所蕴含的相思、文艺,都无法融合在时代巨变的政治生活中,成为了知识分子成长路上需要克服的障碍。而王安忆笔下的相思红豆,某种程度上接续了个体精神世界发展与大历史叙事的悖反这一精神命题。陈诚们突破困局、重建自我主体性的路途,才刚刚开始。

三、"文艺心"与精神主体的确立

不管是《红豆生南国》中的"他",《考工记》里的陈书玉,还是《一把刀,千个字》中的陈诚,都是被历史边缘化或者说是隐匿在时代浪潮里的人物。他们都有一颗通过传统文化认同来建构精神主体性的"文艺心",有知识分子遗世独立、独善其身的气质,是城市的漫游者、旁观者。

《红豆生南国》中说,"一个有情人总归是庆幸出生于世的。文艺专是为培育有情人的"。[①]在夫妻准备离婚、母亲倒下的困窘忧郁中,"却有一种凄美,使他的愁苦变成诗意。文艺青年的心来拯救他出俗世了……他离得很远,仿佛隔岸观火,同时又深陷其中,被垣圃住了"。[②]于是"文艺—有情—出世—旁观"就成为一个有机统一的结构。他总是又远又近地观照世界,通过这种方式跳脱出自身的困围,而获得短暂的生命诗意。

《考工记》中,上海的历史变迁、风云涌动投影在陈书玉的日常生活中,映照着恒常的都市文化图景,和他内敛、坚韧的市民精神。"尤其在经济全球化

---

① 王安忆:《红豆生南国》,人民文学出版社 2017 年版,第 58 页。
② 王安忆:《红豆生南国》,人民文学出版社 2017 年版,第 78 页。

的今天,王安忆的上海书写就为当下的都市文学创作如何保有自己独有的民族特色或地域特色提供了一个很好的范例。"①陈书玉学的是"中国道统中属奇技淫巧"的工科,在大虞的启发下领略到机械的趣味和能量,"阅读"老宅的故事,又在王校长的引领下走上了教书育人的道路。在一次次的时代热潮里,他本能地看到危险,看到社会能量的透支和不平衡。他没有过人的政治意识,只是笃信一种能量平衡、往复恒常,不过分消耗,遵循"弟弟"说的"顺其自然"。"弟弟"仿佛是他的一个精神导师,"动荡世事中的一个恒常,万变中的不变"②。他一生的经验就是"一动不如一静","无论动静,人都是走向既定的归宿"③。面对如火如荼的红卫兵运动,他在批斗的人潮中感到无比惊恐,逃出会场,就像撞上的那个老人一样是个错了时辰而荒腔走板的人。政协会议上,他"坐在底下,看着主席台上一排领导,又近又远"④。他从传统文化中吸取精神力量,始终与主流政治经济社会保持着距离,以一种旁观者的心态洞穿岁月,自立亦自困于自己精神空间的一隅。

他们都是城市里破碎、无根的人,在风云际会里缺乏激情、决断和行动力,被传统的"有情"人伦和审美推着在城市和时代的迷宫里走。他们自苦自困,同时又有独立的精神追求,是这个城市的漫游者,追索着个人和城市的历史和记忆。他们在命运里漂浮,用琐屑的日常铸造着个人的传奇。

在《一把刀,千个字》中,王安忆拓展了传统文化和"文艺心"的内涵,找到了面对生存困境时坚守传统文化精神的价值立场。陈诚深谙的传统饮食文化,是生活日常,是心灵慰藉,是文化审美,也是一种超越和融合的精神。陈诚成为了纽约法拉盛的淮扬名厨,他没有因为离开故乡而感到传统文化精神的断裂。从嬢嬢那学习的启蒙读物《红楼梦》,学厨时舅公用皇历做脚本给他讲书的古意,都汇聚成了他的精神能量。他在读书会上分享饮食文化,蕴含着道法自然、天人合一、阴阳和合的文化追求。他青少年时拜师淮扬大师傅单先生。"沪上淮扬名菜,实为广纳博取,融会贯通,自成一体。上海是个滩,什么东西,到这里都铺陈开来。"⑤单先生总是挂在口上的"上海是个滩",成了点题

① 华霄颖:《市民文化与都市想象——王安忆上海书写研究》,上海文化出版社2009年版,第159页。
② 王安忆:《考工记》,花城出版社2018年版,第87页。
③ 王安忆:《考工记》,花城出版社2018年版,第228页。
④ 王安忆:《考工记》,花城出版社2018年版,第242页。
⑤ 王安忆:《一把刀,千个字》,人民出版社2021年版,第108页。

的警句,需要参悟的禅语,既有融会贯通这层意思,又透出自成一路的同时不能背离本宗本心。上海的这种多元包容的文化精神,成为了观照国族叙事和家族历史的方法。读书会上父亲关于历史主流的争辩,最终归结为民以食为天,才是历史的硬道理。父亲离开美国前"最后的晚餐",和姐姐间爆发关于革命关于母亲的争吵,把秘而不宣的心事摊开之后又融合在日常里,最终变成活着最重要,而活着就要吃饭。"革命不是请客吃饭。但时移事往,革命不就是请客吃饭?"通过这样的"左翼叙事辩证"①,把对记忆的捕捉和对历史片段的拼凑融合,进行个体主体性的确认。传统文化精神抚慰了历史的创伤,也打通了摆脱困窘的路径。在师师没有来到之前,对于陈诚而言,去大西洋城的赌博,也是进一步逸出主流的漫游和自我救赎。师师是现实主义者,生出家庭创业的主意,"单档"的生意也拓展了陈诚的社交,使他更切实地进入生活。师师同时又精于扯平调和,规避交流的风险,缓解了他和父亲的孤独感。送走父亲,陈诚重返疏离十年的大西洋城,一次次人间蒸发后获得心灵的修复和平静。在师师和犹太老头的"扯平"婚外情后,他巧合地戒断了这种漫游,自愿放弃了"自由",黏在师师身边,"新的秩序"终于确立,新的精神"自由"也随之降临。他最终"断奶",没有师师的陪伴,独自回上海面对自己最初也是一生的心结。师师的"扯平",其实也是传统中庸精神的体现,把他从漂泊、疏离的漫游状态拉回切实的生活,从旁观世界、逃避束缚到面对自我,最终完成精神主体性的建构。

结　语

在《红豆生南国》《考工记》和《一把刀,千个字》这三部近作中,王安忆叙写了站在新的历史节点上,怎样立足传统文化,创新发展"文艺心"。把日常审美和精神超越融合起来,以观照历史与当下,弥合传统与现代的精神裂缝,破除城市漂泊者的生存困境,建构精神主体。

"一把刀,千个字",也许正是粗粝坚实的生活日常和文化审美、精神建构的对照和融合。"一把刀"自然是指陈诚赖以为生的"扬州三把刀"之一的菜刀,而"千个字"则与他幼时闯入并时常入梦的扬州个园有关,出自袁枚的对联"月映竹成千个字,霜高梅孕一身花",踏遍竹影千个的文人风雅,可视为一种

---

① 王德威:《请客吃饭,做文章——王安忆〈一把刀,千个字〉》,《当代文坛》2021 年第 2 期,第 59 页。

形而上的精神建构。"如果说'现代'社会正在以'同质化'的方式来消解个体的'差异性'的话，那么，王安忆似乎恰恰是在以重新'唤醒'生活中星星点点的'记忆'的策略，来重建个体对自身独立性的确认。从更为广泛的日趋同一的'全球化'生存境遇的角度来看，王安忆的这一书写向路确实是有其特定的'世界'意义的。"① 王安忆不仅用记忆、历史的拼凑融合来确立个体的独立性，同时用文艺文化中的独特精神内核来建构精神主体性。

走过全球城市化的狂飙时代，人们的精神状态普遍惶惑不安。王安忆始终坚守现实主义的写作立场，敏感捕捉时代精神，及时介入，把书写时代、直面现实作为作家的本职，不断为理解上海、理解城市精神提供新的观照视角和文化资源，开拓都市精神文化空间发展的可能性。如何在自我与时代、历史的张力中，在个体精神建构与公共领域、公共生活之间，挖掘更深层次的突破和融合，依然是值得继续探求的重要课题。

On the Psychological Dilemmas of the Urban Drifters in Wang Anyi's Recent Books

Abstract: In recent years, Wang Anyi has created three works in succession: "In the South the Red Bean Grows", "Kao Gong Ji" and "The Knife and Words", continuing her familiar urban daily writing. Break through the past mostly concerned about the fate of urban characters and women's survival experience, to a broader perspective, the books has linked a deeper reality of Chinese society. With the wandering male eyes in the city, the books has illuminated the present urban spirit and the new cultural construction under the global vision. Wang Anyi has narrated how to stand on the new historical node, base on the traditional culture and develop the "Literary heart" innovatively. The daily aesthetic and spiritual transcendence should be combined to observe the history and the present, to bridge the spiritual gap between the tradition and the modern, and to break the spiritual dilemma of the urban drifters, seeking the establishment of one's own identity, value and the construction of spiritual subjectivity. Wang Anyi always adheres to the position of realism, and constantly provides a new perspective and cultural resources for the understanding of Shanghai and urban spirit, thus

---

① 黄云霞：《从"记忆"中捕捉"自我"——评王安忆新作〈一把刀，千个字〉》，《扬子江文学评论》2021年第 3 期，第 86 页。

opening up the possibility of the development of urban spiritual and cultural space.

Key words：Wang Anyi；"In the South the Red Bean Grows"；"Kao Gong Ji"；"The Knife and Words"；Urban Drifters；Psychological Dilemmas

作者简介：戴娜，上海师范大学人文学院博士研究生，上海师范大学马克思主义学院讲师。

明清小说评点中"影写"的
术语化及其功能价值*

侯梦琰　宋丽娟

摘　要: "影写"是古典小说中重要的写人技法,根据明清小说评点中"影写"的术语化,以及所衍生的"映、虚、讽"三层指义,解构"影写"的具体要素。"影写"评点与小说文本双向互动也形成了相照成趣、虚影写情、比兴寄意的审美作用。"影写"作为明清小说评点中的术语,则蕴含了传统文论中形神、影写之思。

关键词: 明清小说评点　"影写"　术语化　审美功能

古典小说的评点术语纷纷杂杂,数目庞多,还有很多术语的意义尚未进行系统地梳理考释,"把这些繁多的名目加以系统地总结,科学地解释,以作为我们今天创作的借鉴,这将是一项很有意义的工作"①。目前关于明清小说的"影写"研究,学界主要将其视为古典小说"写人"的重要技巧,尤其对《红楼梦》中人物间的"影子关系""影写"方式等极深研几,主要体现在两个方面:第一,"影子"手法对小说人物形象塑造的作用。第二,"影子"人物设置对构建小说情节章法的意义②。而经典长篇章回小说《西游记》《水浒传》《三国志演义》

---

*　本文获 2021 年上海师范大学高水平地方高校建设一流研究生教育项目专项资金资助(120095)。

① 孙逊:《中国小说批评的独特方式——古典小说评点略述》,《文史知识》1986 年第 2 期。
② 参见刘晓峰:《试论〈红楼梦〉人物塑造的所谓"影子说"》,《绥化师专学报》1990 年第 2 期。杨婕:《〈红楼梦〉肖像描绘考察——以"影身人物"为核心》,《红楼梦学刊》2012 年第 3 期。王富鹏:《论〈红楼梦〉影子人物体系的建构与小说叙事结构的形成》,《红楼梦学刊》2016 年第 5 期。王文娟:《从"影写法"看〈红楼梦〉对〈金瓶梅〉的继承与超越》,《红楼梦学刊》2020 年第 2 期等。

《金瓶梅》《红楼梦》《儒林外史》的多个评本中,有许多以"影"作评之语,如"影现、影出、余影、一影、借影作色、云龙显影"等等,本文将这些评语泛称为"影写"。从这些"影写"评点的历时发展中,分析所衍生的"映、虚、讖"内涵,从评语与文本相结合的角度,细化古典小说"影写"写人论的具体因素,并探究"影写"评点的审美功能,追索"影写"评点的哲思精神。

一、明清小说"影写"评点的术语化

明清小说中"影写"评点经历了一个从初现到定型的术语化过程。具体而言,李贽、金圣叹、毛氏父子等人评点的《西游记》《水浒传》《三国演义》就出现了少量的"影写"评语。张竹坡评点《金瓶梅》时,"影写"评语使用频繁且指义丰富,初步形成了古典小说评点体系中"影写法"的范式。而《红楼梦》《儒林外史》的各评点本中,"影写"评语的指义趋向为"影子人物"。

(一)初露头角——"影子、影现"等

在六部经典章回小说评点本中,以"影"作评大约最早出现于《李卓吾先生批评西游记》中。有学者根据世德堂刊本的《西游记》与李评本《西游记》作比较,从校勘学的角度推测,李评本《西游记》成书并刊行于万历三十五年(1607年)至万历四十一年(1613年)之间①。李评本《西游记》第七十六回有评语曰:"妖魔反覆处,极似世上人情。世上人情反覆,乃真妖魔也。作《西游记》者,不过借妖魔来画个影子耳。读者亦知此否?"②李贽在此用"影子"揭示《西游记》以妖魔世界写世间人情的思想本质。

万历四十二年(1614年)的袁刊本《李卓吾先生批评水浒传》第一回有眉批曰:"高俅也会枪棒,也会断配,也会为人借养抬纳,只仁义礼智、信行忠良不会,皆影对水浒中人"③;第二回史进偶遇开手师父时,有眉批曰:"又影出一个师父来,瓜瓞相生,甚有情致";鲁智深拳打镇关西一节,有评语:"影现入店小二情景。妙绝";第三十一回,燕顺偶遇宋江,谈及梁山泊如此兴旺,四海皆闻,有眉批曰"梁山泊又一影现"等等。这其中的"影对"为"比对"之义,以梁山好

---

① 曹炳建:《〈西游记〉版本源流考》,人民出版社 2012 年版,第 180—230 页。
② (明)吴承恩著,吴圣燮辑评《西游记:名家汇评本》(下),崇文书局 2016 年版,第 650 页。
③ 学界对《李卓吾先生批评水浒传》的评者真实身份仍存疑案,本文采用目前学界大多数接受的观点,即名为《李卓吾先生批评水浒传》有容与堂刊本(1610 年)和袁无涯刊本(1614 年),统称为"李卓吾评点本"。本文采用的"李卓吾评点"出自陈曦钟、侯忠义、鲁玉川辑校《水浒传会评本》,北京大学出版社 1981 年版。笔者随文列出回数,不再一一标注页码。

汉的仁义忠良，比对高衙内的虚伪奸猾；而"影出、影现"等即是"隐现"之意，指示了小说后文中史进的师父、店小二和梁山泊等人事一笔带过的描写情状。

崇祯十四年(1641年)金圣叹评点的《水浒传》第二十五回武松"走到紫石街巷口，问士兵道：'你认得团头何九叔么？'士兵道：'都头怎地忘了？前项他也曾来与都头作庆。'"金夹批曰："借影作色①。"这里"借影作色"指武松在阳谷县做都头时，"众上户都来与武松作庆贺喜，连连吃了三五日酒"(第二十二回)，何九叔是"地方上的团头"，自然也在"众上户"庆贺队伍中。之后又有"何九叔叫道：'郓哥，你认得这位都头么？'郓哥道：'解大虫来时，我便认得了！'"此处金又夹批曰"亦借影作色"。"借影作色"即指此处情节与前文中隐现的情节相契合。第九回中"林冲迳投那草屋来……周围坐著四五个小庄家向火；地炉里面焰焰地烧著柴火"。此处夹批曰："火字余影。妙在特用焰焰地三字，亦算张皇之。"该回另一处情节"林冲怒道：'这厮们好无道理！'把手中枪看著块焰焰著的火柴头……"金夹批曰"花枪余影"。"火"和"花枪"是后文中"火烧草料场""怒杀陆虞候"情节的重要伏线。金圣叹所评的"借影作色""余影"等，指前后人物情节照应。

托名李贽、李渔作评的《三国演义》②"影写"评语约有四处，分别是第十九回眉批"又照应庞舒事，又影出貂蝉，以王允时无处插入耳。绝好心思笔用"；第二十九回"又影现华佗"；第三十四回"先描个影子，不就说破，妙"；第八十一回中有托名李贽的批点"原来李意却是一影卦先生"。这些"影子、影出、影现、一影"等评语预示着人物出场方式，或者点明了人物的角色功能。

(二) 频繁运用——"影写、一影"等

康熙三十四年(1695年)《皋鹤堂批评第一奇书金瓶梅》刊行，其中"影写"大约出现五十余次，分布于全书的三十五个章回之中，具体则包括"一影、影写、影子、作影、遥影、影出、影入"等，其中"一影"有十八处，"影写"有六处。张竹坡以"影"作评的数量和词汇种类都远胜于李贽、金圣叹等人，张竹坡在评点中不仅详细论及了"影写"即"虚写"的含义，而且"一影"的评点具有多层指

---

① 本文采用的金圣叹评语选自陈曦钟、侯忠义、鲁玉川辑校《水浒传会评本》，北京大学出版社 1981 年版。笔者随文列出回数，不再一一标注页码。

② 关于《三国志演义》评点者身份问题，目前学界仍存争议，本文仅探讨评点文本中与"影"有关的内容及其指义，暂时搁置存疑的评点者身份问题。本文引用的文本及评语出自(明)罗贯中著，陈曦钟、宋祥瑞、鲁玉川辑校《三国演义会评本》，北京大学出版社 1986 年版。后文所引用《三国演义》的文本及评语皆出自本书，随文列出回数，不再一一标注页码。

义。这些是"影"评点的成熟使用和定型主要表现。因此,"由张竹坡结合世情小说描写特征而提出的'影写法''趁窝和泥'法等,大大丰富了小说的文法术语"①。

张竹坡评点中的"影写"即是"虚写",与"实写"相对,是小说人物塑造的独特方式。例如,"写春梅,用影写法;写瓶儿,用遥写法;写金莲,用实写法。然一部《金瓶》,春梅至'不垂别泪'时,总用影写,金莲总用实写也"②(第一回回评);"而莲杏得时之际,非梅花之时,故(庞春梅)在西门家只用影写也"(第八回回评);"人知迎春偷觑为影写法……"(第十三回回评)等。

而张竹坡"影写"评点使用最频繁的"一影",则有三层含义。首先,指示了小说情节前后呼应,例如:"大书西门之罪为后月娘纵敬济一影"(第十二回回评);"游旧家时,已有一影矣"(第四十二回夹评);"崔本先来,一影后文"(第七十七回夹评)等等。其次,"一影"也有"虚写"指义,揭示小说人物出场描写的独特方式。例如:"盖他是顺手要出春梅,却恐平平无生动趣,乃又借瓶儿处绣春一影,下又借迎春一影,使春梅得宠一事,便如水光镜影,绝非人意想中,而又最入情理。"(第十回回评)"后又特笔出碧霞宫,方转到雪涧,而又只一影普师,迟至十年,方才复收到永福寺。"(《金瓶梅》读法第二十六)"此回上半幅之妙,妙在先令桂姐、银儿家去,将诸妓一影,后用桂姐先来,银姐、爱香、金钏三人后来。"(第三十二回回评)。最后,"一影"也有预兆谶纬之义,例如:"然而三十二祖投胎,又明为孝哥预描一影"(第三十九回回评);"盖伯爵戏金钏,明言遗簪坠珥,俱是相思隔花金串,行当入他人之手,是瓶儿未死,已先为金梅散去一影。"(第五十四回回评)等。

"一影"的频繁使用和多层指义是张竹坡"影写"评点术语中的典型,也是"影写"评点各式表达的集合体。结合"影子、借影作色、余影、遥影、影现、作影"等评语,明清小说评点中"影写"指义的一般规律是:当"影"为名词时,其指义为影子、虚影,是人物形象塑造或情节描写的艺术手法;当"影"为动词时,其指义为隐现、隐藏,指义是照应前后情节或预示故事发展。

(三) 单一趋向——"影子、影身人物"

张竹坡评点《金瓶梅》以后,"影写"评点从一种艺术手法,开始趋向为一种

---

① 谭帆等著:《中国古代小说文体文法术语考释》,上海古籍出版社 2013 年版,第 20 页。

② (明)兰陵笑笑生著,刘辉、吴敢辑校:《会评会校金瓶梅》,香港天地图书 2014 年版。本文所引用《金瓶梅》中的评语皆出自本书,后文引用随文列出回数,不再一一标注页码。

文学形象。从张竹坡对春梅"总用影写"的评点来看,其"影写法"指向小说中人物形象塑造技法,而《红楼梦》中的"影"评点更加直白点明小说人物之间"互为影身"的关系。

例如,《石头记》甲戌本第八回有"脂评"①曰:"晴有林风,袭乃钗副"②,而后涂瀛所述:"袭人,宝钗之影子也;写袭人所以写宝钗也。晴雯,黛玉之影子也;写晴雯所以写黛玉也";《红楼梦》第八回张新之回评"袭人是宝钗影子,晴雯是黛玉影子。一温柔而得实,一尖利而取祸。尚有影中之影"等等,这些脂砚斋评点为首,以林、薛、晴、袭为中心的"影身人物"评点正是红学史上"影子说"的滥觞③。另外,《红楼梦》的"影子"评点有时也会指向情节发展预兆,例如:"花冢埋花,虽是雅事,却是黛玉结果影子"(王希廉第二十三回回评);"从莺儿口中写山宝钗平日不爱花艳光景,与前贾母到宝钗房中嫌其太喜素净,一同闲中点缀,为后来宝钗守寡作影子。"(姚燮第五十九回回评)等等④。但《红楼梦》"影子说"为人乐道的依然是"影子人物"的设置与功能研究。

《儒林外史》中"影写"评点较少,且直接指向人物间的"影身关系"。例如,卧闲草堂评本第一回末评"不知姓名之三人是全部书中诸人之影子,其所谈论又是全部书中言辞之程式";黄小田评本第十六回夹评"保正何其可感如是,前楔子内秦老即是影子也"⑤。虽然《儒林外史》中的人物形象大多依据原型材

---

① 《红楼梦》"脂评"系统有十二种版本,除了"舒序本"和"郑藏本"无批语之外,其余版本中都有批语。"脂评本"的版本及其评语概况,参见孙逊:《红楼梦脂评初探》,上海古籍出版社1981年版,第3—43页。

② 本文所引用脂砚斋的评语皆出自(清)曹雪芹著,脂砚斋评:《红楼梦脂汇本》,岳麓书社2011年版。后文引用随文列出回数,不再一一标注页码。本文所引用《红楼梦》其他评者的评语皆出自冯其庸纂校订定:《八家批评红楼梦》,文化艺术出版社1991年版。或(清)哈斯宝著:《新译红楼梦回批》,内蒙古大学政治部宣传组1974年版。后文引用随文列出回数,不再一一标注页码。

③ 关于《红楼梦》"影"评点的内涵及其研究,成果累累。清代文人对《红楼梦》的"影"评点研究参见陈维昭老师著作《红楼梦精读》,复旦大学出版社2009年版,第177—206页。何红梅:《红楼梦评点理论研究》,齐鲁书社2015年版,第131—136页。

④ "影子"评点中的"人影、事影、情影、结果影、题旨影"参见王富鹏:《论〈红楼梦〉影子人物体系的建构与小说叙事结构的形成》,《红楼梦研究》2016年第5期。

⑤ 《儒林外史》有四个基本评本,卧闲草堂评本是《儒林外史》最早的评点本,刊行于嘉庆八年(1803年),而后黄小田评本大约在咸丰三年(1853年)至同治元年(1862年)之间,同治十三年(1874年)《齐省堂增订儒林外史》以及光绪三年(1877年)张文虎评点的天目山樵本。《儒林外史》评点本研究参见谭帆:《论〈儒林外史〉评点的源流及价值》,社会科学战线,1996年第6期。本文引用《儒林外史》的文本及评语均出自(清)吴敬梓著,李汉秋辑校:《儒林外史汇评汇校》增订版,上海古籍出版社2022年版。后文引用文本及评语随文列出版本和回数,不一一标注页码。

料,作者创作人物形象时,最主要的手法是"对原型材料进行'遮蔽'与'补写'"①。然而进入小说中的人物便是一种艺术形象,关注人物形象间的影身关系也是发掘小说艺术审美的一种角度。

李贽、金圣叹、毛氏父子等人在《西游记》《三国演义》《水浒传》中的"影写"评点,除了"影子"本义之外,主要指出了小说前后情节照应。至张竹坡评点《金瓶梅》,"影写"评点的运用日臻成熟,不仅明确指出"影写即虚写"的人物塑造手法,而且其中的"影写"评点有一词多义,如"一影"在不同的语境下有三层指义;"影写"评点也有多词同义,如"影现、影出"均指前后情节或人物隐现之义,这促使"影写"评点生发了多角度的文本解读思路。而《红楼梦》《儒林外史》"影写"评点指义更加明确,一般均小说人物之间的影身关系。

二、明清小说"影写"评点的衍生:映、虚、谶

《红楼梦》《儒林外史》中的"影写"评点侧重于小说中的人物形象关系,但从"影写"评点的历时发展来看,"影写"评语主要衍生了三层内涵,其一,"照映"——点明了小说前后情节关系;其二,"隐现"——指出了小说情节或人物"虚写"或"不写之写"的描写方式;其三,"预兆"——预示情节发展、影射人物命运的谶纬之语。这三者共同构成了古典小说"以影写人"的具体方式。

(一)"映"

张竹坡评点《金瓶梅》时曾言:"文有写他处却照此处者,为顾盼照应伏线法。文有写此处却是写下文者,为脱卸影喻引入法。此回乃脱卸影喻引入法也。"(《金瓶梅》第六回)无论是"顾盼照应伏线法"还是"脱卸影喻引入法",其要点有二:一是文中的"此处"与"他处";二是"照应、影喻"。而"伏线法"与"引入法"的区别是:前者是已有情节的"伏线",后者则是为新情节作"引入"。

虽然张竹坡特意区分"顾盼照应伏线法"与"脱卸影喻引入法"是两种文法,但在具体的小说评点中,"照应、照映"与"影喻"概念极其相似,无论是作为前文引线,还是后文伏线,它们之间都是前后照应的关系,将二者关联起来,主要为了刻画人物形象,或者点明故事脉络发展。

例如,《金瓶梅》中潘金莲调戏武松,被武松呵骂后,不知情的武大夹在二

---

① 井玉贵:《〈儒林外史〉艺术形象之生成探微——以人物原型研究的反思为中心》,《文学遗产》2021年第6期。

人中间,潘金莲言语威胁武大,武大听了后不敢再说话,此处金夹批曰:"活武大。与后句照耀看。"其"照耀"的后文是,武大又找武松问缘由,武松态度也不冷不热,武大也不敢再和武松说话,金又夹批:"活武大。两句照耀,故妙。"金圣叹的两处评语,指出了武大夹在妻子与兄弟间的尴尬境地,武大虽能看到兄弟和妻子的矛盾,有心"调解",却只不敢开口,将武大怯懦心性力透纸背。

　　小说中若多次出现雷同的情节描写,会使故事情节扁平化,但有时作者故意将人物置身于相同的情节中,或者将相似的情节安置于不同的人物身上,却恰恰凸显了小说人物或情节的特殊深意。如,金圣叹评《水浒》中有一段评点:"鲁达、武松两传,作者意中却欲遥遥相对,故其叙事亦多仿佛相准。如鲁达救许多妇女,武松杀许多妇女……鲁达桃花山上,踏匾酒器,揣了滚下山去,武松鸳鸯楼上,踏匾酒器,揣了跳下城去。皆是相准而立,读者不可不知。"(《水浒传》第三回眉评)《三国志演义》评点中:"袁绍掘地道,曹操当之以堑;曹操掘地道,袁兵拒之以闸,前后遥映"(第三十二回);"蒋干在周瑜帐中所听之语是虚,今马超在韩遂帐前所听之语是实。一实一虚,前后遥遥相映。"(第五十九回)

　　小说评语中的"照应(映)、影映"与"犯笔"之说相似,即"对同类情节的犯笔描写,就是对已经描写过的情节的重复","包括特犯不犯、犯笔而不犯、正犯法、略犯法、善犯、草蛇灰线等"①。而由上例看出,这些"照应(映)"评点,与"重不见重""特犯不犯"等"犯笔"类的评点术语有着相同的范畴。而"影写"评点中的"照映"内涵是小说构建互文情节、展现人物形象的重要方式。

　　(二)"虚"

　　张竹坡评点《金瓶梅》时明确指出"影写法"与"实写"相对,"影写"即虚写。如"写春梅,用影写法"(第一回);"春梅已于'大丫头'三字影出"(第三回);"又影桂姐"(第八回);"又为李衙内遥影"(第三十一回);"王三官娘子与蓝氏,同一影子中人"(第七十八回)等等。这些"影写"评点均指着墨较少的人物描写,"不写之写、虚写"就是用"隐现"的方式勾勒人物形象。

　　《水浒》中"鲁提辖拳打镇关西"一节,鲁智深在客栈帮助金氏父女逃走,第二天他到郑屠家假装要买肉,为金氏父女拖延时间,而店小二这时也来到郑屠家告知金氏父女逃走的消息,"那店小二把手帕包了头,正来郑屠家报说金老

---

① 张世君:《明清小说评点叙事概念研究》,中国社会科学出版社 2007 年版,第 210 页。

之事,却见鲁提辖坐在肉案门边,不敢拢来,只得远远的立住,在房檐下望。"袁眉批曰:"影现入店小二情景。妙绝。"(《水浒传》第二回)作者插入店小二"不敢拢来","远远立住"张望着郑屠家的情状,使整体的画面不经意间从店内转向店外的店小二,又从店小二的视角转回郑屠和鲁智深等人,构成了一个"看与被看"的叙事画面,而评点者用"影现"评点店小二出现的方式,既贴切又生趣。

《水浒传》宋江未上梁山之前,燕顺请宋江入伙,袁刻本眉批"梁山泊又一影现"(第三十一回);在《三国志演义》中孙策本想请华佗来治病,华佗却已前往中原,评曰"又影现华佗"(第二十九回)等等。《红楼梦》又有"神龙弄影""云龙显影法""帘中花影之法"等,也是指人物正式出场前的虚写。例如,第八回中宝玉要看宝钗的金项圈,莺儿便在旁说金项圈的由来,"宝钗不待(莺儿)说完,便嗔他不去倒茶",此处侧批曰:"云龙显影法,好看煞!"在宝钗打断莺儿说话的情节处所评的"云龙显影",点明了薛宝钗谨慎细腻的性格特征。哈斯宝评点第二回回评:"'这个学生虽是启蒙,却比一个举业的还劳神','他祖母溺爱不明',这不明明是说,宝玉原是极好的,全是他祖母带坏的么? 读者须知,这便是帘中花影之法。"此处"帘中花影"即暗示贾母对贾宝玉过分宠溺。

这些"影写"评语均指小说中的"虚笔",具有"不写之写"的意蕴,"影现""一影""云龙显影"等有时与小说评点中的"旁笔""闲笔"等具有相同的范畴,也是小说刻画人物的常见笔法。

(三)"谶"

明清小说中某些书写会预示情节走向或人物命运,这与"谶语"有着相通之处。"谶纬是兴盛于我国汉代、流行于魏晋南北朝时期的一种以'阴阳五行'为核心、宣扬'天人感应'的学术思潮"[1],在此思想影响下,汉魏六朝及其之后的小说中也频繁出现谶语谣谚、灾异祯祥、圣人感生的内容,增添了小说"游心寓目"的审美功能。"影写"评点则标记了小说文本中的"谶语"书写。

例如《金瓶梅》中潘金莲在李瓶儿的被子中摸到一个银香球儿,说道:"李大姐生了蛋了。"张夹批曰"又为'生子'作影"(第二十一回);《红楼梦》中《蕊珠记》《冥昇》一出,是黛玉夭亡影子。《吃糠》是宝钗暗苦影子。'达摩带徒弟过江'是宝玉出家影子"(第八十五回王希廉回评);刘姥姥给巧姐取名为"巧"字,意在"遇难成祥,逢凶化吉,却从这'巧'字上来"。有侧批曰:"作谶语以影

---

① 孙蓉蓉:《谶纬与汉魏六朝的志怪小说》,《中国文化研究》2011 年第 2 期。

射后文"(第二十四回),"后文"即是刘姥姥在贾府落难后,费心解救巧姐。

还有一些评点,虽没有直接用"影写",但同样揭示了小说文本中的"谶语"书写。例如,《水浒传》中晁盖在攻打曾头市之前,摆酒设宴以鼓舞士气,"饮酒之间,忽起一阵狂风,正把晁盖新制的认军旗半腰吹折",有评语曰"此间风折中军旗者,以类董卓折轭之故"(第五十九回)。"董卓折轭"是说在《三国志演义》中董卓死前,有一系列的异常变化,皆是影射董卓死期将至。而晁盖的酒宴上"风折军旗"与《三国志演义》中孙坚风中折旗、曹操江中折旗、刘备军中无风而幡旗自倒的情节相似,都以此来预示人物的死亡命运。

总之,"影写"所包含的"照映、虚写、谶纬"之义在三种层面解构了古典小说"以影写人"的具体要素,从独特的角度揭示了小说情节建构、人物塑造的艺术方法。

三、明清小说"影写"评点的审美功能

在大多数情况下评点"能通作者之意,开览者之心也"。"影写"评点的发展、成型及其衍生内涵,为小说文本解读提供了更广阔的空间。"影写"评点与小说文本双向互动的过程主要产生了以下审美功能:

(一) 影映互现,相照成趣

从"影写"的"照映"指义来看,其功能在于圈点出小说情节间的互照、反衬关系。

第一,故事情节的互相照映、演变深化。如《儒林外史》中的评点也多次用"映"来表述情节间的影映关系,如卧评本第二回回评"从吃斋引出做梦,又梅玖之梦掩映王惠之梦,文章罗络勾联,有五花八门之妙";第三十三回对来道士的评语"来道士不预大祭而此处出之者,所以映带前文,又预为芜湖绝粮时伏一救星也";第五十二回毛二胡子对陈正公说秦老爹上京补官,夹评曰"平空起波,远远而来,又与前后互相映带,有涟波微荡之致"等等。从这些评语来看,互相照映、循环往复的相似情节,是暗暗推动故事发展的关钥。

第二,小说情节的互相补充、反差衬托。正如:"夫以铜为镜,可以正衣冠;以史为镜,可以知兴替;以人为镜,可以明得失"。[①]通过物影之间的映像比照,能了解更全面的事实。"影写"评点也指情节间的"反衬",如《三国志演义》第

---

① (后晋)刘昫等撰:《旧唐书·列传第二十一·魏征传》,中华书局1975年版,第2561页。

五回华雄传令，让军士饱餐，毛夹批曰"正是坚军缺食映照"，华雄军士"饱餐"与孙坚军士"缺食"是"反衬对照"。《水浒传》中第一回袁眉批"高俅也会枪棒，也会断配，也会为人借养抬纳，只仁义礼智、信行忠良不会，皆影对水浒中人"，其中"影对"实质是指高俅与水浒好汉互为反衬。而及至林冲被逼上梁山投靠王伦等人时，王伦因忌讳林冲，对林冲"冷淡之极"，及至杨志上梁山时，王伦摆酒设宴款待杨志，金评"与林冲讨饭句掩映"（第十一回），金圣叹特意将这两段相似的情节相提并论，以突显王伦对待林冲和杨志的云泥之别。

借用刘勰在《文心雕龙》"丽辞篇"中的赞曰："炳烁联华，镜静含态。玉润双流，如彼珩珮。"①这句话本意是称赞文章中运用"骈俪、对偶"所产生的美感，而评点中提及的相互影照的故事情节，也正契合"镜静含态、如彼珩珮"的审美体验。从"影写"评语中的"照映"指义出发，点明小说间的互文关系，恰似如镜照影，相互映衬，使情节结构饱含生动趣味。

（二）以影为虚，虚影写情

"影写"评语为"虚写"指义时，不仅指出了小说人物正式出场前情状，在整体人物塑造方面，这种"不写之写"也使人物形象更加充盈。

第一，影人心声，揭示人物心理。《水浒传》中宋江被刺配江州时一路枷锁着身，在发配途中，花荣想要劝宋江"暂开"枷锁，被宋江义正言辞拒绝，而离开梁山众人之后，宋江在"无外人"地方松了枷锁，此处金夹批曰"'这里又无外人'六字，追入宋江心里，真是如镜之笔"，"闲中无端出此一笔，与前山泊对看，所以深明宋江之权诈也"（《水浒传》第三十六回）。评点者说的"如镜之笔"，影照了宋江内心"有人处和无人处"的真实诉求，即他希望在众人面前保持自己"忠法"正面的形象，但在"无外人处"他却更想卸了枷锁。《金瓶梅》第十六回中张竹坡评曰："人谓写瓶儿热，不知其写瓶儿心悔也……此段隐情，乃作者追魂取影之笔，人俱混混看过，辜作者深心矣。"李瓶儿"心悔也"，而小说中并未明言"悔"字，张竹坡从李瓶儿的细微言行中窥见"隐情"，并提醒读者不可"混混看过"，须细读文中"追魂取影之笔"，体味李瓶儿的后悔心境。

第二，舍形取影，滋生言外之情。《金瓶梅》中对孙雪娥的描写着墨不多，当来旺儿"悄悄送了孙雪娥两方绫汗巾"，夹评曰："雪娥与来旺私情，绝不露一语，只脉脉画个影子，有意到笔不到之妙。"（第二十五回）张竹坡从这一些蛛丝

---

① （南朝梁）刘勰著，王运熙、周锋撰：《文心雕龙译注》，上海古籍出版社 1998 年版，第 321 页。

马迹的描写中,指明了雪娥和来旺儿之间未直言的私情关系。另外,在《红楼梦》第三十二回,金钏跳井而亡后,贾宝玉在王夫人身边落泪,当王夫人想开口说话时,"因宝钗来了,却掩了口不说了",此处侧批:"云龙现影法,可爱煞人。"此处的"云龙现影"是指在王夫人、贾宝玉、薛宝钗三人对金钏真正的死因不可言表、心领神会。

以上"影写"评点均是情在笔外的虚写,以"影"作评的"虚写、不写之写"暗示了人物的心理,传达了某些言外之情。较之"以形写神","以影传情"则更具含蓄意味,需要琢磨品读,体味人物的独特性格、内心活动,从而了解小说人物丰富且有层次的内心世界。

(三) 谶语预示,比兴寄意

"影写"评点揭示了小说中的"谶语"情节,不仅有"预示"之义,从形象思维方面来讲,还彰显了"比兴"的传统审美。因此,为小说谶语书写而作的"影写"评点的主要功能是:

第一,突出了小说人物的独特神韵,或暗示人物的命运走向。在《金瓶梅》《红楼梦》两大世情小说的评点中,以"人"和"物"互相作比的评语和内容相对较多,以老生常谈的"以花影人"为例:张竹坡在《〈金瓶梅〉寓意说》中提道:"芙蓉栽以正月,冶艳于中秋,摇落于九月,故瓶儿必生于正月十五,嫁以八月廿五,后病必于重阳,死以十月……"[①]将李瓶儿比作芙蓉花,以花的生命轨迹影射李瓶儿的命运。"梅雪不相下,故春梅宠而雪娥辱,春梅正位而雪娥愈辱。月为梅花主人,故永福相逢,必云故主"[②],将庞春梅比为梅花,孙雪娥比为雪,影射二人关系。张竹坡多从人名的"字音字形"角度诠释《金瓶梅》中人物与事物的影射关系,似乎过于主观牵强,但他将小说人物的命运与事物的特性相结合,为理解人物性格、命运提供了一个别致的视角。

在《红楼梦》第六十三回中,为给贾宝玉庆生,众人喝酒、"占花名"助兴,王希廉评曰:"宝钗、探春、李纨、湘云、香菱、麝月、黛玉、袭人等所制花名俱与本人身份贴切,而香菱之并蒂花、湘云之睡海棠更与上回并蒂蕙、芍药裀,关照得妙。"另有姚燮眉批:"各人所掣之谶,每句各有深意,预为他日之兆"。

第二,揭示了作者的创作思想意图。《西游记》第七十六回:"妖魔反覆处,极似世上人情。世上人情反覆,乃真妖魔也。作《西游记》者,不过借妖魔来画

---

①②　黄霖编:《金瓶梅资料汇编》,中华书局 1987 年版,第 59 页。

个影子耳。读者亦知此否?"《儒林外史》中天目山樵序:"《外史》用笔实不离《水浒传》《金瓶梅》范围,魄力则不及远甚,然描写世事,实情实理,不必确指其人,而遗貌取神,皆酬接中所频见,可以镜人,可以自镜。""其命意,以富贵功名立为一编之局,而骄凌谄媚,摹绘入神,凡世态之炎凉,人情之真伪,无不活见纸上……其即《儒林外史》之谓乎!"文龙在《金瓶梅》第三十六回评:"此一回概影时事也。宰相与状元,固俗世以为荣而俗人所共羡者也,然必有其位,兼有其德,始无惭为真宰相;有其才,并有英度,乃不愧为名状元。"张竹坡《金瓶梅读法》有言:"此书为继《杀狗记》而作。看他随处影写兄弟,如何九之弟何十,杨大郎之弟杨二郎,周秀之弟周宣,韩道国之弟韩二捣鬼。惟西门庆、陈敬济无兄弟可想。"①文龙、张竹坡二人的评点也都指出兰陵笑笑生"借影寄意"之旨。

比与比兴"从思维结构上讲,比仅仅包含此物与彼物两项;比兴则需要在这两项之外还有属于言外之意的寄托的第三项"。②评点者针对小说的"谶语"书写而作的"影写"评点难免有个人臆测之嫌,但在谶语也有寄托言外之意的特性,一定程度上点明了作者对人物、情节及创作的托言寄意之旨。

四、明清小说"影写"评点的内蕴思想

目前有学者研究认为《红楼梦》评点中的"影身理论在其本质上是一种结构形式的学说,在古代的思想范式内这种结构形式可以追源到易学"③,而"影写"之所以能成为明清小说评点中常用的术语,更在于"影"本身内在的意蕴。"形影"常为一体,与"神"相对,而"影"介于"形神"之中,它既有形之实,能如实照映物体的原貌,又有神之虚,以似是而非的虚影蕴藏物体神韵。因此"影写"评点兼具多义,当它作为独立的"影子"时,代表着"看不见的心灵"被外化为"能看见"的物象;而当它为"形影"时,是实体所投射的"看得见"的虚像。

"影"与"景"相通,多为"光影"之义。《说文解字注》释曰:"日月皆外光。而光所在处物皆有阴。光如镜故谓之景……后人名阳曰光。名光中之阴曰影。"④影,即物体在光的照射下所形成的物像。例如《周礼·地官·大司徒》

① 黄霖编:《金瓶梅资料汇编》,中华书局1987年版,第60页。
② 刘怀荣:《赋比兴与中国诗学研究》,人民出版社2007年版,第311页。
③ 李柏林:《〈红楼梦〉评点中的影身说与其学说来源辨析》,《红楼梦学刊》2023年第2辑。
④ (汉)许慎撰,(清)段玉裁注:《说文解字注》,上海古籍出版社1981年版,第552页。

中"日南则景短,多暑;日北则景长,多寒……"①《冬官·匠人》"匠人建国……识日出之景与日入之景,昼参诸日中之景,夜考之极星,以正朝夕"②;《诗经·大雅·公刘》中"既景廼冈,相其阴阳,观其流泉"③等等。这些光影之"景"几乎都是指物体在阳光下的阴影,阴影的长短、方向是古人分辨时间、空间的具体形象。之后"影"常与"形"相连,多指形影相随、以影照形的形影关系。例如《吕氏春秋》中有言:"故善响者不于响于声,善影者不于影于形,为天下者不于天下于身。"④"以龙致雨,以形逐影。祸福之所自来,众人以为命焉,不知其所由"⑤;《尚书》中"惠迪吉,从逆凶,惟影响",西汉孔安国为其作传曰"吉凶之报,若影之随行,响之应声"⑥;老子《道德经》中提到水"言善信",河上公注曰"水内影照形,不失其情也"⑦等等。早期文人在形影关系的认识中,通常认为"形"为主体,"影"为附生之物。

《颜氏家训》中论"名之与实,犹形之与影也。德艺周厚,则名必善焉;容色姝丽,则影必美焉。今不修身而求令名于世者,犹貌甚恶而责妍影于镜也"。⑧南唐谭峭《齐丘子》中论"形影"时,则说"以一镜照形,以余镜照影,镜镜相照,影影相传,不变冠剑之状,不夺黼黻之色,是形也与影无殊,是影也与形无异,乃知形以非实,影以非虚,无实无虚,可与道俱"。⑨颜之推、谭峭等人论说的"形影相照",指在水中或镜中的所显之影,皆与形相符。

魏晋时期,有无玄学、形神之论的思辨之风盛行,"影"与"形神"一样,成为当时文人思辨的意象之一。例如郭象所注《庄子》,对"罔两问景"进行阐释时提及"世或谓罔两待景,景待形,形待造物者……故彼我相因,形景俱生,既复玄合而非待也"⑩,"影似形而非形"⑪。陶渊明所作的《形影神》组诗中,"形赠

① 杨天宇撰:《周礼译注》,上海古籍出版社 2004 年版,第 150 页。
② 杨天宇撰:《周礼译注》,上海古籍出版社 2004 年版,第 664 页。
③ 程俊英译注:《诗经译注》,上海古籍出版社 1985 年版,第 542 页。
④ (战国)吕不韦著,陈奇猷校释:《吕氏春秋新校释》(上册),上海古籍出版社 2002 年版,第 146 页。
⑤ (战国)吕不韦著,陈奇猷校释:《吕氏春秋新校释》(下册),上海古籍出版社 2002 年版,第 1369 页。
⑥ (汉)孔安国传,(唐)孔颖达疏,廖名春、陈明整理,吕绍刚审定:《尚书正义》,北京大学出版社 2000 年版,第 105 页。
⑦ (汉)河上公著,唐子恒点校:《老子道德经》,凤凰出版社 2017 年版,第 5 页。
⑧ 王利器:《颜氏家训集解》,中华书局 1996 年版,第 303 页。
⑨ (南唐)谭峭撰:《齐丘子》,中华书局 1991 年版,第 7 页。
⑩ (晋)郭象注;(唐)成玄英疏;曹础基、黄兰发点校:《南华真经注疏》(上),中华书局 1998 年版,第 57 页。
⑪ (晋)郭象注;(唐)成玄英疏;曹础基、黄兰发点校:《南华真经注疏》(下),中华书局 1998 年版,第 544 页。

影""影答形"两首诗将形、影拟人化,共诉"人生之苦",后借"神释"表现了他"顺化自然"的生存之道。"影答形"中有言"与子相遇来,未尝异悲悦";"神释"诗中言:"与君虽异物,生而相依附。结托既喜同,安得不相语。"①在陶渊明看来,神与形影虽不相同,三者却互相依附,同喜同悲。魏晋的玄学与佛家的思辨风气息息相关。魏晋之前人们更多关注"形、神"之间与"鬼魂、精气"的对立,而到魏晋时"形尽神不灭"与"形尽神灭"的辩论异常激烈②,东晋时期的高僧慧远认为"形灭神不灭",并在石头上刻影,题铭:"廓矣大像,理玄无名。体神入画,落影离形⋯⋯"③慧远描绘石佛影像,意在传神,"形虽产生影,那是表面现象,而影却是神的具体体现者,也可以说是神的初步阶段"④。

　　从文学批评的角度来看,"影写"是指"模仿摹写""曲笔影射"的写作手法。《文心雕龙》中出现了三次"影写",分别在"封禅、通变、比兴"篇中,均是"模仿"之意。"观《剧秦》为文。影写长卿,诡言遁词,故兼包神怪""汉之赋颂,影写楚世""至于扬、班之伦,曹、刘以下,图状山川,影写云物,莫不织综比义,以敷其华,惊听回视,资此效绩"⑤。北宋朱弁《风月堂诗话》有言:"诗人体物之语多矣,而未有指一物为题而作诗者⋯⋯如其他《咏薤》云'束比青刍色,圆齐玉著头',黄梁云'味岂同金菊,香宜配绿葵'于体物外,又有影写之功矣。"⑥因此"影写"既可以是创作主体对他人作品的仿写,也可以是创作主体对所作之物的具象摹写。

　　中国古代戏曲批评中的"曲笔影射"说法不足为奇,多数观点剖析了"作者在剧作中暗指的现实中的人物与事件"⑦,程华平先生认为戏曲中的"影射现象"与作者的创作背景及文人阅读心理有着密切的关系。而这种"影射现象"与小说"影写"评点中"传旨寄意"的说法同出一辙,例如前文中提到的"作《西游记》者,不过借妖魔来画个影子耳"等。由于"儒家'尚用''中庸'的文学观念的影响"和"封建文化专制政策压迫文学"⑧,作为一种修辞技法,"影射"在古代戏曲小说中十分常见。

① 　袁行霈:《陶渊明集笺注》,中华书局 2003 年版,第 59—71 页。
② 　李静:《重提古代的形神之辩》,《北京联合大学学报》2000 年第 2 期。
③ 　(梁)释慧皎撰,汤用彤校注,汤一玄整理:《高僧传》,中华书局 1992 年版,第 213 页。
④ 　徐声扬:《〈形影神〉主旨探究》,《九江师专学报》1987 年第 3 期。
⑤ 　(南朝梁)刘勰著,王运熙、周锋撰:《文心雕龙译注》,上海古籍出版社 1998 年版,第 192、269、327 页。
⑥ 　(宋)朱弁:《风月堂诗话》(及其他两种),《丛书集成初编》,中华书局 1991 年版,第 2 页。
⑦ 　程华平:《试论中国古代戏曲批评中的影射现象》,《文艺理论研究》2008 年第 5 期。
⑧ 　陈大维:《浅谈我国古代文艺作品中的影射技法》,《广州大学学报》2002 年第 11 期。

结　语

　　"小说评点在其长期的发展中逐步形成了独特的叙事文学理论,这些理论思想虽然如散金碎玉,但细加整理分析则可发现其中所蕴涵的系统性和完整性。"①本文以"影写"评语为切入点,细化明清小说"以影写人"的具体方式,根据"影写"评点的历时指义,探讨"影写"评语的发展和定型,剖析其所涵盖的"映、虚、谶"三种评点范畴及各自的审美功能,在此基础上追溯了"影写"评点中的内蕴思想。

　　虽然评点中"影写"的多重表达和解读视角有时与"犯笔""反衬""照映"等评点术语相含混,但"影写"在评点体系中的一席之地不容忽视。尤其目前学界对《红楼梦》中人物的"影写"研究已是蔚然大观,相对忽视了其他小说及其评点中的"影写"。另外,关于古典小说中"影"及"影"评点的发展呈现、审美特色,以及其中的小说创作心理、思想内蕴仍需要进一步探究。

Nominalization and functional value of "Rhetoric of shadow" in the criticism of novels in Ming and Qing Dynasties

Abstract："Rhetoric of shadow" is an important writing technique in classical novels. Based on the nominalization of "rhetoric of shadow" in the criticism of novels in the Ming and Qing Dynasties, and the derived three meanings of "Ying, Xu, and Chen", this paper deconstructs the specific elements of "rhetoric of shadow". The two-way interaction between the comment of "rhetoric of shadow" and the text of the novel has also formed the aesthetic function including that reflection is interesting, pretend to write feelings, metaphor of parable. As a term in the criticism of Ming and Qing novels, "Rhetoric of shadow" contains the thoughts of form, spirit and photography-writing in traditional literary theory.

Key words：Comments on Ming and Qing novels "Rhetoric of shadow"；Terminologization；Aesthetic function

　　作者简介：侯梦琰,上海师范大学人文学院博士研究生；宋丽娟,上海师范大学人文学院教授。

---

① 　谭帆:《中国古代小说评点的价值系统》,《文学评论》1998 年第 1 期。

清中叶江南城市文化的文学
记忆书写与构建

——以《浮生六记》为中心

陈　玲

摘　要:在漫长的历史长河中,江南文化经历着融合和变迁。文学作品在艺术加工的同时,也用特有的方式保存和彰显着江南城市文化的特征。本文拟以清嘉庆年间成书的自传体散文集《浮生六记》为中心,通过城市文化与文学文本的对照解读,探讨文学记忆中江南城市文化的发展和演进,为清中叶江南文化的内涵理解提供更丰富的参照。

关键词:浮生六记　江南文化　文学记忆

城市是历史的记忆、文明的延续,城市的命运经历了无数次的更迭换代。穿越时间,可从城市的古建筑一窥文明的遗迹。然而,或受战火、自然灾害而损毁,或受经济发展的冲击被拆除,承载着城市历史和记忆的古建筑日趋减少。文学作品通过艺术再现的方式,一定程度上保存了城市历史的记忆。分析文学作品呈现的时代社会风貌,可以作为历史史料中展现的社会历史风貌的有效补充。梁启超曾提出,"善为史者,偏能于非事实中觅出事实"。①美国的城市文化研究学者理查德·利罕对城市与文本的关系进行了探讨,认为"城市是都市生活加之于文学形式和文学形式价值与都市生活的持续不断的双重建构"。②我们关注迅速消逝的城市建筑的同时,也能从文学作品中读到城市

---

① 梁启超:《中国历史研究法》,中华书局 2009 年版,第 59 页。
② 理查德·利罕:《文学中的城市》,吴子枫译,上海人民出版社 2009 年版,第 4 页。

身体的记忆,发现历史变迁的蛛丝马迹。正如江南的俊秀和明媚,造就了江南文化的诗性,也造就了同样灵性的文学风格。

沈复的自传体散文集《浮生六记》被认为是"忆语体"的承袭,记录了他出生士族文人之家,与青梅竹马的芸娘结为夫妻的家居日常以及游幕经商、浪游各地的生活。《浮生六记》自光绪四年(1878年)首次刊印,至今已有百余年,出现了近百个版本,经王韬题跋、俞平伯作序、林语堂译介,传播甚广。

从现有成果看,对《浮生六记》的研究大多着眼于以下几个方面:一是译介角度的研究,主要基于林语堂英译本,进行翻译理论、翻译词汇和传播的研究,也有林译本与其他译本的比较研究,研究成果最为丰硕;二是美学意蕴的探究,兼有对造园艺术及技巧的关注,近年来成为新的研究热点;三是人物形象的文学分析,重点关注陈芸的形象解读及成因解析,进一步考察江南女性的生存状况及作品的文化负载。关于《浮生六记》创作的江南区域文化背景及社会学史上的价值,也有部分学者进行了初步的阐释。顾鸣塘、陈颖超[1]从沈复和陈芸的夫妻唱和出发,考察清中期江南文士阶层夫妻唱和的现象以及盛行的社会实质。朱小田[2]肯定《浮生六记》是一部江南社会史,通过盛世日常的叙事反映了清江南社会的家庭观。徐晓红[3]以《浮生六记》为例,探讨江南女性的家庭地位和受教育状况,分析江南女性出游的特点,概括出清中叶江南女性的基本生存状况。此外,对民俗文化、诗性风格、女性意识等方面的研究成果,也都从特定角度关注到了《浮生六记》对江南城市文化的书写。

《浮生六记》虽以记录沈复和陈芸饶有情趣的家庭之乐闻名,但其文化和社会史价值,还有很大的挖掘空间。本文以人民文学出版社的俞平伯校点版为原本,以《闺房记乐》《闲情记趣》《坎坷记愁》《浪游记快》四卷为分析对象,佚失的后两章《中山记历》《养生记道》暂且不计[4]。虽抱有缺璧之憾,残本中所

---

[1] 顾鸣塘、陈颖超:《从〈浮生六记〉看清中期江南地区文士阶层的夫妻唱和风习》,《明清小说研究》2009年第1期。

[2] 朱小田:《盛世日常:〈浮生六记〉所见江南社会》,《苏州大学学报(哲学社会科学版)》2020年第5期。

[3] 徐晓红:《从〈浮生六记〉看清中期江南女性的生存状况》,苏州科技大学硕士学位论文,2022年5月。

[4] 王韬在《光绪三年初版跋》中说明:"余妇兄杨醒逋明经,曾于冷摊上购得《浮生六记》残本。为吴门处士沈三白所作,而轶其名。其所谓六记者,《闺房记乐》《闲情记趣》《坎坷记愁》《浪游记快》《中山记历》《养生记道》。今仅存四卷,而阙末后两卷。"1935年,上海世界书局发行的《美化文学名著丛刊》出现了足本的《浮生六记》,补入《中山记历》一万数千言,《养生记道》七千余言。后两记的真伪问题有颇多争议,多数学者认为是伪作。

记录的鲜活生动的家庭和游历生活，对研究清中叶江南城市的文教模式、审美空间及士人生存状态有重要的文本价值。

一、江南文教的传承与新模式

谈及江南文化之源，即会提到"泰伯奔吴"。司马迁在《史记·吴太伯世家》中，将吴太伯列为"世家"之首，讲述了泰伯奔荆蛮的缘由。

> 吴太伯，太伯弟仲雍，皆周太王之子，而王季历之兄也。季历贤，而有圣子昌，太王欲立季历以及昌，于是太伯、仲雍二人乃奔荆蛮，文身断发，示不可用，以避季历。季历果立，是为王季，而昌为文王。太伯之奔荆蛮，自号句吴，荆蛮义之，从而归之千余家，立为吴太伯。太伯卒，无子，弟仲雍立，是为吴仲雍。

吴太伯在无锡梅里建城，后至吴王阖闾时，筑城姑苏。太伯的到来，首次将北方的传统文化带入荆蛮之地的江南，促进了南北文化的交融。魏晋南北朝时期，北方士人南渡，推动着江南文化由尚武到尚文的转变。历史上大规模的人口南迁，将很多中原的文化、中原的书籍、中原的经典带到江南，使中原文化在江南这个地方与当地的文化水乳交融，产生了新的文化。至唐代，南方的江南地区已经成为粮食的主产区，经济十分繁荣，但与长安、洛阳一带的政治中心相比，江南仍是官员的贬谪地，只是不及岭南、海南的偏远。白居易曾任杭州刺史、苏州刺史，修筑了杭州的白公堤和苏州的山塘街。虽为政治上的放逐，但他十分喜爱江南，《忆江南》三首毫不掩饰地道出了对江南的情感，也将江南景致的清丽秀美诗意地呈现出来。到了清代，江南地区工商业日益繁盛，丝绸织造业高度发达，文教之风浓郁，苏州已发展成为最富庶繁华的城市之一。

沈复正是出生于"太平盛世"的苏州。《浮生六记》开篇即交代了沈复的家世背景。"余生乾隆癸未年冬十一月二十有二日，正值太平盛世，且在衣冠之家，居苏州沧浪亭畔，天之厚我可谓至矣。"出生衣冠之家，身为幕僚的父亲费心为其择选名师，铺设道路，在私塾接受教育。沈父在浙江绍兴赵明府处游幕时，赵明府邀请杭州名儒赵省斋先生教自己的儿子，沈父便安排沈复也拜投赵先生名下，之后又数次为其寻觅良师，病榻前托付给盟弟蒋思斋。

　　余年十五时，吾父稼夫公馆于山阴赵明府幕中。有赵省斋先生名传者，杭之宿儒也，赵明府延教其子，吾父命余亦拜投门下。(《浪游记快》)

　　辛丑秋八月……吾父呼余嘱之曰："我病恐不起，汝守数本书，终非糊口计，我托汝于盟弟蒋思斋，仍继吾业可耳。"越日思斋来，即于榻前命拜为师。(《浪游记快》)

　　"学而优则仕。"自唐玄宗完善科举制度以来，发展到明清，科举已成为入仕正途，而江南人才鼎盛，科举竞争及其激烈。同时，八股取士的弊端逐渐体现，教条化的选拔标准，削弱了官员的行政能力和素质，使他们不得不任用专业的行政人才，私人幕府由此大兴。因此，清代一般的州县均会聘请幕僚以为佐助，人数多至十余人，最少亦有两三人。①沈复的学习和游幕经历，正是在这样的社会背景下展开的。

　　沈父虽未对科举入仕提出要求，但对读书教育之事要求严格，在沈复新婚后不顾他的"心甚怅然"，送至绍兴学习，早早规划了日后舍科举从幕僚的人生道路。沈复少年时随父游宦读书，奉其父之命四处习幕，"乾隆乙巳，随侍吾父于海宁官舍；庚戌之春，予又随侍吾父于邗江幕中"，甚至在乾隆南巡时，还随父两次在吴江见驾，积累为幕僚的实践经验。沈父的携子演练，是清代江南文士采取的一种新型教育方式，也是科举困境时的应对之策。

　　沈复的习文经历还呈现了书院这种在中国教育和文化史上有独特价值的教学模式。作为科举重试文才，难以考察品德高尚的补充，书院应运而生，以"讲明义理，以修其身，然后推以及人"的价值追求，成为独具特色的文化教育组织。《浮生六记》中提到了正谊书院、崇文书院、虞山书院、潼川书院等诸多书院，虞山书院为沈复寄居锡山华士氏时"信步而至"，潼川书院为他在四川游幕时所居住，被他称为"幕游以来第一好居室"。其中，最为浓墨重彩描摹的是他"投考"的杭州崇文书院。

　　"桥北数武有崇文书院，余曾与同学赵缉之投考其中。时值长夏，起极早，出钱塘门，过昭庆寺，上断桥，坐石阑上。旭日将升，朝霞映于柳外，

---

① 董丽文：《沈复的游幕文人形象探析》，《淮北职业技术学院学报》2015年第2期。

尽态极妍；白莲香里，清风徐来，令人心骨皆清。步至书院，题犹未出也。午后交卷。"(《浪游记快》)

根据沈复的回忆，崇文书院位于西子湖畔，惬意的环境令人"心骨皆清"，而苏州知名的正谊书院则只有在沧浪亭宴会场景的回忆中一笔带过，因为"时正谊书院犹未启也"。正谊书院由两江总督铁保、江苏巡新汪志伊在清嘉庆十年(1805 年)主持创立，位于苏州府学东面沧浪亭后的可园内，与沈复当时居住的沈宅咫尺之遥。至于最负盛名的紫阳书院(1713—1904)为何没有提及，就不得而知了。清代，江南地区人文兴盛，江苏境内书院的创办以江宁府、扬州府、苏州府、常州府、松江府(今上海)五个地区最为兴盛，而苏州的书院以紫阳书院为最，培养出彭启丰、钱棨、石韫玉、吴钟骏、陆润庠 5 位状元和多位大学者，在传承江南文脉方面有着举足轻重的作用。

六朝之前，江南人也曾"轻死易发"，随着文化南移，江南人转而尚文重教，温文儒雅成为南士新的价值取向。清中叶沈复所著的《浮生六记》，在记录沈复平凡又充满生活情趣的居家及游历生活之外，也展现了当时江南尚文重教传统的延续和人才培养模式的转变。

二、江南女学的兴盛与局限性

在明清江南地区重文兴教的背景下，江南文化世家对族人的文化及女性的教育也愈加重视，浓厚的学风带动了女学的兴盛。长辈亲授式的家庭教育、闺塾、拜谒名士求教等，女子闺阁期间的诗文学习，首先出自父兄或母亲执导的家庭教育。《浮生六记》中的陈芸出自普通文士之家，四岁丧父，与母亲和弟弟相依为命。"学语时，口授《琵琶行》，即能成诵"，在贫寒的家境下，口授成诵很有可能就是通过母亲的教育。母亲承担家庭教育的责任，在明清江南文化世族中并不鲜见，但窘迫至以刺绣养家的她，也能通过家庭教育的方式识字阅读，一定程度上可以窥见江南地区对女子教育的重视程度。

明清江南还出现了以文化教育为职业的女性教师——"闺塾师"。闺塾师大多出自家道中落的书香门第，为生活所迫巡游教书，四处奔波。陈芸失欢公婆，寄居锡山华氏时，教授华夫人的二女识字，虽不似黄媛介、王端淑等为富贵人家担任闺塾师的专职性，也可见女子从教为困顿之下的无奈选择。

明清两代，江南结社之风盛行，雅集联吟成为江南文士的文化生存方式之一,耳濡目染的女性也逐渐集结为家庭内部的文学群体。清初"蕉园七子"起社杭州,突破了姻亲的界限。而陈芸所生活的清中叶,女子结社由家庭结社延展至更广阔的社交范围,江南名士广招女弟子,女性文学成果的刊印也初具规模。随园主人袁枚在指导袁机、袁杼、袁棠三姐妹创作诗歌之余,公开招收了近六十名女弟子,规模远超之前的李贽和毛奇龄。《随园诗话》记载了女诗人集结湖楼诗会,由袁枚传道授业的场景。"招女弟子七人作诗会。太守明希哲先生保从清波门打桨见访,与诸女士茶话良久,知是大家闺秀,与公皆有世谊,乃留所坐玻璃画船、绣褥珠帘为群女游山之用。"①随园女弟子的诗作在《随园诗话》可见摘录,其中袁枚大为赞誉的席佩兰、金逸、严蕊珠等人另被选刊入《随园女弟子诗选》。"清溪吟社"以张允滋之名发起,背后主持教导诗文的是家学深厚的任兆麟,为诗社中的"吴中十子"结集刊刻《吴中女士诗钞》,颇负盛名。

除任兆麟与张允滋这对文学伉俪外,孙原湘与席佩兰、徐达源与吴琼仙、陈基与金逸、陈燮与袁淑芳等,都是志趣相投、比翼双飞的"伙伴式婚姻"。夫妻琴瑟和鸣的基础是女子的学识诗才可相与比肩,联章对句。沈复欣赏陈芸的才情,与之并坐同行,泛舟太湖,联句唱和,不曾有男尊女卑的倨傲态度,对她说:"来世卿当作男,我为女子相从。"甚而,夫妇二人在日常生活中,可以从理论高度品鉴论谈诗学。

> 余曰:"唐以诗取士,而诗之宗匠必推李、杜,卿爱宗何人?"芸发议曰:"杜诗锤炼精纯,李诗激洒落拓.与其学杜之森严,不如学李之活泼。"余曰:"工部为诗家之大成,学者多宗之,卿独取李,何也?"芸曰:"格律谨严,词旨老当,诚杜所独擅。但李诗宛如姑射仙子,有一种落花流水之趣,令人可爱。非杜亚于李,不过妾之私心宗杜心浅,爱李心深。"(《闺房记乐》)

《浮生六记》中的陈芸,知书不忘识礼,作新妇时"初甚缄默","事上以敬,处下以和,井井然未尝稍失",每日早起,怕被婆家斥为懒惰。她遵守着为妻者的德行标准,对沈复也是恭敬有礼,连接受披衣递巾授扇也受宠若惊。陈芸因有出众的文才,被沈父要求执笔家书,但因为写信的事夹在翁姑之间,万分委

---

① 袁枚:《随园诗话》,浙江古籍出版社 2016 年版,补遗卷五四十四条。

屈也不辩解,"宁受责于翁,勿失欢于姑也",后被沈父拆看信件,指责措辞不当后,更是泣曰:"妾固不合妄言,但阿翁当恕妇女无知耳。"陈芸式的才女身份与家庭角色出现了难以调和的矛盾冲突,打破了伙伴式婚姻的完美想象。"在家内女性应当承担的多重角色中——模范母亲、孝顺儿媳和勤劳持家者,伙伴式婚姻并没有带来任何变化。"①

不受翁姑待见的陈芸,并没有因为学识才情获得家庭地位的平等,反而在家境不佳的情况下,仍费心为沈复张罗纳妾,为让丈夫宽心,还称:"我自爱之,子姑待之。"陈芸是自愿为之,还是迫于为人妻的立场,或是因患病为丈夫安排照顾人选,尚有待考究,但《浮生六记》出自沈复手笔,至少从他的角度是称颂赞许这种行为的。陈芸易装参加洞庭神诞是沈复的主意,表明他并不认同女子交游的社会参与方式,用剑走偏锋的方式让妻子参加活动,似乎也有自我美化的意思。

在萧爽楼的文人集会中,陈芸不仅是准备茶点的服务者,也是诗会的参与者,"准坐而构思",可以看做是对女性诗人身份的公开承认。但是,陈芸的诗稿却未见有流传于世。若因穷困潦倒之故无力出资刊刻似可理解,但《浮生六记》的记录中也仅"秋侵人影瘦,霜染菊花肥"一句,再无其他诗作。沈复着力描绘的"芸"的形象是符合传统审美的,他对妻子文才的赞誉,可能有一定程度上的美化,而对艺术小家庭的甘之如饴,更像是家有贤妻的一种力证,属于男权视域的产物。

由此可见,受到良好文化教育的江南才女,并非改变了自古男尊女卑的家庭地位,只是打破了"女子无才便是德"传统观的桎梏,满足了士人"琴瑟和鸣"的需求,甚至可以说,提高了作为贤妻良母的门槛,提出了德与才的双重要求。由《浮生六记》这幅清代苏州中下层士人家族的生活画可见,清中叶的江南社会尽管已有开明的治学,但三纲五常的传统观念依旧根深蒂固。女学的兴盛,看似轰轰烈烈,但女子交游、拜谒名师、闺塾求教仍受到一定的非议。然而,随园女弟子、清溪吟社为代表的结社创作交流模式,还是为女性打开了从闺阁走向社会性交往的一扇窗,增强了女性文化群体身份认同的可能性,对女性文学的蓬勃发展起到了一定的推动作用。清代中叶江南女子的文学创作空间日渐拓宽,而江南士人的人生抉择却进入了另一个困境。

①　高彦颐:《闺塾师——明末清初江南的才女文化》,李志生译,江苏人民出版社2005年版,第181页。

三、江南士人的"仕""隐"抉择

唐宋时期,我国的经济中心逐渐由北方转到南方,江南成为国家的经济中心。科举制度的创立和完善,使得读书人以科举作为仕途和人生目标,坚持不懈地追求功名。明清江南对"仕""隐"的态度已大不相同。明代朱元璋实行迁徙苏州富民、课以重税、对江南名流的迫害等一系列打击江南士人的措施,经过这场风暴的江南士人感到政治险恶,将六朝的"朝隐"衍展为"市隐"观念。清朝的文字狱对思想的钳制加剧,康乾盛世文化的背后是朝廷的高压禁锢,文士人人自危,一方面对功名汲汲以求,一方面又畏惧政治风险,转而考据隐逸。

《浮生六记》中,尽管父亲为沈复择师授学,但沈复却终生未参加科举考试。其父沈稼夫以幕僚为生,对沈复的培养也寄予厚望。在父亲的安排下,沈复受业于赵传,跟从蒋襄习幕,随父游幕于会稽幕府、吴江何明府、海宁王明府,25 岁起先后就幕于绩溪、江北、真州、青浦等地。

> 乾隆乙巳,随侍吾父于海宁官舍;庚戌之春,予又随侍吾父于邗江幕中。(《坎坷记愁》)
>
> 甲辰之春,余随侍吾父于吴江明府幕中,与山阴章苹江、武林章映牧、苕溪顾蔼泉诸公同事,恭办南斗圩行宫,得第二次瞻仰天颜。(《浪游记快》)

从习业、游幕、从商的时间线来看,乾隆四十二年(1777)沈复初拜师名儒赵传,次年从师至杭,投考崇文书院。江南科举之盛冠于全国,为缓解南北文教的巨大差距,明清采取了一系列限制江南的政策,明朝按地域分卷取士,清朝实行"分省定额"的分配制度。名额锐减的竞争压力和日益严重的科场舞弊,致使江南文人屡试不第者比比皆是。书院最早为官学教育体系的有效补充,后日益走向官学化。崇文书院以"舫课"闻名,培养了不少文士名臣,也在官方的大力支持下成为杭州四大书院之一。"康熙四十四年,圣祖仁皇帝南幸,赐题'正学阐教'额,仰瞻摹勒肃然,思所以扶树教化,助育人材。"[①]投考赫赫有名的崇文书院,沈复虽是遵从父命,应也有备考之意。直至辛丑年(1781)

---

① 赵所生、薛正兴:《中国历代书院志》,江苏教育出版社 1995 年版,第 9 册第 38 页。

秋,沈父患病以为命不久矣,担忧沈复"守数本书,终非糊口计",才托付给盟弟蒋思斋,嘱咐"仍继吾业可耳"。可见,习幕继业乃是父亲审度沈复欲仕无望的次选。

士人皆有"以天下为己任"的志向,而对江南文士而言,归隐也甚适于心。江南素有深厚的隐逸传统。自季札"弃其室而耕",历"永嘉之乱""安史之乱""靖康之乱",中原望族为躲避战乱大规模南渡,江南地区形成了寄情山水的隐逸文化。梅妻鹤子的林逋,身居太平盛世而无意仕进,归隐杭州西湖的孤山。明四家之一沈周出身名门,却不应科举,一生不仕。"良家无外慕,躬耕修隐德",田园隐逸造就了诗画的自成一派。明初的不仕可能引来杀身之祸,为明哲保身,江南文士的"市隐"可隐于山林,也可隐于朝堂,并非坚决不入仕,不近仕。林逋对到访的范仲淹等托言寄志,沈周的交往群体中也有不少官员,支持有志者入仕济世。"'仕'与'隐'在吴中文人这里并不是互相矛盾的,而是彼此补充的。吴中文人并非不愿入仕,只是与同时代的其他士人相较,他们对入仕内涵的理解更加平和、豁达。科场得意,能顺利入仕,自是幸事;科场不顺,入仕不果,他们也能够坦然地接受并自得其乐地隐居自活,且这种隐居生活并不妨碍他们关注并干预时政。"①

沈复好聚谈出游,除与芸娘举案齐眉之外,平日结交之人多为饮酒赋诗、泼墨作画的文人。《闺房记乐》《闲情记趣》与《坎坷记愁》三卷文字中,沈复多次描绘了对隐居生活的向往,认同芸娘提出的"他年当与君卜筑于此,买绕屋菜园十亩,课仆,植瓜蔬,以供薪水。君画我绣,以为持酒之需。布衣菜饭,可乐终身,不必作远游计也"。与知己鸿干同游,"襟怀高旷,时兴山居之想","欲觅偕隐地",屡屡道出归隐之意。在安徽绩溪就馆期间,因不堪"热闹场中卑鄙之状"直接辞幕归家。

> 余年二十有五,应徽州绩溪克明府之召,由武林下"江山船",过富春山,登子陵钓台。……未两载,余与同事不合,拂衣归里。(《浪游记快》)
> 余与琢堂冒雪登焉,俯视长空,琼花飞舞,遥指银山玉树,恍如身在瑶台。江中往来小艇,纵横掀播,如浪卷残叶,名利之心至此一冷。(《浪游记快》)

---

① 王晓辉:《从仕隐观念看明中叶吴中文人的主体自觉》,《文艺评论》2020 年第 4 期。

沈复的习幕生涯经历坎坷,因家庭变故和经商一度中断。当芸娘去世后,沈复应石韫玉(琢堂)之邀,随赴四川就任。母亲期待他"重振家声",沈复本人也是在归隐不成,家徒四壁之下重启游幕。途中冒雪登黄鹤楼时,沈复触景生情,"名利之心至此一冷",可见原先的踌躇满志。被掀翻的小艇如人生浮沉,个人建功立业的理想不得实现,还需为生计奔波。

明清时期,江南经济发展繁盛,市民阶层逐渐壮大,发达的工商业给了江南士人经商治生的机会。在绩溪愤而辞幕后,26岁的沈复易业为酒贾,但次年"货积本折",重回游幕之路。五年后又随徐秀峰经商于岭南,资费耗尽而归,再馆于青浦。"从'治生'的角度考虑,以笔砚谋食的士人,会根据市场消费情况来改变创作风格,士商关系空前密切。"①而沈复的经商失败,有不善经营的缘由,也因"性爽直,落拓不羁"。入仕无门,归隐尚需经济支持,沈复失欢于大家庭,寄居友人处写字卖画,穷困潦倒至妻儿病故也不愿争夺家产。从商是沈复迫于生计的无奈之举,但至少夏揖山这样的友人,已在饮酒赋诗之外,习得商贸,"勘收花息",初尝到成功之果。"市隐"也可隐于闹市,清代江南商业文化的兴盛为中下层文士提供了多样化的道路选择。

纵观沈复的从仕、从商与求隐经历,固有其家庭教育、人生境遇等的个体因素,但清中叶士人群体的"仕""隐"摇摆可见一斑。正是在"隐"与"仕"摇摆不定的状态下,江南文士不断调整自己的社会位置,任职时乘兴游历名胜,寄情山水,赋闲在家时结交同好,以一花一木、一石一园寄托理想,追求不拘形迹,只求适志而行的"市隐"。

四、江南审美的雅文化空间

《浮生六记》著于嘉庆十三年(1808年),彼时的乾嘉年间,江南文化已进入了最为成熟的阶段。俞平伯在《重刊〈浮生六记〉序》中将《浮生六记》盛赞为"虽有雕琢一样的完美,却不见一点斧凿痕。犹之佳山佳水明明是天开的图画,然仿佛处处吻合人工的意匠"②。

《浮生六记》的主人公沈复与陈芸夫妇,经历家道中落的过程而不失其兴致趣味,物质的匮乏丝毫没有减损精神与个性的丰富,用盆景、园艺、花草、诗

---

① 冯贤亮:《士人生活的变革:明清之际的社会与政治演替》,《苏州大学学报(哲学社会科学版)》2019年第1期。
② 沈复:《浮生六记》,俞平伯序,人民文学出版社1999年版,第71页。

文、流连山水、徜徉自然来丰富精神的世界,缔造了一个属于他们的诗意世界。沈复的父亲宴客之处,榴前老树,浓阴覆窗,人画俱绿,这种情怀正是江南文化审美雅致与诗性精神的体现。

> 时当六月,内室炎蒸,幸居沧浪亭爱莲居西间壁,板桥内一轩临流,名曰"我取",取"清斯濯缨,浊斯濯足"意也。榴前老树一株,浓阴覆窗,人画俱绿。隔岸游人往来不绝。此吾父稼夫公垂帘宴客处也。(《闺房记乐》)

苏州园林是江南文化具体物质的文化形态,是雅致的生活审美的代表之一。沈复用质朴清新的语言勾画出江南园林,标识了清中期的社会面貌和士人意趣指向。

沈复好游历,足迹遍及名山大川。《浪游记快》有云:"余游幕三十年来,天下所未到者,蜀中、黔中与滇南耳。"据贾珺统计,《浮生六记》中提及园林 38 处,远至广州、武昌、济南、华阴等各地,以江南为主。①作为苏州人,他描绘的苏州名园胜景有 15 处,诸园多以野趣、幽静见长,有的仅有古树一二。"石质玲珑,中多古木"的狮子林,"回廊曲折,小有园亭"的洞庭君祠,"楼共五椽,晦明风雨,可以远眺。庭中木樨一株,清香撩人"的萧爽楼,寥寥几句,勾勒出苏州园林的亭台楼阁、小桥流水、花墙廊坊,移步换景的造园奇趣跃然纸上。

> 中秋日,余病初愈。以芸半年新妇,未尝一至间壁之沧浪亭,先令老仆约守者勿放闲人,于将晚时,偕芸及余幼妹,一妪一婢扶焉,老仆前导,过石桥,进门折东,曲径而入。叠石成山,林木葱翠,亭在土山之巅。循级至亭心,周望极目可数里,炊烟四起,晚霞灿然。隔岸名"近山林";为大宪行台宴集之地,时正谊书院犹未启也。携一毯设亭中,席地环坐,守着烹茶以进。少焉,一轮明月已上林梢,渐觉风生袖底,月到被心,俗虑尘怀,爽然顿释。(《闺房记乐》)

沈复笔下的各处园林规模不一,笔墨侧重不同,但都出自作者的亲历亲闻,特别是苏州诸园,是与沈复夫妇的日常生活结合在一起的。中秋与朋友、

---

① 贾珺:《〈浮生六记〉园林论述析读》,《建筑史》2014 年 1 期。

家人结伴游览沧浪亭，"席地环坐""烹茶以进"，幕天席地，烹茶以示风雅，这些兼具当时士族风貌的展示，同时给人以自然和闲适的审美认同。

沈复善诗画，"凡事喜独出己见，不屑随人是非，即论诗品画，莫不存人珍我弃、人弃我取之意，故名胜所在，贵乎心得"，对园林造景也有着独特的感悟力。杭州西湖周遭诸种山水园林，在他看来"以龙井为最，小有天园次之。石取天竺之飞来峰，城隍山之瑞石古洞。水取玉泉，以水清多鱼，有活泼趣也。"盛名之下的西湖十景，反而没有笔墨推崇，至于乾隆南巡三次造访的杭州葛岭玛瑙寺，"大约至不堪者"。他欣赏的苏州无隐禅院，破败但位置佳，可远眺太湖群山，尽享自然之趣。他把平生经历的地方记录下来，各有褒贬，对园林品赏提出了"雅近天然"的标准，还与芸娘养花寻石、布设园林，数日造成假山，巧思构景，颇有趣味。

> 余扫墓山中，检有峦纹可观之石，归与芸商曰："用油灰叠宣州石于白石盆，取色匀也。本山黄石虽古朴，亦用油灰，则黄白相阅，凿痕毕露，将奈何？"芸曰："择石之顽劣者，捣末于灰痕处，乘湿糁之，干或色同也。"乃如其言，用宜兴窑长方盆叠起一峰：偏于左而凸于右，背作横方纹，如云林石法，塵岩凹凸，若临江石矶状；虚一角，用河泥种千瓣白萍；石上植茑萝，俗呼云松。经营数日乃成。（《闲情记趣》）

造假山，制隔断，"盆中花石，小景可以入画，大景可以入神"，如此种种，甚至还总结出一套理论。

> 若夫园亭楼阁，套室回廊，叠石成山，栽花取势，又在大中见小，小中见大，虚中有实，实中有虚，或藏或露，或浅或深。不仅在"周回曲折"四字，又不在地广石多徒烦工费。或掘地堆土成山，间以块石，杂以花草，篱用梅编，墙以藤引，则无山而成山矣。大中见小者，散漫处植易长之竹，编易茂之梅以屏之。小中见大者，窄院之墙宜凹凸其形，饰以绿色，引以藤蔓；嵌大石，凿字作碑记形；推窗如临石壁，便觉峻峭无穷。虚中有实者，或山穷水尽处，一折而豁然开朗；或轩阁设厨处，一开而通别院。实中有虚者，开门于不通之院，映以竹石，如有实无也；设矮栏于墙头，如上有月台而实虚也。（《闲情记趣》）

园林展现的是山水情怀,与市井喧嚣格格不入,而江南园林多处于市井之内,要以围墙把园内景物与外界市井喧嚣隔开,把景观掩于门内,造成幽静的环境,结庐在人境,却无车马喧,获得心远地自偏的效果。通过围墙、照壁等物质手段,隔离尘嚣,达到"帘虚日薄花竹静"的精神境界。① 在这幽雅的情境中,江南文人找到了自己的精神家园。在江南山水园林中,这一价值取向以极为雅致的格调表现出来。

江南的诗意不止在园林这样的外在造景,精细雅致的江南情趣,遍布平凡生活的各个角落。即使身处陋室,或是寄居友人寓所,沈复都未放弃对意趣的追求,"花以兰为最,取其幽香韵致也",将友人相赠的兰花视若拱璧。用特殊的手法静室焚香,没有烟而有幽韵。用木炭和黄芽菜心做盆景,注意剪裁,观势态之异,斟折曲之法,保持花木的最佳形态。就连移养菖蒲碗莲制作,也显"幽趣无穷"。

> 如石菖蒲结子,用冷米汤同嚼喷炭上,置阴湿地,能长细菖蒲,随意移养盆碗中,茸茸可爱。以老莲子磨薄两头,入蛋壳使鸡翼之,俟雏成取出,用久年燕巢泥加天门冬十分之二,捣烂拌匀,植于小器中,灌以河水,晒以朝阳;花发大如酒杯,叶缩如碗口,亭亭可爱。(《闲情记趣》)

江南文人的审美意趣也由私人领域延展至公共文化空间。鲁半舫的萧爽楼不仅是沈复夫妇的寄居地,也是文人的集会地,亦是对城市文化空间的展示,勾画了江南文人交流的场所和形式。幽雅的萧爽楼汇聚了善人物的杨补凡,工山水的袁少迂,专事花卉翎毛的王星澜等文人雅士,集会的诸君子来去自由,品茶饮酒,谈诗论画。聚会不专设时间,却细致描绘了考对的规则,实为文才比拼的雅会。

> 每会八人,每人各携青蚨二百。先拈阄,得第一者为主考,关防别座,第二者为誊录,亦就座,余作举子,各于誊录处取纸一条,盖用印章。主考出五七言各一句,刻香为限,行立构思,不准一交一头私语,对就后投入一匣,方许就座。各人一交一卷毕,誊录启匣,并录一册,转呈主考,以杜徇

---

① 程小青:《〈浮生六记〉的山水园林境界》,《福建工程学院学报》2006 年 5 期。

私。十六对中取七言三联,五言三联。六联中取第一者即为后任主考,第二者为誊录,每人有两联不取者罚钱二十文,取一联者免罚十文,过限者倍罚。一场,主考得香钱百文。一日可十场,积钱千文,酒资大畅矣。(《闲情记趣》)

《红楼梦》中的诗社有相对完整的构成,雅号齐全,社长、副社长各司其职,数次诗会的体裁形式多样,而《浮生六记》在记录家居生活和夫妻情深意笃的主线中,不惜笔墨详细介绍雅趣的文化空间及考对比诗的规则,可见在市隐观念的作用之下,文人雅集在清代江南文士的日常生活中承载着文韵不息、风骨长存的价值追求。

五、结　语

由尚武转向崇文,从荆蛮之地到刚柔相济,中原文化与江南文化的几相融汇,促成了江南文化的嬗变与转型。在近代江南的城市变迁过程中,江南文化结构随之解构重构,明清时期形成了成熟的江南文化形态。经济繁盛、尚文重教、女学兴起、市隐心态、园林意趣,江南地域特性及文化气质在江南文人的创作中得到了另一维度的展现。

清中叶的自传体散文集《浮生六记》记录了江南游幕文人的人生轨迹,是对日常行事的模仿性记忆呈现,也是社会风貌及当时江南中下层士人生活的缩影,所体现的精神世界、人物状态和生活趣味带有鲜明的明清江南文化特色,以文学的方式展示了清中叶江南文化的面貌和文士心态。自传体记忆书写的关联性和自我性,提供了从江南士人视角出发的不同参照,构建了理解清中叶江南城市文化的多重维度。

Literary Memory Writing and Construction of Jiangnan Urban Culture in Middle Qing Dynasty
—Focusing on *Six Chapters of a Floating Life*

Abstract：In the long history, Jiangnan culture has experienced fusion and change. At the same time of artistic processing, literary works also preserve and highlight the characteristics of the urban culture of Jiangnan in a unique way. This paper intends to take the autobiographical prose collection "Six Chapters of a Floating Life", which was written in the Jiaqing period of Qing Dynasty, as the central task, to explore the development and evolution of the urban culture of Jiangnan in literary memory through the comparative interpretation of urban and literary texts, so as to provide a richer reference for the understanding of the connotation of Jiangnan culture in the middle Qing Dynasty.

Key words: *Six Chapters of a Floating Life*; Jiangnan culture; literary memory

作者简介:陈玲,上海师范大学人文学院都市文化学博士研究生。

上海地区"厉鬼"钱鹤皋信仰蠡考

郭宇昊　伍小劼

摘　要:由元末明初的松江地方起义领袖钱鹤皋所衍生出的"厉鬼信仰",常被各地民间认为是明太祖朱元璋颁行厉坛祭祀制度的解释性传说。通过对其身世和死因的考察,可知该传说大致在钱氏死后不到百年的时间中被松江文人所造作并传播。钱鹤皋厉鬼信仰的出现有着深刻的社会原因,是松江民众展现自身生存诉求的象征,更是民间对官方所采取的一种隐秘对抗手段。

关键词:钱鹤皋　厉鬼信仰　城隍信仰　厉坛制度　三巡会

钱鹤皋是元末明初时上海松江地区的农民起义领袖,他组织了吴元年(1367年)针对朱明政权徐达所率部队的军事行动,目的是反对大将军徐达在松江地区的横征暴敛。起义虽在短短几天内被平定,却成为了松江民众反明记忆中浓墨重彩的一笔,亦是百姓对抗残暴统治者的精神旗帜和象征。在上海地方史中,钱鹤皋的形象多是由各种与之相关的传说轶事所建构的:据传其在起义失败后于金陵枭首时颈部"白血喷注",此间异事多见诸明清之际的松江文人笔记中,如《墨余录》中称"钱鹤皋为厉鬼首"①,实则借此明确其身份即"鬼王"②。

这则传闻在民间地方上更被视为朱元璋在洪武三年(1370年)在全国上

---

① (清)毛祥麟:《墨余录》,上海古籍出版社1985年版,第25页。
② 徐蔚男:《上海鬼语》,北京:海豚出版社,2014年5月,第3页。

下颁行厉坛祭祀制度的根本原因①。钱鹤皋亦是近现代以来上海城隍庙三巡会中的重要内容,郁喆隽在对近现代上海地区迎神赛会进行的研究中强调了上海县邑城隍对钱鹤皋的安抚、超度职能,认为钱鹤皋本人及其相关事迹正是城隍信仰在明初被纳入国家祭祀正典时和上海地区的特殊渊源所在②。

随着明代城隍信仰的强化和神格转变,城隍神逐渐成为了与阳间地方上官员相匹配的冥界司法审判官,拥有包括统御地方上的阴间众鬼、主持人间公平公正、降福祸予善恶之人等职能。在洪武六年(1373年)被明太祖敕封为"显佑伯"的上海县邑城隍秦裕伯,自然就对冥界辖区内包括钱鹤皋在内的众多鬼魂有了监督和管理的权力,与钱鹤皋相关的各种轶闻也随之开始以松江为中心造构并流传。据宋濂所撰《云间据目抄》载,明万历年间在地方上"祭无祀鬼神钱鹤皋等,此有司公务也"③,钱鹤皋彼时已成为了松江地区民众在进行厉坛祭祀仪式中的定期超度对象。

从上海地方史研究现状来看,对钱鹤皋厉鬼信仰和秦裕伯城隍信仰之间的关系仍不明确:这样一位被认定是叛乱分子的地方起义军领袖进入到官方视野中来进而推动厉坛官祀制度的实行是如何可能的? 钱鹤皋真正的死因是什么? 官方和民间对钱鹤皋的叙述又有多大差异?"鬼王"钱鹤皋事迹的流衍情况又是怎样的? 这些都是与之相关而亟待解决的问题。

笔者试图从钱鹤皋起义事件的基本史实出发,通过比对地方志和文人笔记中对其死因的多种叙述,将钱鹤皋厉鬼信仰的出现断为在明中期由松江文人所造构,其后至少在明末清初就已经流传至全国多个地区。钱鹤皋厉鬼信仰的出现与明太祖对厉鬼信仰的推行强化以及城隍信仰在明代中后期的转型密切相关,且明政府对苏松地区的针对性政策和明代瘟疫的大量蔓延都为钱鹤皋厉鬼信仰的出现提供了客观条件。此外,笔者希望以钱鹤皋厉鬼信仰的研究为契机,进一步探究中国宗教在"礼俗互动"中官方政策对民间的渗透和接受,及以钱鹤皋为代表的"厉鬼信仰"在明清时期于中国底层民众心灵图景

---

① 关于"厉祭"和"三巡会"的来源,民间说法颇多,如陈伯熙所著的《上海轶事大观》"三节会之原始"中提到两种起源,一是朱元璋在平定天下后"追尊先远,苦不得其祖茔",故"不得已乃颁行天下,令有司于所管区域设坛享祀";二是因为"宫中有厉鬼作祟",于是"追荐阵亡兵士",且"令地方官同日致祭,以飨馁鬼"。但最常见的说法仍是"钱鹤皋"一说。

② 郁喆隽:《神明与市民:民国时期上海地区迎神赛会研究》,上海三联书店2014年版,第140页。

③ (明)范濂:《云间据目抄》卷三·记祥异,奉贤褚氏重刊铅印本,中华民国十七年(1928年)刊本。

中的地位和价值。

一、钱鹤皋起义①始末

吴元年(1367年)三月晦日,松江望族钱鹤皋趁大将军徐达攻打苏州张士诚部时,趁其后方空虚之际而纠结民众起兵谋犯,但整个事件只持续了仅六天就被徐达手下剿灭,起义伴随着钱鹤皋身死而彻底宣告失败。

通过《明太祖实录》中对钱鹤皋起义的记述②,我们大体可以廓清钱鹤皋起义的基本脉络。纵观整个事件,导火索正是大将军徐达纳降松江府后,明军强制性的"征砖甓城"政令引发了钱鹤皋和诸多民众的不满,使得钱氏能够藉由在短时间内纠集了三万余人进行起义。钱鹤皋也并非单打独斗,还曾派遣其子遵义试图向苏州张士诚求援,但被徐达麾下骁骑指挥使葛俊所截杀。同治《上海县志》转引《五茸志逸》云"(钱部下)闻炮声惊惧,胁从皆农夫,持耒耜以战"③,叛军闻炮响而走,持农具作战,说明他们大多是未经过训练的非专业军事人员,缺乏必备的军事素养,且武器装备也相当落后,无法与朱明政权的正规军相抗衡。葛俊在平定叛乱后,便将罪责迁怒于整个华亭百姓,想要屠城泄愤,幸有知县冯荣据理力争,城中百姓的性命才得以保全。

就叛乱事件而言,《实录》对钱氏本人的情况交代不明,官方忽略其个人背景将轻率地将其贬为"逆民""松寇",显然是有失公允的。关于钱鹤皋本人的生平及其家庭情况,今仅见于在咸丰六年《紫堤村小志》基础上增补纂成的《紫堤村志》④和清人毛祥麟所撰笔记《墨余录》⑤中。两者在有关钱鹤皋生平的记述上详略有异,可互为参照。

根据两书记载,钱鹤皋是元末明初时紫堤村(今上海市闵行区诸翟镇)人氏,为五代十国吴越王钱镠之后,家中累世巨富,祖父、父亲皆为乐施好善之人。钱鹤皋本人不仅继承了父辈们的家业,也禀赋了他们高尚的品性,对当地

① 从后文中的分析可以看出,钱鹤皋对松江民众而言是代表正义的一方,故以松江民众为主语时使用"起义"一词;但钱鹤皋之于明太祖朱元璋来说则是试图用武力来颠覆统治的反对者,以朱明政权为主语时则用"叛乱"一词,表达两大势力对钱鹤皋的不同态度和立场。为行文方便,在未指定主语的语境下笔者均以松江民众的立场以"起义"来指代钱鹤皋反对朱元璋明军一事。

② 《明太祖实录》卷二十三,国立北平图书馆红格抄本,第325页。

③ (清)同治《上海县志·卷三十二》,清同治十一年(1872年)刊本。

④ (清)沈葵:《紫堤村志》,上海古籍出版社2008年版,第116页。

⑤ (清)毛祥麟:《墨余录》,上海古籍出版社1985年版,第25页。

的公共设施建设亦是慷慨解囊，"凡筑梁立庙不少吝"，捐资重修了当地的净土寺[①]；由于性格豪迈有侠义之风，救人亦不吝金钱，故松江名士多归附于他。可见钱鹤皋起义之前就已经在当地有着广泛的群众基础，富裕的家世也使得其聚众起义得以可能。

"铁笛道人"杨维桢曾受邀前往钱鹤皋所建的"纯白窝"做客，并为之作记[②]。杨维桢确与钱鹤皋交好，在他的记述中鹤皋不仅文武兼备，而且还有着强烈的政治抱负和正义感，曾率领乡兵与盗贼、倭寇作战，由此拯救的百姓有数十万之多。父辈尚且如此，杨维桢亦对钱鹤皋的后辈们寄予了很高的期望。在此之中的钱鹤皋所展现出的是一位豪侠的形象，表达了杨氏对鹤皋为人的赞美和肯定。

元末顺帝昏庸无道，届时天下豪杰并起。元至正十七年（1357年），张士诚降元后在次年受爵太尉并开府平江，同时敕封钱鹤皋为行省右丞。钱鹤皋虽然同意了张士诚的做法（"鹤皋毗之"），决定"协扶元祚"，但其本人并不满足于此虚职，而是希冀自己开创一番宏图大业。既有此野心，同钱鹤皋交好的华亭全、贾二生借此良机为他分析当时的政治局势[③]，敏锐地指出张士诚和陈友谅绝非称王之才，唯有雄踞江左的朱元璋之师有问鼎中原的可能；即便如此，朱元璋手下的巢湖水师刚刚归附，军心未稳；其军队所遭遇的对手也皆非强敌。故借此劝说钱鹤皋乘此良机聚众起兵可自立为王，钱氏亦欣然接受了他们的提议。

事实上，在"甃城"事件发生之前，钱鹤皋已经做好了起义的准备，"命尽散家财聚众"，"遂结士诚故将韩复春、施仁济等，召集流亡，得万余人"，业已结集了一支规模超过万人的非正规起义军。不仅如此，传言[④]他还挖掘了两丈余深的"活人冢"，为爱妾和女儿准备好粮食、日用品后一并封入其中，称"功成复生聚，否则尽为忠义鬼可也"[⑤]，这不仅为其之后的起义失败增添了悲情色彩，

---

① 民国《上海县续志》卷三十，民国七年（1918年）铅印本。
② （明）杨维桢：《纯白窝记》，《东维子文集》卷十五，四部丛刊初编景印旧钞本。
③ （清）毛祥麟：《墨余录》，上海古籍出版社1985年版，第25页。
④ 有关钱鹤皋为女筑瘞的轶事多见于清中期后所撰作的《沪城备考》《瀛壖杂志》《履园丛话》等上海地方文人笔记中，叙述了钱女与一位陈姓生员之间的人鬼情缘，故事情节和发生时间略有出入；诸作者又将各处无主孤坟与该传说相比附，且并无墓碣证明墓主身份，故对生瘞所在的确切位置说法不一。笔者认为，这一轶闻很可能是钱鹤皋死后化为"厉鬼"传说在明清时期松江地区文人笔下的扩展和延续。
⑤ （清）沈葵：《紫堤村志》，上海古籍出版社2008年版，第116页。

也同样展现了其起义的决心和破釜沉舟之势。时机很快到来,大将军徐达决意"征砖九十万氂城",此诏令一出后"金陵远近骚动"。由于明王朝对用砖的制造要求较高,战火纷飞中的松江百姓亦难以有精力、有材料在短时间内完成征砖指标,这就为钱鹤皋起事提供了一个合适的借口,于此"钱乘民心思变,竖帜起义"。

起义初期的战事十分顺利,钱鹤皋的先锋将军罗德甫七战七胜,弃城逃跑的松江府太守荀玉珍在被追杀后身死;当手下们决定继续杀害知县祝挺时,却受到了钱鹤皋的严厉呵止:"今日愤兵为翼虎殪吾民者起。邑长祝使君,我生身父母不翅(啻),敢有伤之者,斩!"①这位宁死不屈、爱民如子的知县得到了钱鹤皋的赏识,认为他有气节,且并非是欺压百姓的恶人,故而只是将他囚禁在了牢狱之中;钱鹤皋本人的爱憎分明、疾恶如仇也借杨维桢的记述跃然于纸上。联系杨维桢在七年前曾受钱鹤皋之邀前往住邸"纯白窝"的记述,杨氏的确在这段文字中有意将钱鹤皋塑造成一位悲剧英雄形象。

大将军徐达之后欲发起"屠城"行动,但所幸被松江府当地官员及时制止,但张士诚所统治下的苏州在城破后就没有那么幸运了,汤和所率领的明军从苏州葑门进入后,纵兵屠戮,"二岁小儿亦当斫为三段","遇城中士女必处以军法",结果造成了"葑门以信国之入,至今百载,人犹萧然"②的悲惨境状。尽管起义最终得到了平息,但明军统治和举措无疑于民心向背,在苏松人民的心中也种下了反叛的种子。

松江人民的苦难远没有结束,崔志伟借引杨维桢所作《黄泽廷诉录》序,指出在明初洪武二年还发生了一起针对松江百姓的案件,即朝廷官员借征秋粮事件对松江百姓发难,并将他们冠以"鹤皋悖党"之名,致使两千余人被迁徙至颍州。尽管最后被查明为冤案,但明初统治者以钱鹤皋乱党名义对松江百姓进行迫害的历史事实确凿无疑,可见明政府对叛乱之事耿耿于怀,伺机向松江百姓进行报复行动③。在官方记载中钱鹤皋被定性为与朱明政权作对的地方叛军首领,但在百姓的口耳相传中则是智勇双全、率领百姓抵抗军阀的民族英雄;由此在官方史书和地方文人文集中对同一事件叙述中材料的详略、细节的取舍都表现出很大的差异。为了避免受到牵连,地方文人通常采用侧面、隐晦

---

① (元)杨维桢:《活民碑》,崇祯《松江府治》卷三十一,明崇祯三年(1630年)刻本。《活民碑》又称《上海知县祝大夫碑》,经笔者比对两者文字相同。
② (明)杨循吉:《吴中故语》,陶挺辑《说郛续》卷十四。
③ 崔志伟:《元末明初松江文人群体研究》,上海大学博士学位论文,2011年。

的方式来勾勒钱鹤皋的正面形象和徐达军队的残暴,通过两者的反差来表达自身对起义事件失败的惋惜,凸显了松江百姓在朱明政权建立初期的水深火热和对和平的渴望。钱鹤皋起义的失败成为了元末松江百姓的集体伤痛记忆,也为明中后期地方民众僭越朝廷礼制,将钱鹤皋塑造成"鬼王"形象后纳入地方礼制埋下了伏笔。

二、钱鹤皋之死

纵观钱鹤皋起义事件的整个过程,其中最大的疑点莫过于钱鹤皋死因的真相。在谈及"厉祭"和"三巡会"起源时,最常见的说法是钱鹤皋在起义失败后并没有被当场处死,而是押赴京师在朱元璋面前枭首,岂料钱氏人头落地后于脖颈处喷出了大量白血,"太祖忧其(钱鹤皋)死在阴间为要害,将来厉鬼聚一堆,搅扰地方,瘟疫免不来,就命城隍,赈济孤魂,立空案,每逢清明日、十月朝、七月半,抬起城隍老爷各处义冢走一转,奠祀香烛化冥财,又读祭文,钱鹤皋等无祀鬼,均来受享免饥寒"[①],因而在洪武三年(1370年)颁定了厉坛祭祀制度,以安抚"无祀鬼神钱鹤皋等"。故而民间相信,属于非正常死亡的钱鹤皋在临刑时出现了异象,明太祖制定厉坛制度的根本原因正是为了平息钱鹤皋鬼魂的愤懑并超度施食亡魂。

该传说被民间视为明清"祭厉"制度的来源,但由于整个事件过于离奇,故很难让人信服。事实上,在地方志和文人笔记中对钱鹤皋之死的叙述,还存在多种不同的说法:

死因	出处	内　　容	备注
徐达处斩说	吴元年(1367)《明太祖实录》	兵及松江城,鹤皋闭门拒守,俊攻下之,获鹤皋,槛送大将军斩之。	/
海上擒获说	清咸丰六年(1856)《紫堤村小志》	鹤皋匿海上,执送金陵,死之。	/
	明正德七年(1512)刊本《松江府志》	鹤皋匿海上,获之。	/

① 汤伟康、杜黎:《沪城风俗记》,上海画报出版社1991年版,第58—59页。

续　表

死因	出处	内　容	备注
颈喷白血说	清咸丰年间（1851—1861）刊本《顺德县志》	按：厉坛缘起明初松民钱鹤皋叛，俘刑之白血渍注，太祖异之，以为厉鬼。始命天下设祭称无祀鬼神。本朝因之，至今不废。见华亭董含《莼乡赘笔》谓：祭钱鹤皋等也。	转引华亭董含《莼乡赘笔》
	清同治九年（1870）《墨余录》	鹤皋受缚，槛送京师。临刑，白血喷注，明祖异之。恐为厉，因令天下设坛，祭鹤皋等无祀鬼魂。	/
	清同治十一年（1872）刊本《上海县志》	《五茸志逸》：明初，上海民钱鹤皋作叛。太祖命魏国公讨之。至苏，令葛（俊）指挥为先锋，闻炮声惊惧，胁从皆农夫，持耒耜以战，遂就擒。俘京伏诛，鹤皋刑血皆白，太祖异之，为厉鬼首，命天下祭厉鬼，皆称无祀鬼钱鹤皋等，至今犹然。	转引吴履震《五茸志逸随笔》
	清同治十二年（1873）刊本《忠州直隶州志》	按：《明纪略》载，明初钱鹤皋与明将战于横沥，为骁骑指挥使葛俊所败。槛送京师，临刑白血喷注，明祖异之，恐为厉，因令天下设坛祭钱鹤皋等无祀鬼魂。至今遂因之为例。	转引皇甫录《皇明纪略》
	清光绪十八年（1892）刻本《石城县志》	华亭董含《莼乡赘笔》谓：厉坛缘起明初松民钱鹤皋叛，俘刑之白血渍注，太祖异之，以为厉鬼。始命天下设祭称无祀鬼神。本朝因之，会典列为群祀。	转引华亭董含《莼乡赘笔》
投水而死说	清光绪二十五年（1899）刻春在堂全书本《茶香室续钞》	国朝董含《莼乡赘笔》云："明初松民钱鹤皋，感梦兆起兵反叛，官军讨之。鹤皋就擒，俘至京，临刑白血喷注，太祖异之，以为厉鬼首，命天下祭厉称'无祀鬼神钱鹤皋等'。本朝遵之，至今不废。"按：此制未知今尚然否？……鹤皋兵败，偕全、贾二生赴水死，事见《姑苏志》及历朝诗选。他书或谓鹤皋欲灭士诚，不克而败。颠倒是非，不可不辨。据此，钱鹤皋实自沉死，未尝被俘受刑。	转引华亭董含《莼乡赘笔》
隐匿遇害说	民国二十五年刊本《川沙县志》	按宗谱：元至正间，豪杰蜂起，鹤皋倡义以保松郡，被围力屈，乃退隐凤凰山，旋遭仇家之害，一门歼焉。鹤皋第三子流，匿于匠氏庄某家，幸免。	/

　　上表由笔者所见关于钱鹤皋之死的文献材料整理而成，其死因大致可以分为五种观点，分别为徐达处斩说、海上擒获说、颈喷白血说、投水而死说和隐匿遇害说。

1. 徐达处斩说

由于该观点出自官修编年体史书《明实录》,所以有较高的可信度。由此可知钱鹤皋的叛乱行动由大将军徐达派兵将镇压,在抓获后亦押送至徐达处斩首。攻打松江府和平江府的军事行动本就由朱元璋委任徐达全权负责,松江的农民起义在被平息后,由掌握最高兵权者进行审判且处决并无不妥,似无需将钱氏押送至金陵交由朱元璋亲自监斩的必要。

2. 海上擒获说

此说认为,钱鹤皋在叛乱失败后逃匿到了上海县躲藏起来,但最终还是被抓获。明正德《松江府志》对钱鹤皋被擒获后的去向语焉不详,清咸丰《紫堤村小志》则认为钱鹤皋在上海县被擒获后仍被押送金陵处死,但具体刑罚并未说明。

3. 颈喷白血说

该说称钱鹤皋在被擒获后押送金陵处斩,明太祖因颈喷白血而受到了惊吓,由此颁定了厉坛祭祀制度,规定在每年三次的厉祭中都需要"祭钱鹤皋等无祀鬼神"。四则清代地方志中的材料在谈及"厉祭"时,首先肯定了钱鹤皋就是该官方祭祀制度的来源,再者确认此制度由明朝至清朝仍在实行且为定制。

4. 投水而死说

此观点同引明末清初华亭董含所撰《莼乡赘笔》,但作者俞樾却对其中的"颈喷白血"说法提出了质疑,全、贾二生蹈壅之事在咸丰《紫堤村小志》和嘉庆《墨余录》中虽有提及,但鹤皋一同赴水死之说在诸多版本的《姑苏志》未能得见。按俞樾所见之材料,对上述钱鹤皋的其他死因提出了质疑。

5. 隐匿遇害说

此说出现时间最晚,仅见于黄炎培等人所撰《川沙县志》中,谈及钱鹤皋在兵败后未被朱明政权所俘获,而是退隐至凤凰山(今松江区松江镇境内),但旋即被仇家所杀,满门皆灭,唯有隐匿于庄家的第三子钱流得以幸免。后"蒙其姓,侨居川城之西里,为庄氏第一世祖"[1];又有一说"元末,钱鹤皋起事,为朱元璋镇压后灭族,其弟鹤轩第三子匿入庄家,避迁浦东,为浦东庄氏始祖"[2]。无论是何人幸免,可以明确的是钱氏一族在起义失败后遭遇了灭族之祸,但有

---

[1]　黄炎培等:《庄氏谱略》,《川沙县志》卷三,民国二十五年(1936年)刊本。
[2]　《上海通志》编纂委员会编,《上海通志》第十卷,第三章 姓氏,第6961页。

一位族人通过改姓的方式幸存了下来。这种对农民起义领导人的斩草除根行为，也难怪松江百姓对朱明政权会产生抵触和厌恶之情。

首先，就上述五种说法而言，提及"颈喷白血"的五则材料来源除《墨余录》外均是取自各地方志，涉及地点包括顺德县（今广东省佛山市顺德区），上海县（今上海市），忠州直隶州（今重庆市北），石城县（今广东省廉江市），此外还有笔者在上表中未录入的同治时期曲周县（今河北省邯郸市）地方志中"明太祖始立泰厉坛，以钱鹤皋主之"①亦提及厉祭制度的制订与钱鹤皋有关。可见在清中晚期时钱鹤皋起义的相关史实及其化为"鬼王"的相关传说已经流传至松江以外的全国各地，包括西南、华北和东南诸省，并被各地视为明太祖设立厉坛祭祀的根本原因。

次者，这批地方志在论及厉坛设立和钱鹤皋"诡事"时都不约而同地引用了文人笔记作背书，主要材料为皇甫录《皇明纪略》、董含《莼乡赘笔》和吴履震《五茸志逸随笔》。以三本笔记的编撰时间为序，《皇明纪略》大约成书于成化六年（1470年）至嘉靖十九年（1540年）中后期，《莼乡赘笔》成书则在天启五年（1625年）至康熙三十六年（1697年）左右，《五茸志逸随笔》成书亦在明末清初；皇甫录、董含、吴履震均为苏松地区人士，亦是钱鹤皋起义事件的发源地，其中又以《皇明纪略》的成书时间最早。虽然皇甫录并不一定是该传说始作俑者，但可以确定是钱鹤皋在身陨大约百年不到的时间中就已经被苏松地区的民众塑造为"鬼王"的形象并造构了临刑时"颈喷白血"之说。还需注意的是，苏州长洲（今苏州市）人皇甫录不仅记述过钱鹤皋的厉鬼传说，还将其带到了川南地区②，这是钱鹤皋化为厉鬼说的一种可能性传播路径，为上文中该传说成为全国范围内的共识提供了一种解答思路。

另外，"钱鹤皋"在万历年间已经被引入到了具体的"厉祭"仪式实践中。洪武三年（1370年）十二月戊辰，在征求了礼部的意见后明太祖朱元璋"始命祭无祀鬼神"③，与之一同颁布的还有坛墠范式和祭文。祭文在明太祖颁定之初即为定式，但在实际从官方上层向下层郡、乡等行政层级推行和具体的仪式

---

① 同治《曲周县志·坛祠》，同治八年刻本。
② 胡宁等人曾对皇甫录的生平进行过考述，指出他并未担任重庆府知府而是任职顺庆府；无论如何，在同治《忠州直隶州志》中确实引用了皇甫录所著《皇明纪略》一书中的内容，由他将钱鹤皋的传说带至西南地区当是无疑。胡宁等：《皇甫录及其〈下陴纪谈〉述论》，《西华师范大学学报》（哲学社会科学版）2015年第3期，第36页。
③ 《明太祖实录》卷五十九。

实践过程中,仪典主导者往往会根据各地民众的具体需求和文化背景对官方标准祀典进行主动改造。以刘永华先生在闽西四保所收集到的祭文本为例,其中所收录的两篇《祭厉坛文》与官方推行的祭文在行文上已经有了很大的差异①;甚至原本在底层地方上应当由甲保所负责的祭厉仪式亦被"福寿双全"之人所接管②。万历年间的松江文人范濂在《云间据目抄》中记载了当时城隍赛会的盛况,"每年清明日、十月朔,府例以鼓乐送城隍神主,出北郊坛,祭无祀鬼神钱鹤皋等,此有司公务也……是年十月朔,旗灯各千余,极华丽,幡百余,皆珠穿,或赘以珠带,增日月扇,尤奇美,戏子乘马者十余班,鼓乐烟火无算,虽王侯不能拟,官府不能禁"。③从中可以明确注意到厉祭仪式向游神赛会的转变,且"钱鹤皋"僭越官方仪典,成为了民间地方上的祭祀对象。又《茶香室续抄》转引董含《莼乡赘笔》云:"松民钱鹤皋感梦兆起兵反叛……太祖异之,以为厉鬼首,命天下祭厉,称:无祀鬼神钱鹤皋等。本朝遵之,至今不废"④,可知钱鹤皋之名亦出现在明末清初的厉祭之中;至晚清民国时期的三巡会中,"城隍莅坛,羽士宣读疏文之时,仍有赈济钱鹤皋等无祀孤魂之语"⑤,即民间对官祀祭文改动的这一点至少在明中后期已经开始,且沿袭了整个清代直至民国。对于明清政府而言,修改官方定制的仪典本是逾越礼制的淫祀行为,但在民间却体现为底层民众自觉对官方祀典进行地方化改造以适应自身的心理需求,这种变化所体现的正是中国宗教特有的"礼制民俗化"过程。

综上所述,有关钱鹤皋"颈喷白血"的民间传说大约在其起义失败的百余年时间中被苏松地区民众所造构,并在具体的厉祭仪式中得以体现。自明中叶开始,该传说已经由苏松士人向本地区外进行传播;在清中后期更是已经流布到了西南、华北、东南沿海地区,并成为了民间各地对明太祖朱元璋颁定厉坛制度起源的基本共识。

三、鬼王"钱鹤皋"何以为"厉"?

"鬼魂信仰"是中国民间信仰的重要组成部分之一。在民众观念中,通常

① 四保祭文本第 0207 号,19b 页,民国抄本;转引自刘永华:《帝国缩影:明清时期的里社坛和乡厉坛》,北京师范大学出版社 2020 年版,第 170 页。
② 刘永华:《帝国缩影:明清时期的里社坛和乡厉坛》,北京师范大学出版社 2020 年版,第 190 页。
③ (明)范濂:《云间据目抄》卷三·记祥异,奉贤褚氏重刊铅印本,中华民国十七年(1928 年)刊本。
④ (清)俞樾:《茶香室续钞》卷二十,光绪二十五年(1899 年)刻春在堂全书本。
⑤ 吉宏忠主编:《上海城隍庙志》,宗教文化出版社 2017 年版,第 127 页。

需要藉由特定的丧葬仪式和周期往复的祭祀活动,死者的遗骸和灵魂才都能够被妥善安顿,使其在冥界得到平静、安宁的生活,死者也同时被赋予了能够回报、庇佑生者的权能。这种"生死互惠"的关系通常由血缘相联系,故通常发生在祖先和子嗣之间。

以上是中国传统社会中处理"人鬼关系"最为理想的状态,但是当死者或生人两者之一出现异常状态时,这种平衡就会被打破。通常认为,死者在非正常状态下死亡或生人停止祭祀、无后人祭祀时,都会使死去的亡者化为"厉"或者"厉鬼",祭祀链的断裂使得厉鬼们无法在另一个世界得到安息。厉鬼所采取的手段则是返回阳世,用威胁和加害的手段,发泄自己的不满或寻求新的祭祀和供养。民众认为这种来自幽冥世界、不可捉摸的厉鬼正是导致日常生活中各种灾害、疾病的真正原因,故对他们抱有极端畏惧的心理,必须通过祭祀甚至是驱赶的方式来求得平安,这就是由"鬼魂信仰"衍生出的"厉鬼信仰";这些得到安抚后的厉鬼在愤怒被平息、愿望被满足后会回到冥界,不再兴风作浪,即所谓的"鬼有所归,乃不为厉"[1]。

元末明初松江民变事件中的最大疑点就是起义领袖钱鹤皋的死因。在后世诸般记载中以苏松地区所造构的在其受勠后"颈喷白血"而化为厉鬼的说法流布最广,对后世的影响也最深。"钱鹤皋为厉鬼首"信仰理论的构建固然以其本身在苏松地区强大的政治影响力和悲壮的起义失败事迹为基础产生,但若将该信仰体系放置在整个明代政府权力运作模型中,仍可窥见官方所主导的意识形态和政治决策对民间信仰活动的介入和形塑。

(一) 明太祖的鬼神观

自明太祖定鼎后不久,从洪武元年(1368 年)九月十一日开始,直至明成祖永乐五年(1407 年),明太祖、明成祖相继在钟山,延请佛门高僧启建无遮水陆大法会,史称"蒋山法会",法会的目的主要是为了救拔战乱伤亡的战士之魂和无辜之灵,藉此安顿民心,稳定政局[2]。朱元璋采用佛教经忏法事来超拔亡魂,自然与他早年曾因生计所迫而出家皇觉寺的经历有关,但对其本人而言,他为朱明政权的建立手上也沾满了太多的鲜血,故超度仪式对明太祖自身的罪孽而言本就是一种救度和解脱。洪武二年正月,明太祖又明确告诉中书和

---

① 李学勤主编:《春秋左传正义》第四十四卷"昭公七年",十三经注疏(标点本),北京大学出版社 1999 年版,第 1247 页。
② 圣凯:《中国佛教信仰与生活史》,江苏人民出版社 2006 年版,第 256 页。

礼官："明有礼乐,幽有鬼神。①"将制礼作乐与鬼神之道视为阴阳两面,将它们置于了同等重要的地位。

明太祖之于整个大明帝国的影响,不仅见诸于他对世俗政权的规划和维系,更反映在神道设教观念的日常渗透和他对超自然力量尤其是鬼神信仰的诠释和把控中;他本人不但笃信鬼神的存在,还曾亲自参加同士人的讨论,试图以君王之名构建一套行之有效、能够从上至下进行推及的鬼神观,甚至亲自参加了地方上的祭厉活动,这点可以从他亲自撰写的《鬼神有无论》和《祭安东县沭阳县鬼火暮繁文》中可以清晰地窥见。

时有人呈奏"野有暮持火者数百,候之,倏然而灭。闻井有汲者,验之无迹。俄而呻吟于风雨间,日悲号于星月,有时似人"②,称在野外遇见鬼火,在井水中遇见鬼影,有时"祟人以祸",有时又"佑人以福",都说是鬼神。太祖问左右意见,左右称其"妄诞",并试图以理学家"禀气升降"和汉代的魂魄二元论加以解释,认为人死后魂归天、魄归地,反对"鬼"的存在。这一观点却招致了朱元璋批评,"尔所言者,将及性理,而未为是,乃知肤耳。其鬼神之事未尝无,甚显而甚寂,所以古之哲王,立祀典者,以其有之而如是,其于显寂之道,必有为而为",太祖认为以理气之说来对鬼魂进行解释过于肤浅,古代圣君贤王们对鬼神祭祀,必定有他们的道理。之后,他提出了鬼神"显寂之道"的理论,认为死亡有多种不同的情况,鬼魂之所以显现是他们有着命不该绝,死却不得其时、壮年而夭、屈辱而死、人事未尽等多种原因,从而导致鬼魂现世;反之,则魂魄安息,鬼魂不显。这番理论相当重要,他通过列举了多种非正常死亡的情况,认为这种死者确会在死后显现作祟,肯定了"厉鬼"的存在,为其在国家意识形态中贯彻"厉鬼信仰"打下了基础。之后,他还从历史演进的角度分析了为何在秦汉之后才出现大量的鬼魂,"上古尧舜之时,让位而君天下,法不更令,民不移居,生有家而死有墓,野无鏖战,世无游魂,祀则当其祭,官则当其人,是以风雨时、五谷登,灾害不萌",但"自秦汉以来,兵戈相侵,君臣矛盾,日争月夺,杀人蔽野,鳏寡孤独于世,致有生者、死者各无所依。生无所依者,惟仰君而已;死无所依者,惟冤是恨。以至于今,死者既多,故有隐而有现",通过分析上古和秦汉时期的政治状态和民

---

① 《国朝典故》卷一百一十七,明天启四年(1624 年)徐与参刻本。
② (明)朱元璋:《明太祖文集》卷十《鬼神有无论》,《景印文渊阁四库全书》第 1223 册,台湾商务印书馆 1986 年版,第 117 页下栏。下同。

生情况,将鬼神屡显和人事失序相联系,凸显了政治清明和百姓安居的要义性。朱元璋在最后又再次强调鬼魂信仰的重要性,认为若无此信仰,民众就没有了畏惧之心,况且祸福本就皆由鬼神所赐,故不可不信。

又洪武十一年四月四日,永嘉侯差百户上奏,称在安东、沐阳两县在夜幕时分出现鬼火。朱元璋听闻此事,亲自撰文并到场致祭。他首先批判了元朝统治者的暴政导致生民涂炭、死伤无数,以强调自己获得天命的正统性,"故绝宗覆嗣者有之,生离父母妻子而悬于阴阳者有之"①,出现了断子绝孙、生离死别、阴阳两隔的悲惨情状;但是明太祖仍不清楚这些厉鬼的身份,便列举了四种不同的情况一一询问:"尔持炬者,莫不五姓无主孤魂,而欲祭若此欤? 正为悬隔父母妻子,而有此欤? 乃无罪而遭杀,冤未伸而致是欤? 莫不有司怠恭而怒之忿欤? 朕切问尔持炬者,四事果属何耶?"太祖强调在祭祀方面自己问心无愧,各种祭礼也都如仪如法,故责厉鬼们将福祸降予正确的对象,违背天理将自招天谴。朱元璋严肃对待地方上的神怪传说,以帝王的身份亲自担任地方上人神(鬼)交流的使者,这种对于鬼神的敬慎态度不仅源于其自身的信仰,亦是他对"厉鬼信仰"的利用和掌控。

在地方上,"厉鬼信仰"的推行是通过官祀"厉祭"制度加以落实的。自洪武三年起,官方试图通过一年三次的厉祭仪式对民众的意识形态进行塑造;从泰厉至乡厉,完全覆盖了整个明帝国的所有行政层级,凸显了皇权对思想的控制。厉祭制度虽非明太祖原创,自周代"七祀"制度首创,汉代后对厉鬼的祭祀皆有存废,但皆未得到重视,直至明太祖"上以兵戈之余,死无后者,其灵无所依,命仪举其礼"②,厉祭的仪典和规范才最终在明代得到了国家层面的整合与强化。对统治者而言,所宣扬的是藉厉鬼向上级城隍禀告之名使目无法纪、道德败坏者遭受阴谴,对那些遵纪守法、长幼有序、心地良善者则是降以福佑,这种心灵上的威慑是其他政治手段所无法达到的。

厉祭制度在明初统治者的推行下被不断巩固,也同样催生了民间对官方塑造的意识形态进行主动的吸收、采纳和转化。钱鹤皋作为反抗暴政的地方起义领袖,在松江地区一呼百应,猛将文人追随左右,但却被朱明政权所擒获,在被贬斥为"逆民"的形象后含冤而死,这是元末明初松江地区民众心中无法

---

① (明)朱元璋:《明太祖文集》卷十七《祭安东县沐阳县鬼火暮繁文》,《景印文渊阁四库全书》第 1223 册,台湾商务印书馆 1986 年版,第 209 页下栏。下同。

② 《明太祖实录》卷五十九,国立北平图书馆红格抄本,第 1155 页。

诉说的隐痛。受"厉鬼信仰"的影响,地方文人通过"颈喷白血"来演绎出钱鹤皋这位豪侠在死前蒙冤的情状,并与朱明政权所颁定的"厉祭"制度相比附,成为了该官方祀典的解释性传说。

正如前文所述,钱鹤皋化为厉鬼传说的出现时间大约在明初平叛结束后百年不到的时间出现,但厉坛祭祀制度则是在平叛后的三年就已经成为定例。可以说,钱鹤皋虽然未必是厉祭制度的起源,然厉祭制度和"厉鬼信仰"在明代的推行和强化却促使了钱鹤皋"厉鬼"传说和其他相关"鬼事"的问世和流衍。

(二) 城隍信仰的再构

城隍信仰大约自南北朝时期诞生,但直至明代才真正意义上被制度化。明代政治家丘濬认为其背后的原因是"设城隍以司民命于冥冥之中,而加之以鉴察之名,而又俾有司到任之初,特与神誓,盖又付之鉴视纠察之任,使有民社者不敢以非礼厉吾民也。我圣祖主典神人,兼用礼乐、鬼神以为治。幽明之间,各受其职"[1],从中可得到两个重要信息:首先是城隍的"阴鉴"之神格不仅在于民众,也同样对明政府委任的地方官员有着双重的监督责任;其次,城隍被明太祖敕封后的权力很大,能够区分阴阳、明辨善恶,覆盖幽明两界。

就在城隍官祀信仰被明太祖定制的一年后(1370 年),朱元璋却又再次下令对包括城隍神在内的四渎、五岳诸神等神祇进行改订,其结果包括剥夺城隍神封号,甚至将城隍神的神像改为了木主。事实上是将城隍神长期保留的作为人格神的基本属性完全剥夺,并还原为了自然神。滨岛敦俊认为这种对城隍信仰的改制实则反映了在本质上继承原有城隍神、庙的习惯派——道教和对于将城隍纳入国家祭祀体系并不积极的观念派——原理主义的儒教之间的对立[2]。城隍神的人格化是民间长期对城隍神秉持的观念,这种以国家权力强行改造、剥夺民间信仰的方式实则很难在地方上推行,甚至朱元璋本人在不久后就对洪武三年城隍改制的政令进行了颠覆,"洪武六年(1373 年)七月二十日(秦裕伯)卒,讣闻于朝。太祖震惊曰:'生不为我臣,死当卫吾土。'着敕封为本邑城隍神,并封显佑伯"[3]。明太祖将去世的上海地方官员敕封为当地城

---

① (明)邱濬:《大学衍义补》卷六十一,正德元年刊本,东京大学东洋文化研究所藏。

② 滨岛敦俊:《朱元璋政权城隍改制考》,《史学集刊》1995 年第 4 期。

③ 吉宏忠主编:《上海城隍庙志》,宗教文化出版社 2017 年版,第 48 页。同页载,秦裕伯被敕封为上海城隍还有一种说法:嗣裕伯谢世,扬人念其忠贤,集会悼之,事闻于太祖,因即敕封为江都城隍。时沪上无城隍,闻其事,亦以裕伯为城隍,半月治江都,半月治上海,故庙中有巨舟悬于梁上,盖为裕伯往来扬沪之用。

隍,实质上是重新将人鬼信仰和城隍信仰结合,仍是赋予了城隍神人格化的内涵。

士大夫所推崇的仅具有教化功能的儒家式非人格神祇难以满足百姓的日常心理需求,传统民间信仰中被祈望灵验的宗教意涵又被重新添加到了城隍的神格中。尤其是在明代中后期时,地方官员对洪武年间所制定的城隍相关祀典仪式在执行的态度上已经大不如从前。就上海地方而言,郑洛书于正德十五年(1520年)兼出任上海知县的第二年,准备行厉祭仪式时,发现其地"垣颓址荒,云风萧飒,草木凄其,若滞魂号诉无依者",故"亟令工匠治其垣屋,更封其坛"①。可见在郑洛书正德年间之前的历任上海地方知县对明初所颁定的厉坛祭祀制度已经置若罔闻,整个厉坛也荒废许久,不再作为定期的官祀仪典存在。

随着明代中后期地方上对城隍及厉坛祭祀礼仪的忽视以及对背后所蕴含的意识形态管控的松懈,反而赋予了民众对官方仪礼进行地方化改造的空间,将祭祀仪式和城隍神格进行了全新的拓展,包括地方上本由政府所主导的"厉祭"仪式由于官方的失控而逐渐"娱乐化",而城隍的"冥界行政官"神格亦逐渐衍化为能够主持公正的冥界司法审判官。

在朱元璋于洪武三年所颁定的厉坛祭祀仪式中,由官方进行主祭,目的在于延请城隍神临坛对无祀鬼神进行超拔。城隍神作为冥界官员,神祇职能要求其对本地包括厉鬼在内的诸多亡魂进行周期性的安抚、管理工作。这同样是明代松江文人结合上海城隍秦裕伯信仰对钱鹤皋"厉鬼"身份建构的理论依据。秦裕伯,为北宋"苏门四学士"之一的秦观后裔,世居淮扬,生于元代元贞二年(1296年),殁于明洪武六年(1373年),享年七十有八,经历了整个元末明初的乱世。元至正年间,登进士第后旋为湖广行省照磨,继任山东高密县尹,后擢升福建行省郎中,因有政绩故为任处百姓称颂。至正十四年(1354年),解职归松江,与当时松江文士王逢、吴海、郑潜等人唱和交往。至正十六年(1356年)二月,张士诚据苏州,遣人招其两次,拒门不纳。吴元年(1367年),明太祖以其贤名,命中书省赍檄以礼敦请,都被秦裕伯以不忠不孝之名推脱,在再三诏请下朱元璋发出了最后通牒,称"海滨之民好斗,裕伯智谋之士而居

---

① (明)郑洛书撰:《上海县乡厉坛记碑》,明嘉靖二年(1523年)八月,康熙《松江府志》卷二十三。

此地,苟坚守不起,恐有后悔"①,故不得已而进京,授侍读学士。秦裕伯在洪武六年(1373年)去世后,旋即被明太祖敕封为上海城隍。秦裕伯在元朝入仕多年,具有很高的政治敏感度,面对张士诚和朱元璋两大势力的招安并没有急于选择立场,而是明哲保身,静观时变;同一时期的钱鹤皋则有着强烈的政治抱负和雄心壮志,选择投靠姑苏张士诚,被元政府敕封为"行省右丞"。吴元年钱鹤皋起事,秦裕伯时寓松江,必定亲身经历了这场农民起义运动。受材料所限,我们无从得知钱鹤皋和秦裕伯之间是否有过交往的经历,但可以确定的是秦裕伯对钱鹤皋的事迹有着相当程度的了解。

如前文所述,元末松江文坛领袖铁崖道人杨维桢曾与钱鹤皋交好,并欣然为其居所作《纯白窝记》以记之。其后,大将军徐达乘钱鹤皋兵败欲屠城,幸有知县祝挺等人挺身而出,松江民众才得以保全,杨维桢于是撰《上海知县祝大夫碑》(又称《活民碑》)歌颂祝知县的活民之功。从《祝大夫碑》中可以看出杨氏的政治态度是相当暧昧的,在钱鹤皋已经被朱明政权定性为叛贼的情况下,他还着重记述了钱鹤皋以仁义放过祝知县一事;此外,他还对元廷在上海地区的教化之功称赞有加,"上海,淞附庸邑也。其地薄,海斥卤氓过半。自有元百年教养之泽深,民之为俗,慕仁义者十室而九,遂号善地"②,可见其对蒙元和钱鹤皋两股势力的败落均怀恻隐之心。秦裕伯可能确未见过钱鹤皋其人,但是他却与杨维桢相交好,因裕伯工书法故受其邀,"《上海(县)知县祝大夫碑》:明洪武元年(1368年)八月会稽杨维桢撰,邑人秦裕伯书"③,在书碑前后秦裕伯想必从杨维桢处对钱鹤皋的相关事迹有所耳闻。明太祖在日后以"海滨之民好斗"来告诫秦裕伯,不仅与杨维桢文中的"善地"相矛盾,更在于警示秦裕伯莫忘钱鹤皋叛乱失败的教训,朱明政权也同样可以将"逆贼"的罪名扣到他的头上,这亦是秦裕伯被迫进京入仕的根本原因。

秦裕伯在死后被明太祖敕封为上海县邑城隍,又在明代中后期衍生出了能够主持人间公平正义的阴间司法审判官的神格;钱鹤皋为民起义,在失败后被贬斥为"逆贼","颈喷白血"含冤而死,从而化为厉鬼;上海本地城隍对上海本地鬼魂有着管辖的权力,两者也被顺理成章地联系在了一起。然"无祀鬼神

---

① 正德《松江府志》卷三十一,明正德七年(1512年)刊本。

② (明)杨维桢:《上海知县祝大夫碑》,《铁崖文集》卷二,明弘治十四年(1501年)冯允中刊本,上海图书馆藏。

③ 同治《上海县志》,卷二十七,清同治十一年(1872年)刻本。

钱鹤皋"者,实乃"不得祀",钱鹤皋因其逆贼的身份被朱明政权所代表的官方所忌讳,自然不可能进入国家祀典,以任何形式对他展开的祭祀活动都将被视为非法的淫祀而加以禁止;但随着厉鬼信仰在地方上的深化和城隍神格在明代中后期的转变,地方文人通过僭越官方祀典、修改祭文的方式,形成了苏松地区特有的钱鹤皋厉鬼信仰,并借文人小说、笔记开展对钱鹤皋"颈喷白血"等相关事迹的宣传,使钱鹤皋理所应当地成为了厉祭活动中超度对象的一部分,得以被松江民众所奉祀,进而传播至全国多地并成为了官方厉祭仪式的解释性传说。钱鹤皋在仪式中的出现,除了出于防止钱鹤皋化为厉鬼作祟的考虑外,地方民众更是希望秦裕伯城隍能够主持公平正义,洗刷钱鹤皋厉鬼的冤屈,使其灵魂得以在冥界得到安抚和释然,以告慰这位民族英雄的在天之灵。

(三) 社会需求下的"厉鬼"

关于钱鹤皋"鬼王"传说在明代的出现,除了以上提到的两个主要原因外,笔者认为还有两点因素有必要提及:其一是明代政府对苏松地区的两大针对性措施,即"苏松重赋"和苏松江浙人"毋得任户部"的政治制度;其二则是明代大规模瘟疫的流行。

在经济和政治方面,据明清以来历代学者对苏松地区重赋问题的考证,认为重赋确为历史事实。后世亦有学者深入探讨该现象的成因,如范金民归纳出三大原因,即:1.怒民附寇说,即认为吴人拥护张士诚反明引起了朱元璋不满故而重税;2.经济发展说,即江南地区的重赋本就是伴随着其农业经济的不断发展而增加的;3.官田重赋说,即官田与民田比例失调导致重赋①;周岐琛更进一步指出,包括苏松在内的江南地区自唐代以降皆是重赋的历史事实,而此地经济发展衍生出了较为奢靡的民风,也是重赋的缘由之一②。至于明代针对苏松江浙人"毋得任户部"的政策,有学者认为明太祖对苏松地区的民众确怀成见,称吴人"多好争讼,不遵法度",如果进入管理国家财政的户部,会对此地税收进行减免进而影响税收,而明太祖这种有意识地遏制"南人"特别是江南经济发达地区士人,以缩小南北政治、经济、文化差异,达到南北平衡和政权稳固,是明代政治体制和统治方针的重要特征③。

在医疗条件方面,明代疫病的种类和发生频率较以前中国各朝明显增多。

---

① 范金民:《江南重赋原因的探讨》,《中国农史》1995 年第 3 期。

② 周岐琛:《明代苏松重赋的成因》,《淮阴师范学院学报》(哲学社会科学版)2014 年第 1 期。

③ 方志远、李晓方:《明代苏松江浙人"毋得任户部"考》,《历史研究》2006 年第 4 期。

由于人口增加,交通发达,城市的大量出现,明代疫病流行比以前有着良好的社会条件,但抑制疾病流行的措施相对跟不上,所以疫病数量的增多也是社会发展所造成的。①以江南地区为例,人口密度大且流动加快,导致疫情的传播极为迅猛。如永乐十一年(1413 年),兵部侍郎受朝廷之命,从杭州、嘉兴、衢州、苏州、松江地区抽调军民十万余人"叠砌堤岸,以御江潮",工程浩大又人困马乏,导致劳工"屡经寒暑,疫疠大作,死者载道"②;又景泰六年六月,苏州、松江、常州、镇江四府"瘟疫死者七万七千余人"③等,明代江南地区地方志中类似的疫情记载史不绝书。

笔者认为,明王朝之于苏松地区的针对性政策的确有报复张士诚(包括其麾下钱鹤皋)和吴地民众的因素蕴含其中,但更多的仍是出于对国家经济发展的考虑,以及对南北士人在中央所把持权力的平衡。然而无论如何,松江民众在明代所遭受到的压迫并非是杞宋无征的,明末吴履震在笔记中写道:

> 胜国时法网疏阔,征税极微。吾松僻处海上,颇称乐土,富民以豪奢相尚。云肩通袖之衣,足穿嵌金皂靴。而宫室用度,往往逾制。一家雄踞一乡,小民慑服,称为野皇帝,其状至今称为某王坟茔。名士逸民,都无心仕进,终元之世,江南登进士者止十九人而已。入明朝来,吾郡元魁继出,文献甲于天下,第民苦赋役,十室九空,无复往时豪富之风矣。④

寥寥数十字道尽元明两代松江政策的云泥之别:元代的法律粗疏,对民众的监管力度不大,税收也较为宽松,故松江地区诞生了甚多巨富,他们对政治无甚兴趣,但财富所赋予他们在地方上的声势亦让百姓臣服;但到了明代,虽然读书入仕的人变多,但财富的积累反而越发减少,这是由于明王朝繁刑重敛所导致的,松江府也因而十室九空,失去了往日的繁盛景象。松江人对元代的故国情怀可见一斑,明王朝对松江地区所强加的不公平待遇一直在刺激着松江的百姓,也同时塑造了它们对元朝统治者的集体性历史记忆。另外,由于古代的医疗条件对底层民众而言并不发达,低劣的卫生环境极易滋生病菌,而古

---

① 张剑光:《三千年疫情》,江西高校出版社 1998 年版,第 309 页。
② 万历《杭州府志》第五卷,明万历刻本。
③ 《明史》卷三十八,清抄本。
④ (明)吴履震:《五茸志逸随笔》卷七,清道光间精抄本(松江区图书馆藏)。

人又无法解释疫病的来源,故常将流行性疾病的发生与厉鬼作祟相联系,这是"厉鬼信仰"的重要方面。明代屡屡发生的瘟疫恰是孕育厉鬼传说的温床,除江南地区灾异频发外,东南沿海、川南、中原等地在明代都曾因人口流动和天灾等问题而导致大量流疫的出现。尽管没有直接证据表明苏松地区的针对性政策和疫病的伤痛回忆导致了钱鹤皋"鬼王"信仰的产生,但明一代松江百姓所经受的苦难以及疾病带来的痛楚都折磨着这片土地上的人民,故为钱鹤皋相关传说的散布提供了客观的条件,多地相同的疫病创伤情结都是通过对"鬼王"钱鹤皋和厉坛起源传说的认可来呈现的。

事实上,元末明初以松江文人为代表的对钱鹤皋"鬼王"传说和"厉鬼信仰"的建构,可视为底层民众对朱明政权进行非暴力抵抗行为的一种隐喻,这种抵抗是集体且隐秘的。通过对鬼魂世界的想象、界定和实践,将钱鹤皋塑造为悲情民族英雄的形象以强化苏松地区民众的集体观念和内部团结的同时,亦形塑着生者的地缘政治想象和自我身份认同。元末明初的松江百姓亲眼见证了这位大义凛然的起义领袖在死前对朱明政权的抗争行动,在定鼎之后又迫于政治压力故对钱鹤皋的相关事迹三缄其口,故只能隐秘地对这位英勇的反抗者进行演绎和诠释。在威压和权势之下,这种集体隐痛被激活、转化为地方性传说,通过对该传说的扩展和传播更是使钱鹤皋成为了松江人民口中无法言说的"道德坐标",以松江文人为代表的始作俑者们亦希望有志者能够继承亡灵的遗志,反抗在人世间所遭受的一切迫害和不公。

四、余　论

在晚清民国时期的上海三巡会中被屡屡提及的"鬼王"钱鹤皋,其真实身份是元末明初的上海地方起义领袖。钱鹤皋作为地方豪强,有着强烈的正义感和政治抱负,为人慷慨侠义,积极参与地方公共建设并荡除海上凶寇,与当地名士交好,在当地有着很高的声望和好感度;但钱鹤皋作为反抗朱明王朝压迫的队伍却在极短时间内被徐达所率领的明军击败,并被冠以了"逆贼"的污名后蒙冤而死,成为了明初松江地区人民心中的隐痛。

钱鹤皋去世后不久,与之相关的各种轶闻开始在松江地区被创作并流传,除了上文所提到的"颈喷白血"说之外,其所投兵书、战图的古井也开始"闹鬼"①,

---

① （清）毛祥麟撰:《墨余录》,上海古籍出版社 1985 年版,第 25 页。

麾下全、贾二生死而复生并与友人石若虚把酒言欢①，钱女莲仙在被活埋后更是与生员陈氏有"人鬼情缘"。这些民间的传说故事在被当地文人所造构时的态度相当谨慎，将与之相关的物什、家眷、部众而非钱鹤皋本人作为叙事对象进行附会，在避免当局追究的同时，更从侧面表达了对民族英雄起义失败后蒙冤身死的怅惋和同情。

钱鹤皋死因扑朔迷离，故在后世衍生出了多种不同的版本，其中以钱鹤皋死前"颈喷白血"而化为厉鬼之说最为著名。通过对地方志和文人笔记中有关钱鹤皋厉鬼传说的出现时间和发生地点进行比对，可得知此传说是由松江文人在钱氏死后不到百年的时间中造构出世的，经由人口流动等方式而遍及西南、华北、东南沿海多个地区，被民间公认为明太祖朱元璋在洪武三年颁定厉坛祭祀制度的解释性传说，甚至钱鹤皋之名在明中后期松江地区的厉坛祭文中出现，参与到了具体的仪式实践中。

钱鹤皋之所以能够成为"厉鬼"，除了和他在松江地区强大的政治影响力和悲壮的起义事迹相关，还具有深刻的社会原因。首先是因朱元璋本人笃信鬼神，并以厉祭的方式由上至下推行使之成为国家祀典，对民间传统的"鬼魂信仰"进行了强化；再者，城隍神的神格在明代被规范化、体制化后，于明代中后期又衍生出了能够主持世间公正的冥界司法审判官神格，使得钱鹤皋成为了上海城隍秦裕伯的解冤对象，以告慰其在天之灵。除此之外，明政府对苏松地区"重赋"和"不得任户部"的针对性政策，以及明代频繁发生的大规模瘟疫都加深了民众的苦难，为钱鹤皋厉鬼传说的问世和流衍提供了客观条件。

如果我们站在国家层面来重新对苏松地区钱鹤皋"鬼王"信仰的出现和明代朝廷对厉坛制度的推行过程进行审视，就能深切地体会到官方和民间在礼俗互动上的断裂和非连续性。正如华琛（James L. Watson）先生通过研究信仰和仪式标准化来理解中国文化整体性的整合问题时所提到的，即历代王朝所宣扬的官方祀典会向地方进行渗透，从而对民间的观念进行改造和重塑，他同时也提醒研究者要注意民间在对官方礼仪祀典接受过程中与官方期待所产生的差异和隔阂②——即官方和民间在礼仪和观念上并不总是步调一致的。就

---

① （明）瞿佑：《华亭逢故人记》，《剪灯新话》卷一，明正德六年（1511 年）杨氏清江堂刻本。

② James L. Watson, "Introduction: the structure of Chinese funerary rites," in *Death Ritual in Late Imperial and Modern China*, eds. James L. Watson and Evelyn S. Rawski, Berkeley: University of California Press, 1988, pp.3—19.

地方社会的构成而言,明帝国境内的百姓都来自不同地方,且存在着人口流动的现象,任何在国家层面下沉的礼制、政策和改革都在地方上有一个接受的过程;地理因素、人文环境、生活习惯都将对地方上的接受度产生影响,民众同时亦会能动地对官方仪典进行改造以符合自身需求,但这种能动化的改造又在多大程度上能够反映出国家意志?"鬼王"钱鹤皋的出现就提供了这样一种解答的契机。需要强调的是,这种对官方祀典改造的过程不仅仅有底层民众的参与,始作俑者也同样可以是地方精英:如钱鹤皋"厉鬼"的造作就是由松江文人来实现的,甚至这一信仰使得对钱鹤皋在地方上祭厉活动中的奉祀也得到了一定程度的合理化,成为主要的超度对象之一。

看似钱鹤皋之名在厉祭中的出现是政府官员对地方上祭祀仪式管理的"失职",但这种"失职"亦是施政者在操作过程中"灵活性"的具体体现,在一定程度上释放了民众的不满和冤怼,缓解了社会压力。封建社会中的官民因其阶级不同,自然在本性中有着不可调和的差异性,但钱鹤皋这类厉鬼信仰的出现,正构筑了两者在失控边缘的张力,展现了两者之间的制约、对抗和平衡。

The Study of Qian Hegao's "Evil Ghost Belief" in Shanghai Area

Abstract：The "Evil Ghost Belief" derived from Qian Hegao, the leader of the local uprising at Songjiang area in the late Yuan and early Ming dynasties, is often regarded by the folks as an explanatory legend of the Litan sacrificial system promulgated by first emperor of the Ming dynasty Zhu Yuanzhang. Through the investigation of his life experience and cause of death, we can conclude that the legend was fabricated and spread by Songjiang literati less than a hundred years after Qian's death. The emergence of Qian Hegao's belief in ghosts has profound social reasons. It is a symbol of Songjiang people's demands for survival, and it is also an informal means of confrontation adopted by the people against the government.

Key words：Qian Hegao；Evil Ghost Belief；City God Belief；The System Of Li-Tan；San-xun Carnival

作者简介：郭宇昊,上海师范大学哲学系研究生;伍小劼,上海师范大学哲学系副教授。

塑造"新赣南":蒋经国治赣的宣传、舆论与影响力

刘金源

摘　要:本文以传播学视角考察蒋经国塑造"新赣南"的过程。通过民众的耳濡目染、社会榜样的树立以及报刊、影视的宣传,"新赣南"政治渐入民众日常,开始洗去各界对赣南的固旧印象,并引发了国内外积极的舆论,展现了国民党政治的"新"动能。但相比中共政治之"新",其在传播范围、力度和时效上均处下风,隐示了权势转移之趋向。

关键词:蒋经国　新赣南　宣传　舆论　影响力

1932 年,熊式辉被任为江西省府主席,提出以三千万人民一致努力建设"新江西"的口号。[①]蒋介石对江西的期望也颇高,一直认为江西"不比其他的地方",可在各方面走在前头,"做全国各省的模范"。[②]至抗战前,熊氏已极大地推动了江西的近代化,[③]各地人士来赣参观者络绎不绝。江西已成为国民党政治复兴的希望,亦是宣传国民党政治之"新"的重要之地。

然而,江西赣南有所不同。1936 年以前,赣南被粤军掌控,熊式辉的政令在此地难以落实。粤方余汉谋曾提出"建设新赣南",但以肃清赤患为主要目

---

① 《党政机关总理纪念周熊主席在熊委员就职典礼席上演词》,《江西民国日报》1932 年 1 月 26 日。1935 年 1 月 1 日,熊式辉再提要以三年时间继续建设"新江西"。详见熊式辉:《熊式辉日记(1930—1939)》,林美莉校注,"中央研究院"近代史研究所 2022 年版。

② 蒋介石:《剿匪胜利中吾人应继续努力》,《中华民国史事纪要》1934 年 11 月 19 日。

③ 何友良:《江西通史(民国卷)》,江西人民出版社 2008 年版,第 269 页。

的,①民众的生活并未有实质性改善,反倒是"烟赌娼之为害,人民的痛苦是不堪言状的"②。直到 1940 年 1 月,从苏归国的蒋经国被任为江西省第四行政区专员兼保安司令后,③旧赣南才开始向"新赣南"转变,以期塑造一个"人人有衣穿、人人有饭吃、人人有屋住、人人有工作、人人有书读"的赣南社会。④赣南也由此成为抗战时期年轻人向往的理想世界之一。⑤

罗志田认为,近代权势转移与"新"有密切关系。正因为共产党人对于"新"的推崇,实不让于中国其他任何政治势力,以致国民党失去知识青年的同情和认可,开始由盛转衰。⑥相比同时期国民党的政治改革,蒋经国的"新赣南"政治影响最大,"在国内外都富有影响",⑦成效也较为显著,是考察国民党政治之"新"的极佳样本。那么蒋经国"新赣南"政治是如何传播的?其影响范围、力度和时限有何特点?与同时期中共陕甘宁边区的政治影响力相比又有何差异?本文拟以传播学视角进行考察。

一、关于"新赣南"的宣传方式

蒋经国建设"新赣南"时,正值全国抗战。随着赣北地区的沦陷,赣南开始成为江西乃至东南地区抗战的重要大后方,⑧不仅要以大量兵源和粮食支持军需民食,还要以不少工业品支援西南大后方,可视为前线与后方并重之地,具有重要的战略意义。

因此,塑造"新赣南"任重道远,既事关抗战大局,亦关乎国民党的政治前途。毫无疑问,有效的政治宣传是政治改革成功的关键,而蒋经国便是宣传"新赣南"的核心人物。在此过程中,蒋氏利用了多种方式进行宣传,由此"新赣南"开始为人知晓,并迅速进入社会各界。

① 《赣南匪患以已肃清》,《中央日报》1932 年 6 月 12 日第二版。

② 《江西省政府委员李德钊视察赣东北、赣南的报告》,《江西民国日报》1936 年 9 月 8 日。

③ 《国民政府公报》,1940 年 1 月 27 日,国民政府文官处印铸局印行,国民政府公报令,第 2 页。

④ 为塑造"新赣南",蒋经国具体以"除旧"(禁烟赌娼、除暴安良、整肃贪官污吏)与"布新"(三年与五年计划)两方面进行。详见方世藻:《"赣南新政"概述》,《江西文史资料选辑》(第 35 辑),政协江西省委员会文史资料研究委员会 1989 年编,第 121 页。何友良:《江西通史(民国卷)》,江西人民出版社 2008 年版,第 371 页。

⑤ 曹聚仁:《蒋经国传》,香港创垦出版社 1953 年版,第 30 页。

⑥ 罗志田:《权势转移:近代中国的思想与社会(修订版)》,北京师范大学出版社 2014 年版,第 37 页。

⑦ 何友良:《江西通史(民国卷)》,江西人民出版社 2008 年版,第 369 页。

⑧ 陈效坎、于汝仪:《后方政治看赣南》,《东南日报》1942 年 3 月 12 日第四版。

（一）巡讲

巡视赣南并在所到之处发表演讲是蒋经国的治赣特色，①也是其宣传"新赣南"政治的一种重要方式。

蒋经国演讲的场合众多，面向过不同的群体。主要有江西省第四行政区治安会议、江西省第四行政区扩大行政会议、赣州中正公园各界联合纪念周、赣县商人讲习会、江西省第四行政区专署对各机关首长及地方士绅会议、赣南行政干部会、赣县三民主义青年团支团部大会、总理纪念周大会、体育大会、赣县县务会议开闭幕式、江西省第四行政区经济干部训练班会议、赣县乐群剧院欢送儿童上前线大会、江西省青年招待所经济建设干部训练班会议、中正小学开学典礼、赣南县长会议、赣县青年夏令营会议、赣南教育座谈会、赣南公务员会议、小学教师暑期训练班会议等等，②均是其宣传"新赣南"的重要场合。

蒋经国也在江西以外的地方宣传"新赣南"。如1944年3月，蒋经国抵桂林，同行者还有前中正大学教授罗延光、正气中学主任吴寄平等，他们与桂市各界畅谈"新赣南"事宜，③并接受了当地记者的采访。④巡视的过程不仅有力宣传了"新赣南"，也加深了蒋经国对"新赣南"政治的进一步思考。如1942年夏秋之际的西北行后，蒋经国认为在恶劣的环境下，西北经济建设竟能气象蓬勃，是为中国之伟大。所以赣南人民要汲取西北建设的精神，将"苦"和"死"字顶在头上，振作精神，建设"新赣南"。更关键的，是要不断做下去，期限并不重要。同时"新赣南"不应是地方性的，也是新中国的一部分，"决非我国建设之缩影模型"⑤。

巡讲还促使蒋经国与社会各界有更频繁的交流讨论。1942年初，蒋经国在草拟《新赣南家训》后，征求广大民众意见进行修改，再由行政会议通过公布。⑥1942年底，蒋经国公开征求各界人士意见，以此拟定二次三年计划。⑦

① 蒋经国：《在赣南各县视察》，《救亡日报》1940年6月25日第三版。

② 详见刘景新辑录：《蒋经国先生建设新赣南重要文献辑录》（上下册），章贡学社1997年出版。

③ 本报讯：《蒋经国抵桂畅谈建设新赣南》，《扫荡报（桂林）》1944年3月27日第三版。

④ 桂市通讯：《蒋经国对记者谈新赣南经建着重工业》，《中南日报》1943年7月12日第二版。

⑤ 中央社赣州电：《行政会议闭幕蒋专员致辞称：新赣南建设非缩影模型》，《声报》1943年11月1日第二版。本报讯：《蒋专员今晨演讲：西北归来》，《民国日报（赣南）》1942年8月16日第三版。

⑥ 赣县讯：《蒋经国草拟新赣南家训》，《民国日报（南宁）》1942年1月21日第二版。赣州通讯：《蒋经国草拟新赣南家训》，《东南日报》1942年1月19日第四版。

⑦ 中央社赣州电：《建设新赣南：拟定二次三年计划》，《扫荡报》1942年9月11日第二版。中央社赣州电：《建设新赣南：拟二期三年计划》，《中央日报（贵阳）》1942年9月11日第二版。赣州电：《建设新赣南三年计划推进顺利》，《西京日报》1942年9月11日第三版。本市讯：《继续建设新赣南》，《民国日报（赣南）》1942年9月20日第三版。等等。

同时,召开保民大会讨论制定"新赣南"全面动员战斗纲领。①在第一次三年计划进行到第二年时,蒋经国在赣县专署中正室召集本市各报社记者二十余人,要求大家提"新赣南"建设的缺点。其中,曹聚仁、张仲元、叶竞民等发表意见甚多。②

巡讲宣传的优点在于,通过声音进行传播,能使众多目不识丁或眼盲的民众了解到"新赣南"政治,极大地增强了蒋经国的社会影响力,促进了良好的官民互动。

(二) 以"新赣南"命名各机构与活动

蒋经国治赣时期,以"新赣南"命名了众多机构组织,"新赣南"也由此渐入广大民众的生活当中,成为常映眼帘、常传耳中之内容,产生了耳濡目染之效。

大礼堂是民众与政府举办各种活动以及互动的重要场所。蒋经国特地拨款十万,与四友实业社订立合同,在赣县章贡路县政府旧址上建设了大礼堂,并命名为"新赣南大礼堂"。③此后,夜晚可在此看戏,集体婚礼也能在此举办。1942 年 10 月 8 日,大礼堂还举行了新赣南大合唱,有百余人参加,还有小提琴独奏、管乐合奏、国乐伴奏、粤乐合奏等,是赣南音乐的新纪云。④

电台、博物馆和图书馆是重要的三大文化建设,均以"新赣南"命名。1942年 9 月在赣州中正公园建设了"新赣南博物馆"。除员工宿舍外,基本竣工。⑤展览期间,每日观展人数可达三千人以上,还曾联络重庆中国飞机模型制造厂,购买了飞机模型,以列陈展,⑥培养国民抗战建国之精神。赣州原有中山图书馆,蒋经国治赣时期将其改为"新赣南图书馆"。此图书馆自从开馆后,读者日益增多。1943 年 11 月份统计阅览人就有 5 391 人,借书人有 1 311 人。⑦为筹集款项购买书籍,曾以公剧团演出"长夜行"筹募资金。⑧国内著名报纸都

---

① 本报讯:《专署定八月五日召开保民大会》,《民国日报(赣南)》1944 年 7 月 26 日第三版。
② 本报讯:《蒋专员昨晚召开新闻记者座谈会》,《民国日报(赣南)》1942 年 6 月 13 日第四版。
③ 建国社:《建新赣南礼堂》,《大江日报》1941 年 7 月 2 日第三版。
④ 本报讯:《新赣南大合唱》,《民国日报(赣南)》1942 年 10 月 5 日第三版。胡江非:《关于新赣南大合唱中之器乐》,《民国日报(赣南)》1942 年 10 月 14 日第四版。
⑤ 赣县通讯:《新赣南博物馆》,《中央日报扫荡报联合版》1942 年 9 月 20 日第八版。
⑥ 本报讯:《新赣南博物馆洽购飞机模型》,《民国日报(赣南)》1943 年 4 月 11 日第三版。
⑦ 本报讯:《新赣南图书馆》,《民国日报(赣南)》1943 年 12 月 9 日第三版。
⑧ 海洋:《新赣南又一喜讯》,《民国日报(赣南)》1943 年 4 月 1 日第四版。

能在这找到。①1942 年,"新赣南电台"筹设就绪,并在总裁寿辰之日开始播放。②电台在图书馆后的小洋房中,是在桂林中央电厂订购的,每晚六时开始播放。③为增进民众智识,1941 年还建立了"新赣南动物园",收有老虎、猴子、野猪等物。④

此外,为调节地方金融,蒋经国以一千万元,内官股六百万元创立了"新赣南银行",⑤还计划第二次五年计划中投资五十万发展农工业,⑥并积极筹设两大公司"新赣南国民经济建设公司"和"新赣南农林公司"⑦。为保证人人有衣穿,再设"新赣南织染厂",大量制造了各种布匹,并在"新赣南日用品供应处"售卖,其他县亦将成立分处,⑧并义卖了八万八千余元以资抗战。⑨为缓解第四行政区各公务员抚养子女之负担,还成立"新赣南托儿所",招收婴儿和幼儿,教育费免除,只需自理衣物和食物。⑩经"新赣南托儿所"训练的学员,将以四人一组分配到赣南各县服务。⑪甚至还有"新赣南养老院",开展老人生活展览会。⑫

赣南是抗战的大后方,承担着救济的重任。一些从沦陷区迁来的医疗机构也被以"新赣南"命名,如泰和豫章医院迁到赣州后就改为"新赣南医院"。⑬由于大量难民涌入,社会治安成为重要问题。"新赣南"应出"新人",所以原有的救济院、囚犯劳教所改为"新人学校"。在这里,"新人"要进行生产教育,自己种蔬菜和养鸡鸭。每天上课外,还要小组讨论,自我批评和相互批评。他们

---

① 赣州通讯麦蕾:《新赣南的文化》,《中山日报》1947 年 2 月 17 日第八版。
② 中央社赣县电:《新赣南电台》,《浙瓯日报》1942 年 10 月 18 日第一版。
③ 赣县通讯:《新赣南的文化建设》,《南宁民国日报》1943 年 6 月 21 日第二版。
④ 赣县讯:《新赣南动物园不日可正式成立》,《大江日报》1941 年 8 月 31 日第三版。
⑤ 中央社赣县电:《赣省四区专署创新赣南银行》,《闽西日报》1944 年 1 月 10 日第一版。中央社赣县电:《新赣南银行》,《宁夏民国日报》1944 年 1 月 10 日第一版。
⑥ 中央社赣县电:《蒋专员经国建设新赣南》,《南华报》1943 年 9 月 3 日第三版。
⑦ 中央社赣县电:《新赣南建设立两大公司短期即告成立》,《成都晚报》1944 年 2 月 21 日第一版。中央社赣县电:《蒋专员经国谈新赣南建设计划》,《新疆日报》1943 年 9 月 5 日第一版。中央社赣县电:《新赣南设农林公司》,《西康新闻》1943 年 8 月 2 日第三版。
⑧ 赣县讯:《新赣南动态》,《华中日报》1943 年 2 月 3 日第一版。本报讯:《新赣南织染厂赶制春夏布匹》,《民国日报(赣南)》1944 年 1 月 4 日第三版。
⑨ 本报讯:《新赣南染织厂义卖成绩极佳》,《民国日报(赣南)》1944 年 6 月 25 日第三版。
⑩ 赣南社讯:《新赣南托儿所开始收容儿童》,《大江日报》1941 年 4 月 22 日第三版。
⑪ 本报专访:《新赣南儿童之母:保姆训练班访问记》,《民国日报(赣南)》1942 年 10 月 12 日第三版。
⑫ 中央社赣县电:《新赣南养老院》,《武汉日报》1943 年 5 月 10 日第三版。
⑬ 文光社泰和电:《四区将创设新赣南医院》,《声报》1942 年 8 月 8 日第三版。

也是自由的,节假日可请假回家。①为了将更多无家可归之难童难民培养成"新赣南"之干部栋梁,还新建了"新赣南中学"和儿童新村。以"新赣南"命名的还有电影院、园艺场、街道、邮亭、公仆学校、剧院、出版社等等。几乎渗透到民众日常生活的方方面面。

在以"新赣南"命名的活动中,规模最大的当属 1942 年蒋经国动员各县共三万四千余人到赣州参加的"新赣南体育大会"。此会轰动全市,②开幕式先由蒋经国致辞,后有省党部陈协中、省府秘书长胡家凤先后致辞,晚上还有彩灯活动。闭幕后还举行了两千人大聚餐,晚间开露天联谊会。③第二年还举行了公仆运动大会,参会者有七百余人,都是赣南各单位机构的员工,会期二日,进行田径、球类的竞赛。④

"新赣南集团婚礼"是蒋经国就任后的特色活动,在"新赣南大礼堂"举行,每次均有多对未婚男女参加。第十一届已有六十二对,其中公务员有四对。⑤集体结婚的前提是,能熟练背出《新赣南家训》,否则不发结婚证。⑥举办集体婚礼可防止早婚恶习的发生。一般而言,集体婚礼每年赣南各县举办四次。⑦为宣传蒋经国治赣之政绩,博物馆还举办了"新赣南四周年建设展",向群众广泛征集各类图片和物品。1943 年 11 月,出台"新赣南植树计划",要求人人有树,村村成林,野无废地,积极动员每人植树一棵,各乡保各设公有林一处,并开"新赣南模范林场"。⑧赣南体育委员会还组织"新赣南观光团",派团员赴湘、桂、粤省观光,扩大见识,更好地组织了赣南女青年的球赛。⑨等等。

总之,赣南民众无时不刻以视觉和听觉的方式在接受着"新赣南"政治的熏陶,蒋经国潜移默化地在以"新"的方式模塑民众的吃穿住行。

① 中央社赣州电:《新赣南新设施》,《南宁民国日报》1943 年 5 月 26 日第二版。王惮:《新赣南的"新人学校"》,《东南日报》1943 年 8 月 4 日第四版。

② 中央社赣州电:《新赣南运动热烈举行》,《中央日报(昆明)》1942 年 11 月 2 日第二版。中央社赣县电:《新赣南运动赣县举行群乐大会》,《中央日报扫荡报联合版》1942 年 11 月 2 日第五版。中央社赣县电:《新赣南运动炮竹锣鼓轰动全市》,《浙江日报》1942 年 11 月 2 日第三版。

③ 本报讯:《二届新赣南运动会今日下午闭幕》,《民国日报(赣南)》1942 年 11 月 8 日第四版。

④ 中央社赣州电:《新赣南的新气象举行公仆运动会》,《南华报》1943 年 10 月 23 日第二版。

⑤ 杨毅:《新赣南近态》,《东南日报》1942 年 11 月 25 日第四版。

⑥ 赣州通讯:《新赣南联奏"结婚进行曲"》,《东南日报》1943 年 3 月 12 日第四版。

⑦ 本报赣县讯:《防止早婚恶习:赣南举办结婚许可证登记》,《南华报》1942 年 1 月 8 日第三版。

⑧ 赣县通讯:《新赣南造林计划》,《中山日报》1943 年 11 月 21 日第二版。

⑨ 本报讯:《新赣南体育协会今开会扩大征求会员女子排球赛明晨开始》,《民国日报(赣南)》1943 年 5 月 22 日第三版。

(三) 树立"新赣南"社会榜样

树立社会榜样是蒋经国治赣的重要宣传方法。如普通公民张敏德因拒绝贿赂劳军而被冠名"新赣南好公民"。还有一些无名人士捐款救济粤籍难民也被如此称呼。①一些县长如上犹县长王继春、崇义廖县长、信丰邓必兴县长、虔南聂大炎县长等,②常被蒋经国点名表扬,被视为"新赣南好县长"。

值得一提的是赣南妇女。她们因丈夫长期在外当兵、老人看家、孩童上学等,成了耕田的主要劳力。不仅如此,她们也是工业建设的主力军,各工厂妇女至少占人数的百分之四十以上。同时,她们晚上又要去夜校或读书班学习,所以大多可识三百字以上,而且知识妇女与知识男子的数量不会相差太远,男人做的她们也能做。③在节日之时,她们还能热情且熟练地背诵《新赣南家训》。④一些女性如谢贤钰能拾金不昧,及时交给警局,失主可立即认领。⑤总之,妇女渐渐被视为"新赣南妇女",成为赣南地区的重要社会榜样。

通过树榜样的方法,"新赣南"政治在民众中的说服力将大大增强,使民众能更贴切地体验"新赣南"政治鲜活的生命力。同时民众在行动上也有了一定的参照,有助于政治理念的具体落实。

(四) 以影视与报刊宣传"新赣南"

蒋经国秘书周灵钧曾在当地印发的《民国日报(赣南)》上发表《建设新赣南之歌》。⑥而蒋经国创作的《新赣南家训》也在各地各类报刊上发表。民国时期,随着媒介技术逐渐成熟,报刊和影视将成为政治高效宣传的重要工具,其对"新赣南"的宣传起到重要作用。

1939 年 12 月底,蒋经国在赣南的中心之地赣县创办《新赣南月刊》,内容主要是抗战宣传、阐述国内外各种问题、促进赣南战时文化教育、发表"新赣南"相关政策计划等,全年订购一元七角,定价低廉内容充实。⑦作为赣南地区

---

① 本报讯:《新赣南好公民》,《民国日报(赣南)》1943 年 6 月 5 日第三版。
② 符青:《新赣南县长》,《民国日报(赣南)》1942 年 7 月 12 日第三版。
③ 乡音:《新赣南的妇女》,《宁波日报》1944 年 12 月 29 日第四版。
④ 本报讯:《赣县各界妇女热烈庆祝妇女节》,《民国日报(赣南)》1943 年 3 月 9 日第三版。
⑤ 本报讯:《新赣南妇女拾金不昧》,《民国日报(赣南)》1943 年 4 月 3 日第三版。
⑥ 周灵钧:《建设新赣南歌》,《民国日报(赣南)》1944 年 3 月 26 日第三版。
⑦ 抗建社:《创办新赣南月刊》,《抗战日报》1939 年 12 月 30 日第三版。抗建通讯:《蒋经国先生创办新赣南月刊》,《救亡日报》1940 年 1 月 6 日第二版。

的政治、经济与文化中心的赣县，还创办了其他报刊，如《正气日报》、《赣县县政府公报》、《正气周刊》、《地方政治》、《新赣南月刊》、《狂涛》等等，这些都是宣传"新赣南"的重要平台。到了三年计划最后一年，《正气日报》就销售了一万多份，《赣南民国日报》也销售了三千多份，超过当初四家报纸的总销数。不仅如此，《南康日报》也有三千五百份的销量，信丰的《干报》也销售了二千份。赣南地方报的总数与总销量，已超过江西全省的总数。①可见，这些报刊对识字的文化群体产生了广泛深远的影响。

此外，蒋经国还曾邀国民政府中宣部摄影队来访，拍摄"新赣南"影片。内容由正气中学积极准备，包括训育活动、体育活动、军事活动等，以将宣扬至全国。②此后，又邀中央电影摄影队来赣，计划将"新赣南"建设事业搬上银幕，介绍给国内外民众。③

（五）邀各界访"新赣南"

江西省记者团曾被邀访"新赣南"。先在专员公署拜谒了蒋专员，下午参观了大礼堂、图书馆、教养院、托儿所、县党部、公园、县警察局、剧教二队、各报社，晚上由蒋专员宴请。第二天又参观了儿童新村。④

政府各部门领导、成员多访"新赣南"，以做行政之参照。如农林部负责人陈惕庐特地参观"新赣南"。⑤交通部徐次长偕同粤汉铁路局局长及随员从韶关来赣，参观了儿童新村、正气中学等"新赣南"建设。⑥经济部次长谭伯羽视察"新赣南"建设。⑦陈教授中粤抵赣，赴青年会演讲并视导"新赣南"文化教育事业。⑧省党部教导陈良屏赴泰和，顺路巡视"新赣南"，参观了儿童新村、正气中小学、新人学校等。⑨1942 年 8 月 6 日，赣皖监察使杨氏和省党部冯琦抵达

---

① 曹聚仁：《蒋经国论》，人民出版社 2009 年版，第 21 页。
② 本报讯：《新赣南上镜头》，《民国日报（赣南）》1943 年 10 月 19 日第三版。本报讯：《摄制新赣南影片》，《民国日报（赣南）》1944 年 1 月 5 日第三版。
③ 本报讯：《新赣南建设将搬上银幕》，《民国日报（赣南）》1944 年 5 月 19 日第三版。
④ 本报讯：《本省记者团昨参观新赣南建设》，《民国日报（赣南）》1942 年 10 月 18 日第三版。
⑤ 中央社赣县电：《农林部视导陈惕庐等参观新赣南建设》，《融报》1942 年 12 月 5 日第二版。赣县电：《陈惕庐等参观新赣南建设》，《声报》1942 年 12 月 5 日第二版。
⑥ 本报讯：《交部徐次长昨抵赣参观新赣南建设》，《民国日报（赣南）》1943 年 11 月 9 日第三版。
⑦ 中央社赣县电：《经次谭伯羽参观新赣南》，《声报》1943 年 11 月 15 日第二版。
⑧ 中央社赣州电：《陈教授中粤视导新赣南》，《浙瓯日报》1943 年 8 月 5 日第一版。
⑨ 本报专讯：《省党部陈良屏巡视新赣南建设》，《中山日报》1944 年 6 月 9 日第三版。

赣州,参观"新赣南"建设,并在青年儿童二夏令营训话。①1943 年 8 月,青年团广东支团组织"新赣南"参观团,拟对赣调研。②国民党中央党务委员刘炳藜也视察了"新赣南",后抵达泰和省党部,接受了记者采访,发表了对"新赣南"的感想。③中委李宗黄在蒋经国陪同下,参观了儿童新村、正气中学,事后还对"新赣南"建设指导颇多。④省委行政检阅团第三团来"新赣南"视察,目睹各项建设突飞猛进。⑤桂林县县长因"新赣南"进步极多,驰誉全国,拟前往考察政治、经济、文化等。⑥1944 年 10 月,闽省图审处长周世辅抵赣勾留数日,参观"新赣南"各项建设。⑦军政部教导第五团步行抵赣后参观了"新赣南"各项建设,并与各团体作友谊访问。⑧等等。到访者中地位最高的当属蒋介石,1946 年在蒋经国等人的陪同下巡视了战后的"新赣南",还参观了阳明书院和儿童新村等。⑨

除政府人员外,还有各民间组织、学者、外国友人。如湖南衡阳文化工商界人士组织了参观团,由韶关抵赣参观"新赣南"各项建设,并勾留数日。⑩1942 年,政治学家马博厂为研究"新赣南",搜集地方政治资料,到各县作实际考察。⑪美国人谢伟志慕"新赣南"之名而来赣州。⑫英美记者福尔曼等四人随同蒋经国一同从渝飞往"新赣南"参观。⑬英使馆人士也观光了"新赣南"的儿童新村、新人学校和市区建设。⑭等等。

毫无疑问,以上人士对"新赣南"的访问参观以及事后的舆论,将对"新赣南"政治的宣传起重要作用。下文将对相关舆论进行分析。

---

① 本报专访:《杨监察使暨冯委员》,《民国日报(赣南)》1942 年 8 月 6 日第一版。

② 本报专讯:《青年团广东支团组新赣南参观团》,《中山日报》1943 年 8 月 29 日第三版。

③ 本报泰和讯:《刘委员炳藜在泰视察省党部》,《民国日报(赣南)》1943 年 6 月 23 日第三版。

④ 本报讯:《李中委宗黄今晨离赣赴粤》,《民国日报(赣南)》1942 年 10 月 27 日第三版。

⑤ 本报讯:《萧团长畅谈观感:新赣南各县建设突飞猛进》,《民国日报(赣南)》1943 年 12 月 23 日第三版。

⑥ 本报桂林讯:《桂拟派县长赴新赣南考察》,《扫荡报(桂林)》1944 年 3 月 27 日第三版。

⑦ 本报讯:《闽省图审处长周世辅昨抵赣》,《民国日报(赣南)》1944 年 1 月 9 日第三版。

⑧ 本报讯:《军政部教导第五团昨日步行抵赣》,《民国日报(赣南)》1944 年 9 月 10 日第三版。

⑨ 中央社南昌电:《蒋主席巡视新赣南》,《中华人报》1946 年 9 月 25 日第一版。

⑩ 中央社赣县电:《衡文化工商界组参观团》,《闽西日报》1943 年 11 月 19 日第三版。

⑪ 本报讯:《马博厂先生来赣考察新赣南建设》,《民国日报(赣南)》1942 年 10 月 14 日第三版。

⑫ 本报讯:《美,谢伟志昨演讲备赞新赣南建设》,《民国日报(赣南)》1943 年 9 月 19 日第三版。

⑬ 本报讯:《英美记者四人来赣参观新赣南》,《民国日报(赣南)》1943 年 4 月 29 日第三版。中央社赣县电:《英记者福尔曼参观新赣南》,《中央日报(贵阳)》1943 年 5 月 3 日第二版。

⑭ 中央社赣县电:《英使馆人士观光新赣南》,《西京日报》1943 年 7 月 14 日第三版。

二、关于"新赣南"的舆论及其变化

随着蒋经国对"新赣南"的极力宣传,以及国内外社会各界对"新赣南"的关注,相关舆论也开始在报刊中出现,舆论者有政府官员、报社记者、报刊投稿人以及外国人等,他们对"新赣南"的态度大多是肯定的,但也有部分的质疑和批评。

在政府官员口中,对"新赣南"无不赞扬。如福建晋江县长徐定元受蒋经国建设"新赣南"的影响,也开始打造"新晋江",目标是一家家饱食暖衣,一个个读书明理,一人人快乐健康,一处处道不拾遗,并打倒土豪劣绅、严禁赌博械斗迎神赛会等,甚至任蒋经国为自己的幕僚。①国民党中央党务委员刘炳藜视察"新赣南"后接受了记者采访,认为"新赣南"建设在蒋专员苦干下颇著成绩,同时表示中国应以农业为基础发展工业,以理学精神为基础发展三民主义。在江西农产丰富,理学发源之地,尤应努力迈进。②委行政检阅团第三团目睹了"新赣南"各项建设突飞猛进,民众情绪热烈,每至一县各有成绩表现。征兵征粮各县均能完成七成以上,但地方自治较为纷繁,各县进度不一。此外,社会秩序良好,盗匪、烟毒消减,各类教育机构按规定办理。而扶植自耕农、重划土地、创设集体农场及示范新村,又是一伟大尝试。③闽省图审处长周世辅评价"新赣南"是战斗后方的统一强固的战斗体。④教育厅科长胡昌麒在《民国日报》上发表文章,赞扬"新赣南"的囚犯教养所及游民收容所教养实为最进步之心理教育。⑤东南联合筹备委员会主任周宪文也在此报发文,认为"赣州城区整洁清静,颇有秩序。一般工作者和市民看过去当有朝气,生产有向上走的趋向。无论从桂林到赣州,还是福建到赣州,日用品物价都算最低。总之,比中国其他地方更为先进一点了。但建设新赣南应注意下层规范之树立,唯由此,新赣南的政绩才能恒久常新,不会因人事变动而挫败"。⑥省党部梁主任言,"本人于二十九年秋,曾来赣南讲学,时隔一年余,赣南各项建设,进步甚速,此不仅表现在市政整饬,及若干物质建筑,进步之最大特征,社会充满朝气,民生

---

① 中央社泉州电:《新晋江将如新赣南》,《闽西日报》1944 年 5 月 26 日第四版。

② 本报泰和讯:《刘委员炳藜在泰视察省党部》,《民国日报(赣南)》1943 年 6 月 23 日第三版。

③ 本报讯:《萧团长畅谈观感:新赣南各县建设突飞猛进》,《民国日报(赣南)》1943 年 12 月 23 日第三版。

④ 本报讯:《闽省图审处长周世辅昨抵赣》,《民国日报(赣南)》1944 年 1 月 9 日第三版。

⑤ 本报社泰和讯:《新赣南心理教育胡昌麒备加赞扬》,《民国日报(赣南)》1942 年 11 月 1 日第三版。

⑥ 本报特稿:《访问周宪文先生:畅谈新赣南政情》,《民国日报(赣南)》1942 年 8 月 23 日第三版。

渐而改善,人民已有积极向上之精神"①。省府曹主席在赣县召开行政干部会议,会上首先表示"新赣南"建设成绩斐然,谓城市街道较之桂渝有过之而不及。对"新赣南"建设甚表嘉许。②可见,"新赣南"的城市建设、城市卫生给政府人员留下了特别好的印象,甚至常拿广西桂林与之相比。

在报社记者和投稿人笔下,也多持肯定。曾为《新赣南日报》主笔、赣县参议员的赣县籍人士魏晋认为,"抗战初期赣南还是一个谈起来就令人摇头太息的地方",不仅土匪、三点会和流氓公开活动,烟、赌布满了各个暗角。但蒋经国到来后,他化装去消灭暗处的毒贩、烟馆和赌馆,还严惩积米的奸商,将土匪变成好百姓,从此赣南变成了"另外一个新生气象"。③此外,当地刊发的民国日报多有关于"新赣南"的舆论。此报一记者观察到,1940 年创建的"新赣南砖瓦厂",三年后规模加倍扩充,全厂面积已四十余亩,先资产有五十万元左右,销售到本县、遂川、粤北等地,职员月入一千元,夫妻共做更可观。但最近经费拮据,周转资金不灵,已暂时停顿,正呈请政府扩捐资。④在此报上还有人评价"新赣南"建设时间还很短,第一个三年计划侧重社会风气转移,与民众教育的普及。今后将致力于人民知识程度的提高与经济建设的推进,所以"实际上今天还谈不到成功,只是初步的试验没有失败而已⋯⋯十分须要先进青年的指导与协助⋯⋯使这个新中国建设的'桥头堡'得以巩固"。⑤此报文章作者夏决川认为,"爱冒险、创造是蒋经国的性格极强的特征,在赣南成为了工作的标语,很多青年受了他的影响"。⑥另一作者胡运鸿认为,"新赣南"各县党务政治进步显著,均能联合建设,推行计划。⑦东南日报被赣县各政府机关订购,其特约记者陈效坎感触良多,发表言论道,在赣南九个月,感受到这里不仅风景优美,交通也四通八达,有赣信、赣庚公路去广东,也能坐船去鄱阳湖。地方自治、公共建筑、经济文化建设等方面都初步完成任务。⑧博物馆、图书馆、各类

① 本报讯:《省党部梁主委昨在夏令营讲演并参观新赣南农村》,《民国日报(赣南)》1942 年 7 月 22 日第三版。

② 本报讯:《曹主席昨晨返泰行前对干部训话》,《民国日报(赣南)》1943 年 7 月 26 日第三版。

③ 魏晋:《新赣南》,《阵中日报》1940 年 12 月 3 日第二版。

④ 本报记者:《惨淡中成长的新赣南砖瓦厂》,《民国日报(赣南)》1943 年 10 月 4 日第三版。

⑤ 无名氏:《新赣南建设的本质》,《民国日报(赣南)》1944 年 2 月 29 日第二版。

⑥ 夏决川:《从一个人看新赣南》,《民国日报(赣南)》1943 年 4 月 22 日第三版。

⑦ 本报专讯:《胡运鸿返泰谈新赣南观感》,《民国日报(赣南)》1943 年 12 月 15 日第三版。

⑧ 陈效坎:《跃向时代尖端的新赣南》,《东南日报》1942 年 11 月 5 日第四版。

出版社、戏馆子等均有。夏天公园里爱侣对对，招待所里夜夜座无虚席，原本堕落的古城赣州"像个二十八佳龄的少女"。蒋专员也以平民的风度、最高的热情、最大的创造力建设"新赣南"。①

其他报刊社论中，有人认为在蒋经国引领下，三年计划稳步实施，"新赣南"逐渐成为南中国的新天地。市区街道整洁、市容庄严，赣州给初来者良好印象。晨光下还有一队队青年团成员在跑步，东门外的强民工厂设备齐全。②还有人认为，赣南西华山的十八个妓女班子没有了，矿工们有了新的觉醒，图书馆、俱乐部成为矿工们的乐园。蒋专员每周四接待群众。境内没有人种植烟叶，政府禁令能贯彻。在赣县看不到穿梭的汽车，徒手车都很稀少，坐车的人反而感到不好意思，因为不劳而获是可耻的。③文章作者叶明峰认为，"赣南的中心城市，赣县，汇聚着从各方面来的热忱于抗战建国的青年，在这动员委员会，在保安司令部，在县抗敌后援会等都充满着青年的欢笑。"④记者君秋从桂林经曲江入赣南，第一印象是干净、整洁。饭馆内竟找不出苍蝇。各方面宁静自如，街道上拥挤的人甚少，空气都是柔和的，如世外桃源。此外官民还打成一片。南康县城大多新式建筑，民众乐意捐赠资金，连保民学校都是砖瓦洋房。赣县的道路宽敞平整，是桂林的一倍，路上行人不如桂林拥挤，车马更稀少。房屋也多是炸毁后新建的。总之，进入赣南看到的都让人满意。⑤还有文章作者山羊说，"新赣南"设施中最使人满意的一环是赣县虎岗的儿童新村，虽其和一般儿童保育院并无二致，但能使儿童身心平均发展，也使他们在战乱时不会失学。⑥而外地观光者陈悦韶则直观感受到了"新赣南"的朝气蓬勃、市容整洁、地方安谧与治安良好。⑦

在外国友人眼中，美国人谢伟志赞扬"新赣南"社会秩序安定，街道整齐清洁，"新赣南"建设为全中国土地第一。⑧一位英国记者认为，"中国的新生之机

①　陈效坎：《跃向时代尖端的新赣南》，《东南日报》1942年11月6日第四版。

②　白江：《新赣南珍闻》，《东南日报》1942年10月6日第四版。白江：《新赣南建设剪影》，《新疆日报》1944年7月13日第一版。

③　无名氏：《新赣南一瞥》，《云阳公报》1943年5月29日第一版。

④　叶明峰：《蒋经国与新赣南》，《行都日报》1940年1月14日第四版。

⑤　君秋：《踏入新赣南》，《武汉日报》1943年5月23日第四版。本报记者君秋：《踏入新赣南》，《扫荡报（桂林）》1943年5月7日第三版。

⑥　山羊：《儿童新村—新赣南杂忆》，《声报》1945年5月17日第四版。

⑦　陈悦韶：《观光了新赣南》，《旅行杂志》1944年第10期，第29—36页。

⑧　本报讯：《美、谢伟志昨演讲备赞新赣南建设》，《民国日报（赣南）》1943年9月19日第三版。

已在落后的赣南萌芽着"。①最著名的当属国际媒体记者兼新闻评论家福尔曼,其感慨:

> 战时建设看赣南,我认为这不是一句口号,而是铁的事实,我可以为它作证,你们也要以此为荣,你们是值得骄傲的!

> 赣南建设,在物质方面,固然成果辉煌,但更伟大的是精神建设,你们这种吃苦、耐劳、牺牲、奉献、奋斗、创造的精神,将带给全中国人民一个最佳模式。

> 蒋专员不但是青年朋友导师,而且也是人民的福祉,老百姓称他为"蒋青天",也是他以一颗赤诚的爱心,和大公无私,除暴安良的精神为民众解除痛苦,增进福祉所换得来的。

> 我爱这个地方,我喜欢这块青年园地,我会再回来! 我一定会回来看你们的!②

除上述赞扬外,也有一些关于"新赣南"的负面舆论,主要出现在蒋经国离开赣南之后。如《小春秋晚报》的记者认为,蒋经国离开赣南后,"新赣南"在没落,三年计划都泡了汤,步入险境。"政治示范区"不复存在。烟赌林立,面目全非,关卡重重,匪风日炽。政府法令不能推行,地方派别斗争,赣县和南康因争夺疆界而发生严重纠纷。③希望贤能的地方长官和社会人士,赶快拿出一点力量来救救这摇摇欲坠的"新赣南"。④记者苏扬也认为,光复后的赣州失去了昔日的光辉,今日的"新赣南"也没有了工作的重心,寂寞,空虚,且存在严重的经济问题。专员杨明虽然是蒋经国直接推荐的,但无法让富户踊跃献金。⑤而且各县目前还粮价趋涨,超过南昌市价一倍,还受到共党部队的侵扰。⑥叶明峰认为,"蒋经国三个字被故事化了,从这个县传到那个县,从这个村传到那个村,像一阵风吹进人民耳朵,有时是幼稚的,可笑的但也展现了他们对蒋经国

---

① 曹聚仁:《新赣南建设第一阶段》,《东南日报》1941 年 8 月 19 日第四版。
② 刘景新辑录:《蒋经国先生建设新赣南重要文献辑录》(上册),章贡学社 1997 年出版,序言部分。
③ 本报赣县通讯:《新赣南在没落中》,《小春秋晚报》1948 年 6 月 9 日第五版。
④ 无名氏:《好好的新赣南变成黑暗地狱》,《小春秋晚报》1948 年 6 月 10 日第五版。
⑤ 赣州通讯苏扬:《今日新赣南》,《中央日报(永安)》1945 年 11 月 3 日第五版。
⑥ 中央社南昌电:《昔日新赣南,陷饥匪威胁》,《中央日报(永安)》1946 年 5 月 10 日第三版。

的崇敬……不足是各机关都缺乏干部,而且财力不足。某些部门不够切实,如'保甲俱乐部'就是一个空空的招牌而已。最大的缺点是工作上没有具体的计划,都是想着一点做一点,还没有具体的解决办法"。①周维新有同感,提出了类似的疑惑:工作如此之多,景象如此之美好。但人从何而来? 钱从何而出? 原计划无说明。已成立的国民经济建设公司和农林公司的资金是专员公署而来,但公署钱从哪来?"几年计划"成了时髦之词,苏联首开风气,后德国效仿,但计划大了,包罗万象就不着边际了。而且赣南庞大,底子薄弱,蒋公计划的效率恐成问题。此外,赣南民众的头脑还多停留在十六七世纪,要和他们谈论现代化,他们的脚步跟得上? 罗马也不是一天建成的。况且我国重工业毫无基础,谈何容易? 所以"必须顾及实际,缩小范围,选择急先重要的若干项目,集中人力财力,努力完成。就像扶小孩子一样的一步一步稳稳的扶上新的道路去"。②此外,蒋经国还看不惯带有封建气味的绅士,认为他们贪污腐败,欺压百姓,但这是泛论。

作者符青认为,"赣南的一切建设都在跃进,唯有文艺的脚步是那样迟滞。由于新赣南文艺社的艰苦撑持,赣南文艺也曾经但'动'过,因为该社精力有限,时常是稍'动'下就沉默下来。所以要加强新赣南文艺中心组织,发扬赣南文化特性,组建新赣南作家访问团。党政机关应多扶持,这样新赣南文化事业会是计划的有力喇叭"。③诚然,一些"新赣南"的文化机构如博物馆,确实因管理不足,常有展品遗失,有时不得不暂停参观。1946 年,图书馆收入主要靠公田租谷,但因公田零星,田质恶劣,田租不易收到,又受二五减租的影响,薪金难以发放,不得不恳请社会人士捐助。④等等。此外,香港方面的报刊则认为蒋经国的"新赣南"政治是一个给国民党宣传家吹得五光十色的肥皂泡。⑤可见,蒋经国离开赣南后,各种负面的舆论开始出现。

申报记者刘藻采访教育厅长周邦道,相比而言,周氏评价更为客观,其言赣南多山运粮难,目前正催兵催粮。但教育建设基础好,各县公学公产多已清理,用作学校基金,解决了各县国民教育经费问题,国教在赣南已有良好基础,

---

① 叶明峰:《蒋经国与新赣南》,《行都日报》1940 年 1 月 14 日第四版。
② 周维新:《评新赣南政治(下)》,《东南日报》1944 年 10 月 3 日第一版。
③ 符青:《新赣南的文艺要"动"》,《民国日报(赣南)》1942 年 6 月 18 日第三版。
④ 本报讯:《新赣南图书馆经常费成问题》,《民国口报(赣南)》1946 年 12 月 19 日第三版。
⑤ 无名氏:《蒋经国治下的"新赣南"》,《正报》1946 年第 61 期。

以赣县为优。在蒋经国主政时,已有相当成就,如各县县政府,县参会,县大礼堂,县立中学,卫生院,乡镇公所,国民学校以及必须的公共场所,均已建成,房舍崭新。各县乡镇亦已多设线通话,只要甲地有匪,乙地的驻军或是自卫团队,马上可以驰援。现在赣南各县的重要县道,均在加紧修筑,小型农田水利,亦多已着手修理。总之,现在剩留的新气象,虽已冲淡了不少,但是较诸其他地区而言,还算是给人们保持着一点新的印象。①同样,曾在蒋经国身边的曹聚仁客观地谈"新赣南"政治,其先从蒋经国谈起:

> 蒋氏二十六年回国,很快就成为传说的人物,那些传说,即算港沪报纸都刊载过的,也是绝不足信;例如说他自己化装卖馄饨的去捉赌,便是谣言,绝无其事。许多传说,都以施公案包公案作底子,把他想象为神出鬼没奇装异服的人,所以全般皆错了。

曹氏进而补充,"新赣南"政治不论好坏,确实已经和民众发生关系了。因为以往无论什么政令到了乡公所都是"仰止堂",而赣南这几年确实使政令能到甲长办公室了。"新赣南"确实有了政治。曹氏还回答了周维新的困惑,即蒋经国的钱从哪来:

> 新赣南政治拆穿了中国社会的一个大秘密。这些都是绅士袋中挖出来。蒋氏执政初,便开始清理公产公款,这几年清理所得不过十分之三(已有二千万元),已经足够做那么多的社会事业了,当然要得罪巨室和绅士的,蒋氏有魄力去做,所以成功了……其次,他一开头就开办交易公店,凡日常必需品,都在大量供给,笔者亲身排过班,买过米、盐、煤油之类,价格比市面便宜得多,对物价有调剂作用;但三十二年这一年的盈余,就有二千万元以上,可以做若干社会事业了……所以商人、绅士、包工头,他们怕他,但从心底里恨他,希望他早日离开赣南。②

总之,当蒋经国在任赣南时,相关社会舆论基本是正面评价,并主要在城

---

① 本报记者刘藻:《赣南九县浮雕》,《申报》1948 年 11 月 25 日第五版。

② 曹聚仁:《谈新赣南政治》,《周报(上海 1945)》1945 年第 7 期。

市建设、城市卫生、难民救济、教育等方面得到了一致的赞扬。虽有政治渲染之意,但不无揭示出"新赣南"政治对地方乃至国内外社会各界着实产生了广泛的影响。当蒋经国离开赣南后,关于"新赣南"的负面舆论开始增多,原有的正面赞扬渐渐销声匿迹,侧面显现了国民党政治改革生命力的短暂与孱弱。下文将从宏观层面考察"新赣南"在全国的影响情况,并与中共的陕甘宁边区的政治影响力进行比较。

三、"新赣南"的影响力

本文对"新赣南"的影响力评判标准是,其在各地不同种类的报刊中出现的次数,进而界定"新赣南"的传播范围以及其在全国的影响力。

通过在中国历史文献总库近代报纸数据库、全国报刊索引数据库上检索,关于"新赣南在各省报刊上出现的次数与主要受众群体的情况如下(表1):

表1　1940—1945 年报刊中的"新赣南"

发刊地	出现次数	所在报刊	主要受众群体
江西 (主要在赣县,还有南昌、吉安、泰和、信丰、遂川)	295	《民国日报(赣南)》《新知识月刊》《岭北风》《信丰县政》《抗战日报》《裕民》《地方政治》《每月书报》《大江日报》《声报》《县讯》《新学生》《时代中国》《赣县县政府公报》《大众日报》	国民党员、学生、大众
广西 (主要在桂林,还有南宁)	50	《力报》《扫荡报》《民国日报(南宁)》《曙光报》《救亡日报》《新工商》《新儿童》	国民党员、儿童、大众
广东 (主要在广州、台山、汀江、潮安、揭阳、新会、韶关)	40	《中山日报》《南华报》《中南日报》《潮安民国日报》《四邑民国日报》《岭东民国日报》《晨报》	大众
浙江 (主要在杭州、温州、永康、丽水、龙泉、宁波、金华)	38	《东南日报》《浙瓯日报》《浙江日报》《宁波日报》《建国月刊》《天行报》	大众
福建 (主要在龙岩、福清、永安、泉州、漳州、晋江)	23	《闽西日报》《融报》《中央日报(永安)》《福建日报》《闽南新报》《战地月刊》《公余生活》《新福建》	国民党员、商人、大众

发刊地	出现次数	所在报刊	主要受众群体
贵州 （贵阳）	16	《中央日报（贵阳）》《贵州商报》《贵州日报》	国民党员、商人、大众
陕西 （主要在西安、宝鸡、延安、榆林）	16	《西京日报》《秦风日报工商日报联合版》《西安晚报》《通俗日报》《解放日报》《陕北日报》《西北文化日报》《山西青年》	国民党员、中共党员、大众
重庆	14	《中央日报扫荡版联合版》《新蜀报》《时代纪录》《工业合作》《经济新闻》《人与生》《本行通讯》《西南实业通讯》	工人、大众
上海	9	《新中华》《旅行杂志》《申报》《周报》	大众
四川 （主要在西康、云阳、成都、达县、雅安）	9	《西康国民日报》《云阳公报》《西康新闻》《成都晚报》《达县日报》	国民党员、大众
云南 （昆明）	8	《中央日报（昆明）》	国民党员、大众
新疆 （乌鲁木齐）	6	《新疆日报》	中共党员、大众
宁夏	6	《宁夏民国日报》	国民党员、大众
湖北 （武汉）	5	《武汉日报》	大众
河南 （主要在漯河、洛阳）	4	《河南民报》《行都日报》《华中日报》	国民党员、大众
甘肃 （兰州）	3	《西北日报》	大众
江苏 （溧阳）	2	《江苏日报》	大众
山西 （太原）	2	《阵中日报》	军人、大众
青海 （西宁）	2	《青海民国日报》	大众
安徽 （阜阳）	1	《淮上日报》	大众

从上表中可发现，"新赣南"的主要影响范围仍在江西地区，并以赣县为中心向四周辐射，其中《民国日报（赣南）》和《新赣南月刊》是宣传"新赣南"政治

理念的最重要的传播媒介。省府南昌是除赣县之外,提及"新赣南"最多的本省地区,受众群体主要有地方政府中的国民党员、地方学生与普罗大众。因广西与赣南同为战时大后方,两地人员往来频繁,密切,因此广西成为宣传"新赣南"的第二阵地,并主要集中在桂林和南宁,受众群体主要包括广西地方上的国民党员、儿童与大众,但其宣传力度远不如江西地区。此外,着力宣传"新赣南"的省份依次有广东、浙江、福建与贵州。总体上看,"新赣南"在南方地区的影响主要分布在江西赣南地区、西南黔桂两省和东南沿海地区。湖南、安徽和江苏三省受"新赣南"的传播影响最小。

在北方地区,陕西省报刊宣传"新赣南"次数最多,受众群体不仅有大众、国民党员,还有在陕北地区的共产党员。由中共创办的《解放日报》还曾介绍过"新赣南"。而在新疆乌鲁木齐,中共曾主导的《新疆日报》也提及过"新赣南",甚至延安订购赣南《正气日报》就有十七份之多,乌鲁木齐也有八九份,几乎比重庆订购的报份还要多。[①]可见,蒋经国的"新赣南"也引起了在延安的中共的高度关注。

此外,宁夏、河南、甘肃、山西都或多或少地报道过"新赣南"之内容。相对而言,东北地区、山东、西藏以及华北平原等北方地区受"新赣南"的影响最小。这一方面与日军侵华有关,另一方面与地方军阀的统治利益有关。总之,通过分析 1940 年到 1945 年"新赣南"的影响力可间接看出国共两党的势力分布情况,即国民党实际统治地区应在东南沿海与东南内陆地区以及西南地区,由南往北逐渐减弱。毫无疑问,国共两党对中国中部地区和东北地区的军事争夺和政治宣传将决定势力天平的最终倾向。从"新赣南"的影响力来看,国民党在这方面并无绝对优势。

1945 年以后,随着蒋经国的离去,昔日的"新赣南"迅速被世人所遗忘,影响力不复当年,此时关于"新赣南"的负面舆论也开始增加,报刊对"新赣南"的提及也骤然减少。情况如下(表 2):

表 2　1946—1949 年报刊中的"新赣南"

发刊地	出现次数	所在报刊	受众群体
江西 (主要在赣县、南昌)	9	《民国日报(赣南)》《赣县年鉴》《大众日报》	学生、大众

---

① 曹聚仁:《蒋经国论》,人民出版社 2009 年版,第 33 页。

发刊地	出现次数	所在报刊	受众群体
上海	9	《申报》《中华时报》《前线日报》《青年界》	大众
浙江（主要在杭州、温州）	7	《东南日报》《浙瓯日报》《力余》《四明日报》	大众
贵州（贵阳）	7	《中央日报（贵阳）》《小春秋晚报》《贵州日报》	国民党员、大众
江苏（南京）	5	《言论》《社会日报》《中央日报》	国民党员、大众
香港	3	《正报》	大众
福建（永安）	2	《中央日报（永安）》	国民党员、大众
广东（广州）		《中山日报》	大众
云南（昆明）		《中央日报（昆明）》	国民党员、大众
湖北（武汉）		《中华人报》	大众
陕西（西安）		《西北文化日报》	国民党员、大众
四川（雅安）	1	《建国日报》	大众
甘肃（兰州）		《西北日报》	大众
北平		《华北日报》	大众
山东（青岛）		《军民日报》	大众

对比两表可发现，江西本省对"新赣南"的宣传已大幅减少，此前曾极力宣传"新赣南"的东南沿海和西南地区均鲜再提及，尤其是在广西，"新赣南"的影响似销声匿迹。唯独上海地区还持续有对"新赣南"进行关注与讨论。而北方地区对"新赣南"的报道更是少之又少，东北地区、新疆地区、河南、山西与华北地区更是不见，反映国民党的政治思想在北方已然失去了影响力。即使是检

索"赣南",涉及"新赣南"政治的相关内容也集中在 1945 年以前,传播仍未超过上述之范围特点。

　　总之,"新赣南"作为国民党重要的政治改革运动,主要在江西赣南地区产生了巨大影响,但就全国范围来看,其影响力还是极为有限,时间更是短暂,反映国民党改革因各种原因已难以贯彻执行,极大地削弱了其统治大陆的寿命。

　　同样地,在中国历史文献总库近代报纸数据库、全国报刊索引数据库中检索,关于陕甘宁边区的报道史料共 602 条,如下(表 3):

表 3　1937—1949 年报刊中的陕甘宁边区

发刊地	出现次数	所在报刊	主要受众群体
陕西 (主要在延安、西安)	189	《解放日报》《解放》《中国文化》《共产党人》《群众文艺》《边区教育通讯》《救亡》《青年战线》《西北妇女》《西京日报》《国风日报》《西北文化日报》《陕北日报》	妇女、中共党员、国民党员、文艺工作者、学生、大众
山西 (主要在沁县、太岳、临汾、阳城、大同、太原)	94	《新华日报》《晋南晨报》《文摘》《大同日报》《复兴日报》	日伪、国民党员、中共党员、大众
北平	70	《新中华报》《晨报》《北平日报》《纪事报》《益时报》《戏剧报》《新北京》	中共党员、大众
东北地区 (主要在辽宁、吉林)	62	《辽宁日报》《新生命报》《新报》《东北日报》《正义日报》《战斗生活》《黑龙江日报》	中共党员、军人、大众
上海	56	《导报增刊》《文献》《导报》《艺文画报》《内地通讯》《中华时报》《和平日报》《时论丛刊》《中坚》《立报》《常识》《中华》《青年生活》《上海妇女》《战时教育》《国民公论》《孤岛妇女》《学习》《天下文摘》《大路》《华美》《现代妇女》《诚报》《文汇报》《总汇报》《小日报》《国际劳工通讯》《近代邮刊》《学与生》	妇女、大众、国民党员、军人、工人

发刊地	出现次数	所在报刊	主要受众群体
河北 （主要在张家口、保定）	34	《人民日报》《冀南日报》《蒙疆日报》《冀中导报》《河北日报》《工人报》	中共党员、日伪、军人、工人、大众
江苏 （主要在淮阴、南京、泰兴、苏中、如皋、镇江、武进）	22	《新华日报》《新民报》《泰兴大公报》《京报》《蒙藏旬刊》《每周译报》《地图周刊》《生活》《翻身》《新江苏报》《江苏省报》《武进新闻》	国民党员、军人、大众
重庆	11	《新蜀报》《中央日报》《乐风》《文艺阵地》	国民党员、大众、文艺者
四川 （主要在成都、云阳、自贡）	10	《妇女呼声》《革命斗争》《云阳公报》《民众时报》《建国日报》《成都晚报》《四川日报》《捷报》《农业推广通讯》	大众、妇女
广西 （主要在桂林、柳州）	7	《小春秋日报》《诗》《合作同工》《扫荡报》《柳州日报》	大众
浙江 （主要在杭州、海宁、温州）	6	《合作前锋》《海宁新报》《东南日报》《浙瓯日报》《浙江日报》	中共党员、大众
菲律宾	5	《华侨导报》	华侨、大众
香港	5	《明朗周报》《中国经济年鉴》《新华社综合报导》	大众
天津	4	《庸报》《中南报》	日伪、大众
山东 （主要在济南、威海、青岛）	4	《新华文摘》《大威周刊》《军民日报》	中共党员、大众
河南 （主要在郑州、陕县、开封）	3	《春秋时报》《河南民声日报》《河南民报》	国民党员、大众
湖北 （武汉）		《全民周刊》《建国晚报》	大众

发刊地	出现次数	所在报刊	主要受众群体
安徽 （主要在阜阳、屯溪）	2	《安徽日报》《徽州日报》	日伪、大众
福建 （主要在龙岩、泉州）		《泉州日报》《闽西日报》	国民党员、大众
纽约		《大公报》	大众
台湾		《自强报》	大众
宁夏	1	《宁夏民国日报》	国民党员、大众
云南 （保山）		《保山日报》	国民党员、大众
海南		《琼崖民国日报》	大众
甘肃 （兰州）		《西北日报》	大众
湖南 （石门）		《石门新报》	日伪、大众
江西 （庐山）		《妇女谈话会工作报告》	妇女、大众

虽然报道"新赣南"有599条史料，相比于陕甘宁边区的602条史料，两者相差不大，其中还包括国民党对中共宣传的限制。但关于"新赣南"近一半的内容均集中在江西赣南地区，实际传播范围非常有限。而关于中共陕甘宁边区的内容则以延安为传播源，辐射整个陕西以及山西、北平、河北、东北等北方地区，甚至在东南沿海地区、西南地区、台湾，乃至海外的纽约和菲律宾都有报道。此外，新疆地区虽无明确提及陕甘宁边区，但《新疆日报》内曾有大量从延安派去的中共党员作为编辑，新疆仍受到中共的深刻影响。

值得注意的是，作为海内外文化交融之地的上海多次报道过陕甘宁边区的内容，这极大地增强了中共与陕甘宁边区的国际影响力，使得中共政治之"新"在海内外广泛传播，受众群体更为多样，包括各党派人士、华侨、妇女、青年学生、文艺工作者、日占地区人士等等，传播范围、力度和时限都远远超过"新赣南"。还值得注意的是，延安曾报道过"新赣南"，而江西赣南地区则对陕甘宁边区的内容未有提及。

综上，从政治文化传播的角度看，相比国民党政治之"新"，中共政治之"新"更具渗透性，影响力，也体现了更强大的自信心，隐示了 1940 年代国共政治权势转移之趋向。

Shaping the "New Gannan": Propaganda, Public Opinion and Influence of Chiang Ching-kuo ruled Gannan

Abstract：This paper examines the process of Chiang Ching-kuo's shaping of "New Gannan" from the perspective of communication studies. Through the people's ears and eyes, the establishment of social role models, and the publicity of newspapers, periodicals, films and television, the politics of "New Gannan" gradually entered the daily life of the people and began to wash away the old impression of people about Gannan, and triggered positive public opinion at home and abroad, showing the "new" momentum of Kuomintang politics. However, compared with the "new" of CCP politics, it is inferior in the scope, intensity and timeliness of its spread, implying the trend of power shifting.

Key words：Chiang Ching-kuo；New Gannan；Propaganda；Public opinion；Influence

作者简介：刘金源，男，上海师范大学人文学院博士研究生。

邓中夏 1923 至 1925 年在沪活动考

——以"老工人谈话记录"为中心的考察

陆轶隽

摘 要：邓中夏为中共早期著名工运领袖与革命理论家，近年来学界多从文集、年谱等史料讨论其生平事迹与革命思想。本文主要运用 1957 年邓中夏遗孀夏明在上海采访知情者后收录于"老工人谈话记录"中，与邓中夏 1923 至 1925 年在沪活动相关之访谈资料，辅以既有史料，从邓氏在沪工作期间活动史事出发，分析其作为职业革命家，日常生活与革命外生活的隔离，以及在沪西组织领导工人运动期间革命思想与实践的成熟过程。该访谈史料通过亲历者的回忆材料，弥补文集等既有史料之不足，对丰富拓展邓中夏生平研究之深度有所助益。

关键词：邓中夏 夏明 口述史料 职业革命家

邓中夏(1894—1933)为中共早期著名的工运领袖、革命理论家，为建党初期在长辛店、上海、香港等地开展工人运动，以及在建立、完善早期党团组织等方面作出了重要贡献，因此对其生平事迹及理论思想研究有重要意义。自 20 世纪 80 年代以来，随着史料收集、梳理工作的进一步推进，研究者从多视角、多领域、多学科出发，对于邓氏之生平志业展开新的研究。据白林驰统计，截至 2015 年，有关邓中夏专题研究著作共计 7 部，如姜平《邓中夏的一生》①等，论文共计 100 余篇，主要探讨邓中夏生平综述、早期思想转变

---

① 姜平：《邓中夏的一生》，南京大学出版社 1986 年版。

历程、文艺思想、民主革命思想、工农运动、高校(上海大学)工作与海外活动等方面。①

1923 年 3 月 31 日,邓中夏因中国劳动组合书记部迁往上海开展相关工作,②至 1925 年 4 月 14 日与苏兆徵、李启汉、孙云鹏、孙良惠等一同离沪前往广州,参加第二次全国劳动大会筹备止,③其主要在上海开展革命活动,不仅在上海大学担任教务长,还在 1924 年参与创办沪西工友俱乐部、指导沪西地区工人运动。该时期,邓氏汲取在长辛店等地工作的经验教训,步入职业革命家之成熟期。本文在既有邓中夏研究常用史料,如文集、年谱等的基础上,以尚未全部公开、目前收藏于上海社会科学院历史研究所现代史研究室的"老工人谈话记录"中,涉及邓中夏遗孀夏明于 1957 年在沪访谈为中心史料,讨论邓中夏于 1923 至 1925 年在上海的工作与日常生活情形,分析邓氏在上海大学、沪西等地工作期间,其革命思想如何演进与贯彻于实践,以及其思想与日常生活之间的互动过程。

一、夏明访沪收集史料始末

夏明(1909—1987),原名李英,曾用名李小妹、李慧馨、周英、李似兰等,1909 年出生于湖南省江华县码市镇。④其长兄为中共早期工运领导人李启汉(1898—1927),1921 年 8 月中国劳动组合书记部在上海成立,李启汉为领导成员之一,当年 10 月李即领导浦东英美烟厂万余工人罢工,是为中共领导工人取得胜利的首次罢工。1922 年先后参与领导香港海员罢工、浦东日华纱厂与上海邮电工人罢工等,于当年 6 月被捕入狱,服刑 2 年 4 个月。

李启汉在 1924 年获释后,曾回江华老家,将被两次卖为童养媳的李英赎出,随后李启汉与母亲、李英三人迁至广州"龚寓"居住。"龚寓"为省港罢工委员会办公联络地,李启汉、邓中夏、苏兆徵也居住于此。李英就此与邓中夏相知、相爱,其间邓多次向夏明传授文化知识与革命道理。李启汉则于 1925 年当选中华全国总工会执委会支委兼组织部部长,并于当年 6 月和邓中夏共同

---

① 参白林驰:《邓中夏思想及生平研究述评》,《西南交通大学学报(社会科学版)》2015 年第 4 期。

② 冯资荣、何培香编:《邓中夏年谱》,中国文史出版社 2014 年版,第 137 页。

③ 冯资荣、何培香编:《邓中夏年谱》,第 196 页。

④ 湖南省江华瑶族自治县志编纂委员会编:《江华瑶族自治县志》,中国城市出版社 1994 年版,第 612 页。

参与领导省港大罢工,之后参与协助北伐军的行动。①

在长兄、伴侣的影响下,李英在1926年参加省港大罢工,从此参加革命。邓中夏、李英二人在刘少奇、何宝珍夫妇见证下,于1926年8月正式结婚。1927年4月,李启汉在广州被捕并遭国民党右派杀害。②1928年,受组织命令,李英随邓中夏前往莫斯科东方大学学习,1930年回国后在上海组织领导浦东申新六厂反帝斗争等革命活动,至1936年前两次被捕入狱。在听闻丈夫邓中夏已于1933年被害的消息后,李英悲痛不已,遂改名夏明,以取继承遗志之意。③

夏明收集邓中夏的史料工作的想法始于1936年第二次出狱之后,希冀收集丈夫、长兄的史料,至一定量后撰写二人传记,曾言“只要我不死,出狱后,就把李启汉和邓中夏的英雄事迹写出来”。建国后,夏明先后供职于国家劳动部、全国供销合作社、二轻部等部门。1954年起她受党组织委托,正式开启邓中夏、李启汉历史资料的收集工作。1955年,中宣部部长陆定一亲自关心该项工作,为此指定《工人日报》社派专人协助开展工作。④

1957年7月底,为收集邓中夏在上海等地的革命活动与生活片段等资料,夏明与《工人日报》记者曹子戈前往上海开展采访工作。行前,二人与上海工人运动史料委员会⑤(以下简称“史料委员会”)取得联系并开展工作对接。据郑庆声⑥回忆,由于夏明并不熟悉在沪的邓中夏史事知情人,因而史料委员会负责遴选相关人员并草拟名单,交予夏明后,夏、曹二人方来沪进行采访、收集工作。⑦抵沪后,二人借住上海市委招待所——东湖宾馆,并邀请相关受访

①② 湖南省江华瑶族自治县志编纂委员会编:《江华瑶族自治县志》,第596—597页。

③ 杨泽海:《夏明二三事》,江华瑶族自治县史志办公室编:《瑶都江华往事》第1辑,江华瑶族自治县史志办公室2013年,第112—115页。

④ 江华瑶族自治县史志办公室编《瑶都江华往事》第1辑,第115—116页。

⑤ 上海工人运动史料委员会为上海总工会(1957年名称为上海市工会联合会)下属负责收集解放前上海工人运动相关历史资料的机构,1952年由上海总工会主席刘长胜发起倡议后成立,收集史料目的主要是总结该时段工运经验教训,为革命传统教育的开展提供有力依据的同时,也为工会的思想与理论建设提供基础。同时向世界各国工会介绍中国工运经验。自成立始至1958年底结束活动止,史料委员会收集约1 500万字史料,包括民国报纸工运新闻抄录、各产业部门工运负责人座谈记录、“老工人谈话记录”等。参马军:《上世纪五十年代“上海工人运动史料委员会”初探》,上海社会科学院历史研究所、上海社会科学院“中国现代史”创新型学科团队整理:《上海工人运动历史资料1》,上海书店出版社2016年,序言第12、15页。

⑥ 郑庆声(1934—),曾在上海工人运动史料委员会工作,是本文写作时唯一健在的史料委员会工作人员,后供职于上海社会科学院历史研究所工运史室,1994年退休,为我国著名的工人运动史研究专家。

⑦ 陆轶隽采访郑庆声的记录(2023年5月4日)。

者至暂住房间接受访谈。史料委员会并不干预二人访问行程,仅派出工作人员徐承祖协同采访①及两位速记员倪慧英、王天筠分别使用点线速记法与现场文字记录,将访谈内容转录为书面文字稿。②访谈结束后,夏、曹二人将书面稿件留存一份交予史料委员会,这些书面稿事后被编入为纪念上海工人三次武装起义胜利三十周年向参与其间的老产业工人进行口述访谈后形成之文字存稿"老工人谈话记录"中。③夏、曹二人采访稿编号自 46 至 63,目前除 47、52、56、62 有编目缺实件外,其余均完整保存:有问有答、字迹清晰。

　　夏明、曹子戈在 1957 年 7 月至 8 月共计采访 21 人,受访者既包括上海大学的工作人员(如 1923 年进入上大求学,后成为上大负责总务的工作人员许德良),也包括 1924 年积极参与"沪西工友俱乐部"活动的沪西产业工人(如刘桂宝、李瑞青等)。8 月底夏、曹二人返京后,为征集 1927 年邓中夏在上海大学工作期间相关史事,根据许德良在 1957 年 8 月 19 日受访的提示,于 10 月初二人再度来沪,④对时任中国科学院上海经济研究所副所长黄逸峰⑤进行采访。由于受访者多为与邓中夏有工作、生活交集的相关人士,大多对邓的相貌、言谈举止等有清晰、准确的指向,故对于邓在上海开展的革命活动或与上海相关的革命史事等皆有较为细致的展开,特别是针对其性格与心理活动、生活习惯与日常生活细节等方面,是其他文献史料难以尽数掌握的。部分史料在既有研究材料(如《邓中夏全集》)中尚未收录,属于邓氏生平经历的珍闻、秘闻,故具有较高的史料参考价值。

---

① 徐承祖为上海工人运动史料委员会中负责资料保管的成员,时年 25 岁,仅在 1957 年 8 月 19 日夏明、曹子戈二人采访许德良时随同采访。在其余访谈中,由夏、曹二人为提问者。参《上海工人运动史料委员会干部名册》(1958 年),上海市档案馆馆藏档案:C1-1-225-1。

② 马军:《"倪阿姨"的速记本》,《故纸与往事》,上海人民出版社,2022 年,第 131 页。陆轶隽、马军采访郑庆声的记录(2021 年 9 月 29 日)。《上海工人运动史料委员会干部名册》(1958 年),上海市档案馆馆藏档案:C1-1-225-1。

③ 上海工人运动史料委员会于 1958 年底停止运作后,1960 年,史料委员会副总干事沈以行调任上海社会科学院历史研究所副所长,为研究工作便利起见,调姜沛南、徐同甫、倪慧英等原史料委员会成员进入历史研究所,成立了工运史研究组(室),1998 年工运史研究室与现代室研究室合并,故目前该批谈话记录藏于上海社会科学院历史研究所现代史研究室。

④ 夏明、曹子戈、徐承祖采访,倪慧英记录:《许德良谈话记录》(1957 年 8 月 19 日),上海社会科学院历史研究所现代史研究室藏档案:"老工人谈话记录"编号 60,第 28 页。

⑤ 黄逸峰(1906—1988),江苏东台人。1927 年任中共南京地委书记,曾与时任江苏省委书记的邓中夏讨论农民暴动等问题。参袁锦云:《黄逸峰》,徐树法主编:《江苏抗战人物传略》,中共党史出版社 2015 年版,第 392、396 页。

二、邓中夏在沪活动与生活轨迹

"老工人谈话记录"中保存了邓中夏 1923 至 1925 年在沪参与的各项革命活动相关记载,主要如下:

首先是邓中夏在 1923 至 1925 年担任上海大学校务长期间整顿并主持校务的史事,主要集中于编号 60 许德良谈话记录。许氏在 1923 年进入上海大学求学,与邓中夏于当年 4 月调入上海大学工作的时间点基本吻合,因此其对邓在上海大学开展相关工作的回忆材料较为完整。具体而言,许德良的回忆资料主要涉及邓中夏实际主持校务时开展的工作,明确指出:"他实际上做的是校长工作,于右任不过是名义上的校长。"[①]因此,学校院系设置、人事聘用与调动等校务工作皆由邓中夏实际负责。[②]由于完全从事行政工作,因而邓在上海大学内并未兼课。[③]此外,在上海大学工作期间,邓中夏的薪资为每月八十元。[④]

其次是邓中夏在 1924 年参与创建与运作沪西工友俱乐部的经过。回忆材料主要集中于当年参与俱乐部活动的老产业工人。李瑞青首先回忆了沪西工友俱乐部的创建过程,指出俱乐部成立的时间为 1924 年秋。邓中夏、项英、刘华、李启汉等曾至李瑞青所居住的亭子间中开会商议工人俱乐部的合适场所,并在同兴纱厂工房宣布成立沪西工友俱乐部;[⑤]王瑞安回忆邓中夏在俱乐部中提供乐器等设施;[⑥]在沪西工友俱乐部中,邓中夏偶尔会前来为工人上课,并且运用故事、实际案例等向工人普及文化知识的同时,也启发工人群体的阶级意识,并引导该群体通过罢工等形式进行抗争。曾在同兴纱厂工作的女工刘桂宝回忆,邓中夏曾结合她与母亲在工厂中领受低工资的同时还要忍受资方的打骂的经历,强调其根源就是工人不识字,故希望刘的母亲一定要让其女学习文化知识,"这样才能懂事情"。[⑦]姜维新回忆在邓中夏等老师向工人

---

① 夏明、曹子戈、徐承祖采访,倪慧英记录:《许德良谈话记录》,第 1 页。
② 夏明、曹子戈、徐承祖采访,倪慧英记录:《许德良谈话记录》,第 12 页。
③ 夏明、曹子戈、徐承祖采访,倪慧英记录:《许德良谈话记录》,第 14 页。
④ 夏明、曹子戈、徐承祖采访,倪慧英记录:《许德良谈话记录》,第 4 页。
⑤ 夏明、曹子戈采访,倪慧英记录:《老工人姜维新、李瑞青、王瑞安、刘桂宝谈话记录》(1957 年 8 月 30 日),上海社会科学院历史研究所现代史研究室藏档案:"老工人谈话记录"编号 54,第 1 页。
⑥ 夏明、曹子戈采访,倪慧英记录:《老工人姜维新、李瑞青、王瑞安、刘桂宝谈话记录》,第 12 页。
⑦ 夏明、曹子戈采访,倪慧英记录:《老工人刘桂宝谈话记录》(1957 年 7 月 27 日),上海社会科学院历史研究所现代史研究室藏档案:"老工人谈话记录"编号 51,第 2 页。

授课过程中,对他们解释帝国主义、资本家等概念,至"二月罢工"后工人以"资本家"一词替代了先前"老板"的称谓。①李瑞青则指出在刘华、邓中夏等组织者为工人上政治课之后,"等于是把革命的种子撒下了土",1924 年底至 1925年初沪西曹家渡、小沙渡等地的日资纱厂相继发生罢工,工人的诉求即改善待遇与反对资方压迫工人的行径,这与工人在沪西工友俱乐部接受阶级启蒙教育密不可分。②

再次是有关邓中夏在沪西领导工人运动的相关史事,主要集中于曾在沪西地区工厂工作的老产业工人。邓中夏对于沪西地区的工人运动,既有精神上的支持,如姜维新回忆邓曾在 1924 年底至 1925 年初沪西日资纱厂罢工前强调工人的团结,并以美国芝加哥工人罢工的实际案例举例,指出工人开展斗争时需要有团结、有组织的领导;③也有策略上的指导:曾在纱厂中任工头,后被争取参加工人运动的窦一飞回忆,由于纱厂工人实际工作时间普遍达 13 至14 小时,下班后普遍会感到饥饿。为联络、争取工人,她曾听从邓中夏的建议,在纱厂工人下班后进入工厂,事前购买大饼、油条等,向工人分发。窦一飞还在邓中夏建议的基础上,在工厂的厕所中秘密召开三至五人的小会议,向与会者传达工人团结起来反对资本家的观念。④

"老工人谈话记录"中亦记载了相当数量关于邓中夏日常生活与工作细节的片段,主要如下:

首先是有关邓中夏的性格与工作风格的材料。本次采访过程中,大多数受访者对邓氏的性格特点与工作细节有或详或略的回忆资料。性格方面,据姜维新回忆,邓中夏待人亲切、温和、耐心,对待工人"就像对待亲人一样",总是"笑眯眯地很耐心地同人讲话"。⑤马乃松则回忆了邓中夏说话的习惯,说邓"讲起话来有时常要耸耸肩膀的习惯"。⑥工作风格方面,黄逸峰对邓中夏的印

---

① 夏明、曹子戈采访,王天筼记录:《老工人姜维新谈话记录》(1957 年 8 月 26 日),上海社会科学院历史研究所现代史研究室藏档案:"老工人谈话记录"编号 46,第 22 页。
② 夏明、曹子戈采访,倪慧英记录:《老工人姜维新、李瑞青、王瑞安、刘桂宝谈话记录》,第 3—5 页。
③ 夏明、曹子戈采访,王天筼记录:《老工人姜维新谈话记录》,第 15 页。
④ 夏明、曹子戈采访,王天筼记录:《老工人窦一飞谈话记录》(1957 年 7 月 23 日),上海社会科学院历史研究所现代史研究室藏档案:"老工人谈话记录"编号 57,第 3—4 页。
⑤ 夏明、曹子戈采访,王天筼记录:《老工人姜维新谈话记录》,第 14 页。
⑥ 夏明、曹子戈采访,倪慧英记录:《吴福海、马乃松、江元青、宋三妹、郑卓吾 谈话记录》,(1957 年 8 月 12 日),上海社会科学院历史研究所现代史研究室藏档案:"老工人谈话记录"编号 61,第 7 页。

象是"为人很直爽,讲话很流利",在工作细节的指导上批评较为严厉。[①]姜维新则回忆邓对革命工作"抓得很紧,强调要汇报"。[②]

其次是有关邓中夏生活细节的片段,涉及生活习惯、住所、容貌、穿着等方面。容貌与衣着方面,李瑞青回忆邓平时常穿长袍,有时也会穿西装,但这些服装常常是旧的,甚至连脚上的皮鞋也不会擦。[③]许德良则回忆,尽管邓在上海大学任教务长时工资达每月八十元,但其生活十分艰苦朴素,虽然穿着西装,但被上海人称为"蹩脚西装"。[④]住所方面,郭旦夫回忆,邓1923至1924年居住于闸北,至1927年任江苏省委书记期间居住于北四川路区域。[⑤]许德良则回忆邓在上大任教务长期间,居住地位于商务印书馆近宝山路的铁路以北,后居住于马霍路(今黄陂北路[⑥]),[⑦]可见其居所位置的变化,是伴随上大校址从青云路青云里迁往西摩路(今陕西北路[⑧])的过程,故住地与对应的校区空间距离并不遥远。此外,许德良进一步回忆,邓居所的内部陈设十分简单,仅有一只上窄下阔的书橱、靠窗的写字台与床铺。此外,邓有喜欢在写作过程中一边工作、一边抽烟的生活习惯。[⑨]

三、职业革命家:与旧生活的割裂

职业革命家的概念源于列宁,定义为"主要是以革命活动为职业的人",[⑩]由于该群体具有高度纪律性、办事效率与绝对情感认同和完全献身精神,故成为1920年代中共革命活动的核心参与群体。尹钛则进一步描述该群体有如下人格与心理特质:将革命事业视作人生至高目标、对于组织外的人在心理上有强烈的疏离感与超脱感、将共产党的组织要求内化为个人行为的最高准则、

---

① 夏明、曹子戈采访,倪慧英记录:《黄逸峰谈话记录》(1957年10月4日),上海社会科学院历史研究所现代史研究室藏档案:"老工人谈话记录"编号65,第2—3页。
② 夏明、曹子戈采访,倪慧英记录:《老工人姜维新、李瑞青、王瑞安、刘桂宝谈话记录》,第13页。
③ 夏明、曹子戈采访,倪慧英记录:《老工人姜维新、李瑞青、王瑞安、刘桂宝谈话记录》,第11页。
④ 夏明、曹子戈、徐承祖采访,倪慧英记录:《许德良谈话记录》,第5页。
⑤ 夏明、曹子戈采访,倪慧英记录:《老工人郭旦夫谈话记录》(1957年8月1日),上海社会科学院历史研究所现代史研究室藏档案:"老工人谈话记录"编号48,第2页。
⑥ 《上海地名志》编纂委员会:《上海地名志》,上海社会科学院出版社1998年版,第631页。
⑦ 夏明、曹子戈、徐承祖采访,倪慧英记录:《许德良谈话记录》,第24—25页。
⑧ 《上海地名志》编纂委员会:《上海地名志》,第643页。
⑨ 夏明、曹子戈、徐承祖采访,倪慧英记录:《许德良谈话记录》,第25页。
⑩ 《列宁全集》第6卷,人民出版社1984年版,第104页。

出于服膺革命信念的需要较之常人有更高的痛苦感知与忍受阈值、生存与生活方式完全依赖党组织安排,几乎消除个体生命中"私人"或"非政治"属性。①从前文访谈资料对邓中夏革命活动与日常生活的描述中,可以发现1923至1925年在上海工作期间,邓的角色更倾向于职业革命家。②本节将基于日常生活行为角度,分析邓在1923至1925年完全实现职业革命家的身份转换。

从受访者针对邓中夏的日常生活细节观之,邓氏具备职业革命家的典型特征。首先表现在生活费与生活方式上,许德良回忆,邓中夏的生活费收入主要为担任上海大学教务长期间八十元一月的工资,其来源是广州国民政府的拨款,③符合该群体经济收入服膺组织安排之特征。在生活支出上,主要集中于维持日常生活的基础开销。从对邓中夏服饰、居所等的描述观之,邓中夏并无过多在维持基本生计之外的享受性消费,与该群体生活方式消除个体生命及生活的"私人"或称"非政治"属性的特质较为契合。另一方面,出于掩藏身份的需要,邓氏会经常改换形象。据刘桂宝回忆,邓经常变换着装,长衫与西装交替穿着,有时会蓄胡,使得"别人认不出他,对他的行动不注意"。④外貌的经常变化,固然能理解为邓中夏出于维护自身安全的需要所做的保护性措施,但以职业革命家的心态观之,该类伪装更深层次地反映其对于革命活动之外"正常社会"的自我剥离:伴随着革命工作的需要,能够经常切换场景与身份,但也因此无法在"正常社会"中建立与其他社会成员之间的稳定联系,诚如尹钛指出,"一个'真正的'地下状态的职业革命者,就必然过着一种虚假的生活,他与正常社会必然在心态、心理和情感上存在隔阂,甚至是隔离的"。⑤

正因如此,职业革命家的日常生活,与其从事革命活动前的生活方式间必定会产生强烈的割裂感,首先即表现在姓名的更改上。尹钛指出,职业革命家往往采用化名取代既有姓名,实现与过去环境,包括家庭象征与其心理纽带的切割。⑥据许德良回忆,邓中夏1923年初来上海大学时,用过化名"安石",但之

---

① 尹钛:《投身革命即为家》,许纪霖、刘擎编:《丸山真男:在普遍与特殊之间的现代性》知识分子论丛第16辑,江苏人民出版社2021年版,第411—412页。

② 中国中共党史人物研究会编:《中共党史人物传》(第35卷),陕西人民出版社1987年版,第16页。

③ 夏明、曹017戈、徐承祖采访,倪慧英记录:《许德良谈话记录》,第5页。

④ 夏明、曹017戈采访,倪慧英记录:《老工人刘桂宝谈话记录》,第4—5页。

⑤ 许纪霖、刘擎编:《丸山真男:在普遍与特殊之间的现代性》,第420页。

⑥ 许纪霖、刘擎编:《丸山真男:在普遍与特殊之间的现代性》,第431页。

后更频繁地采用"中夏"之名。①"安石"之名源于王安石,邓使用该化名是寓意自己来到上海大学后如王安石变法一般锐意革新、进取不息。②通常而言,职业革命家采用化名的主要目的是掩饰真实职业与身份,以实现与过去生活环境的切割,无须彰显特定价值观与"述志"。即便化名有类似倾向,也通常表述革命的价值观。尽管"安石"之名更多展现出邓锐意改革上海大学校务的决心,有彰显革命价值观之意,但由于该姓名与本名"隆渤"、本字"仲澥"在形、意上相去甚远,故依然可满足掩饰真实身份需要,进而实现与其过往身份和革命外生活价值的割裂。邓在上海工作期间,更常用"中夏"化名,这是由于职业革命家在起化名时,要尽量祛除个人色彩,消解与自身信息相关的提示,撤除与传统价值和高雅韵味的关联,因而更多采用简化笔画的俗字。③"中夏"化名源于其字"仲澥",采用俗字"中夏"既有助于隐藏身份的基本需要,也通过俗名实现与传统价值的切割。

邓中夏与参加革命活动前"旧生活"之割裂,还体现在对于中国古典小说的态度。据李瑞青回忆,他的家中原本有《杨家将》《薛仁贵》《三国志》《水浒传》等,邓在看到李家中的这些古典小说后,就问李是否在阅读上述小说,李在作出肯定回答后,邓说:"这些书的内容都是封建的,相信些神鬼,看了没有什么意思,不要去看它。"但李原本喜爱看这些小说,便问邓这些小说是否全部不看。邓认为《水浒传》仍然可看。④众所周知,《水浒传》的内容主要集中于描述宋江等梁山好汉"造反"之史事,"造反"内蕴的斗争价值与革命精神相契合。邓中夏对古典小说的态度,一方面折射出作为职业革命家对于传统价值观中涉及封建迷信等内容的摒弃,并借此建立与革命活动外生活形态的隔离;另一方面,对《水浒传》的宽容恰恰表明革命观念在职业革命家中的至高地位。在邓中夏等人看来,革命观念至高无上,人生的奋斗目标是为了革命事业的最终胜利。因而,一切符合斗争思维的价值观都应当纳入革命者的日常思考之中,即使是不完全贴合革命价值观的传统文化,其斗争性的内容也应服膺于革命价值。由容忍《水浒传》的事例可见,邓对传统价值与其说是彻底的"决裂",弗如说是"扬弃":"扬"传统文化中斗争观念而"弃"封建迷信之元素。

---

① 夏明、曹子戈、徐承祖采访,倪慧英记录:《许德良谈话记录》,第 27 页。

② 中国中共党史人物研究会编:《中共党史人物传》(第 35 卷),第 17 页。

③ 许纪霖、刘擎编:《丸山真男:在普遍与特殊之间的现代性》,第 432 页。

④ 夏明、曹子戈采访,倪慧英记录:《老工人姜维新、李瑞青、王瑞安、刘桂宝谈话记录》,第 2 页。

四、革命思想与行动的成熟期

以革命活动的开展与收效而言,作为职业革命家的邓中夏于 1923 至 1925 年在上海开展的工作是卓有成效的,其本人也在该时期步入革命思想与行动的成熟阶段,首先表现在对过往革命行动的系统反思与针对性改进:在 1923 年京汉铁路大罢工遭遇残酷镇压,中共领导下的工人运动步入低潮期的背景下,邓中夏有效汲取了京汉铁路大罢工中的经验教训,如注重在工人群体内发展中共党员、建立完善的工会组织等。[①]为此,邓在沪西地区着力在工人群体中积极发展党团员。据李瑞青回忆,在二月罢工后,一些多次参加沪西工友俱乐部各项活动以及罢工中踊跃表现的积极分子最后被发展为党员,且会举行入党宣誓仪式,要求新党员严守秘密、牺牲个人,要从事阶级斗争、实行革命等。姜维新即为邓中夏于 1925 年亲自发展的党员。[②]同时,邓多次强调工人斗争需要团结性与组织性,故在工厂中建立合法的工会是达成团结目标的关键步骤。在邓中夏等领导者为纱厂工人拟定的罢工目标中,"承认工会有代表工人之权,工人可以组织工会"是核心诉求之一。[③]江元青则回忆邓中夏在指导 1924 年底沪西小沙渡纱厂罢工时,也曾针对纱厂工人中普遍存在的加入青帮、拜老头子及地域帮派的现象发表看法,认为帮派是帝国主义与资本家用来分化工人、破坏团结的,因此,出于团结大多数工人的需要,在不区别对待加入帮会的工人的同时,要引导工人加入工会,而不要再去听老头子的话,对于阻挠工会活动或破坏罢工者则予以坚决打击。[④]因此,邓在沪西地区开展工人运动的中心工作,即在各厂争取建立稳定、合法的工会组织,并在工会中积极发展新的党团员,是为总结京汉铁路大罢工等运动失败教训的具体实践。

在反思调整原有工运路线的基础上,邓中夏在该时期领导沪西地区工人运动的过程中,亦十分注重斗争策略的灵活性。其一表现在争取前来镇压工人运动的军警之同情。邓在总结京汉铁路大罢工的教训时,指出工人抗争时未向工人开展工作是失败原因之一,坦陈"那时我们对于兵士运动的确不懂,

① 邓中夏:《中国职工运动简史》,新华出版社 1949 年,第 120—121 页。
② 夏明、曹子戈采访,王天筠记录:《老工人姜维新谈话记录》,第 3—4 页。
③ 夏明、曹子戈采访,倪慧英记录:《老工人姜维新、李瑞青、王瑞安、刘桂宝谈话记录》,第 6 页。夏明、曹子戈采访,王天筠记录:《老工人姜维新谈话记录》,第 5 页。
④ 夏明、曹子戈采访,倪慧英记录:《吴福海、马乃松、江元青、宋三妹、郑卓吾谈话记录》,第 14—15 页。

工人对于兵士还是仇视的态度,因此军阀得利用军队枪杀工人"。①故在沪西地区的罢工中,邓中夏等领导者对资方调来镇压工人运动的军警尽量开展工作。据姜维新回忆,在1924年底小沙渡地区纱厂罢工中,杨之华就向资方请来占领工会的士兵进行宣传:"段祺瑞卖国贼,他卖国,吃的是人民,看的是人民,还要来压迫工人,而你们也这样忍心,听了他话来压迫工人!"在聆听杨的宣传后,部分士兵受到触动,放弃镇压行动。②其二是争取一切可以团结的力量,例如同情工人运动的工头等。邓中夏就曾向姜维新提出要争取工头,对于该群体进行统战工作,纱厂工头窦一飞即被争取。③窦在受访时则进一步介绍自己被争取的过程:先参加沪西工友俱乐部活动,再经刘华、孙良惠介绍与邓中夏见面。经过邓长期的教育后,窦开始积极参与沪西地区工人运动,并争取其他同厂工头加入其中。④其三是采用见好就收的谈判策略。据李瑞青回忆,1924年底至1925年初沪西日资纱厂罢工中,工人向资方提出的要求,如不准资方无故打骂、开除工人,增加工资,罢工期间工资照给等,是由邓中夏、刘华、李立三、瞿秋白等商议后提出的。在资方同意不准无故打骂工人与增加工资,但反对工会组织合法化等部分诉求后,罢工工人向邓中夏、瞿秋白、李立三汇报对策,邓中夏就指出被否决的条件必须要让资方承认,但是资方若当下不承认工会,也无碍于工人的团结。在此精神指导下,工人代表与资方达成一致,此次罢工以劳方胜利告终。⑤

因此,从夏明1957年收集的邓中夏史事来看,1923至1925年邓中夏在上海的活动史料,实质上折射出邓在该时期正步入职业革命家的成熟期,一方面表现在他与革命前的生活实现心理、心态上的隔离,另一方面,他在沪西地区开展的各项革命活动反映出革命思想及其实践的日臻成熟。因此,"二月罢工"乃至于日后"五卅运动"中工人斗争取得一定成果,与以邓中夏为代表的沪西工运领导人在革命行动指导观念的成熟化过程密切相关。

1957年下半年夏明访沪采访了解邓中夏史事的相关知情人,受访材料中

---

① 邓中夏:《中国职工运动简史》,第121页。
② 夏明、曹子戈采访,王天筠记录:《老工人姜维新谈话记录》,第11—12页。
③ 夏明、曹子戈采访,倪慧英记录:《老工人姜维新、李瑞青、王瑞安、刘桂宝谈话记录》,第13页。
④ 夏明、曹子戈采访,王天筠记录:《老工人窦一飞谈话记录》,第2—3页。
⑤ 夏明、曹子戈采访,倪慧英记录:《老工人姜维新、李瑞青、王瑞安、刘桂宝谈话记录》,第7—8页。

对邓中夏革命史事与日常生活的大量记载,能够补充既有史料的缺失,特别是亲历者视角下涉及邓氏衣食住行、音容笑貌的细节性回忆材料,使得从日常生活的视角理解邓作为职业革命家,为革命事业的成功,建立与革命外生活的隔离之过程成为可能。从中国共产党领导下的工人运动史观之,通过该受访材料可以发现,以邓中夏为代表的工运领导人,通过总结、反思在长辛店等地开展工作时的经验教训,并运用在工人中建立党的组织、采用灵活斗争与谈判策略等有效手段,实现"二月罢工"等运动的胜利,不仅扩大中共在沪西等地区工人中的影响力,访谈材料本身亦通过工人这一"他者"的视角,折射出邓中夏在上海工作时期,其革命斗争理论的成熟化过程。

因此,从邓中夏个人生平研究层面观之,通过对该批受访材料中邓氏革命思想与实践的分析,可感知邓中夏作为职业革命家,其生活方式与革命外生活产生隔离之典型性,从而进一步理解职业革命家群体作为 1920 年代中共革命活动核心参与群体,其具备强斗争性与坚定革命信仰之原因;从中共在 1920 年代中期开展工运的角度来看,该批材料生动反映了自 1923 年京汉铁路大罢工遭镇压,中共领导下的工运步入低潮期后,以邓中夏为代表的中共工运领导者深入工人群体、了解该群体生活状况与诉求后,在汲取若干先前工运失败教训基础上,及时调整斗争策略,从而在 1924 年底沪西纱厂大罢工与 1925 年"二月罢工"中获得较为理想结果之过程,对理解中共在 1920 年代工运斗争路线之转变亦有所助益。

Deng Zhongxia's life and revolutionary action in Shanghai during 1923 to 1925 based on the observation of "Elder Workers Oral Record"

Abstract: Deng Zhongxia was a prominent early leader in the Chinese Communist Party's labor movement and a revolutionary theorist. In recent years, academia has extensively explored his life and revolutionary ideas through sources such as his collected works and biographical records. This article primarily draws upon interview material included in the "Elder Workers Oral Record," conducted by Xia Ming, Deng Zhongxia's widow, in Shanghai in 1957. It also incorporates existing historical records to analyze Deng's activities during his time in Shanghai from 1923 to 1925. Starting from Deng's historical activities in Shanghai during this period, the article delves into his role as a professional revolutionist, the separation between his everyday life and revolutionary activities, and the maturation of his revolutionary thoughts and practices while leading the workers' movement in the western part of Shanghai. These interview materials, based on the firsthand accounts of those who knew Deng, help to address the gaps in existing sources like collected works and contribute to a deeper understanding of Deng Zhongxia's life and contributions.

Key words：Deng Zhongxia；Xia Ming；Oral Record；Professional Revolutionist

作者简介：陆轶隽，上海师范大学人文学院中国史博士研究生。

远东镭锭中心
——上海中比镭锭治疗院研究[①]

姚　霏

摘　要：1931 年，在中比庚款委员会的促成下，中国第一家肿瘤专科医院——中比镭锭治疗院在上海诞生。本文依托中国第二历史档案馆和上海市档案馆的档案资料，同时广泛搜集近代报刊、医学专业期刊，首次系统研究了中比镭锭治疗院的历史。本文认为，中比镭锭治疗院拥有比肩国际先进水平的放射治疗设备和专业医疗人才，为近代上海肿瘤患者送去福音的同时，也为新中国成立后上海乃至中国的肿瘤防治事业奠定基础。

关键词：中比镭锭治疗院　中比庚款委员会　肿瘤防治

提到 1949 年前中国的肿瘤防治，学界往往将目光聚焦于北京协和医院。一方面，1925 年为孙中山确诊癌症的医院正是北京协和医院；另一方面，1931 年北京协和医学院创立中国第一个肿瘤科。鲜为人知的是，1931 年的上海，诞生了中国最早的肿瘤专科医院——中比镭锭治疗院。这一机构不仅为民国时期上海民众的肿瘤疾病贡献先进疗法，也为新中国肿瘤防治奠定了重要的物质和人才基础。某种程度上，中国肿瘤系统防治的源头也与这一机构密不可分。

一、中比庚款委员会与中比镭锭治疗院

讲述中比镭锭治疗院的历史，就必须提到中比庚款委员会。

---

①　本文系国家社会科学基金一般项目"中国癌症防治史研究(1949—1978)"(20BZS157)的阶段性成果。

　　1925 年 9 月,北洋政府与比利时签订协定,成立中比庚款委员会。1929 年 3 月,中比庚款委员会重启。南京国民政府行政院决定由外交、财政、铁道、教育、卫生、内政各部派委员,改组中比庚款委员会中国代表团,由教育部代表褚民谊出任委员长。五六月间,两国代表团先后召开三次会议,确定了先期分配的庚款金额为 125 万美金,其中 40％用于中比间卫生慈善事业。这笔款项包括现款美金 4.6 万元和公债票美金 44 万元。[①]7 月,中比庚款委员会中国代表团在上海召开第五次会议,决定组织卫生建设基金委员会,"聘请蔡元培、李石曾、宋梧生、葛成之、刘永纯、褚民谊、蔡鸿七人为委员"[②]。会议还明确中比间卫生慈善事业的款项应"分而为二,中比平均支配",即一半用于中国方面发起有中比合作性质之卫生慈善事业,一半用于比国在华经营之卫生慈善事业。中国代表团可支配的款项部分,现款用于慈善事业,公债票分配给各项卫生事业。其后,卫生建设基金委员会将各项卫生建设提议的计划整理成中比间有系统的卫生建设计划。其中,以公债票分配的、属于中国方面发起的卫生事业,排名第一位的便是"镭电母研究所"。[③]

　　无论是"镭电母"还是"镭锭",都是中国社会对"镭"的译名。将镭锭作为中比间重要的卫生建设事业来发展,是基于以下几方面考量。一来,自居里夫人发现"镭"元素之后,镭锭医疗在世界范围内迅速崛起,势如破竹;二来,比利时拥有镭矿资源,镭锭医疗行业已有一定发展;最后,也是最重要的原因是中国亟需镭锭及其治疗技术(当时只有北京协和医院等个别教会医院拥有)。这一点也可以从 1936 年《中比镭锭治疗院概况》提及的"创办目的"证实:一是"尽力收治多量病人,尤注意于贫苦者,俾获享受镭锭及物理疗法之利益",二是"本国际合作防癌之旨,在中国作癌症之各种研究及治疗"。[④]

　　当时还有一个机构也向中比庚款委员会申请了资助,那就是位于杨树浦的教会医院圣心医院。1930 年,中比庚款委员会"派葛成之君赴法比奥德等国调查,费时六阅月……并在比购镭电母五十生丁格兰姆及电疗器等,拟在上

① 《中比庚款委员会特刊》,内部资料,1929 年,第 7—8 页。
② 《中比庚款委员会昨日两会议》,《申报》1929 年 7 月 30 日,第 13 版。
③ 中比庚款委员会秘书处:《中比庚款委员会汇刊》,1935 年 3 月出版发行,报告,第 18、20 页;记录,第 29 页。
④ 《中比庚款委员会会议纪录、学术报告及一九三九年度工作报告及等文书》,南京第二历史档案馆馆藏档案一二(2)1383。

海圣心医院附设镭电母治疗所,用以嘉惠平民、治疗癌病"。①1931 年 3 月 1 日,中比庚款委员会与圣心医院订立合同,镭锭治疗院附属于圣心医院,圣心医院负有筹备及办理中比镭锭治疗院之责,委员会则负供给医院以相当资产及器具之责。②自此,中比镭锭治疗院正式挂牌成立。③1932 年的《圣教杂志》介绍圣心医院情况时提道:"近复与中比庚款委员会合作,向法国购就甫经发明之全部镭锭疗病机,专治各种疝瘤,及一切危难病症,约值二十万金,只镭锭一项,代价超十万元而上之。在东方允称第一疗养院,因其他各医院尚未有此种设备。"④

　　事实上,镭锭确实为当时中国的稀缺物资。1935 年 12 月,中比庚款委员会卫生建设基金委员会在行政院召开会议,卫生署长刘瑞恒认为上海可以实施镭锭治疗的已有圣心医院、红十字会医院、宏仁医院、仁济医院、中西疗养院等五处,"拟请由院拨交南京中央医院相当镭锭,以供医疗之需⋯⋯南京为国都所在,尚无此项设备,似以即设于中央医院尤为适宜"。⑤这一设想自然没有获得比利时方面的同意。为解决中比镭锭治疗院设备优良却利用有限的问题,1935 年 12 月,比利时鲁文大学副教授、癌学专家范燮理(H. Ois Vassiliadis)被聘为中比镭锭治疗院医务主任。这也开启了中比镭锭治疗院独立建制的序幕。

　　在召开数次会议之后,中比庚款委员会决定从 1936 年 1 月起将中比镭锭治疗院改为独立单位,由委员会出资并直接管辖。之所以与圣心医院脱离,主要原因还是"所得成绩与所费资产"不成正比。⑥自此之后,中比镭锭治疗院进入较快发展期。1937 年 3 月,南京国民政府卫生署署长刘瑞恒、卫生实验处副处长金宝善、国民政府参事顾问范士等参观医院,认为"中比镭锭医院为远东具有相当镭锭量、对可惊之癌症最新科学治疗、具有能力充足之 X 光机"的

---

① 中比庚款委员会秘书处:《中比庚款委员会汇刊》,1935 年 3 月出版发行,记录,第 59、81 页。
②⑥《中比庚款委员会会议纪录、学术报告及一九三九年度工作报告及等文书》,南京第二历史档案馆馆藏档案一二(2)1383。
③《上海法租界公董局卫生处关于中比镭锭医院呈报迁址、更换负责人及申请补助费等事项》,上海档案馆馆藏档案 U38-5-1607。
④《上海圣心医院纪事》,《圣教杂志》1932 年第 2 期。
⑤《中比庚款委员会会议记录及〈中比庚款委员会汇刊〉等文书》,南京第二历史档案馆馆藏档案一二(2)1384。

唯一镭锭中心,将对中国的抗癌事业有所补救。①当时的中比镭锭治疗院是各类医学活动的参观地。1937 年 4 月,中华医学会第四届年会暨中山医院开幕礼及国立上海医学院落成礼时,其中一站参观活动就安排在中比镭锭治疗院。②

然而好景不长。1937 年"八一三"事变爆发后,中比镭锭治疗院随圣心医院一同撤到法租界。③10 月,治疗院暂时迁至法租界齐祈路 45 号(今岳阳路 45 号)。④院务主管和医务主管仍分别为宋梧生和范燮理,放射科主任由比利时鲁文大学毕业回国的徐惊伯担任。1938 年 9 月,鉴于租约到期,同时由于"屋室狭窄,不敷应用"⑤,中比镭锭治疗院搬迁到霞飞路 1729 号。⑥

1939 年 6 月,褚民谊以中比文化救济委员会上海代表的身份将镭锭治疗院委托比利时驻华医学会代表、时任比利时驻外国银行上海分行行长拉枫丹(J. Lafontaine)接管,为期五年。⑦这个举动,一来考虑上海的形势,"孤岛"独木难支,为了保证医疗器械等不为日本夺取,需要比利时这个中立国的保护。二来,国民政府西迁,原中比庚款委员会中国代表团可能重组,褚民谊等为保存其在镭锭治疗院的利益而与比利时方面达成协议。这从后来的中比间的交涉也可以看出。1940 年,新成立的中比庚款委员会中国代表团曾一度致函外交部,希望转商比国大使馆,设法将镭锭全部移到内地利用,但遭到比利时代表团的反对。理由是"该院工作现仍照常顺利进行,在目前情形之下,无变更现行办法之必要"。⑧

1940 年 1 月,比利时驻华医学会将中比镭锭治疗院的管理委托给天主教会,由方济各会安排该会修女掌管治疗院。1941 年 12 月 8 日,日本向英美宣战,太平洋战争爆发,比利时人也难逃被日军关入集中营的命运。中比镭锭治疗院院长改由鲁文大学医学博士汤于翰担任,经费也由治疗院自行筹措。⑨

① 《刘瑞恒参观治癌医院》,《申报》1937 年 3 月 20 日,第 16 版。
② 《定四月一日中华医学会开年会 同时举行中山医院开幕礼及国立上海医学院落成礼》,《申报》1937 年 3 月 22 日,第 12 版。
③ 《上海杨树浦圣心医院退出战地》,《福建公教周刊》1937 年第 26 期。
④⑨ 中国癌症研究基金会主编《中国肿瘤史料研究》第 1 卷,军事医学科学出版社 2000 年版,第 198 页。
⑤ 《上海镭锭治疗院移交清册》,上海市档案馆藏档案 B242-1-179-1。
⑥⑧ 《中比庚款委员会会议纪录、学术报告及一九三九年度工作报告及等文书》,南京第二历史档案馆馆藏档案一二(2)1383。
⑦ 《上海市卫生局关于中比镭锭疗养院工作》,上海市档案馆馆藏档案 Q400-1-2465。

抗战胜利后,中比双方曾就中比镭锭治疗院归属问题几经交涉。经过中方不断努力,1946 年 11 月 30 日,比利时驻华医学会将中比镭锭治疗院交给南京国民政府,隶属于卫生部,交接仪式在中比镭锭治疗院举行。①交接后的医院采用董事会制度,即医院设董事会,由董事长和董事组成。为顾及中比友好且因中比庚款委员会继续提供部分经费,卫生部指定卫生业务委员会主任委员刘瑞恒为该院董事会董事长,鲍谦熙(世界卫生机构驻华总医官)、徐国懋(金城银行)、汪代玺(重庆仁爱堂)、潘窦(中比银行经理)、宋梧生(中法药专)、沈克非(中山医院院长)等八人为董事。1947 年 5 月 17 日,该院董事会举行第一次会议,推选刘瑞恒、范里契华、汪代玺、宋梧生四人为执行委员会委员,鲍谦熙、宋梧生二人为医务委员会委员。②

收归国有后的中比镭锭治疗院百废待兴。1947 年,医院增添深度 X 线治疗机、菲利普 X 线诊断机、菲利普接触式 X 线治疗机和三部治疗管。③与此同时,由医院派出留学的吴桓兴由英国回国。当时,接替汤于翰掌管院务的徐惊伯"拟定计划,将该院作为镭锭及深部 X 光治疗专科人才之训练机关。如经费充裕,即将增设免费病床,期该院扩充为治疗癌肿之中心;并拟发起防癌运动,增加国人对于癌症之认识"。④1947 年 10 月,徐惊伯应邀赴美访问,由理事会出面聘请吴桓兴为医务院长。⑤但徐惊伯的理想正在逐步实现。一方面,来院接受镭锭和 X 光治疗的患者加倍,病床增至五十张,且由中国国际救济会捐助免费病床六张;另一方面,中比教育慈善基金委员会每年派送青年医师去往比利时专门学习癌症治疗,同时,南京、昆明、兰州等地也派医师来中比镭锭治疗院实习。⑥

新中国成立后,上海军管会接管中比镭锭治疗院,镭锭治疗作为医院特色延续下来。1950 年 7 月 17 日,上海市政府将镭锭治疗院划归上海市卫生局领导。1951 年 6 月 11 日,卫生部同意改名上海镭锭治疗院,结束了其与中比庚款委员会的历史羁绊。⑦

---

①④ 《中比镭锭院业已收回自办 将增设免费病床期辟为治癌中心》,《申报》1946 年 12 月 8 日,第 5 版。

② 《中比镭锭医院我国正式接受》,《外交部周报》1947 年 5 月 24 日,第 3 版。

③⑤ 中国癌症研究基金会主编《中国肿瘤史料研究》第 1 卷,军事医学科学出版社 2000 年版,第 199 页。

⑥ 《上海镭锭治疗院移交清册》,上海市档案馆馆藏档案 B242-1-179-1。

⑦ 《军管会、卫生部、上海市卫生局关于镭锭医院隶属领导关系、改名、调整收费标准的报告、批复》,上海市档案馆馆藏档案 B242-1-264。

二、"防""治"的设备、技术与观念

建成之初,中比镭锭治疗院的业务状况并不理想。从中比庚款委员会卫生建设委员会委员金宝善的参观报告可知,尽管有 500 毫克的镭锭,尽管治疗设备相对齐全,但最初几年,中比镭锭治疗院每月只有平均十几人的就诊人数。[①]独立之后,医院的业务步入正轨。一方面,中比庚款委员会请来曾任比利时鲁文大学医学院镭锭部主任、以"居礼治疗法"著称于世的范燮理,在医院开设"居礼治疗部"。"闻各地患癌病绝症,无法施治者,均前往就诊云。"[②]另一方面,当时的中比镭锭治疗院设有放射学诊疗室、X 光治疗室、镭锭远透治疗室、电疗室、透热疗法室、高温疗法室、实验室和外科手术室等。仪器设备包括 X 光机、镭锭治疗设备、赤内光灯、紫外线水银灯、普通透热机、短波发热器等。[③]其中新添置的仪器设备包括比利时 De Man 厂生产的 X 光治疗机一部,

1936 年中比镭锭治疗院镭锭器械情况

金质管	5 只	40 毫克
	10 只	20 毫克
	24 只	10 毫克
	28 只	5 毫克
	20 只	2 毫克
白金管	24 只	2 毫克
白金针	30 只(大)	2 毫克
	20 只(小)	2 毫克
	10 只	1 毫克
总计		978 毫克

资料来源:《上海市卫生局关于中比镭锭疗养院工作》,上海市档案馆馆藏档案 Q400-1-2465。

---

① 《中比庚款委员会会议记录及〈中比庚款委员会汇刊〉等文书》,南京第二历史档案馆馆藏档案一二(2)1384。

② 《中比庚款委员会请瓦博士来华》,《时事月报》1936 年第 5 期。

③ 《中比庚款委员会会议纪录、学术报告及一九三九年度工作报告及等文书》,南京第二历史档案馆馆藏档案一二(2)1383。

耗电二十五万伏,备有两只 X 光管。①还请庚款委员会拨款 6.5 万元,再次向比利时购买近 500 毫克镭锭,构成了 978 毫克的镭锭量。②

　　早在 1930 年比利时镭锭制造厂的 *Radium* 一书中,就提及了镭锭可以治疗的疾病,包括各类良恶性皮肤病、妇科(外阴癌、阴道恶性瘤、输卵管癌、子宫颈癌、子宫体癌、子宫附件之恶性肿瘤、良性肿瘤、子宫内膜炎)、耳鼻喉(良性损伤、肉瘤、唇癌、舌癌、口底癌、颊内癌、齿龈癌、上颚癌、扁桃体癌、颌窦癌、喉癌、梨形窦癌、食管癌)、尿系病(阴茎癌、膀胱癌、前列腺癌)、直肠癌、乳癌、眼病(眼眶肉瘤、结合膜瘤、视网膜神经胶质瘤)、大脑瘤、内分泌腺病(巴息朵氏病及甲状腺机能亢进、大脑垂体病)、造血器病(白血病、淋巴肉芽肿或何杰金氏病、结核性腺病)。书的附录里还提到"用一克镭锭原质以从事治疗,平均设备十二床……院中除镭锭外,应再备有供深浅 X 线治疗法、透热法、电疗法、紫外线及红内线疗法之器具……再须有相当之实验室设备,以便从事病理检查、细菌检查、血液检查等,并须工作便利,可以不时证明临证之有无错误。再病人逐日病情,及治疗所得结果,均须详细记录,以便精确统计,而为改良技术之助"。③可以看出,中比镭锭治疗院基本按照这一时期国际同等水平开展临床治疗。

　　在软硬件的提升下,从《中比镭锭院医务报告(1936 年)》中就可以看到各类数据的全面提升。

　　1936 年,医院共有门诊 758 人,收纳入院 431 人(其中男 145,女 286;中国病人 379,外国人 52)。④住院人数较少的主要原因,一方面是病床数仅为 20 多张⑤,更因仅收纳能够进行物理治疗的病人。

　　在放射诊断方面,由于还接受圣心医院和外来病人,全年受放射摄影术检查者 923 人(其中头 95 人、肺 292 人、消化系 180 人、肾 55 人、胆囊 20 人、

---

①　从英文版的 1937 年工作报告可知,在 1936 年前,镭锭治疗院只有一部 X 光机,即购买于 1930 年的 Gaiffe Gaillot 机。直到 1937 年 3 月,才开始使用 1936 年新购的 De Man 机。参见《上海法租界公董局卫生处关于中比镭锭医院呈报迁址、更换负责人及申请补助费等事项》,上海档案馆馆藏档案 U38-5-1607。

②　沈志坚:《中比镭锭研究院购镭》,《儿童世界》1936 年第 6 期。

③　宋梧生译:《镭锭(Radium)之治疗用途》,《国立上海医学院季刊》1937 年第 4 期。

④　《中比镭锭院医务报告(1936 年)》提到,1936 年最初 2 个月处于改组时期,极少有病人。所以,当年的数字实际上为后面 10 个月的总计。

⑤　中国癌症研究基金会主编《中国肿瘤史料研究》第 1 卷,军事医学科学出版社 2000 年版,第 198 页。

膀胱 5 人、骨系 276 人),受放射观察者 375 人(其中肺 279 人、心脏 3 人、消化系 93 人)。①

在放射治疗方面,已开展三种治疗,包括 X 光放射治疗、镭锭放射治疗、X光与镭锭联合治疗。在 X 光治疗方面,当时仅使用深透 X 光治疗器械一具(Gaiffe Gaillot Pilon 厂生产,电力为 25 万伏)。医院严格按照古达尔氏(Coutard)的方法,治疗一个癌症病例,一次平均照射时间半小时,平均需要三四十次,多至五六十次。据统计,全年治疗病案 173 例,器械使用 3 729 次,共计1 864 小时。在镭锭治疗方面,医院所有镭锭分两部分使用,900 毫克供远距离放射疗法,100 毫克供局部治疗。据统计,全年治疗病案 55 例,远距离放射疗法共计使用 2 647 次,局部治疗 155 次。而用 X 光与镭锭联合治疗者有 124例,这种治疗被证明效果更好。②

从 1937 年的年度报告里可知,当年门诊人数 600 人、入院人数 358 人。人数减少主要受到战争影响。因为早在当年 7 月,病人们便不敢到医院进行长时间治疗。"八一三"之后,几乎没有病人愿意留在医院,即使留在医院也很快被疏散。整个九十月,医院都处在设备搬运、重新组装阶段。直到 10 月 26日,才重新恢复营业。因此这一年的数据其实只是 7 个月的数据。不过,由于医院在中比庚款委员会的要求下,致力于战时难民的治疗,将所有设备和人员用于服务战时医院、妇产医院和难童医院,因此,尽管门诊量、住院量和放射治疗量有所减少,但 X 光诊断量有所提高。"一年内,共作 X 光摄影 968 次,X 光检查 481 次。医院原有 Gaiffe Gaillot 机一具,现又添置 De Man 机一具,共作X 光治疗 4 815 次,受治人数仅 137 人。"显然,经由新设备的添置,X 光治疗量也有较大提升。③

这一时期的年度工作报告给出了医院治疗的疾病种类和疗法,如:"单用X 光治疗者,唯有胃肠内肿瘤等不适用镭锭治疗的病症。单用镭锭治疗者,仅皮肤赘瘤一种。""对于患神经节结核、结核性骨炎、结核性腹膜炎、喉结核、丹毒及脊椎结核病者,用超紫线和深度 X 光合并治疗。""对于患窦炎、脑脓肿、神经炎、肺脓肿、气肿、肠胃病、慢性便秘、腹膜脓肿、痈及其他一切生脓性皮肤症

① 《中比庚款委员会会议纪录、学术报告及一九三九年度工作报告及等文书》,南京第二历史档案馆馆藏档案一二(2)1383。
②③ 《上海法租界公董局卫生处关于中比镭锭医院呈报迁址、更换负责人及申请补助费等事项》,上海档案馆馆藏档案 U38-5-1607。

者,用超短波治疗。""对于淋病、梅毒、风湿、脑膜炎、神经病及小舞蹈病,用短波透热治疗。"①尽管医院的治疗范围较广,但从统计来看,癌症治疗依然占其治疗疾病的一半以上。②

在 1936 年和 1937 年的年度报告中,都提到了社会服务部工作的重要性。相比一般医院的社会服务部,中比镭锭治疗院的社会服务部任务更重,因为"癌症的治疗需要多疗程,但一般送诊病人往往一去不复返,以至于前功尽弃"③,"贫苦病人往往一度受治以后不再复诊"。医院表示要发挥社会服务部的作用,引导人们对癌症治疗的认识。④因此,这一时期,社会服务部不仅写信给病人,还派护士去病人家中获取信息。1937 年,社会服务部共拜访病人1 344 次,跟踪探访病人 79 次,写信提醒病人复查 600 次,调查以确定病人经济条件 234 次。社会服务部的工作看似琐碎,却是沟通患者、医院和社会的重要媒介。当时,社会服务部往往是刚毕业的医学生的第一个岗位。⑤1937 年,刚刚从震旦大学毕业的吴桓兴便负责中比镭锭治疗院的社会服务部。⑥

搬迁至霞飞路 1729 号之后,中比镭锭治疗院的环境得到了极大改善。从印刷于 1940 年的宣传册可见,医院主体建筑为三层楼,大门朝南。一进门就是一间整洁的候诊室,候诊室旁是门诊室。医院除周日外,每天上午九点至中午开诊;每周二五两日下午二时半至四时半为免费门诊或指导治病方针时间。建筑的底层主要用来进行各种检查和治疗,有 X 光摄影室、镭锭治疗室、深度 X 光治疗室等;二楼有手术室、化验室、药房和病房;三楼全部都是病房。当时镭锭治疗院的病房分为四等。头等病房有私人浴间,还有供陪护者休息的床;二等病房备有普通盥洗设备,也可给陪护者加床;而最多的是三、四等病房,可容纳 2 到 5 人不等,也附有独立卫浴设施。手术室之所以安排在楼上,主要考虑可以就近将病人转往病房。而且,当时的手术室已经具备冷气装置。⑦

这一时期,中比镭锭治疗院还致力于肿瘤的预防。院长汤于翰的贡献尤著。1941 年,在震旦大学医学院第二十二届毕业纪念刊物上,汤于翰发表《怎

①④ 《中比镭锭治疗院一九三七年报告》,《上海医事周刊》1938 年第 46 期。

②⑤ 《上海法租界公董局卫生处关于中比镭锭医院呈报迁址、更换负责人及申请补助费等事项》,上海档案馆馆藏档案 U38-5-1607。

③ 《中比镭锭治疗院廿五年度报告》,《社会医药》1937 年第 6 期。

⑥ 《上海镭锭治疗院移交清册》,上海档案馆馆藏档案 B242-1-179-1。

⑦ 《上海市卫生局、上海中比镭锭治疗院关于医院注册的申请书及其职工名册、宣传手册、平面图、同意开业执照》,上海市档案馆馆藏档案 Q580-52-1。

样防癌》一文,提醒读者应及早诊视,并从个人、医生、国家三方面分别提出若干防癌建议。[①]1941 年 11 月 18 日和 21 日,鉴于癌症在国内增加的态势,汤于翰在震旦大学开展"乳癌与子宫癌"的讲座。[②]1944 年的《震旦医刊》发表了汤于翰的论文《产生癌之化学物》。而在《协助我们扑灭癌症》一文中,他介绍了癌症危害人体健康的原理,列出时常被问到的五大问题:癌症是否因寄生虫或毒菌或因身体内部起变化而生? 癌症会否传染? 癌症是否有遗传性? 癌症是否可作早期诊断? 癌症治疗能否奏效? 汤于翰对以上问题一一作答。最后还在文末附上十条常识,以期"互相协助把可怕的癌病扑灭"。[③]作为镭锭研究方面的专家和中比镭锭治疗院院长,在《镭锭概论》一文中,他又详尽地介绍了镭锭性质、发明、来源、提炼过程,[④]为民众贡献了一篇详细、全面、系统的镭锭科普小论文。

近代中国,在肿瘤治疗尚且有限的情况下,中比镭锭治疗院不仅依托先进设备、专业人才开展规范的肿瘤治疗,更开启了肿瘤防治知识的宣传普及。这些"防"与"治"的设备、技术和观念,都为中国系统肿瘤防治的起步奠定基础。

三、中比镭锭治疗院的历史贡献

1. 为肿瘤患者带去治疗希望

1930—1940 年代,我们能在上海的报刊上看到不少在中比镭锭治疗院接受治疗的患者,其中不乏政界、文艺界名人和知名社会人物。尽管这些名人罹患的未必是肿瘤,但中比镭锭治疗院长于肿瘤治疗已经成为社会共识。

与此同时,中比镭锭治疗院也保持其慈善宗旨。早在 1940、1941 年的《申报》上,我们就能看到医院的广告:"本院订定于每星期二、五下午二时半至四时半特设施诊完全免费"[⑤],"本院系属慈善事业之一,其目的在使癌症者得普遍疗愈之机会。故凡贫病来院就医,而应用之镭锭及医务费用,本院概予免费。若需经 X 光及其他物理治疗者,则因所费过巨,本院限于经济,殊难完全负担,然收费从廉,仅足维持成本而已。本院之用意,厥为促使患者迅速就医,毋使因经济关系而因循自误也。"[⑥]

① 汤于翰:《怎样防癌》,《震旦大学医学院第念弍届毕业纪念刊》,1941 年,第 248—250 页。
② 《汤于翰博士讲"癌"》,《申报》1941 年 11 月 18 日,第 7 版。
③ 汤于翰:《协助我们扑灭癌症》,《中华健康杂志》1944 年第 4 期。
④ 汤于翰:《镭锭概论》,《众论月刊》1944 年第 4 期。
⑤ 《比国驻华医事事业　中比镭锭治疗院启事》,《申报》1940 年 6 月 11 日,第 1 版。
⑥ 《比国驻华医事事业　中比镭锭治疗院为特辟免费门诊部启事》,《申报》1941 年 3 月 23 日,第 1 版。

中比镭锭治疗院收治的部分患者

姓 名	职 业	病 情	资料来源
林雪怀	演员、摄影师	颧骨部位癌症	《申报》1935 年 6 月 12 日,第 11 版
谢 祺	财政部税务署长	肝癌	《申报》1937 年 1 月 6 日,第 14 版
黄嘉惠	中华民国拒毒会创始人和总干事	癌症	《申报》1940 年 3 月 26 日,第 10 版
蓝 兰	电影明星	神经疾病	《电影新闻》1941 年第 26 期
汤恩伯	将军	肺炎	《申报》1946 年 3 月 19 日,第 3 版
赵一肩	国防部第四厅厅长	甲状腺恶性癌	《申报》1946 年 7 月 29 日,第 4 版
关宗轼	中央社上海分社英文组组长	血癌	《申报》1946 年 12 月 7 日,第 6 版
袁同畴	国防部文职人事司长	喉癌	《文汇报》1947 年 2 月 22 日,第 4 版
孙 科	行政院院长	腿部肿瘤	《申报》1948 年 12 月 1 日,第 1 版

1943 年底,中比镭锭治疗院与上海特别市政府接洽,同意续办贫病治疗事项,但不能仅提供给外侨,要国人和外侨各占一半、男女各半,并增加五个病床给癌症患者,每个病床较上一年增加 50 元,为每日 150 元。1944 年,病床补贴又上调到 300 元。贫困患者就医后得到需要住院治疗的结论,可以提出免费治疗申请。一般为自己或有职业的家属、就职单位的负责人向卫生局提出,卫生局指定上海市第一、二医院相关医生查实,然后便由卫生局给予免费住院的批示。从 1944 年 12 月 24 日到 1945 年 3 月 3 日的免费病房住院人员名单来看,基本每旬都有免费病人住院。①1945 年 1 月,医院又向上海特别市提出一月份起将贫病病床津贴每日三百元调整到一千元的请求。从档案来看,所有补助都得到了落实。②

印刷于 1940 年的中比镭锭治疗院宣传册上刊登过部分癌症患者治疗前后的照片。两相对比下,医院的治疗水平一目了然。③尽管这些照片带有宣传

---

① 《日伪上海特别市卫生局有关镭锭治疗院经费及入院手续》,上海市档案馆藏档案 R50-1-1377。
② 《日伪上海特别市政府关于镭锭治疗院的文件》,上海市档案馆藏档案 R1-12-326。
③ 《上海市卫生局、上海中比镭锭治疗院关于医院注册的申请书及其职工名册、宣传手册、平面图、同意开业执照》,上海市档案馆藏档案 Q580-52-1。

色彩,但从 1947 年至 1949 年医院诊治 1 300 名患者的事实来看,中比镭锭治疗院为上海的患者带去了肿瘤治疗的新希望。

2. 为上海肿瘤防治奠定物质和人才基础

抗战时期,中比镭锭治疗院保有的一克镭锭曾遭日军觊觎。据放射科负责人徐惊伯回忆:"一次汤于翰外出,我暂负责医疗工作,突然一个日本敌军官闯入本院要求交出短波通讯电台,且声称安装电台的人要受军事审讯处罚。因他在医院周围巡逻,他的短波通讯电台受到干扰,我告诉他安置镭锭治疗的病人,病床在邻近医院的边角上,镭锭发散短波可干扰你的通讯机,经过当场测验,果然属实。他才信服,但扬言要取走镭锭,我说你拿走后你日夜经它照射不久要死去的,他才悻悻离去,镭锭就这样保存下来了。"[1]1949 年上海市军管会接管中比镭锭治疗院,也接收了院中的镭锭。清点后的镭锭与 1936 年的数量无差别,诚如《移交清册》中提到的:"敌日屡尚觊觎本院所有之镭锭,幸未遭其夺走。"[2]

上海肿瘤防治的物质基础除了镭锭,还包括其他治疗设备。仅以中比镭锭治疗院为例,其移交的治疗设备就包括电器治疗机,如紫外线机(德国制汉诺式 2 架、修兰特牙式 1 架;美国制罗斯式 1 架、可曼耶式 1 架);红外线灯汉诺式 1 架;电热架八只灯泡 1 架;中国 X 光公司出品电流应用机 1 架;德国西蒙式 X 光用量计 1 架、美国维克多样式 X 光用量计 1 架;电器烧灼器 1 套;电器体温计 1 只;X 光诊断机(菲利浦式全套、盖夫式全套、手提式全套);X 光治疗机(弟曼式深度 X 光治疗机全套、盖夫式深度 X 光治疗机全套、开雷高特式深度 X 光治疗机全套、接福 X 光治疗机全套)。[3]尽管部分机器出现损坏,但依然为上海的肿瘤诊断治疗保留下一定的物质基础。

与此同时,中比镭锭治疗院也为上海乃至新中国培养了一批肿瘤防治人才。1939 年中比庚款委员会第十七次会议记录中就提到"对于中国青年医师愿致力于此种专门技能者,该院可偶尔资遣赴比,凡中国医师曾在国内执行业务有年而愿付比国之治癌学中枢研究者,该院亦可资遣之"。[4]

---

① 复旦大学附属肿瘤医院编《情缘:肿瘤医院建院 80 周年纪念文集》,上海人民出版社 2011 年版,第 3 页。

②③ 《上海镭锭治疗院移交清册》,上海市档案馆馆藏档案 B242-1-179-1。

④ 《中比庚款委员会会议纪录、学术报告及一九三九年度工作报告及等文书》,南京第二历史档案馆馆藏档案一二(2)1383。

中比镭锭治疗院留比医生一览表

姓　名	留学经历/学位	回国后任职经历	备　　注
宋梧生	在比利时和法国学习医学	中比镭锭治疗院发起人	
黄　坚	比利时布鲁塞尔大学医学博士	上海圣心医院、中比镭锭治疗院外科主任、湖南重伤医院军政部手术组长	1932、1933 年度获中比庚款留学资助
唐士垣	比利时鲁文大学医学博士	中比镭锭治疗院主任	1933、1934 年度获中比庚款留学资助
徐惊伯	比利时鲁文大学外科兼产科医学博士，主攻癌症	中比镭锭治疗院放射科主任	1933、1934、1936 年度获中比庚款留学资助
谭庆澜	比利时鲁文大学医学博士	中比镭锭治疗院外科主任	1929、1930、1931 年度获中比庚款留学资助
汤于翰	比利时鲁文大学医学博士，主攻癌症	中比镭锭治疗院院长	1936 年度获中比庚款留学资助
吴桓兴	比利时布鲁塞尔大学医学博士	中比镭锭治疗院院长、江苏医学院教授，上海同德医学院、中国军事医学科学院、华东医院、暨南大学	医院派出深造
佘亚雄	比利时鲁文大学医科	上海震旦大学医科	
傅培彬	比利时鲁文大学医学博士	中比镭锭治疗院抗战医疗机构、上海沪东医院、广慈医院、瑞金医院	1929、1933、1934、1936 年度获中比庚款留学资助

资料来源：1.上海中比友谊会编：《留比同学录》，1933 年影印版。2.中国留法比瑞同学会编：《中国留法比瑞同学会同学录》，1943 年影印版。3.中比庚款委员会秘书处编：《中比庚款委员会汇刊》，1935 年 3 月影印版。4.《中比庚款委员会会议纪录、学术报告及一九三九年度工作报告及等文书》，中国第二历史档案馆藏档案一二(2)—1383。5.《申报》《大公报》《教育杂志》等报刊中的相关记载。6.马祖圣编：《历年出国/回国科技人员总览》，社会科学文献出版社 2007 年版。

因为放射治疗的前沿性，中比镭锭治疗院的医生大多有着留学经历，特别是前往以放射治疗为特色的比利时医学院的留学经历，如后来成为新中国肿瘤防治权威的吴桓兴、上海瑞金医院资深专家傅培彬等。1949 年，病理学专家顾绥岳带领技术员陈士雄、张静清加盟中比镭锭治疗院，与余新生、王懿龄一起组建国内最早的病理科之一。他们和上海诸多西医医院的外科专家们一同构成了上海最早的肿瘤治疗团队。

3. 为新中国肿瘤防治明确路径

1950 年，上海市镭锭医院院长吴桓兴在国内最权威的医学杂志《中华医学杂志》上发表文章《癌在中国》，其中附上了 1947—1949 年间在中比镭锭治疗院治疗的癌症患者和治疗方法统计。从数据可见，尽管不同于当下的肿瘤分类，但在 1949 年前，中国本土的医疗机构已经能够根据发病部位的不同，对恶性肿瘤进行定名。从发病部位来看，子宫颈癌发病率最高，占了全部患者的35.38%；其次是占了 13% 的乳癌。在上海高居前两位的是跟女性息息相关的癌种。其后，占比较高的依次为软组织（4.15%）、鼻副窦（3.38%）、皮肤（3.16%）、扁桃腺（2.33%）、造血器官（2.23%）、支气管系和肺（2.08%）、食管（2.08%）等发病部位。与此同时，我们也可以看到，到 1940 年代末，中比镭锭治疗院已经可以完成多部位的癌症治疗，其放射疗法、外科手术合并放射疗法成为治疗特色。

结合数据，吴桓兴在文章中给出中国癌症患者的一些特质，包括"大家都知道我国患鼻咽癌的机会最多，尤其是男子""我们必须提及我国人也常会生原发性肝癌""至于我国女子患癌疾的情形，我们注意到我国女子同外国女子患子宫颈癌和乳房癌的机会相等"且"我国患子宫颈癌的女子的岁数比较年轻，其中约有百分之五十的女子是在四十五岁以下"。患者年龄引起了吴桓兴的特别注意。1 300 名患者的年龄统计打破以往对于癌症患者多为老年人的印象，患病年龄最高峰是 41—50 岁，且 31—40 岁和 41—50 岁两组病人的总数占据全部病人的 57%。因此，吴桓兴认为，在中国，癌的侵袭发生于比较年轻的人。而更严峻的是，"同外国的比较，我们所看到的癌往往已达后期"。这也进一步提示在中国开展癌症防治的重要性。①

中比镭锭治疗院 1947—1949 年的数据揭示出治疗排名前三的分别为宫颈癌、乳腺癌和鼻咽癌，一定程度上也提示这些癌症的高发。虽然民国时期的中国没有肿瘤登记制度，国人患癌的统计资料较难获得。但从 20 世纪二三十年代国内出版和发表的各种西医论著里，都能看到关于子宫癌是女性高发癌的提法。同时，在一些不完全统计中，也能看到关于中国子宫癌高发的量性分

---

① 吴桓兴：《癌在中国》，《中华医学杂志》1950 年第 5、6 期。

析。中比镭锭治疗院的数据进一步证实了这一观点。宫颈癌的高发和治疗手段的相对成熟,一定程度上推动了新中国成立后的肿瘤防治工作从宫颈癌开始。

与此同时,中比镭锭治疗院对专业人才培养的坚持也为新中国肿瘤防治事业明确了路径。吴桓兴指出:"我们也必须将可能利用的资源和精力用以训练更多的专家,和用以治疗日日增添的癌疾患者,也许二十年后,我们会急切地需要千百位专家来掌管分布全国的癌疾患者,与医治癌疾……如果现在能树立稳健的基础,将来我们就能收获一群有适当训练的专家,负得起托付给他们的使命。"①事实上,1954 年起,卫生部委托上海第一医学院肿瘤医院(前身即中比镭锭治疗院)开办肿瘤病理、放射治疗等多种进修班,培养肿瘤防治人才。据放射肿瘤学专家杨天恩回忆:"1954 年 1 月,上海镭锭医院正式划归上海第一医学院定为上海第一医学院肿瘤医院。1954 年该院面向全国培养高级人才,首先举办了放射治疗进修班,每年一届。根据部分统计,1955 年前后,从该进修班毕业者多数在全国各地区各大放疗中心成为骨干,促进了我国放疗事业的发展。"②

1952 年初,吴桓兴赴朝鲜,参加战地医疗队。是年冬回国,到中国人民解放军军事医学科学院从事放射损伤和机理的研究,在该院创办我国第一个放射生物学系。1958 年,他主持建立新中国第一个肿瘤医院——中国医学科学院肿瘤医院,并任院长。吴桓兴带着中比镭锭治疗院时期积累的医疗实践和思考,推动新中国的肿瘤防治事业筚路蓝缕、一路前行。

Radium Treatment Centre in the Far East

—Research on Sino-Belgian Radium Institute

Abstract:In 1931, under the facilitation of the Sino-Belgian Committee for Boxer Indemnity, the Sino-Belgian Radium Institute, the first specialized tumour hospital in China, was born in Shanghai. Relying on the archives of the Second Historical Archives of China and the Shanghai Municipal Archives, as well as extensive collection of modern newspapers and medical journals, this paper is the first systematic study of the history of the Sino-Belgian Ra-

---

① 吴桓兴:《癌在中国》,《中华医学杂志》1950 年第 5、6 期。
② 杨天恩:《中国放射肿瘤学(1931—2001)编年大事记》,中国癌症研究基金会编《中国肿瘤史料研究》第 2 卷,军事医学科学出版社 2004 年版,第 35 页。

dium Institute. The article argues that the Sino-Belgian Radium Institute possessed advanced radiation treatment equipment and professional medical personnel comparable to international standards，bringing hope to tumour patients in modern Shanghai and laying the foundation for tumour prevention and treatment in Shanghai and China after the establishment of the People's Republic of China.

Key words：Sino-Belgian Radium Institute；Sino-Belgian Committee for Boxer Indemnity；Tumour Prevention and Treatment

作者简介：姚霏，上海师范大学人文学院历史系教授。

世界城市之观

——评《牛津世界城市史研究》①

李　腊

　　摘　要:英国著名历史学家彼得·克拉克的《牛津世界城市史研究》首次详细研究了从早期到现代世界主要城市体系。一方面,概览了亚洲、欧洲、非洲及美洲等世界范围内城镇的发展趋势,涉及从大都会中心到城市郊区、从殖民城市到乡镇市集的浩瀚体系;另一方面剖析了城市形成与在形成过程中的关键因素:经济发展、移民浪潮、权力适用、社会平等及环境压力,等等。通过对世界各个城市不同阶段不同主题的比较研究,从而展现出世界历史长河中城市发展脉络的全面貌,为我们提供了一幅从古代到现代城市变迁的美丽画卷。

　　关键词:彼得·克拉克　城市史研究　世界城市　城市化进程

　　"世界没法展露更美的容颜,谁若是看不见这壮丽美景,
　　那他的灵魂定是呆滞愚钝,城市此刻披着美丽的晨衫,
　　披晨衫的城市质朴而恬然,船舶、剧院、教堂、圆顶,
　　袒卧在大地,映衬着苍旻,在明净的空气中粲然闪耀。"
　　这首精美的十四行诗选自英国浪漫主义诗人威廉·华兹华斯(William Wordsworth, 1770—1850)的《写于威斯敏斯特桥上》(*Composed Upon West-*

---

① 本文系 2022 年安徽农业大学人才引进科研项目"创伤视域下的伦敦文学空间叙事的主题流变研究"(YJ2022-50)的阶段性成果。

minster Bridge）①，1802 年写成，于 1807 年收入《诗集》首次发表。诗中的伦敦城正值初秋之际，从泰晤士河上的威斯敏斯特大桥远眺清晨的伦敦城是如此的美丽，晨光熹微中的伦敦城更有一种质朴、清朗、壮丽、恬静之美。不消说，此时的伦敦代表了世界城市之美，彰显出城市独有的容颜——相互交错的建筑、庄重祥和的气氛、熠熠生辉的川流……

2008 年，"城里人"首次成为这颗星球上的主体人群，人们迈入城市化时代。此去经年，世界范围内的城市化浪潮，堪称人类的至高成就，但同时衍生的问题也如影随形。曾几何时，全球各地城市系统如何演进并相互影响？古往今来，历史上的城市类型对当下世界影响几何？千百年间，市井变迁，何止沧海桑田、地覆天翻，其核心驱动力，是工商贸易的市场力量？是统治阶级的政府施政？是城市之间的合纵连横？抑或是城市环境与人口因素？

彼得·克拉克的《牛津世界城市史研究》（以下简称《城市史》）②给出了世界范围内的城市化进程模式，成为研究从早期到现代世界主要城市体系的第一部作品。不同学科背景的五十位顶尖学者，敢为人先，对历史长河中的城市发展脉络，进行了事无巨细的比较研究。关于这一城市史研究的大块头并不多见，据笔者所了解到的有《西方城市史学》③《美国城市史百科全书》（*Encyclopedia of American Urban History*）④，《城市发展史：起源、演变与前景》（*The City in History：Its Origins，Its Tranformations and Its Prospects*）⑤，《城市形态史》（*History of Urban Form：History of Urban Form Before the Industrial Revolution*）⑥等等，前者为专著，而后三者均为译著，可以说《城市史》的迻译为国内关于城市史研究的厚本巨作再添一剂，是学术界的一大乐事。

---

① William Wordsworth, *Composed Upon Westminster Bridge*，September 3rd，1802.

② Peter Clark, *The Oxford Handbook of Cities in World History*，Oxford：Oxford University Press，2013，中译本参见：彼得·克拉克：《牛津世界城市史研究》，陈恒、屈伯文等译，上海三联书店 2019 年版。下文凡引用该译著的只注明页码，不再另注。

③ 陈恒等：《西方城市史学》，商务印书馆 2017 年版。

④ ［美］戴维·古德菲尔德：《美国城市史百科全书》，陈恒等译，上海三联书店 2018 年版。

⑤ ［美］刘易斯·芒福德：《城市发展史：起源、演变与前景》，宋俊岭、宋一然译，上海三联书店 2018 年版。

⑥ ［英］莫里斯：《城市形态史——工业革命以前》（全两册），成一农等译，商务印书馆 2011 年版。

《城市史》面面观

彼得·克拉克的《牛津世界城市史研究》中译本于 2019 年 7 月正式面世，由陈恒、屈伯文等译，上海三联书店出版。全书按照时间顺序，主要分为三大部分——早期城市、近代早期城市、现当代城市，每个部分又分概览和专题两个板块，合 44 个章节（具体参见表 1），原著达 850 多页，译著近 550 多页，可谓是皇皇巨著。

第一章节是导言部分，彼得·克拉克开篇便表示无意撰写一部城市发展的百科全书，也不会就某个城市的历史高谈阔论，而是对主要城市体系中的大趋势进行个案研究，以及对若干关键变量进行比较分析，着重强调论述城市史研究的比较方法等。谈及比较研究路径时，他追溯了芝加哥学派、法国年鉴学派、马克斯·韦伯以及社会人类学家对城市史的研究，然而这些研究在上世纪 80 年代均遭遇重重挑战，于是克拉克表示自己将视野放在了"全球范围下的城市化模式"。

本书的第一部分包含了从第 2 章到第 11 章，共 10 个章节的内容，主要追溯早期城市的具体概况，介绍了从美索不达米亚、古地中海世界、非洲、南亚以及中国等早期城市的经济、人口与移民、权利与公民、宗教与礼仪、以及规划与环境方面的大致情况。这一部分还强调了早期城市经济的多样性和复杂性，并指出促进城市增长的众多因素诸如乡村人口的迁移、稳定的政治、贸易的拓展等，为我们展现了那些距离我们近千年的古文明城市的概貌。重点凸出了早期城市化阶段的发展状况，并表示早期城市的一个关键特征——具有集中的、与街道规划相关的组织结构，进一步说明权力与文化二者共同决定了城市的物理环境。而这一时期没有涉及欧洲和美洲的城市情况，笔者认为可能是按照文明的诞生地来记述的。

第二部分包含从第 12 章到第 24 章，共 13 个章节的内容，主要阐述近代早期城市的概况。9 世纪起城市化浪潮汹涌起来，而到 14—15 世纪期间，城市发展又显颓势，再到 16—18 世纪城市化进程再次进入高潮，故而得出城市的发展不可能是直线上升的，而是曲折前进的。这一时期涉及欧洲、中东、奥斯曼、中国、日本、东南亚以及拉丁美洲城市的发展趋势，从经济、人口流动、权力和文化四个方面进行了具体的阐释。克拉克表示：均衡的城市体系为长远的经济发展创造了最良好的条件;①而权力一旦过度集中于某个或某几个城市中,那么就仅有这些城市会继续发展,其他更小的城市则成为强权城市的牺牲品;人口流动、移民是城市生活无所不在的特征,②它们让城市更为鲜活、多彩;而一座城市的最佳表象即是这个城市本身,文化形象体现在城市格局、建筑物、城市空间,乃至城市的世俗礼仪之中。③而这一时期缺少了对撒哈拉以南的非洲城市的描述。

第三部分包含从第 25 章到第 44 章,共 20 个章节的内容,叙述了现当代城市的主要情况。概览中对整个世界——欧洲、拉美、北美、中国、日本、南亚、东南亚和澳大利亚、中东以及非洲——这一时期的城市作了全景式概述,主要体现在技术变革、环境与社会问题的兴起、城市发展的动力、城市等级体系、城市人口等众多方面。而专题中,则对具体问题进行了探讨,包括工业化对城市的影响、人口流动与城市移民、城市的不平等与种族隔离、城市文化等。克拉克指出 19 世纪早期英格兰的工业革命和 20 世纪晚期中国的出口导向型工业化都指明,城市工业化的成功得益于背后的乡村,但这种成功也为自身的衰落埋下了伏笔,因为城市工业的发展必定会侵蚀其乡村基础;④城市的制度结构也决定了农村人口向城市迁移的模式。与此同时,也让我们清醒地认识到城市化在制造贫困和加剧不平等方面所扮演的重要角色。在第 39 章节中,克拉克就电影业如何成为城市文化的必要组成部分也给予了一定的笔墨,他表示自 19 世纪末以降,电影已强有力地支配着城市表达,电影还成为城市形象的传播者,这又使得城乡生活的对比更加尖锐。然而,在我们看来这一点似乎并不值得如此突出,这更加彰显了克拉克对城市文化主题的重视。

由上,我们还可以看出在这三大部分中,东亚则占据了一定的比例。日本和中国的突出地位在一些章节中得到了具体阐述,这些章节也涉及来美索不达米亚、中东和奥斯曼帝国城市,如此共同展示了与北欧和美国相对后起的新城市的经验相比,上述地区城市所具有的巨大意义。特别是,这些地区促使我们以不同的方式思考城市的模样、城市的用途、发展规模与速度。在 20 世纪之前,通常是大规模的礼仪城市和军事城市占主导地位,而之后快速的工业化

---

① Peter Clark, *The Oxford Handbook of Cities in World History*, p.400.
② Peter Clark, *The Oxford Handbook of Cities in World History*, p.402.
③ Peter Clark, *The Oxford Handbook of Cities in World History*, p.422.
④ Peter Clark, *The Oxford Handbook of Cities in World History*, p.659.

也促使了其迅速增长。因此,正如克丽斯廷·斯特普尔顿(Kristin Stapleton)在第 28 章所言,中国广东省深圳经济特区从 1980 年仅有 3 万人口,发展到 30 年后的 900 万人口,[①]这让 19 世纪的欧洲城市诸如英格兰的米德尔斯堡或德国的波鸿等的扩张黯然失色。全书 20 幅地图非常有效地展示了世界城市规模的分布与演变历程,也展示了欧洲在城市等级体系中相对短暂的主导地位。

　　总而言之,本书不仅纵览亚洲、中东、欧洲、非洲及美洲等世界范围内城镇的发展趋势,涵盖从大都会中心到城郊、从殖民城市到乡镇市集的宽广谱系,更着眼于城市形成与再形成过程中的关键因素:权力适用、经济发展、移民浪潮、社会平等、环境压力与城市对策、宗教信仰及其表现形式,电影行业的发展及城市的创造力。克拉克开宗明义,阐述了城市通史研究的重要性及其面临的种种挑战,同时沿着从古美索不达米亚早期城市的萌生到当今城市发展的主体脉络,按时间顺序分别介绍了古代、中世纪和近代早期,以及现当代的城市群像。让我们看到了世界范围下的城市概览图,深化了我们对城市化规律与城市特性和共性的认识。

表 1　《牛津世界城市史研究》纲要表

第一部分　早期城市	
概览	专题
第 2 章　美索不达米亚	第 7 章　经济
第 3 章　古地中海世界城市	第 8 章　人口与移民
第 4 章　非洲	第 9 章　权力与公民权利
第 5 章　南亚	第 10 章　宗教与礼仪
第 6 章　中国	第 11 章　规划与环境
第二部分　近代早期城市	
第 12 章　中世纪欧洲	第 21 章　经济
第 13 章　近代早期欧洲:1500—1800 年	第 22 章　人口及其迁移:欧、中经验的比较
第 14 章　中东:7—15 世纪	第 23 章　权力
第 15 章　奥斯曼城市:1500—1800 年	第 24 章　文化的表象

---

① Peter Clark, *The Oxford Handbook of Cities in World History*, p.533.

第二部分　近代早期城市	
第 16 章　中国:600—1300 年	
第 17 章　中国:1300—1900 年	
第 18 章　日本的前现代城市	
第 19 章　东南亚的港口城市:1400—1800 年	
第 20 章　拉丁美洲	
第三部分　现当代城市	
第 25 章　欧洲:1800—2000 年	第 34 章　工业化与城市:东方与西方
第 26 章　拉丁美洲	第 35 章　人口与迁移
第 27 章　北美	第 36 章　贫困、不平等和社会隔离
第 28 章　中国:从 1900 年到现在	第 37 章　城市环境
第 29 章　日本	第 38 章　创新型城市
第 30 章　南亚	第 39 章　电影与城市
第 31 章　东南亚和澳大利亚	第 40 章　殖民地城市
第 32 章　中东	第 41 章　当代大都会
第 33 章　非洲:1000—2010 年	第 42 章　郊区
	第 43 章　港口城市
	第 44 章　结论:时代中的城市

《城市史》的风貌与特色

　　彼得·克拉克关于城市史的著作为学界所周知的,无疑是由剑桥大学出版的《剑桥英国城市史》三卷本中的第二卷本,这一卷本聚焦的是对 1540 年到 1840 年间英国城市的整体与个体研究。①其次,还有牛津大学出版的《欧洲城镇史,400—2000 年》(*European Cities and Towns 400—2000*),主要阐述从早

---

① Peter Clark, *Cambridge Urban History of Britain 1540—1840*, Vol.2, Cambridge: Cambridge University Press, 2000, pp.4—5.

期到现代整个欧洲城镇的发展历程,①相较于之前的那本,其范围和时间跨度都要更广一些。然而,《牛津世界城市史》篇幅之巨、内容之广、跨度之大,皆达到了克拉克所有著作的顶峰,成为详细论述从古至今城市发展比较研究的开山之作。该著作不仅覆盖了国际顶尖学者的权威研究成果,全面涉及历史社会学科各大重点专题;而且深度诠释了世界历史发展进程中各大重要城市。由此,笔者将从以下三个方面具体论述《城市史》的风格与特点。

第一点:图文并茂,广度与深度并存。

通篇穿插地图与图片。每部分前言的一张张地图形象地记录了每个时期的主要城市定位,展示了这种不断变化的、令人惊讶的城市规模分布,生动地描绘了五千年来世界城市的变迁历程,体现了世界城市等级体系完善的全貌。再者,图片则更直观地为我们再现了文字的信息,也带来了更强烈的画面感,读完仍觉印象深刻。事实上,笔者发现以世界这一宏观视角来研究城市的代表作还有不少,如克里斯托弗·肯尼迪的《世界大城市的演变》(*The Evolution of Great World Cities*)②,安德鲁·里斯的《城市:一部世界史》(*The City:A World History*)③,杰弗里·帕克的《石头中的力量:作为帝国象征的城市》(*Power in Stone:Cities as Symbols of Empire*)④等,但这几部著作在规模和深度方面,与克拉克的《城市史》相比,皆相形见绌。⑤

本书从横向来说,每个章节的概览部分即为其广度的延伸,不仅体现在空间范围的广阔,绵延大洲大洋至整个世界;还体现在时间维度上,跨越从古至

---

① Peter Clark, *European Cities and Towns 400—2000*, Oxford:Oxford University Press,2009,该作品已有中译本,具体可参见彼得·克拉克:《欧洲城镇史,400—2000 年》,宋一然等译,商务印书馆2015 年版。

② Christopher Kennedy,*The Evolution of Great World Cities*,Toronto:University of Toronto Press,2011.

③ Andrew Lees,*The City:A World History*,Oxford:Oxford University Press,2015.

④ Geoffrey Parker,*Power in Stone:Cities as Symbols of Empire*,London:Reaktion Books,2014.

⑤ 从规模上看,很明显,前三部作品的页数都不到 300 页,《城市史》的规模可以说是它们的近三倍;其次从话题深度来看,肯尼迪详细分析了一些他认为对城市历程有推动力的作家,从亚当·斯密、托马斯·阿奎那到彼得·霍尔、简·雅各布斯等等。在这本短小的书中,还涉猎范围如此之广,可以说这些叙述不过是轻描淡写;里斯试图在其仅仅只有 125 页的篇幅里囊括大量的相关信息,试图叙述世界范围的、几个时代的城市,但大多只是一笔带过,并未对细节追根溯源;帕克探讨了由强者建立的城市或宫殿,并描述了野心勃勃的统治者如何通过建立城市来展示他们的权力。而关于城市的经济功能,甚至是公共管理等,都纯属蜻蜓点水。由此,这本《城市史》的优势显而易见。

今近 6000 年,如此浩瀚的内容,必须要有机地串联在一起,形成整体。诚然每部分不尽均衡分布,如古代城市的篇幅不到四分之一,而现代和当代城市的篇幅却占到了 47%,但这与其话题的广度相比,亦在情理之中。纵向来看,每个专题则是其深度的洞见,从经济、人口、权力、文化到城市环境、社会隔离,层层剥开细节。令笔者最为深刻的是第三专题最后的结论部分,它诠释了循环史观中的城市、线性史观中的城市、革命史观中的城市等,并进一步触及到了本书尚未强调的更多领域,其中之一是城市空间的物理规划和建设,以及这些空间如何随着人口增长和经济活动的变化而演变。其二为城市在面对灾难性事件时——如围攻、轰炸、火灾、瘟疫、地震、洗劫等等——的非凡复原力。联想到当前的现代社会,尽管也有不少城市面临着极度拥堵的问题,但建立新的城市显然是困难的,从苏联或美国的"科技城"到欧洲的"新城建设",都足以证明这一点。当然,这些话题也值得我们进行更深入的研究。

第二点:鲜明对照,时间与空间覆盖。

关于城市的比较研究路径有三股学术脉络,首先是罗伯特·帕克(Robert Park)为首的芝加哥学派以及法国年鉴学派,前者主张以社会学方法考察城市,后者倡导以长时段和广区域的整体研究;其次是马克斯·韦伯(Max Weber),其《城市》(*The City*)著作推动了比较研究的发展;其三,社会人类学对早期城市化研究的探讨。而这三者的研究在 20 世纪 80 年代均受到了众多挑战,于是克拉克的这本《城市史》应运而生,再次为城市比较研究提供了新视角和新方法。①

全书通篇以时间为序,系统涵盖了早期、近现代以及现当代的城市发展全部史程;空间覆盖了世界范围内的大小城市及其发展趋势。对于主要的城市体系进行了个案研究,并对若干关键变量进行了比较研究,比如说权力、人口、移民、商业网络等等。尽管近来全世界的城市区域、城市体系等趋于一致,但是差异性与对比性仍十分明显,例如,在城市化率、城市人口、城市生活水平等方面,可见一斑。美洲、欧洲、日本及澳大利亚的城市化率远远高于非洲和亚洲;亚洲和美洲在超大型城市中的城市人口分布情况差异性极大,而欧洲和非洲在此方面的差异性较小。这些都在本书中给予了具体的表现,也形成了鲜明的对比。

---

① Peter Clark, *The Oxford Handbook of Cities in World History*, pp.2—5.

如果说本书在地域空间分布上取得了平衡,并在时间焦点上也取得了平衡,那么其专题处理则略显传统。以城市经济为中心,不仅在专门讨论城市经济的章节中占主导地位,而且在许多其他章节——关于港口城市、人口和贫困的章节以及大多数区域的研究中——也占主导地位。人口和移徙同样是一个中心问题。很明显,几乎在任何时候,城市的规模和形态都是由主要由经济产生的人口流动所决定的,但也是由战争、政治需求、宗教征服和殖民扩张与撤退决定的。另一方面,虽然后面提到的这些关于权力的考虑是早期城市的核心,但在现代却没有如此直接的特征,这反映了大规模城市化时代的治理和领导力的复杂性。事实上,本书的一个关键特征是,作为权力中心(包括王室、军事、殖民、宗教)的城市与作为经济中心的城市之间存在着紧张关系,两者的平衡在不同的时间和空间里发生着变化。因此,古代美索不达米亚、中美洲、中国和日本等的这种大型礼仪城市,其严格的等级制度和空间配置,则与地中海、东南亚或欧洲大西洋沿岸的流动、动态的贸易中心形成鲜明对比。同样,在共同纪元之前的两千年里,印度和中国的入侵军队、穆斯林和奥斯曼帝国从7世纪开始的扩张推进以及北美和南美、南部非洲和英属印度的殖民城市所建立的军事殖民定居点,也与工业发展所创造和推动的地方或作为内部贸易和消费中心的地方形成了强烈的对比。

第三点:全盘托出,宏观与微观共生。

这种全盘托出的方法提高了全书的标准,全文提出一以贯之的问题,并给出这个问题的连贯论点,同时克拉克也正是让读者以该基准来判断此作品。考虑到这种自我平衡的难度,可以说,《城市史》的论述是非常成功的。虽然除了几个特别有见地的章节外,其余部分的论点本身并不具有代表性,但克拉克在其导言就为整卷书奠定了一个比较框架,在这个框架中,每个组成部分都应该为探索"城市趋势"做出思想洞见。如果必须将其重新表述为一个问题,那么可归结为——探寻为什么社会会随着时间的推移而走向城市化。得益于各部分作者的高度默契性,这一答案在不同时间和空间中反复出现:政治稳定(或集中化)、技术革新、死亡率下降、自由移民制度和愈加频繁的长途贸易等等。

采用宏观与微观的广阔视角,并将城市增长问题放在首位,是基于对城市史和世界史/全球史应如何各自展开的微妙假设;或者也许更重要的是,将二者结合起来。全文还聚焦于城市环境和文化在整个世界城市体系中发挥的作用。就城市史而言，该书所追求的宏观视角带来了两个结果：其一为扩大了时间和空间的覆盖面，涉足了城市史以其制度化形式长期被忽视的领域。敦促城市史学家更充分地参与到前现代城市以及欧洲和北美以外的城市研究，这本身就是一项重要的任务；所以本书有助于推进这项任务的完成。而其二，鸟瞰式的视角排除了大多数城市史学家引以为豪的对具体地方及其居民的微观关注。个体及其日常生活方面不可避免地被这一著作所忽略。但克拉克通过对城市本身的个案分析来补足了这一点，例如，他对港口城市（第 19 章和第 43 章都谈及港口城市的重要作用）以及伦敦、纽约、柏林、南京、上海等城市的特别关注。像在第 38 章创新型城市中，阐述了柏林在科技、文化等方面的卓著成就——柏林是世界电气之都、公共交通的先驱；至第一次世界大战前，柏林已拥有三个歌剧院、五十个戏剧院以及众多音乐厅。①由此，我们可以特别了解到某一个城市的发展特色和专长。

《城市史》汉译浅谈

翻译工作本就是一件"苦差事"，特别是针对这一卷帙浩繁的大部头，更是需要倍加的细心、耐心以及责任心。为众人所熟知的翻译理论有很多，如傅雷的"神似论"、严复的"信达雅"、尤金·奈达的"功能对等论"等等，但付诸于实践之中则会遇到重重挑战和阻碍。直译和意译是比较常见的两种翻译方法，前者指的是既保持原文的内容，又保持原文的形式；而后者指的是译文要准确表达原文内容，但可以不拘泥于原文的形式。②我们在翻译句子的时候经常会用到这两种方法。回归到《城市史》的这本译著，从宏观层面来说，本书的翻译大体合理，清晰得传达了主题与概况；但从微观层面来看，也有不少错误可寻。下面笔者就词汇翻译、句子翻译等方面谈谈自己的拙见。

1. 词汇翻译

通常来说，词汇翻译在我们看来并不困难，因为用电子词典一查便可以知道，但其实远非我们想象得那么简单。许多单词一词多义，需要我们根据具体的语境选择合适的词意。笔者就发现《城市史》译著中有不少词汇翻译得不够准确，兹举实例具体分析。

---

① Peter Clark，*The Oxford Handbook of Cities in World History*，p.724.
② 张培基：《英汉翻译教程》，上海外语教育出版社 2018 年版，第 12—13 页。

如"diasporas",文中译为"离散"(第 4 页),查阅牛津辞典,确实该词有离散之意,但在这里如果译为离散,与前文的"什么推动城市的连通性"以及后文的"国际贸易",连在一起根本说不通,让人摸不着头脑。所以笔者认为应取"大移居或大流散"这个意思,指的是(任何民族的)大移居。如"representations",文中译为"表现"(第 13 页),完整地句子是"尽管自久远时期以来表现一直对传递城市的名声与文化影响至关重要……"后文中多处出现皆译为"表象",笔者认为这里也应译为"表象"(指的是客观事物的外部特征)更符合语境。再如"Euesperides",文中译为"希斯皮里德斯"(第 47 页),其实译为"班加西"更为人所熟知。维基百科上说:现代的班加西曾被称为"Euesperides and Esperis".①其次还有"Bafut",文中译为"巴非特"(第 53 页),根据谷歌学术搜索,可知正确的翻译是"巴富特",②巴富特省(Bafut Subdivision)或巴富特王国/酋邦(Kingdom / Chiefdom of Bafut)是喀麦隆西北省的一个市镇。再者,"written resources"文中译为"书写材料"(第 97 页),根据牛津词典,"written"意思是"书面的、文字的",因此译为"书面材料或文字资料",更为妥当。"Police",文中译为"警察"(第 329 页),这段话的译文是"……试图通过新的警察、建筑法规、整修街道……",其实"police"不仅仅只有警察的意思,它一词多义,在文中的语境里,笔者认为译为"治安或治安制度"更为准确。

综上,很多词汇的意思并不是我们想象中的最常见的那个,而是要根据具体的语境来分析这个词应取哪种译法,其次,专业术语的翻译应该查阅专业词典、Google、维基百科等工具进行反复校对。

2. 句子翻译

除了词汇翻译欠妥,笔者发现译著中也有不少句子翻译错误,其中包括句意不通顺、语意重复等,下面笔者列举一些进行改译。

1) 句意不通顺

原文①:On any view the simultaneous existence of many large cities in a relatively small area logically implies a high level of urbanization.③

---

① 关于维基百科对于班加西的说法,参见 https://en.wikipedia.org/wiki/History_of_Benghazi#Ancient_Greek_colony[检索时间:2022 年 7 月 20 日]。

② 谷歌学术检索"巴富特"https://www.google.com/search?q=Bafut&oq=Bafut&aqs=chrome..69i57j0l7.1125j0j15&sourceid=chrome&ie=UTF-8[检索时间:2022 年 7 月 20 日]。

③ Peter Clark, *The Oxford Handbook of Cities in World History*, p.149.

译文:"从任何视角切入,与其同时代且存在于相对较小的区域内的许多大城市,在逻辑上必定会有更高的城市化率。"(第 94 页)

分析:"simultaneous"意思是"同时的;同时发生的",译文译为"与其同时代",实属不妥;其次"与其同时代且存在于相对较小的区域内的许多大城市"这半句的意思十分混乱,让人不知所云。故而笔者认为应改为"无论从哪个视角来看,在一个相对较小的区域内同时存在许多大城市,必然意味着城市化水平很高",采用直译法简洁明了。

原文②:Although the moral overtones of this passage are evident, the basic idea that the institution of free grain doles for up to 320,000 recipients acted as a powerful pull factor for migrants is plausible enough.[①]

译文:"尽管这段话道德上的言外之意非常明显,组织机构向多达 320000 人的接受者提供的免费谷物,成为移民强有力的推动因素的基本观点是足够可信的。"(第 97 页)

分析:译文中的连词"尽管"后面就没有了下文,依据连词使用需前后照应的原则,笔者译为"虽然……但……";再者整个句子前半部分较长,给人一种头重脚轻的感觉,可以用逗号隔开,增译"这一基本观点"代指前面的内容,让读者读起来更为轻松,可读性更强一些。笔者改译为"虽然这段话的道德色彩很明显,但为多达 32 万名受助者提供免费粮食的救济制度对移民来说是一个强大的推动因素,这一基本观点似乎是足够可信的。"

原文③:Against this theory various scholars have argued that sanitary conditions in early imperial Rome were more salubrious than those existing in the large cities of early modern Europe.[②]

译文:"与这一观点相反,很多学者认为早期罗马帝国的卫生环境比近代欧洲早期大城市的'存在'更宜人。"(第 97 页)

分析:原文的意思是将早期罗马的卫生环境与近代欧洲早期城市的卫生环境进行比较,而译文将"existing"译为"存在",使整个句子十分生涩、不通顺;其实这里的"existing"根本不需要译出来,"those"指代的就是"卫生条件"。因此,笔者改译为"与上述研究的观点不同,大量学者认为早期罗马帝国的卫生条件比近代早期欧洲大城市的卫生条件更优裕。"

①② Peter Clark, *The Oxford Handbook of Cities in World History*, p.154.

　　2) 语意重复

　　例如译文为"……导致这种结果的原因部分是因为在经济和经验上的这种基础,部分是因为古代文献的不平衡记载(偏向神庙与宫殿)"(第31页)。这里的"原因"与后面的"部分是因为……"语意重复,需删掉其一。笔者改译为"……导致这种结果,部分原因是经济和经验方面的这种基础,部分原因是古代文献对庙宇和宫殿机构的不平衡记载"。再有译文为"中世纪城市欧洲的起源如何? 提出这个问题可能给人一种错误的假象,让人误认为城市在欧洲历史上是一个全新的现象"。(第140页)"给人一种错误的假象"与后面的"让人误认为",其中"错误的"与"误认为"构成语意重复,只需要保留一个便可。还有"尽管如此,由于受疾病与环境问题困扰的缘故,城市人口死亡率高……"(第5页),这里的"由于"与"……的缘故"意思重复。这些都属于病句,需要译者多加注意,提高对语言的敏感度。

　　3. 标点符号

　　标点符号的使用常常为人们所忽视,但其也是行文规范的要求。译文中也有一些地方的标点使用不当。例如"希腊,腓尼基,罗马曾在历史上不同时期先后入侵非洲北部……"(第47页),这里的逗号应改为顿号。再如"在这6000年的时间里,对早期中国城市的讨论可以根据技术或政治发展分为五个时段:前青铜器时代,青铜器时代,战国时代,第一帝国时代和大分裂时代"(第68页),其中各时代并列间的逗号也应改为顿号。这样的小问题还有不少,这里不一一列举。

　　综上所述,彼得·克拉克主编的《城市史》,其撰写作者跨越历史、古典文学、考古学、地理学和城市研究等多种不同学科,还有一些是在欧洲、北美、非洲和澳大利亚等地区工作的其他社会科学的学者,这样的队伍视野辽阔、拥有壮观且丰富的史料档案。在其规模与范围上,它足以使我们能够评估城市形态的连续性和变化,观察其在不同国家和大陆之间的差异,摆脱了迄今为止以西方研究为主导的文献焦点。《城市史》以如此宏大视角,为我们重现整个世界的城市体系,这对我们所研究的领域以及对所有对城市形态感兴趣的读者来说,都是最大的盛礼。

　　我国正处于城市化高速发展的阶段,也面临着许多棘手的如人口压力、环境污染、公共服务不均衡、大城市拥堵等城市社会问题。而这样庞大的城市史译著意义重大,一方面有助于我们借鉴和总结其他国家(特别是发达国家)的历史经验,为我国的城市发展助力;另一方面,也为我国学术界在城市研究领域占有一席之地打下坚实基础。虽然这本译著存在一些翻译上的不恰当,但这样的大部头翻译起来,耗时耗力、本就不易,所以与其意义相比,稍显逊色。毋庸置疑,《城市史》译著首次为我们中国读者以及学者打开了认识世界城市体系的窗口,同时了解到他国对我国城市史的研究,并让我们看到了中国之外更大的城市世界。

The View of the World Cities

—Review of *The Oxford Handbook of Cities in World History*

Abstract:Peter Clark, a well-known British historian, edited *The Oxford Handbook of Cities in World History*, *which* is the first detailed study of cities in world history from origins to the present. It explores not only the main trends in the growth of cities and towns across the world — in Asia, Europe, Africa, and the Americas — and the different types of cities from great metropolitan centres to suburbs, colonial cities, and market towns, but also many of the essential themes in the making and remaking of the urban world: economic development, migration, the role of power, social inequality, environmental challenge and so on. Through the comparative study of different stages and themes of cities in the world, it presents the crucial and comprehensive outlines of the development of cities during the long history, which also provides us with a beautiful picture of the changes of the city from ancient times to modern times.

Key words:Peter Clark; Urban History Studies; World Cities; Process of Urbanization

作者简介:李腊,历史学博士,安徽农业大学外国语学院讲师,安徽农业大学区域与国别研究中心办公室主任

艺术中的都市文化

"连结的翻译史"与中国电影史研究的"碎片化"①

柳　谦　金海娜

摘　要:在"重写电影史"口号下,近四十余年的中国电影史尤其是早期电影史研究在取得傲人成绩的同时,也一直因研究论题分散琐碎、研究内容就事论事、研究队伍各自为政等现象遭学者诟病。在如火如荼的重写实践中,集中审视"碎片化"问题,深入考察其发生、成因表现,并将"连结的历史观"引入中国电影翻译通史的理论操演与学术实践,重新理解阐发"整体史观",不仅有助于"碎片化"问题的消解,还对中国电影史研究具有方法论更新的重要意义。

关键词:碎片化　整体史观　连结的历史　中国电影翻译通史

　　1988 年,中国电影史学家郦苏元先生回顾新时期中国电影史研究取得长足进步的同时,也指出其存在"零碎、缺乏系统性"的问题。②在此后的三十余年中,这一问题屡被学者提及,但未见弥补,反有愈演愈烈之势。研究者"限于琐碎的史料考证中难以自拔,如数家珍地热衷于史料的占有和'把玩','只拉车不看路',沉迷于钩沉之术",③这样的研究"极易使学科的主干问题、核心问题和重大问题被淡化甚至淹没,导致低水平的、重复性的研究泛滥无归,最终拉低了电影史研究的学术水准"。④由此可见,中国电影史研究的"碎片化"问

①　本文为国家社科基金重大项目"中国电影翻译通史"(20&ZD313)阶段性成果。
②　郦苏元:《从历史中汲取灵感:电影史研究随想》,《当代电影》1988 年第 5 期。
③　陈山、李道新、陈刚、檀秋文:《中国电影史研究的当下意义和未来价值》,《当代电影》2019 年第 2 期。
④　丁珊珊:《电影史研究中史料的跨界与扩容》,《文学研究》2018 年第 2 期。

题由来已久，且危害之大。本文将认真审视这一问题的发生、缘由与表现，并期望通过引入"连结的历史观"（Connected Histories），在中国电影翻译通史的理论操演和学术实践中重新理解阐发中国电影史研究的"整体史观"，这不仅有助于"碎片化"问题的消解，还对中国电影史研究具有方法论更新的重要意义。

一、"碎片化"问题的发生

中国电影史研究的"碎片化"问题与微观研究相关，而微观研究的转向与盛行，肇始于"文革"后思想解放的时代背景。在社会史、文化史、经济史等新史学理念与方法的冲击下，中国电影史研究发生从宏观到微观、从外向内、从上至下的内在理路变迁，具体表现为"重写电影史"命题的提出。

所谓"重写电影史"，就是要立足当下视野，在新的基础上重新书写中国电影的发展历史。①至于"重写"的对象，通常指向程季华主编，李少白、邢祖文等人于 1963 年共同编撰的《中国电影发展史（初稿）》（以下简称《发展史》）一书，这在很大程度上是由该书写作时受制于"当时的主流意识形态要求和整套官僚组织的规范"所决定的。②具体而言，《发展史》作为我国首部具有完整意义的电影史专著，以丰赡、翔实的史料筑基，较为完整地保存和梳理了中国电影早期（1949 年以前）的历史发展全貌，在当前仍是海内外学者研究中国电影的重要参考书目，极具"拓荒"与"范式"意义。但是，由于其诞生的社会语境复杂，是一次在国家意识形态规训下的通史写作，书中以宏大的"发展史观"这样一种"把握历史发展的线性轨迹、强调历史形态的因果链环、抽剥历史内涵的既定规律"③的研究框架强调彼时历史的合目的性，更以"历史必然性的先在模式"以及"时间为唯一参照系的分段、分期的历史表述方式"④，将纷繁复杂且多样开放的中国电影历史叙述简化为一体性的历史表述，纯化为木乃伊式

---

① 对于"何为'重写'""怎样'重写'"的问题，学界已有深刻讨论。参钟大丰、刘小磊主编：《"重"写与重"写"：中国早期电影再认识》（上下），东方出版社 2015 年版。

② 丁亚平：《史学意识、实证理性及其自我确证的要求——论 60 年新中国电影史学话语的演进》，《文化艺术研究》2009 年第 3 期。

③ 陈山、钟大丰、吴迪（启之）、李道新、吴冠平：《关于中国电影史学研究的谈话》，《电影艺术》2007 年第 5 期。

④ 陈山、陈捷：《中国电影史的研究路径和学术精神》，载厉震林、万传法主编：《电影研究》（第 6 辑），中国电影出版社 2018 年版，第 5 页。

的整齐划一的"规律"①,导致该书所作的价值评判在当前看来确实失之偏颇,而由其确立的书写文体与研究范式也日益显现出时代的局限性。加之撰书者参考的历史资料部分源于口述实录,或是小报杂志,难免出现有脱漏、错讹。②因此,改革开放后,"重写电影史"命题的提出以及自然而然的被后来者以反思、纠偏的学术姿态具体至"'重写'《发展史》"的目标上,并在一个时期以来中国电影史的研究一直被这个目标所引导也就不难理解。

微观研究的转向与"重写电影史"的提出,从本质上讲是为了借助"显微镜"视角,凭借细节钩沉、审慎考订,突破以往研究中对电影特性的单一认识,重新架构起具有"整体"意义的中国电影史。然而,事实上并非完全如此。在微观研究方法论指导下的重写实践,一方面值得肯定的是,随着新史料的不断发现,以黄德泉撰写的《中国早期电影史事考证》(2012)等专著为代表,通过不断质疑与详尽驳论,订正、弥补了《发展史》的部分错讹、脱漏之处。更值得欣然的是,众多学者对电影商业、艺术等价值的多维阐发,使中国电影史回归至更为复杂的需要和精准的研究中去。③另一方面又不得不令人担忧的是,纵然中国电影史学界并未也不可能像第三代年鉴学派那样明确宣称"不再以建立总体的历史为目标"④,但一直强调"利用电影史专题研究成果进行通史构架及再创造"⑤的微观研究却在悄然放弃着"整体史观"。研究者大多摒弃了"过程、长时段、结构分析"等整体史独有的特点与方法,在推崇微观研究的同时过于沉迷微观史写作,这不仅导致整体史框架下中国电影通史陷入式微局面,"碎片化"的问题也随之而来,由此也间接影响到中国电影史著述,从综合指数考量"总体水平差强人意"⑥。此外,不少学者诟病于"重写电影史"的呼声"响"了几十年,实际并未超脱《发展史》,又或是面对当下现实中一些重大问

---

① 陈山:《回应新电影史学时代(代序)》,陈刚:《上海南京路电影文化消费史(1896—1937)》,中国电影出版社 2011 年版,第 2 页。

② 由于《发展史》记载的疏漏与模糊,对于我国首部电影《定军山》是否存在? 何时拍摄? 首映? 等重要问题至今"悬而未决"。参黄望莉、张伟:《"新舞台"与〈定军山〉:中国第一部电影新考》,《电影艺术》2022 年第 3 期;黄德泉:《"〈定军山〉放映广告"戏单之考识》,《当代电影》2022 年第 10 期。

③ 代表性成果有中国艺术研究院丁亚平研究员牵头主编的"中国电影艺术史研究丛书"(七卷本),从美学、文化等层面探讨了不同历史阶段中国电影的发展演变。

④ 王卫平、王玉贵:《社会史研究"碎片化"命题再检讨》,《光明日报》2012 年 6 月 14 日。

⑤ 陈墨:《理解与反思——纪念〈中国电影发展史〉出版 50 周年》,《当代电影》2012 年第 12 期。

⑥ 郦苏元:《走近电影　走近历史》,《当代电影》2009 年第 4 期。

题,呈现"失语"的无力与苍白等,都与中国电影史研究中存在的"碎片化"痼疾密切相关。

事实上,学界虽然没有明确指出中国电影史研究的"碎片化"问题,但已有不少学者指出这一内在问题反映出的外在表征。学者查元在回顾、总结1994年中国电影研究状况时,认为"涉及解放前有关中国电影史的专论文章篇数较多,但却缺乏中心话题,……缺少有组织、有目的的整体构思,很难形成大的气候与声势"。①如果将这次问题出现的原因归咎于彼时中国电影学术刚刚起步,许多论文"大多是作者凭借个人兴趣撰写,题目自然难以集中"的客观影响。那么,数年后,中国电影史研究如春草般蓬勃发展,尤其在微观研究取得令人瞩目成绩时,郦苏元先生又多次指出,因"过于关注无关宏旨的细枝末节"而导致"分散零碎、浅显无序、碎片化"的问题则明显是主观所致。②杨远婴教授也感慨,我们现在面临的研究状态已经是"非常碎了"。③檀秋文则直指当前中国电影史研究在微观与宏观关系上,"处理得还不够好"。④即便是对于"热衷于提倡中国电影学学科意识"的海外华人学者张英进而言,其著作中也存在"研究论题非常分散,……缺少学科意识必要的串接与约束,……也缺少学科意识的逻辑性"等问题。⑤可见,中国电影史研究领域的"碎片化"问题历时之久,涵盖范围之广,且并未随着研究自身发展的规律而消解。遗憾的是,喧嚣学界,应者寥寥。长此以往下去,"碎片化"问题不仅会使中国电影史的微观研究整体偏离原有转向意义,陷入极端的碎片状态,以致"重写电影史"难以为继,更不利于中国电影史学科的知识生产。

二、问题的成因与表现

"碎片化"虽然是历史学研究中普遍存在的共性问题,但具体至中国电影史研究语境中,则可从以下两方面理解其发生的独特性:

---

① 查元:《1994年度中国电影史学研究述评》,《中国电影年鉴》编辑部编:《中国电影年鉴(1995)》,中国电影出版社1996年版,第248页。
② 参郦苏元:《中国早期电影史的微观研究》,《当代电影》2013年第2期;郦苏元、张晓慧:《从事中国电影史研究的体会与思考》,载厉震林、万传法主编:《电影研究》(第7辑),中国电影出版社2019年版。
③ 杨远婴:《电影学是一门很好的显学研究》,载丁亚平、赵卫防主编:《中国影视往何处走:中国艺术研究院电影电视评论周实录》,文化艺术出版社2018年版,第107页。
④ 檀秋文:《中国电影史学述要》,人民出版社2020年版,第199页。
⑤ 陈林侠:《海外华人学者的中国电影研究形态、功能及其反思》,《文艺理论研究》2009年第6期。

其一,西方思潮先行的"囫囵接纳"与后来的"西方主义"。如果将微观研究的转向视为"碎片化"问题出现的"诱因"。那么,西方解构主义思潮的影响则是该问题愈发严重的"催化剂"。无可否认,解构主义对于当时经历了长期思想禁锢的研究者而言,极具新鲜感与诱惑力,受其影响的中国电影史研究也呈现出更为多元的局面。然而,以去中心、去权威、拆结构为理论支撑点的解构主义,主张告别整体与统一,特别是在后现代史学那里,表现的"最过猛烈之处,即在于扯断宏大叙事一以贯之的发展链条,将历史看成一堆碎片……充满难以规范的混乱和不测"①。受此影响,一批海外华人学者不满足于"单一民族国家电影范式的电影史论述"②,不断提出并反复论证"跨国中国电影(Transnational Chinese cinema)""华语电影(Chinese-language cinema)""华语语系电影(Sinophone cinema)"等新概念的合理性与可行性,试图借此"超越传统史学叙述中的同质性和向心力",从而在新的理论语境模式下像琳达·哈琴(Linda Hutcheon)的比较文学史研究一般,获得"多样性而不是整体性,……,没有定论的开放历史,以及可以从多个角度进入的多元系统"③。但值得深思的是,在后现代、后殖民理论体系中生发出的新概念,只看到了"重写电影史"中亟待"颠覆"和"解构"的一面,一味强调中国电影的内部差异,却忽略了在"颠覆"与"解构"之后还需进行整体的"建构",才能实现中国电影史研究的进步与发展。近年来,这种"重'历史定见'的解构,轻历史整体的建构"④的学术实践较为流行,仿佛解构的越零碎,成果就越发的具有学术价值。殊不知,从更长远的角度看,中国电影史研究有陷入"只破不立"的危机当中。其中,作为研究主体的"中国电影"早已被学者们先验的规定为具有片段性、异质性和非一致性的史学属性,而中国电影历史发展过程中的"连结"与"整体"也被人为割裂的支离破碎,彼此间毫无关联。这与"重写电影史"是"先将物体打碎,使之成为待铸新体必须的材料或过程"⑤,从而追求新的综合化,以展示中国电影百余年来发展历史全貌的目标与初衷背道而驰。

① 王学典、郭震旦:《重建史学的宏大叙事》,《近代史研究》2012 年第 5 期。
② 鲁晓鹏、李焕征:《海外华语电影研究与"重写电影史"——美国加州大学鲁晓鹏教授访谈录》,《当代电影》2014 年第 4 期。
③ 张英进:《作为跨地实践的国族电影:反思华语电影史学》,黄望莉译,《当代电影》2011 年第 6 期。
④ 饶曙光:《关于深化中国电影史研究的断想》,《当代电影》2009 年第 4 期。
⑤ 郑师渠:《近代史研究中所谓"碎片化"问题之我见》,《近代史研究》2012 年第 4 期。

西方理论思潮在大量涌入的同时,也给若干年后的研究者们留下"后遗症"。由于目前尚未寻找到合适的主体方法论来"滋养"中国电影史学术,[①]抑或是在学习、吸收、转化、掌握西方理论资源的过程中,激发中国电影史研究者"追求权力的欲望",逐渐形成一种"绝对而不受质疑"[②]的实际霸权。但不论哪种,此前对西方理论思潮的"狂热"态度并未消减,反而由"趋之若鹜"上升至"片面地推崇"与"过分地强调",甚至一度出现谁不"西方",谁就有落伍、保守之嫌。正是在这样一种唯"西"是从的浪潮簇拥下,一些研究既不管中国电影史研究独有的原创史学观念与传统学术体系,也不顾新方法与新概念是否适用于中国电影的历史语境,而是直接将其从西方语境中剥离出来,择其可用者而断章取义,由于新方法、新概念缺乏同中国电影史的"对话"与"联系",最终也只能形成满篇由佶屈聱牙的西方学术语汇拼凑而成的学术成果。由此,不仅对内无法"借他山之石"架构起合适的,具有主体性的中国电影史理论框架,而且对外在理论、思想一拨一拨来来去去之后,除呈现"日趋碎化"的状态,沦为"无根之萍"外,别无它途。这就不单单是"碎片化"损伤中国电影史研究"整体性"的问题,同时也有陷入丧失研究的"创新性"与"主体性"的危机。

其二,未成体系的研究指导与复杂难解的研究对象。中国电影史学拓荒者李少白先生曾明确指出,"中国电影历史学"兼具电影学与历史学的交叉学科性质。[③]十多年后,又相继有学者提出,要实现中国电影史研究更为全面的发展,应予以解决的首要问题是"将电影史研究纳入一般历史研究的范畴,视为一般历史学研究之一部分",这样做"无论是对中国电影史研究格局的开拓、学术品性的提升还是一般历史研究本身的完善都有重要的价值和意义"。[④]当前,更有以陈墨、贾磊磊、李道新、吴冠平、石川、安燕、段运冬、刘小磊、陈刚等为代表的一批中青年学者,针对中国电影的"口述史""形态史""年谱学""心态

---

① 不断有学者对此议题进行探讨和思考。参胡克、钟大丰、李洋:《时代场域中的中国电影理论建构》,《当代电影》2022年第1期;贾磊磊、李道新、陈晓云:《再议中国电影理论的建构》,《当代电影》2022年第6期。

② 余纪:《后现代语境中电影本体论的权利》,载陈犀禾主编:《当代电影理论新走向》,文化艺术出版社2005年版,第70页。

③ 李少白:《电影历史及理论》,文化艺术出版社1991年版,第23页。

④ 参余纪:《有关萌芽期中国电影的几个问题》,《电影艺术》1988年第4期;汪朝光:《光影中的沉思——关于民国时期电影史研究的回顾与前瞻》,《历史研究》2003年第1期;陈山:《精神旋风:20世纪文化突变中的中国电影史学思维》,《当代电影》2022年第2期;胡克、樊昊:《对中国电影史研究存在潜在影响的历史学方法》,《电影理论研究》2022年第2期。

史""考据学""思想史""问题史""方志学""史料学"等多方命题展开专论。这些具有代际更迭性特征的努力,在使中国电影史研究思路进一步明晰的同时,"单调扁平、内心自足而又缺乏兼容气质"①的研究状貌也有所改善。但是,对于在"创新思潮带动下兴起的,在很大程度上从属或依附于电影理论和电影美学探讨"的中国电影史而言,仍远远不够。若以一门独立且成熟的学科所具备的基本条件观照和要求中国电影史,显然其学术积累还颇显单薄,直至现在"都很难把它说成是一门学科"②。特别是中国电影史在尚未明确研究对象域等基本问题的前提下,由于长期过于强调该研究领域的细化,社会、自然科学的研究方法进入其中,这种"力图把所有学科都收编到自己门下"③的做法,在推动中国电影史研究范围迅速扩大,极具吸引力的研究方法大量涌现的同时,必然会"不可避免地主张学科内部的碎片而非统一"④,使本就根基不稳的中国电影史在"泛文化"的研究汪洋中无暇顾及自己的综合能力,最终趋于遗忘或是放弃建立本土电影史学学科的自觉意识,"病变"为不属于戏剧与影视学学科的"影像史学(Historiophoty)"即为一例。

不止于此,中国电影史本身的复杂琐碎,也催生了研究的"碎片化"问题。首先,"电影"作为一门综合艺术,有着复杂的内部结构和紧密联系外部要素的特点,这就决定了电影史"几乎可以从任何一个地方着手研究"⑤。在开放性观念的指引与罗伯特·C.艾伦(Robert C. Allen),道格拉斯·戈梅里(Douglas Gomery)合著的《电影史:理论与实践》(*Film History:Theory and Practice*)于国内数次重印与再版的推动下⑥,"新电影史"(New Film History)主张的"作为历史的电影史"引发了中国电影史研究界从观念到实践的双重转变,极大地带动了中国电影史的"重构"与"重写"。然而,在因电影独有的综合特性

① 李道新:《史学范式的转换与中国电影史研究》,《当代电影》2009 年第 4 期。
② Yingjin Zhang, "A Typography of Chinese Film Historiography", *Asian Cinema*, Vol. 11, No. 1 (Mar., 2000), p.16.
③ 弗朗索瓦·多斯:《碎片化的历史学——从〈年鉴〉到"新史学"》,马胜利译,北京大学出版社 2008 年版,第 167 页。
④ Victoria E. Bonnell & Lynn Hunt, *Beyond the Cultural Turn:New Directions in the Study of Society and Culture*, University of California Press, 1999, p.10.
⑤ 罗伯特·C.艾伦、道格拉斯·戈梅里:《电影史:理论与实践》,李迅译,中国电影出版社 1997 年版,第 2 页。
⑥ 据笔者统计,*Film History:Theory and Practice* 一书在国内重印、再版共 4 次,已成为中国电影史理论的经典书目。

而提倡整体研究的理念中,稍有不慎,就会导致研究主体的丧失——"电影"成为"文献",发挥的是与其他文字、图像史料无异的"注脚"作用,从而次生"碎片化"问题。其次,当谈及"中国电影"这一概念所指,学界至今未见有较为统一的意见。单就"电影传入中国"的问题,在研究伊始就面临着"概念的混淆与无法辨认"的症结点①,而在传入后的布局也呈现更为多元的分散状态,更不用说电影在各地放映时形成"既互动又逆向"的复杂格局,这不得不说加大了学者宏观把握中国电影发展历史的难度。诸如近年来有关香港、澳门、台湾三地的电影史述较此前虽有增加,但多为"以章节附赘于后"的形式转为"长篇累牍"式的专篇、专书探讨,实际上并未很好地统合、融入至当前单线描述的内地电影史述中,统一的"中国电影史述"仍未形成。深入内地电影发展历史中,情况则更为复杂。不论是对"早期"的界定,还是对日占时期成立的具有"侵略"性质的文化机构(如伪"满映"、伪"华北"、伪"中联"、伪"华影")中影人或是影片的认定,都无不佐证了中国电影的复杂属性。也就是说,当前中国电影史研究中出现的琐碎、分裂,部分源于对"中国电影"这一表述认识的分歧。有学者提出"无论是 1949 年之前以上海为首的中国电影,还是 1949 年之后的内地、香港和台湾的电影,在学术研究中呈现出来的是一个割裂的面貌"②这一论断也就不难理解。

而就具体的研究而言,由于电影传入中国仅有百廿余年,却经历了数次创作与产业重心的转移,这招致中国电影史研究的根基——"电影史料"散佚于世界各地,且多已湮灭。中国电影史与其他专业史相比较而言,是最缺史料的一门,尤其是作为一手资料的影像文本。然既有史料的缺失并未成为研究的直接障碍,跨界已成为近年来研究的主流取向,私人日记、电影小说、电影期刊等"副文本"(Paratext)都进一步拓展了中国电影史研究的史料基础。但我们需要警惕的是,一方面,史料的"扩容"会使电影史料的"开放性"漫无边际,而史料本身又是杂乱无章的,"很难组成历史的图景,形成一个规律性脉络性的分析和把握"③。因此,学者面对浩如烟海的史料,容易如游魂般迷失于看似广阔的"歧路花园"——"每一种原因都仿佛是一条小径,它幽深神秘,似乎都

---

① 刘小磊:《电影传奇:当电影进入中国》,上海三联书店 2016 年版,第 11 页。
② 檀秋文:《"复线的历史观"与重写中国电影史》,《电影艺术》2020 年第 2 期。
③ 丁亚平、郝蕊:《创新是电影史学发展的终极源泉》,载厉震林、万传法主编:《电影研究》(第 6 辑),中国电影出版社 2018 年版,第 26 页。

能通向某种解释的真理。但研究者顺着它走下去，往往不知在什么路口就迷失方向了"①。另一方面，随着"数字人文"的兴起，中国电影史料的搜集、整理与处理更加容易，也可为研究提供"更宏大、更完整"的全方位集成视野。②但是，为了从整体上更好地把握历史现象，研究者就要对微观研究更加重视。在中国电影细部的历史无限丰富，愈发清晰的同时，又加大了研究者把握中国电影整体历史的难度。这一悖论正如有论者所言，"为了实现历史研究的整体性、综合性目标而发展起来的新方法，反而导致了否定原有目标的趋向"。③

三、连结的整体观与中国电影翻译通史

指出近年来研究中存在的"碎片化"问题，并非要否定学者们做出的努力与成就的功绩，而是因为"对电影史学思维进行归纳、反思，是时代赋予电影史学研究者的任务与使命"④。特别是在中国电影史研究繁荣的当前，反思刻不容缓。

"碎片化"问题的发生虽与微观转向等因素相关，但消解的关键并不在此，而在于"整体史观"的具体指导。以历史考订为代表的微观研究，以专业史、断代史、类型史等为代表的中层实践，确实把中国电影史研究引向了深入，但对整体把握的不够有时也使这种深入显得无的放矢。对此，历史学界已有非常清楚的认识，应以"整体史观统摄碎片研究"，其中又属"全面、系统地领会整体史理念"为关键。⑤事实上，不少学者也认识到中国电影史研究中"整体史观"的重要性和必要性。普遍、流行的观点是受"新电影史"影响，将"整体"理解为

---

① 金观涛、刘青峰：《论历史研究中的整体方法——发展的哲学》，陕西科学技术出版社1988年版，第8页。
② 当前，主要以北京大学李道新教授及其研究团队为主，将"数字人文"引入中国电影史研究领域。在他看来，这是以焦虑的姿态面对"数字时代"的一种"思维转向""范式转换""学术转型"。但是，也有学者对此表示担忧，秦翼认为："目前通过海量数字资源库，我们确实能够十分便利地利用关键词找到历史中的影片、影人的各种痕迹……但对于历史细节的考证，其电影史研究的最终意义何在？ 如何才能将'e考据'的零散成果拼贴成中国电影历史的整体版图?"显然，"数字人文"与"中国电影史"的相遇，仍面临着诸多问题与挑战。参李道新：《数字时代中国电影研究的主要趋势与拓展路径》，《电影艺术》2020年第1期；秦翼：《弥合"黑洞"：抗战时期中国电影的广泛存在与历史延续》，《南京艺术学院学报（音乐与表演）》2021年第2期。
③ 金观涛、刘青峰：《论历史研究中的整体方法——发展的哲学》，第9页。
④ 丁亚平：《中国电影史学的理论内涵与当代价值》，《中国社会科学报》2020年7月28日。
⑤ 李金铮：《以整体史观统摄碎片研究》，《北京日报》2012年11月12日。

"综合"，强调多角度探讨中国电影，完整把握其历史特征、演变逻辑与发展脉络。①与此不同的是，《中国电影通史（两卷本）》（2016）的作者丁亚平发挥史学研究者应有的主观能动性，基于自身体认，对"整体"赋予了个性化的理论操演。在其看来，"整体史观"具体至学术实践中表现为"通史"的写作体例。与孙绍谊指责包罗一切、全知全能的教材、讲义性质的通史专著不同，②作者追求在"历史纵深线"中统领中国电影的发展历史，试图从更为宏观的历史语境，选择与费尔南·布罗代尔（Fernand Braudel）文明史写作中"长时段"理论有着异曲同工之妙的"重要历史节点"，将自己对历史的感性理解融入至"理性的分析和历史的探索"中，以发现中国电影发展的内在趋势和基本结构。③这更倾向于一种精致化、风格化的整体史。学者李道新对"整体"的理解虽然同样基于中国电影发展的纵向历史深度，但其更注重在研究中凸显不同文化背景、历史阶段，跨地域、跨代际的"关联意识"，从其近年来的学术实践中可以看出这种"关联"似乎指向"观念"——对于中国电影的缘起、发生不应再执着"何为第一"的问题，而应转向"非决定论的、复杂体系的与时空无限延展的观念"，同化论、空气说的提法又似乎印证了"观念性"的整体史。④

诚然，学者们所持的不同立场观点以及绕此展开的学术讨论，皆丰富了中国电影史研究的"整体史观"，使其不再是空洞说辞。但在"碎片化"问题尚未消解的当前，"整体"仍需在新的语境中不断阐发完善且重点强调，而"连结"正是赋予其鲜活生命力的关键所在。

本文提倡的"连结性"的整体史观受国际学者桑贾伊·苏拉马尼亚姆

---

① 参崔斌箴：《整体电影史观的兴起与评》，《浙江艺术职业学院学报》2003 年第 3 期；周斌：《关于中国电影史研究的若干问题之思考》，《上海大学学报（社会科学版）》2011 年第 4 期；景虹梅：《从"革命史观"到"整体史观"——史学观念的转型与"重构中国电影史"刍议》，《齐鲁艺苑》2013 年第 6 期；秦喜清：《论从史出：中国电影史研究的理论问题再探》，《电影理论研究》2022 年第 1 期。

② 孙绍谊的批评确有不妥，中国电影通史写作体例的丰富性并非"教材""讲义"所能概况，而其内含的价值也并非"毫无用处"，檀秋文对此已做辩驳，恕不赘述。参石川、孙绍谊：《关于回应"海外华语电影研究与重写电影史"访谈的对话》，《当代电影》2014 年第 8 期；檀秋文：《重建主体性与重写电影史——全球本土化视野下中国电影史学术史研究（1978—2017）》，北京大学 2018 年博士学位论文。

③ Yaping Ding, "A Few Issues Surrounding Research into the General History of Chinese Film", Haina Jin tran., *Journal of Chinese Film Studies*, Vol.1, No.1(Mar., 2021), pp.83—99.

④ 李道新：《中国电影史研究的主体性、整体观与具体化》，《文艺研究》2016 年第 8 期；李道新：《数字人文、媒介考古与中国电影"源代码"》，《电影艺术》2021 年第 4 期；李道新：《中国早期电影里的"空气"说与"同化"论》，《文艺研究》2020 年第 5 期。

(Sanjay Subrahmanyam)创造的"连结的历史"(Connected Histories)的影响。①
在塞缪·亨廷顿(Samuel Huntington)"文明冲突论"遭到质疑和全球史方法兴
起的背景下,苏拉马尼亚姆通过对旅游、翻译和书籍、鸦片等流通性的考察,试
图恢复早期近代欧亚大陆不同区域间"错综复杂"的联系,并借此进一步批判
以往研究中"僵化"的区域研究观念,最终尝试唤"一个在西方崛起之前很久就
整合在一起的世界"②。与跨语境、跨区域、跨国别不同的是,这种极具"连结"
意味的历史观更强调"跨文化"维度,思考不同区域间的流动。将"连结的历
史"视作观察中国电影发展的历史观念,引入"碎片化"问题仍然存在的中国电
影史研究框架中,以往比较研究的框架将让位于接触、联系,中国电影史的研
究与写作将关注地方与地方、地方与中国、中国与世界间的积极互动,而非被
动反应。在此以国家社会科学基金重大项目"中国电影翻译通史"为例予以分
析:"翻译"在中国电影史研究中一直没有受到应有的重视,有限的研究也受
"民族电影史观"影响③。事实上,中国电影的内部互动与外部交流异常丰富,
单就翻译而言就有外国电影汉译、中国电影外译、民族语译制、无障碍翻译等
活动形式,并且每个形式在保持历史连续性的同时,彼此间又有着相互关联的
复杂关系。基于这样的历史事实,笔者以"连结"为关键词,将全面梳理百廿余
年来外国电影汉译、中国电影外译、民族语译制和无障碍电影翻译等四个方面
的活动,深度考察社会文化语境、翻译政策、赞助人、译者、译制电影、译制技
术、译制艺术和传播效果等问题,并对之进行历史评价与解释,揭示我国电影
翻译活动的深层机制与发展规律,总结电影翻译活动中发挥的社会功能与历
史价值,建立起具有中国特色的电影翻译历史研究理论框架和方法论体系。
这种强调"连结性"的研究已先验的肯认了中国电影的主体地位,这样才有可
能在凸显中国电影历史复杂性的同时,构建起一个具有主体性、整体观的中国
电影史。

① Sanjay Subrahmanyam, "Connected Histories: Notes Towards a Reconfiguration of Early Modern Eurasia", *Modern Asian Studies*, Vol.31, No.3, (Jul., 1997), pp.735—762.
② Jeremy Adelman, "What is global history now?", https://aeon.co/essays/is-global-history-still-possible-or-has-it-had-its-moment, 2017-03-02.
③ Yongchun Fu, "Movie matchmakers: the intermediaries between Hollywood and China in the early twentieth century", *Journal of Chinese Cinemas*, Vol.9, No.1, (Sep., 2014), p.8.

布洛赫曾言,尽管"只有那些小心谨慎地囿于地形学范围的研究才能够为最终结果提供必要的条件。但它很少能提出重大的问题。而要提出重大问题,就必须具有更为广阔的视野,绝不能让基本特点消失在次要内容的混沌体中"。①如果将"整体史观"看作是这个广阔视野,那么"跨文化"范畴下的"连结"就是其中的核心元素。需要指出,连结性整体史观的出场并不排斥、摒弃前人阐发的整体史理念,而是在充分尊重前人基础上做出的进一步深化,旨在为"碎片化"问题的消解和中国电影史研究提供一个新的全景理论视域,由其拓展的议题仍有待后来者继续开发。

"Connected Translation History" and "Fragmentation" in the Study of Chinese Film History

Abstract：Under the slogan of "Rewriting Film History", the research on Chinese film history in the past 40 years, especially in the early stage of film history, has been criticized by scholars because of the phenomenon of scattered and trivial research topics, research content, and research teams. In the active rewriting practice, focusing on the problem of "fragmentation", in-depth investigation of its occurrence, cause and performance, and introducing the "Connected Histories" into the theoretical training and academic practice of the general history of Chinese film translation, and re-understanding and elucidating the "Overall Historical" will not only help to resolve the problem of "fragmentation", but also have important significance for the methodological renewal of the study of Chinese film history.

Key words：Fragmentation；Connected Histories；General History of Chinese Film Translation

作者简介：柳谦,华东师范大学马克思主义学院博士研究生;金海娜,中国传媒大学外国语言文化学院教授。

---

① 克·布洛赫:《法国农村史》,余中先等译,商务印书馆 2017 年版,第 2 页。

图书在版编目(CIP)数据

城市世界中的人与社会/苏智良,陈恒主编.—上
海:上海三联书店,2024.6
(都市文化研究)
ISBN 978-7-5426-8521-6

Ⅰ.①城… Ⅱ.①苏… ②陈… Ⅲ.①城市文化-研
究 Ⅳ.①C912.81

中国国家版本馆 CIP 数据核字(2024)第 098969 号

城市世界中的人与社会

主　　编 / 苏智良　陈　恒

责任编辑 / 殷亚平
装帧设计 / 徐　徐
监　　制 / 姚　军
责任校对 / 王凌霄

出版发行 / 上海三联书店
　　　　　(200041)中国上海市静安区威海路 755 号 30 楼
邮　　箱 / sdxsanlian@sina.com
联系电话 / 编辑部:021-22895517
　　　　　发行部:021-22895559
印　　刷 / 上海颛辉印刷厂有限公司

版　　次 / 2024 年 6 月第 1 版
印　　次 / 2024 年 6 月第 1 次印刷
开　　本 / 710mm×1000mm　1/16
字　　数 / 400 千字
印　　张 / 24.25
书　　号 / ISBN 978-7-5426-8521-6/C·648
定　　价 / 98.00 元

敬启读者,如发现本书有印装质量问题,请与印刷厂联系 021-56152633